「한문 원본」을 원문·현토·주해한

삼국사기 三國史記

3권 – 고구려본기

김부식(1075~1151) 원저

정민호 현토·주해

문경현 교수 추천 및 감수

明文堂

서문序文

문경현(문학박사 · 경북대 명예교수)

『삼국사기』는 우리나라 최고最古의 사서史書요 불후의 명귀다. 12세기 고려 인종 23년에 김부식이 감수국사 문하시중(수상)을 퇴직하고 난 다음에 사대모화 사상에 치우쳐 중국의 역사는 환하게 알고 있으나 도리어 자아의 역사를 까맣게 모르고 있는 현실을 개탄하여 인종대왕이 김부식에게 삼국사를 지어 올리라는 명을 받고 찬진한 사찬서私撰書다.

이 사서는 사마천司馬遷의 사기史記를 표준하여 본떠 지은 기전체紀傳體 50권의 역사책이다. 『삼국사기』의 사관史觀은 당시 사대주의 시대라 사대모화 사관의 범주를 피할 수 없었다. 그리고 그는 유학자라 합리적 유교사관에 입각하여 편찬했다. 그러므로 『삼국사기』에 일관된 민족 주체 의식의 관류貫流를 우리는 재발견해야 한다. 『삼국사기』는 황제의 편견사인 본기本紀를 채용하여 서술했다. 당시 우리는 중국에 사대하던 속국, 제후국을 자임하던 시대에 이와 같은 사관은 가위 파천황破天荒이라 하겠다. 그리고 우리의 고유한 전통문화를 존중하고 강한 자아의식을 발휘했다.

문장으로서 『삼국사기』는 당시 일세를 풍미하던 사륙변려체四六 駢儷體를 따르지 않고 서한西漢의 고문체古文體로 저술한 기려웅위綺 麗雄偉한 문장으로서도 걸작에 해당한다.

이와 같이 위대한 사서를 현토懸吐하고 주해하여 '교양한문대학' 교재로 만든 것은 참으로 훌륭한 문학적 쾌거라 하겠다. 이 책을 현 토 주해한 정민호鄭旼浩 선생은 내가 평소에 존경하는 우리나라 문 단의 중진 시인이다. 선생은 어려서부터 한문을 수학한 우리 시대 몇 안 되는 한학자 중의 한 분이다.

한학자 정 선생이 심혈을 기울여 현토 주해한 이 교재를 일독함 에 참으로 놀라울 만치 정확한 현토와 주석으로 우리 학계에 기여함 이 실로 크다고 생각한다. 한문 공부와 역사 공부를 병행하여 성취 할 수 있는 훌륭한 교재라고 높이 평가하며 이 책으로 공부하여 김 부식 공公의 위대한 문장과 역사학이 독자 제언諸彦의 학문향상에 기여비보寄與裨補하기를 기대하면서 서문으로 가름하는 바이다.

2020년 5월 18일

葆蕙莊 鵲巢芸香齋에서 文暻鉉 識之
보혜장 작소운향재   문경현 지지

이 책을 읽는 분들께

현토자의 변

「삼국사기」는 고려시대 대문장가 김부식金富軾이 지은 우리나라 최고의 역사서다. 무슨 책이든 원문으로 읽어야 제맛이 나기 마련인데 많은 사람들이 능력이 모자라 번역본을 읽게 된다. 이 「삼국사기」도 저자의 특유한 문채를 그대로 받아들이려면 한문본漢文本 그대로를 읽어야만 한다.

나는 이번에 뜻한 바가 있어 「삼국사기」에 현토를 하여 주해하면서 한문 문장의 본질을 찾으려고 노력했다. 요즈음 한문 공부를 하는 사람들이 부쩍 늘어나고 있다. 그래서 한문 공부를 하는 사람들이 원문을 읽는데 이해를 돕기 위해 긴 문장은 편하도록 잘라서 현토를 하고 ▶ **어려운 낱말** ◀을 따로 풀이해서 독자들의 이해를 돕고, ▷ **본문풀이** ◁를 두어 해석하는데 도움이 되도록 노력하였다. 원본 한문 역사서를 읽고 한문 공부를 함으로써 역사에 대한 이해도 빨라지게 될 것이 아닌가? 옛날에도 한문을 배우는데 사략史略이나 통감通鑑을 읽어 역사를 익히는 것이 상례이기도 했다.

그래서 나는 경주향교부설 사회교육원 〈신라사반〉에서 원본 삼국사기를 풀이하는 강의를 해 왔었다. 나는 사학자가 아니기 때문에 단순히 원문을 한문적 해석으로 풀이 강의해왔다. 사학적 이론은 문경현 교수를 따랐음을 밝힌다. 그리하여 김부식의 한문 문장을 믿고 맛보기 위하여 그의 한문적 문장을 공부하고 한문을 공부하는 사람들에게 역사적 지식까지 주기 위한 것이었다. 그래서 몇 번의 강의 끝에 교정은 자연적으로 이루어지게 되었으며, 이번에 삼국사기를 찾는 분들이 많아서 이에 축쇄판을 출간하기에 이른 것이고, 신라, 고구려, 백제, 열전을 합하여 소위 통합 삼국사기를 만들게 되었다.

이 책이 많은 사람에게 사랑을 받고, 원문을 읽을 수 있는 기회가 많아지면 많아질수록 우리의 주위에는 지식인들이 늘어날 것이 아닌가 하는 자부심으로 이 글을 현토하고 주해한 것이다. 끝으로 이 책을 위해 기꺼이 서문을 써주신 문경현 박사께 고마움의 인사를 드리며, 이 책이 많은 사람들의 깊은 애정과 아낌을 받을 수 있길 기대하는 바이다.

2020년 榴花節에 懸吐 註解者 鄭旼浩 씀.
유 화 절   현 토 주 해 자 정 민 호

목차

高句麗本紀(고구려본기)

1 始祖 東明聖王

(시조 동명성왕) : B.C. 37~B.C. 19

○始祖『東明聖王』의 姓은 「高」요, 諱는 「朱蒙」
　　시조 동명성왕　　성 고　　 휘　　주몽

[一云「鄒车」, 一云「衆解」]이라. 先是에〈扶餘〉王「解夫
　　　　　　　　　　　　　　　　선시　　부여 왕 해부

婁」가 老,無子하여 祭,山川,求嗣러니 其所御,馬至,
루　　로무자　　제 산천 구사　　기소어 마지

〈鯤淵〉하여 見,大石하고 相對,流淚하다. 王이 怪之
곤연　　　견 대석　　상대 류루　　　왕 괴지

하여 使人,轉其石하니 有,小兒하여 金色,蛙形이
　　사인 전기석　　유 소아　　　금색 와형

라.[蛙,一作蝸] 王이 喜曰,“此乃,天賚我,令胤乎아! ”
　　　　　　왕 희왈　차내 천뢰아 령윤호

하고 乃收而,養之하니 名曰「金蛙」라 하고 及,其長
　　내수이 양지　　명왈 금와　　　급 기장

에 立爲,太子하다. 後에 其相「阿蘭弗」曰,“日者에
　립위 태자　　후 기상 아란불왈　일자

天降,我曰,‘將使,吾,子孫으로 立國於,此하리니 汝
천강 아왈　장사 오 자손　　입국어 차　　여

其,避之하라. 東海之濱에 有地하니 號曰,〈迦葉
기 피지　　동해지빈　유지　　호왈　가섭

原〉이라 土壤,膏腴하고 宜,五穀하니 可都也라.’ ”하
원　　토양 고유　　의 오곡　　가도야

다.「阿蘭弗」이 遂,勸王하여 移都於,彼하고 國號를
　　아란불　수권왕　　이도어 피　　국호

〈東扶餘〉라 하다. 其,舊都에는 有人이 不知,所從
동부여　　　기 구도　　유인 부지 소종

來나 自稱, 天帝子로 「解慕漱」라 하고 來都焉하다.
래　　자칭 천제자　　해모수　　　　　　내도언

及「解夫婁」薨하고 「金蛙」嗣位하니 於是時에 得
급 해부루 훙　　　　금와 사위　　　　어시시　　득

女子於〈太白山:지금의 백두산〉南, 〈優渤水〉하여　問
여자어 태백산　　　　　　　　　남 우발수　　　　　문

之曰, "我是「河伯」之女로 名을 「柳花」라 하다.
지왈　아시 하백 지녀　명　　유화

與, 諸弟로 出遊라가 時에 有, 一男子하여 自言, 天帝
여 제제 출유　　시 유 일남자　　　자언 천제

子「解慕漱」라 하고 誘我於〈熊心山(熊神山)〉下의
자 해모수　　　　　유아어 웅심산　　　　하

〈鴨淥(鴨綠)〉邊, 室中에서 私之하고 卽往, 不返하다.
압록　　　변 실중　　　사지　　　즉왕 불반

父母責我하되 無媒而, 從人이라 하여 遂, 謫居〈優渤
부모책아　　무매이 종인　　　　　수 적거 우발

水〉니이다." 하다. 「金蛙」異之하여 幽閉於室中이러
수　　　　　금와 이지　　　유폐어실중

니 爲日所炤하여 引身避之에 日影이 又逐而, 炤之
위일소소　　　인신피지　　일영　　우축이 조지

하다. 因而, 有孕하여 生, 一卵하니 大如五升, 許하다.
인이 유잉　　생 일란　대여오승 허

王(금와)이 棄之하나 與, 犬豕로 皆, 不食하고 又棄
왕　　　기지　　　여 견시 개 불식　　우기

之路中이나 牛馬, 避之하고 後, 棄之野하여도 鳥覆
지노중　　우마 피지　　후 기지야　　조복

翼之하다. 王, 欲剖之하여도 不能破하니 遂還其母
익지　　　왕 욕부지　　불능파　　수환기모

하다. 其母가 以物, 裹之하고 置於, 暖處러니 有, 一
기모　이물 이지　　치어 난처　유일

男兒가 破殼而, 出이라. 骨表英奇하여 年甫, 七歲에
남아 파각이 출　　골표영기　　년보 칠세

嶷然, 異常하고 自作弓矢하여 射之하니 百發百中
이라. 〈扶餘〉俗語에 善射를 爲「朱蒙」이라 하다. 故
로 以,名云이러라. 「金蛙」에 有,七子하여 常與「朱
蒙」으로 遊戱하니 其伎,能皆不及「朱蒙」이라. 其,
長子「帶素」가 言於王曰, "「朱蒙」은 非人所生이
요, 其,爲人也,勇이니 若不早圖면 恐有後患이리니
請,除之하소서." 하니 王이 不聽하고 使之養馬러라.
「朱蒙」이 知其,駿者하고 而,減食令瘦하고 駑者는
善養令肥하다. 王이 以,肥者로 自乘하고 瘦者를 給
「朱蒙」하다. 後에 獵于,野할새 以「朱蒙」으로 善射
하여 與其,矢小而「朱蒙」이나 獸,甚多하다. 王子及,
諸臣이 又謀殺之하므로 「朱蒙」母가 陰,知之하여
告曰, "國人이 將,害汝하니 以汝才略으로 何往而,
不可하리요? 與其,遲留而,受辱으론 不若遠適以,
有爲하리요." 하다. 「朱蒙」이 乃與〈烏伊(烏伊)〉, 「摩
離」, 「陜父」等, 三人,爲友하여 行至〈淹㴲水〉[一名

〈盖斯水〉, 在今〈鴨綠〉東北]하여 欲渡,無梁이라 恐爲,追
　　　　　　　　　　　　　　　欲渡무량　　공위추

兵所迫하니 告水,曰, "我是,天帝子로「何伯(河伯)」
병소박　　고수왈　　아시천제자　　하백

의 外孫(甥)이니 今日,逃走에 追者垂及,如何오?" 하
　외손　　　금일도주　　추자수급여하

니 於是에 魚鼈이 浮出成橋어늘「朱蒙」이 得渡하
　어시　어별　부출성교　　주몽　득도

니 魚鼈乃解하여 追騎,不得渡러라.「朱蒙」이 行至
　어별내해　　추기부득도　　　주몽　행지

〈毛屯谷〉[『魏書』云; '至〈普述水〉.']하여 遇,三人하니 其,
　모둔곡　　　　　　　　　　　우삼인　　기

一人은 着,麻衣하고 一人은 着,衲衣(장삼)하고 一人
일인　착마의　　일인　착납의　　　일인

은 着,水藻衣(물풀로 만든 옷)하다.「朱蒙」이 問曰,
　착수조의　　　　　　　　　주몽　문왈

"子等은 何許人也오 何姓,何名乎아?" 麻衣者曰,
자등　하허인야　하성하명호　　마의자왈

"名「再思」요.", 衲衣者曰, "名은「武骨」이요.",
명재사　　납의자왈　명　무골

水藻,衣者曰, "名「默居」라." 하고는 而,不言姓하다.
수조의자왈　명묵거　　　　　이불언성

「朱蒙」이 賜「再思」를 姓,「克」氏하고「武骨」에
주몽　사재사　성극씨　　무골

「仲室」氏를,「默居」에게는「少室」氏하다. 乃告於,
중실씨　묵거　　　소실씨　내고어

衆曰, "我方,承景,命하여 欲啓,元基하니 而,適遇,
중왈　아방승경명　　욕계원기　　이적우

此,三賢은 豈非,天賜乎아?" 하고 遂,揆其能하여
차삼현　기비천사호　　　수규기능

各任以事하고 與之,俱至〈卒本川〉[『魏書』云, '至〈紇升
각임이사　여지구지졸본천

骨城〉.」]하다. 觀其土.壤肥美하고 山河險固하여 遂欲
都焉하다. 而.未遑作.宮室하여 但.結廬於〈沸流水〉
上하고 居之하여 國號를〈高句麗〉라 하고 因以「高」
로 爲氏하다.[一云,「朱蒙」이 至〈卒本扶餘〉하니 王이 無子라 見
「朱蒙」이 知非常人하고 以其女로 妻之하니 王薨에「朱蒙」이 嗣位
하다.] 時에「朱蒙」年이 二十二歲이니 是는〈漢〉「孝
元帝」〈建昭〉二年이요〈新羅〉始祖「赫居世」二十
一年.甲申歲也니라. 四方聞之하고 來附者衆하다.
其地連〈靺鞨〉部落으로 恐.侵盜爲害하여 遂.攘斥
之하니〈靺鞨〉이 畏服하여 不敢犯焉하다. 王(주몽)이
見〈沸流水〉中에 有.菜菜葉이 逐流下하고 知.有人
在.上流者하다. 因以.獵.往尋하니 至〈沸流國〉하여
其國王「松讓」이 出見.曰, "寡人이 僻在海隅하여
未嘗得見.君子러니 今日.邂逅相遇하니 不亦幸乎
아! 然이나 不識吾.子自.何而來로다." 答曰, "我是.
天帝子로 來都於.某所라." 하니「松讓」曰, "我累

世爲王이나 地小不足容,兩主로다 君은 立都日淺하
세 위 왕　　　　지 소 부 족 용 양 주　　　　군　　　입 도 일 천

니 爲我,附庸,可乎아?"하니 王이 忿其言하여 因,與
위 아 부 용 가 호　　　　왕　　분 기 언　　　　인 여

之鬪辯이라가 亦,相射以校藝하니 「松讓」이 不能抗
지 투 변　　　역 상 사 이 교 예　　　　송 양　　　불 능 항

이러라.

▶ 어려운 낱말 ◀

[諱] : 이름(휘). [朱蒙(주몽)] : 고구려 동명성왕의 이름. 활을 잘 쏘는 사람을
말했음. [求嗣(구사)] : 후사를 구하다. [御馬(어마)] : 말을 몰다. [鯤淵(곤연)] :
지명. [流淚(유루)] : 눈물을 흘림. [轉其石(전기석)] : 바윗돌을 굴려서. [蛙形
(와형)] : 개구리 모양. [賚(뢰.래)] : 주다. [令胤(영윤)] : 맏아들. 남의 집 아들
을 높여 이르는 말. [金蛙(금와)] : 금개구리. 여기서는 사람의 이름. [阿蘭弗
(아란불)] : 여기서는 인명. [東扶餘(동부여)] : 동북지방에 있었던 고대국가.
[河伯(하백)] : 강물의 신. [鴨淥(압록)] : 지금의 압록강을 이름. 지금의 鴨綠
江. [炤之(조지)] : 그곳을 비추다. [炤] : 비출(조). 밝을(소), 照와 같음. [破
殼(파각)] : 껍질을 깨다. [獵] : 사냥(렵). [樗] : 돌배나무(사). [揆] : 헤아릴
(규). [畏服(외복)] : 두려워서 압복하다. [松讓(송양)] : 비류국 왕의 이름. [邂
逅(해후)] : 만남. [校藝(교예)] : 재주를 끊다.

▷ 본문풀이 ◁

　시조 『동명성왕』의 성은 「고씨」요, 이름은 「주몽」【추모 혹은 중
해라고도 한다.】이다. 이에 앞서 〈부여〉 왕 「해부루」가 나이 늙어서
까지 아들이 없어서 산천에 제사를 드려 아들 낳기를 구하더니 어
느 날 그가 탄 말이 〈곤연〉에 이르러서는 말이 그곳의 큰 돌을 보

고 눈물을 흘렸다. 왕이 이상하게 여기고 사람을 시켜 그 돌을 굴려 보니, 금빛 개구리【와(蛙)는 와(蝸)라고도 한다.】 모양의 어린아이가 있었다. 왕이 기뻐하며 "이 아이가 바로 하늘이 나에게 주신 아들이구나!"라고 말하고, 그를 거두어 기르니, 그를 이름하여 「금와」라고 하고, 그가 장성하자 태자를 삼았다. 그 후에 어느 날 국상 「아란불」이 말하기를, "어느 날 하느님이 나에게 내려와 이르되 '장차 나의 자손으로 하여금 이곳에 나라를 세우게 할 것이니, 너는 여기서 피하라. 동쪽 바닷가에 땅이 있으니 〈가섭원〉이라 땅이 기름져서 오곡을 재배하기에 적합하니 가히 도읍을 정할만하다."고 하였습니다. 「아란불」은 마침내 왕에게 권하여 그곳으로 도읍을 옮기게 하고, 나라 이름을 〈동부여〉라 하였다. 그 옛 도읍에는 어디서 왔는지 알 수 없는 사람이 자칭 천제의 아들 「해모수」라고 하면서, 그곳에 도읍을 정하였다. 그 후에 「해부루」가 죽자, 「금와」가 왕위를 이었으니, 이때 「금와」는 〈태백산〉 남쪽 〈우발수〉에서 한 여자를 만나 그녀의 내력을 물으니, 그녀가 말하기를, "나는 「하백」의 딸이고, 이름은 「유화」라고 했다. 여러 동생들을 데리고 나가 놀았는데, 그때에 한 남자가 있어 자칭 천제의 아들 「해모수」라 하고, 나를 유인하여 〈웅심산〉 아래 〈압록강〉 가에 있는 어느 집으로 데리고 가서 사욕을 채우고, 그 길로 가서는 돌아오지 않았다. 나의 부모는 내가 중매도 없이 남자를 따라간 것을 꾸짖고, 마침내 〈우발수〉에서 귀양살이를 하게 되었습니다."고 대답하였다. 「금와」가 이상하게 생각하여 그녀를 방에 가두었는데, 그녀에게 햇빛이 비쳤고, 그녀가 몸을 피하면 햇빛이 또한 그녀를 따라가면서 비쳤다. 이로 인하여 태기가 있어 다섯 되들이만한 큰 알을 낳았다. 왕이 그 알을 버려 개와 돼지에게 주었으나 모두 먹지 않았으며, 다시 길 가운데 버렸으나 소와 말이 피하고 밟지 않았고, 나중에는 들에 버렸으나 새가 날개로 그것을 덮어 주었다. 왕이 그것을 쪼개려 하였으나 깨뜨릴 수가 없었으므로 마침내 그 어머니에게 돌려주었다. 그 어미가 그것을 감싸서 따뜻한 곳에 두니, 한 사내아이가 껍질을 깨뜨리고 나왔다. 그의 골격과 외모가 뛰어나서 그의 나이 겨우 7세에 보통 사람과 크게 달라서 스스로 활과 화살을 만들어 쏘았는데 백발백중이었다. 〈부여〉 속담에 활을 잘 쏘는 사람을 「주몽」이라 하였기 때문에 이로써 이름을 지었다고 한다. 「금와」에게는 일곱 명의 아들이 있었다. 그들은 항상 「주몽」과 함께 놀았는데, 그들의 재주가 모두 「주몽」을 따르지 못하였다. 그의 맏아들 「대소」가 왕에게 말하기를, "「주몽」은 사람이 낳지 않았으며, 그 사람됨이 용맹하므로, 만일 일찍 처치하지 않으면 후환이 있을까 두려우니, 청컨대 그를 없애 버리소서." 했으나 왕은 이를 듣지 않고, 「주몽」에게 말을 기르게 하였다. 「주몽」은 여러 말 중에서 준마를 알아내어, 그 말에게는 먹이를 적게 주어 여위게 하고, 아둔한 말은 잘 길러 살찌게 하였다. 왕은 살찐 말은 자기가 타고, 여윈 말은 「주몽」에게 주었다. 훗날, 들에서 사냥을 하는데, 「주몽」은 활을 잘 쏜다 하여 화살을 적게 주었다. 그러나 주몽이 잡은 짐승이 훨씬 많았다. 왕자와 여러 신하들은 「주몽」을 죽이려 하므로, 「주몽」의 어머니가 그들의 책략을 몰래 알아내고 「주몽」에게 말하기를, "나라 사람들이 장차 너를 죽이려 하니, 너의 재능과 지략이라면 어디에 간들 살지 못하겠는가? 여기에서 주저하다가 해를 당하기보다 차라리 멀리 가서 큰일을 도모하는 것이 좋을 것이다." 하니, 이에 「주몽」은 「오이」·「마리」·「협보」 등의 세 사람과 벗이 되어, 〈엄사수〉【〈개사수〉라고도 하는데, 현재의 〈압록〉강 동북방에 있다.】에 이르렀다. 거기에서 강을 건너고자 하였으나 다리가 없었다. 그들은 추격해오는 군사들에게 붙잡힐까 걱정이 되어 「주몽」이 강을 향하여 말하기를, "나는 천제의 아들이요, 「하백」의 외손이니 오늘 도망을 하는 길인데, 뒤쫓는 자들이 다가오니 어찌해야 하리요?" 하니, 이때 물고기와 자라가 물 위로 떠올라 다리를 만들어 주기에 「주몽」은 강을 건너고 나서는 물고기와 자라는 곧 흩어졌으므로 뒤쫓던 기병들은 강을 건너지 못하였다. 「주몽」이 〈모둔곡〉【[위서]에는 〈보술수〉에 이르렀다.' 고 기록되어 있다.】에 이르러 세 사람을 만났는데, 한 사람은 삼베옷을 입었고, 한 사람은 장삼을 입었고, 한 사람은 수초로 만든 옷을 입고 있었다. 「주몽」이 묻기를, "그대들은 어떤 사람들이며, 성과 이름이 무엇인가?" 삼베옷을 입은 사람은 "이름이 「재사」"라고 대답했으며, 장삼을 입은 사람은 "이름이 「무골」"이라고 대답했고, 수초로 만든 옷을 입은 사람은 "이름이 「묵거」"라고 대답하면서 성은 말하지 않았다. 「주몽」은 「재사」에게는 「극」씨, 「무골」에게는 「중실」씨, 「묵거」에게는 「소실」씨라는 성을 지어 주었다. 그리고 곧 그들에게 말하기를, "내가 바야흐로 하늘의 명을 받아 나라의 기틀을 창건하려 하는데, 마침 세 분의 어진 인물을 만났으니, 어찌 하늘이 내려준 사람이 아니겠는가?" 하고 「주몽」은 드디어 그들의 재능을 헤아려 각각 일을 맡기고, 그들과 함께 〈졸본천〉【[위세]에는 '흘승골성에 이르렀다.' 고 기록되어 있다.】에 이르렀다. 그들은 그곳의 토지가 비옥하고 산하가 준험한 것을 보고, 마침내 그곳을 도읍으로 정하려 하였다. 그러나 미처 궁실을 짓지 못하여, 〈비류수〉가에 초막을 짓고 살았다. 국호를 〈고구려〉라 하고, 이에 따라 「고」를 성씨로 삼았다.【「주몽」이 〈졸본부여〉에 이르렀을 때, 그곳 왕에게는 아들이 없었는데, 「주몽」이 비상한 사람임을 알아보고, 그의 딸을 아내로 삼게 하였으며, 왕이 별세하자, 「주몽」이 왕위를 이었다는 설도 있다.】이에 「주몽」의 나이 22세였으며, 〈한〉나라 「효원제」〈건소〉 2년, 〈신라〉 시조 「혁거세」 21년 갑신년이었다. 사방에서 소문을 듣고 와서 이곳에 살고자 하는 자가 많았다. 그곳이 〈말갈〉부락과 인접하여 있었으므로, 그들이 침범할까 염려하여 물리쳐 버리니, 〈말갈〉이 두려워하여 감히 침범하지 못하였다. 왕은 〈비류수〉에 채소가 떠내려 오는 것을 보고, 상류에 사람이 산다는 것을 알았다. 인하여 왕은 사냥을 하며 그곳을 찾아 올라가 〈비류국〉에 이르렀다. 그 나라 임금 「송양」이 나와 왕을 보고 말하기를, "과인이 바닷가 한 구석에 외따로 살아와서 군자를 만난 적이 없는데, 오늘 우연히 만나게 되었으니 또한 다행스런 일이 아니겠는가! 그러나 그대가 어디로부터 왔는지 모르겠다." 했다. 「주몽」이 답하기를, "나는 천제의 아들로서, 〈어느 곳〉에 와서 도읍을 정하였다." 라고 대답하니 「송양」이 말하기를, "우리 집안은 누대에 걸쳐 왕 노릇을 하였고, 또한 땅이 비좁아 두 임금을 세울 수 없는데, 그대는 도읍을 정한 지가 얼마 되지 않았으니, 나의 속국이

되는 것이 어떤가?' 했다. 왕이 그의 말에 분노하여 그와 논쟁을
벌이다가 다시 활쏘기로 재주를 비교하게 되었는데,「송양」은 대
항할 수 없었다.

○二年, 夏.六月에「松讓」이 以國.來降하여 以
其地로 爲〈多勿都〉라 하고 封「松讓」하여 爲主하
다. 麗語에 謂.復舊土를 爲〈多勿〉이라 故로 以名
焉이니라.

▶ 어려운 낱말 ◀

[讓] : 사양할(양). [來降(내항)] : 항복하여옴. [麗語(여어)] : 고구려 말로. [復
舊土(복구토)] : 옛 땅을 회복함.

▷ 본문풀이 ◁

2년, 여름 6월에「송양」이 나라를 바쳐 항복했다. 그곳을 〈다
물도〉로 개칭하고,「송양」을 그곳의 군주로 봉했다. 고구려 말로
옛 땅을 회복한 것을 〈다물〉이라 하기 때문에 그곳의 명칭으로
삼은 것이다.

○三年, 春.三月에 黃龍이 見於〈鶻嶺〉하고 秋.
七月에 慶雲이 見〈鶻嶺〉南하니 其色이 靑赤하다.

[鶻] : 송골매(골,홀). [鶻嶺(골령,홀령)] : 고개 이름.

▷ 본문풀이 ◁

3년, 봄 3월에 황룡이 〈골령〉에 나타났다. 가을 7월에, 상서로운 구름이 〈골령〉 남쪽에 나타나니 그 빛이 푸르고 붉었다.

〇四年, 夏四月에 雲霧四起하여 人不辨色,七
　　사 년　하 사 월　　운 무 사 기　　　인 불 변 색 칠
日하다. 秋七月에 營作城郭宮室하다.
일　　　추 칠 월　　영 작 성 곽 궁 실

▶ 어려운 낱말 ◀

[雲霧(운무)] : 구름과 안개. [辨] : 분변할(변). [郭(곽)] : 성씨 곽. 성곽. [城郭宮室(성곽궁실)] : 성곽과 궁궐.

▷ 본문풀이 ◁

4년, 여름 4월에 구름과 안개가 사방에서 일어나 7일 동안이나 사람들이 색깔을 분별하지 못했다. 가을 7월에, 성곽과 궁실을 건축하였다.

〇六年, 秋八月에 神雀이 集宮庭하다. 冬十月
　　육 년　추 팔 월　　신 작　　집 궁 정　　　동 시 월
에 王이 命「烏伊」·「扶芬奴」하여 伐〈大白山(太白
　　왕　명 오 이　　부 분 노　　　　벌 태 백 산
山)〉東南, 〈荇人國〉하여 取其地하고 爲城邑하다.
　　동 남　행 인 국　　취 기 지　　위 성 읍

[神雀(신작)] : 봉황새. [荇] : 마름(행).

▷ 본문풀이 ◁

6년, 가을 8월에 이상한 새가 대궐에 날아들었다. 겨울 10월에, 왕이 「오이」와 「부분노」에게 명하여 〈태백산〉 동남방에 있는 〈행인국〉을 치게 하고, 그 땅을 빼앗아 성읍을 만들었다.

○十年, 秋, 九月에 鸞集於, 王臺하다. 冬, 十一月
　　십 년　추 구 월　　난 집 어 왕 대　　　동 십 일 월
에 王이 命「扶尉猒」으로 伐〈北沃沮〉하여 滅之하
　　왕　명 부 위 염　　　벌 북 옥 저　　　　멸 지
고 以, 其地爲, 城邑하다.
　 이 기 지 위 성 읍

▶ 어려운 낱말 ◀

[鸞] : 난새(난). 瑞鳥이다. [猒] : 물릴(염). [北沃沮(북옥저)] : 지금의 함경북
도 방면.

▷ 본문풀이 ◁

10년, 가을 9월에 난새가 왕대에 모였다. 겨울 11월에, 왕이 「부위염」에게 명하여 〈북옥저〉를 쳐서 멸하고, 그 지역을 성읍으로 만들었다.

○十四年, 秋, 八月에 王母「柳花」가 薨於〈東扶
　　십 사 년　추 팔 월　　왕 모 유 화　　　홍 어 동 부

餘〉하니 其王「金蛙」가 以,太后禮로 葬之하고 遂
여   기왕금와   이태후례   장지   수

立,神廟하다. 冬,十月에 遣使〈扶餘〉하여 饋,方物
립신묘   동시월   견사부여   궤방물

하고 以報其德하다.
이보기덕

▷ 본문풀이 ◁

14년, 가을 8월에 왕의 어머니 「유화」가 〈동부여〉에서 죽으니,
그곳의 왕 「금와」가 그를 태후의 예로 장례지내고, 그의 신묘를
세웠다. 겨울 10월에, 사신을 〈부여〉에 보내 방물을 주어 그 은
덕에 보답하였다.

○ 十九年, 夏,四月에 王子「類利」가 自,〈扶餘〉에
십구년 하사월   왕자유리   자부여

서 與其母와 逃歸하다. 王이 喜之하여 立爲,太子하
여기모   도귀   왕 희지   립위태자

다. 秋,九月에 王이 升遐하니 時年이 四十歲나라.
추구월   왕   승하   시년   사십세

葬〈龍山〉하고 號를 『東明聖王』이라 하다.
장용산   호   동명성왕

▷ 본문풀이 ◁

19년, 여름 4월에 왕의 아들 「유리」가 〈부여〉로부터 그 어머

니와 함께 도망해오니, 왕이 기뻐하여 태자로 삼았다. 가을 9월에, 왕이 서거하였다. 이때 왕의 나이 40세였다. 〈용산〉에 장사지내고, 호를 『동명성왕』이라 하였다.

2 ▌ 瑠璃明王(유리명왕) : B.C. 19~A.D. 18

○ 『瑠璃明王』이 立하다. 諱는 「類利」요, 或云, 「孺
留」하니 「朱蒙」의 元子요, 母는 「禮」氏이다. 初에
「朱蒙」이 在,〈扶餘〉에 取「禮」氏女하여 有娠하다.
「朱蒙」이 歸後에 乃生하다. 是爲「類利」니 幼年에
出遊,陌上에 彈雀이라가 誤破,汲水婦人,瓦器러니
婦人,罵曰, "此兒無父라 故로 頑,如此로다." 하니
「類利」慙하여 歸問,母氏하되 "我父何人이며 今在
何處오?" 하니 母曰, "汝父는 非常人也라, 不見,容
於國하여 逃歸南地하여 開國稱王하니라. 歸時에

謂予曰, '汝若生,男子어든 則,言我하되 有,遺物이
위여왈 여약생남자 즉언아 유유물

藏在,七稜石上의 松下하니 若能,得此者가 乃,吾
장재칠능석상 송하 약능득차자 내오

子也라.'"하니 「類利」聞之하고 乃往山谷하여 索
자야 유리 문지 내왕산곡 색

之不得이라 倦而還하다. 一旦,在,堂上하여 聞,柱
지부득 권이환 일단재당상 문주

礎間에 若有聲하여 就而見之하니 礎石에 有,七稜
초간 약유성 취이견지 초석 유칠릉

하다. 乃搜於,柱下하여 得,斷劍一段하다. 遂,持之
내수어주하 득단검일단 수지지

與「屋智」,「句鄒」,「都祖」等, 三人하여 行至〈卒
여 옥지 구추 도조 등 삼인 행지졸

本:지금의 桓因〉하여 見,父王하고 以,斷劍奉之하다.
본 견부왕 이단검봉지

王이 出己所有,斷劍하여 合之하니 連爲一劍하다.
왕 출기소유단검 합지 연위일검

王이 悅之하고 立爲,太子하여 至是,繼位하니라.
왕 열지 입위태자 지시계위

▶ 어려운 낱말 ◀

[元子(원자)] : 맏아들. 태자. [陌上(맥상)] : 밭둑, 언덕. [彈雀(탄작)] : 참새를
잡다가. [汲水(급수)] : 물을 긷다. [瓦器(와기)] : 물동이. [罵曰(매왈)] : 꾸짖기
를. [頑] : 완고할(완). [慙] : 부끄러울(참). [何處(하처)] : 어디에. [七稜石(칠
능석)] : 일곱 모진 돌. [倦而還(권이환)] : 지쳐 돌아오다. [柱礎(주초)] : 주초에
얹힌 기둥. [斷劍(단검)] : 끊어진 칼. [繼位(계위)] : 임금 자리를 이어받다.

▷ 본문풀이 ◁

『유리명왕』이 왕위에 올랐다. 그의 이름은 「유리」요, 혹은 「유

류」라고도 하니, 그는 「주몽」의 맏아들이요, 그의 어머니는 「예」
씨 이다. 처음에 「주몽」이 〈부여〉에 있을 때, 「예」씨에게 장가들
었는데, 그녀에게 태기가 있었다. 그녀는 「주몽」이 떠난 뒤에 아
이를 낳았다. 이 아이가 「유리」였으니, 「유리」가 어렸을 때, 거
리에 나가 놀면서 참새를 쏘다가 물 긷는 부인의 물동이를 잘못
쏘아 깨뜨렸으니 그 부인이 꾸짖어 말하기를, "이 아이는 애비가
없어서 이렇게 논다."라고 하였다. 「유리」가 부끄럽게 여기고 돌
아와서 어머니에게 묻기를, "우리 아버지는 어떤 사람이며 지금
은 어디에 계십니까?' 하니, 어머니가 대답하기를, "너의 아버지
는 비상한 사람이어서 나라에서 용납하지 않았기에, 남쪽 지방으
로 도망하여 나라를 세우고 왕이 되었다. 아버지가 떠날 때 나에
게 말하기를, '당신이 만약 아들을 낳으면, 나의 유물이 칠각형의
돌 위에 있는 소나무 밑에 숨겨져 있다고 말하시오. 만일 이것을
발견하면 곧 나의 아들일 것이오.'"라고 말했다. 「유리」가 이 말
을 듣고 바로 산골로 들어가 그것을 찾았으나 얻지 못하고 지친
상태로 돌아왔다. 하루는 「유리」가 마루에 앉아 있었는데, 기둥
과 주춧돌 사이에서 무슨 소리가 나는 듯하여 가보니, 주춧돌이
칠각형이었다. 그는 곧 기둥 밑을 뒤져서 부러진 칼 조각을 찾아
냈다. 그는 마침내 이것을 가지고 「옥지」·「구추」·「도조」 등의
세 사람과 함께 〈졸본〉으로 가서, 부왕을 만나 부러진 칼을 바쳤
다. 왕이 자기가 가졌던 부러진 칼 조각을 꺼내어 맞추어 보니,
하나의 칼로 이어졌다. 왕이 기뻐하여 그를 태자로 삼았는데, 이
때에 와서 왕위를 잇게 된 것이다.

○二年, 秋, 七月에 納〈多勿〉侯,「松讓」之女하여
이년 추칠월 납다물후 송양 지녀

爲妃하다. 九月에 西狩獲, 白獐하다. 冬, 十月에 神
위비 구월 서수획백장 동시월 신

雀集, 王庭하다. 〈百濟〉始祖,「溫祚」立하다.
작집왕정 백제 시조 온조 입

▶ 어려운 낱말 ◀

[納] : 들이다(납). [西狩(서수)] : 서쪽으로 사냥을 나가다. [狩] : 사냥(수). 狩
獵. [白獐(백장)] : 흰 노루.

▷ 본문풀이 ◁

2년, 가을 7월에 〈다물〉 후 「송양」의 딸을 왕비로 맞았다. 9월
에, 서쪽 지방으로 사냥을 나가 흰 노루를 잡았다. 겨울 10월에,
이상한 새들이 대궐에 모였다. 〈백제〉 시조 「온조」가 왕위에 올
랐다.

○三年, 秋, 七月에 作, 離宮於〈鶻川〉하다. 冬, 十
삼년 추칠월 작이궁어골천 동시

月에 王妃「松」氏薨하다. 王이 更娶, 二女하여 以,
월 왕비송씨흥 왕 갱취이녀 이

繼室하니 一曰「禾姬」니 〈鶻川〉人之, 女也요, 一曰
계실 일왈 화희 골천인지여야 일왈

「雉姬」이니 〈漢〉人之, 女也라. 二女爭寵하여 不相
치희 한 인지녀야 이녀쟁총 불상

和하니 王이 於〈涼谷〉에 造, 東西二宮하고 各置之
화 왕 어양곡 조동서이궁 각치지

하다. 後에 王이 田於〈箕山〉하여 七日不返이러니
후 왕 전어기산 칠일불반

二女,爭鬪하여「禾姬」罵,「雉姬」曰,"汝〈漢〉家,婢
이녀 쟁투   화희 매 치희 왈 여 한 가 비

妾이 何,無禮之,甚乎아?"하니「雉姬」慙恨하여 亡
첩   하 무례지 심호   치희 참한   망

歸하다. 王이 聞之하고 策馬追之하나「雉姬」怒,不
귀   왕   문지   책마추지   치희 노 불

還하다 王이 嘗息,樹下하다가 見,黃鳥飛集하고 乃
환   왕   상식 수하   견 황조비집   내

感而歌曰,
감 이 가 왈

『翩翩黃鳥여 雌雄相依로다. 念我之獨하니 誰
편편황조   자웅상의   염아지독   수

其與歸리요?』하다.
기 여 귀

▶ 어려운 낱말 ◀

[離宮(이궁)] : 별궁. [更娶(갱취)] : 다시 장가들다. [繼室(계실)] : 부인을 다시
들이다. [爭寵(쟁총)] : 사랑을 다투다(사랑싸움). [田於(전어)] : ~에 사냥을
하러 가다. 田은 전렵. [慙恨(참한)] : 부끄럽고 한스러워. [策馬(책마)] : 말에
채찍을 치며. [嘗息(상식)] : 휴식. [黃鳥(황조)] : 꾀꼬리. [翩翩(편편)] : 펄펄.
새가 나는 소리. [雌雄(자웅)] : 암수. [念我之獨(염아지독)] : 나의 이 외로움
을 생각하니.

▷ 본문풀이 ◁

3년, 가을 7월에 〈골천〉에 이궁을 지었다. 겨울 10월에, 왕비「송」
씨가 죽었다. 왕이 다시 두 여자에게 장가를 들어 후실로 삼았는데,
한 사람은「화희」이니, 〈골천〉 사람의 딸이고, 다른 한 사람은「치
희」이니 〈한〉나라 사람의 딸이었다. 두 여자는 서로 사랑을 차지

하려 했으므로 화목하게 지내지 못했다. 왕은 〈양곡〉에 동궁과 서궁을 지어 각각 따로 살게 하였다. 그 후, 왕이 〈기산〉으로 사냥을 떠나 7일 동안 돌아오지 않았다. 두 여인은 다투다가 「화희」가 「치희」를 욕하며 말하기를, "네가 한인의 집에 살던 비첩으로서 어찌 무례함이 이토록 심한가?" 「치희」는 부끄럽고 분하여 집으로 도망 가버렸다. 왕이 이 소식을 듣고, 말을 채찍질하여 쫓아갔으나 「치희」는 분함을 참지 못하여 돌아오지 않았다. 왕이 돌아오는 길에 나무 밑에서 휴식을 취하다가, 꾀꼬리가 모여드는 것을 보고 느끼는 바 있어 노래를 불렀다.

『펄펄 나는 저 꾀꼬리도, 암수가 서로 노니는데,
외로운 나의 몸은 뉘와 함께 돌아가리.』―〈황조가〉

○十一年, 夏四月에 王이 謂群臣曰, "「鮮卑」
십일년 하사월 왕 위군신왈 선비
恃險하고 不我和親하니 利則出抄하고 不利則入
시험 불아화친 이즉출초 불리즉입
守하여 爲國之患하다 若有人能折此者면 我將
수 위국지환 약유인능절차자 아장
重賞之하리라." 「扶芬奴」進曰, "「鮮卑」는 險固之
중상지 부분노진왈 선비 험고지
國이요 人勇而愚하여 難以力鬪하고 易以謀屈하
국 인용이우 난이력투 이이모굴
니다." 王曰, "然則, 爲之奈何오?" 答曰, "宜使
왕왈 연즉 위지내하 답왈 의사
人으로 反間入彼하여 僞說하되 '我國이 小而兵
인 반간입피 위설 아국 소이병
弱하여 怯而難動이라.' 하면 則「鮮卑」必易我하고
약 겁이난동 즉 선비 필이아

不爲之備하리다. 臣은 俟其隙하여 率,精兵으로 從,
間路하여 依,山林以,望其城하다. 王이 使以,羸兵으
로 出其城南하면 彼必,空城而遠追之하리다. 臣이
以,精兵으로 走入其城하고 王은 親率,勇騎挾擊之
하면 則,可克矣리다.”하니 王이 從之하다. 「鮮卑」
가 果,開門出兵하여 追之하니 「扶芬奴」가 將兵,走
入其城하니 「鮮卑」가 望之하고 大驚還奔하다. 「扶
芬奴」가 當關拒戰하여 斬殺甚多하다. 王이 擧旗,
鳴鼓而前하니 「鮮卑」는 首尾受敵하여 計窮力屈
이라 降爲屬國하다. 王이 念「扶芬奴」功하여 賞以
食邑하니 辭曰, “此는 王之德也어늘 臣이 何功焉
이리요?”하고 遂,不受하므로 王이 乃賜,黃金三十
斤과 良馬,一十匹하다.

▶ 어려운 낱말 ◀

[鮮卑(선비)] : 선비족. 東胡의 일족. [恃險(시험)] : 지세의 험함만 믿고. [間路
(간로)] : 사잇길. [利則出抄(이즉출초)] : 이로우면 나가 노략질하고. [不利則
入守(불리즉입수)] : 불리하면 안으로 들어가서 수비만 함. [力鬪(역투)] : 힘으로 싸우다. [奈何(내하)] : 어찌할까? [羸兵(이병)] : 지친 군사. 羸師(이사)와 같음. [受敵(수적)] : 적을 맞이하여.

▷ 본문풀이 ◁

11년, 여름 4월에 왕이 여러 신하에게 말하기를, "「선비」가 자기네 땅의 지세가 험한 것을 믿고, 우리와 화친하려 하지 않으며, 정세가 유리하면 나와서 약탈하고, 불리하면 들어가 수비를 하니, 나라의 걱정거리로다. 만약 이들을 제거하는 자가 있다면 내가 장차 큰 상을 주겠노라." 했다. 「부분노」가 앞으로 나와 말하기를, "「선비」는 지세가 험준하며, 사람들이 용감하고 우직하여 힘으로 싸우기는 어렵지만, 꾀로써 그들을 굴복시키기는 쉽습니다."라고 대답하였다. 왕은 "그렇다면 어떻게 하겠는가?"라고 물었다. 「부분노」가 대답하기를, "거짓 간자를 만들어 그들에게 보내어 거짓말을 하되, '우리나라는 작고, 군대가 약하므로 겁이 나서 움직이지 못 한다.' 고 하면, 「선비」가 반드시 우리를 얕잡아 보고 수비를 하지 않을 것입니다. 제가 그 틈을 이용하여 정병을 거느리고 사잇길로 들어가 산림 속에 숨어서 그 성을 노리고 있겠습니다. 이때 왕께서 약간의 군사를 적의 성 남쪽으로 출동시킨다면, 적은 틀림없이 성을 비우고 먼 곳까지 추격해올 것입니다. 그리되면 저는 정병을 거느리고 그들의 성으로 달려 들어가고, 왕께서 용감한 기병을 거느리고 그들을 양쪽에서 협공하면 승리할 수 있을 것입니다." 했다. 왕이 이 의견을 따랐다. 「선비」는 과연 성문을 열고 군사를 출동시켜 추격해왔다. 이때, 「부분

「노」가 군사를 거느리고 성으로 달려 들어가니, 「선비」가 이것을 보고 크게 놀라서 다시 성 안으로 달려들어 왔다. 「부분노」는 성 문에서 싸워 그들을 수없이 목 베어 죽였다. 그때, 왕이 깃발을 들고 북을 올리며 전진하였다. 「선비」가 앞뒤로 적을 맞이하여, 대책이 없고 힘이 다하자 항복하여 속국이 되었다. 왕이 「부분 노」의 공로를 생각하여, 상으로 식읍을 주었다. 「부분노」는 사양 하며, "이는 왕의 덕이거늘 저에게 무슨 공이 있겠습니까?"라고 말하고는 상을 받지 않았다. 왕은 황금 30근과 좋은 말 열 필을 주었다.

○ 十三年, 春.正月에 熒惑守.心星하다.
　　 십 삼 년 춘 정 월 　 형 혹 수 심 성

▷ **본문풀이** ◁

13년, 봄 정월에 〈화성〉이 심성 성좌에 머물렀다.

○ 十四年, 春.正月에 〈扶餘〉王, 「帶素」가 遣使
　　 십 사 년 춘 정 월 　 부 여 왕 대 소 　 견 사
來聘하고 請交.質子하다. 王이 憚.〈扶餘〉强大하여
내 빙 　 청 교 질 자 　 왕 탄 부 여 강 대
欲以太子「都切」로 爲質하다 「都切」이 恐.不行하
욕 이 태 자 도 절 　 위 질 　 도 절 　 공 불 행
니 「帶素」가 悉之하다. 冬.十一月에 「帶素」가 以
대 소 　 에 지 　 동 십 일 월 　 대 소 　 이
兵.五萬으로 來侵하다가 大雪로 人多凍死하여 乃
병 오 만 　 내 침 　 대 설 　 인 다 동 사 　 내

去하다.
거

▶어려운 낱말◀

　[交質(교질)] : 인질의 교환. [憚] : 꺼릴(탄). [恚] : 성낼(에). [來侵(내침)] : 침
　략하여 오다. [凍死(동사)] : 얼어 죽다. [乃去(내거)] : 곧 돌아감.

▷본문풀이◁

　14년, 봄 정월에 〈부여〉 왕 「대소」가 사신을 보내와 방문하고,
인질의 교환을 요청하였다. 왕은 〈부여〉의 강대함을 두려워하여,
태자 「도절」을 인질로 보내려 하였다. 그러나 「도절」이 두려워하
여 가지 않자 「대소」가 분개하였다. 겨울 11월에, 「대소」가 군사
5만을 거느리고 와서 침범하였으나, 큰 눈이 내려 얼어 죽는 자가
많이 생기자, 곧 돌아갔다.

　○十九年, 秋八月에 郊豕逸하니 王이 使「託利」
　　　십구년 추팔월   교시일   왕   사 탁리
와 「斯卑」로 追之하여 至〈長屋〉澤中하여 得之하고
　　사비   추지   지 장옥 택중   득지
以.刀로 斷其脚筋하다. 王이 聞之怒하여 曰, “祭天
이 도   단기각근   왕 문지노   왈   제천
之.牲을 豈可傷也아?” 하고 遂投.二人.坑中하여 殺
지 생   기가상야   수투 이인 갱중   살
之하다. 九月에 王이 疾病하니 巫曰, “「託利」와
지   구월 왕 질병   무왈   탁리
「斯卑」爲崇이라.” 하니 王이 使謝之하니 卽愈하니
　사비 위숭   왕 사사지   즉유
라.

[郊豕(교시)] : 郊는 祭天所요, 豕는 희생물인 돼지를 말함. [逸(일)] : 달아나
다. 도망가다. [脚筋(각근)] : 다리의 근육. [牲(생)] : 희생물. [坑(갱)] : 구덩
이. [爲崇(위숭)] : ~가 원인이 되다.

▷ 본문풀이◁

 19년, 가을 8월에 교제(郊祭)에 쓸 돼지가 달아나니, 왕이 「탁
리」와 「사비」를 시켜 찾아오게 하여 그들은 〈장옥〉 못가에 이르
러 돼지를 발견하고, 칼로 다리의 근육을 잘랐다. 왕이 이를 듣고
노하여 말하기를, "하늘에 제사 지낼 희생에 어찌 상처를 낼 수 있
는가?' 하고 왕은 두 사람을 구덩이 속에 던져 죽였다. 9월에, 왕
이 병들어서 무당에게 물으니, "「탁리」와 「사비」의 귀신이 원인이
되었다."고 하므로, 왕이 그를 시켜 귀신에게 사죄하게 하였다. 곧
왕의 병이 나았다.

○二十年, 春正月에 太子「都切」이 卒하다.
　　이 십 년　춘 정 월　　　태 자　도 절　　　졸

▷ 본문풀이◁

 20년, 봄 정월에 태자 「도절」이 죽었다.

○二十一年, 春三月에 郊豕逸하니 王이 命掌
　　이 십 일 년　춘 삼 월　　　교 시 일　　　왕　　명 장
牲「薛支」로 逐之하여 至〈國内〉〈尉那巖〉하여 得
　생　설 지　　　축 지　　　지 국 내　위 나 암　　　득

之하다. 拘於〈國內〉人家하여 養之하고 返,見王曰,
지　　　구어 국내 인가　　　양지　　　반 견왕왈

"臣이 逐豕하여 至〈國內〉〈尉那巖〉하여 見其,山
신　축시　　　지 국내　위나암　　　　견기 산

水深險과 地宜五穀하고 又多,麋鹿魚鼈之産하니
수심험　　지의오곡　　　우다 미록어별지산

다. 王이 若,移都하면 則不唯,民利之無窮과 又可
왕　약 이도　　　즉불유 민리지무궁　　우가

免,兵革之患也하리다."夏,四月에 王이 田于〈尉
면 병혁지환야　　　　하 사월　왕　　전우 위

中林〉하다. 秋,八月에 地震하다. 九月에 王이 如
중림　　　추 팔월　지진　　　구월　왕　여

〈國內:尉那巖〉하여 觀,地勢하고 還至〈沙勿〉澤하여
국내　　　　　　관 지세　　　환지 사물 택

見,一丈夫가 坐,澤上石하여 謂王曰,"願爲王臣하
견 일장부　좌 택상석　　　위왕왈　원위왕신

니이다."하니 王이 喜許之하여 因,賜名「沙勿」과 姓
왕　희허지　　인 사명 사물　　성

〈位〉氏하다.
위 씨

▶ 어려운 낱말 ◀

[掌牲(장생)] : 희생물을 맡다. [拘] : 가두다(구). [深險(심험)] : 깊고 험함. [麋
鹿魚鼈(미록어별)] : 사슴과 같은 짐승과 물고기들. [不唯(불유)] : 오직 ~할 뿐
아니라. [兵革(병혁)] : 군사 및 전쟁에 관한 일.

▷ 본문풀이 ◁

　21년, 봄 3월에 교제에 쓸 돼지가 달아났다. 왕이 장생 「설지」에
게 명하여 뒤쫓게 하였다. 그는 〈국내〉〈위나암〉에 이르러서 돼지

를 붙잡아 우선 〈국내〉 사람의 집에서 기르게 하였다. 「설지」가 돌아와 왕에게 말하기를, "제가 돼지를 따라 〈국내〉〈위나암〉에 갔는데, 그곳 자연이 준험하고, 토양이 오곡을 재배하기에 적합하며, 또한 산짐승과 물고기 등 산물이 많은 것을 보았습니다. 왕께서 그곳으로 도읍을 옮긴다면, 백성들의 복리가 무궁할 뿐 아니라, 또한 전쟁에 대한 걱정을 하지 않아도 될 것입니다." 했다. 여름 4월에, 왕이 〈위중림〉에서 사냥을 하였다. 가을 8월에, 지진이 있었다. 9월에, 왕이 〈국내〉에 가서 지세를 돌아보고 오다가 〈사물〉못에 이르러, 한 사나이가 연못 가운데의 돌 위에 앉아 있는 것을 보았다. 그가 왕에게, "왕의 신하가 되기를 원합니다."라고 하였다. 왕이 흔쾌히 허락하고, 그에게 「사물」이라는 이름과 「위」씨라는 성을 주었다.

○二十二年, 冬,十月에 王이 遷都於〈國内(國内城)〉하고 築,〈尉那巖:지금의 洞溝山城子〉城하다. 十二月에 王이 田于〈質山〉陰하여 五日不返하다. 大輔「陜父」가 諫曰, "王이 新移都邑하여 民不安堵하니 宜,孜孜焉하여 刑政之是恤이온대 而不念此하고 馳騁田獵하시어 久而不返하니 若不,改過自新이시면 臣恐,政荒民散하여 先王之業이 墜地니이다."하

니 王왕이 聞之문지하고 震怒진노하여 罷파「陜父협보」職직하고 俾司비사
官園관원하더니 「陜父협보」, 憤去之분거지〈南韓남한〉하다.

▶ 어려운 낱말 ◀

[質山陰(질산음)] : 質山은 지명이요, 陰은 북쪽을 말함. [大輔(대보)] : 벼슬 이름. [陜父(협보)] : 동명의 전설 속에 보이는 인물. 烏伊.摩離.陜父의 3인 중의 한 사람. [安堵(안도)] : 安心, 安居. [孜孜(자자)] : 부지런히 힘쓰는 모양. [刑政(형정)] : 정사를 말함. [恤] : 구휼할(휼). [馳騁田獵(치빙전렵)] : 말을 달려 사냥을 떠나다. [不返(불반)] : 돌아오지 아니함. [改過自新(개과자신)] : 허물을 고쳐서 스스로 새롭게 하다. [臣恐(신공)] : ~할까봐 신은 두렵다. [政荒民散(정황민산)] : 정치가 황폐하고 백성들의 마음이 흩어짐. [墜地(추지)] : 땅에 떨어지다. [俾司(비사)] : 맡기다. [官園(관원)] : 公家의 관리인.

▷ 본문풀이 ◁

22년, 겨울 10월에 왕이 〈국내〉로 도읍을 옮기고, 〈위나암〉성을 쌓았다. 12월에, 왕이 〈질산〉 북쪽에서 사냥하면서 닷새 동안이나 돌아오지 않았다. 대보 「협보」가 간하기를, "왕께서 새로 도읍을 옮겨 백성들이 아직 안정되지 못했습니다. 따라서 응당 열심히 사회의 안정과 정치와 백성의 구휼 사업을 돌보아야 할 것인데, 이러한 일을 생각하지 않고, 말을 달려 사냥을 떠나서 오랫동안 돌아오지 않으니, 왕께서 만일 이러한 잘못을 고쳐 자신을 새롭게 하지 않는다면, 정치는 황폐하고 백성들은 흩어져 선왕의 업적이 사라지지 않을까 두렵습니다." 하니, 왕이 이 말을 듣고 크게 노하여 「협보」의 관직을 파면하고, 관가의 장원을 관리하게

하였더니 「협보」가 분개하여 그 나라를 떠나 〈남한〉으로 갔다.

○ 二十三年, 春.二月에 立.王子「解明」하여 爲.
이 십 삼 년 춘 이 월   입 왕 자 해 명   위
太子하고 大赦國內하다.
태 자   대 사 국 내

▶ 어려운 낱말 ◀

  [大赦(대사)] : 대사면을 실시함.

▷ 본문풀이 ◁

  23년, 봄 2월에 왕의 아들 「해명」을 태자를 삼고 국내의 죄수
들을 크게 사면하였다.

○ 二十四年, 秋.九月에 王이 田于〈箕山〉之野하
이 십 사 년 추 구 월   왕   전 우 기 산 지 야
다가 得.異人하니 兩腋有羽하다. 登之.朝하여 賜姓
득 이 인   양 액 유 우   등 지 조   사 성
「羽」氏하고 俾尙王女하다.
우 씨   비 상 왕 녀

▶ 어려운 낱말 ◀

  [兩腋(양액)] : 양쪽 겨드랑이. [賜姓(사성)] : 성을 주다. [俾尙(비상)] : ~에게
주다. 장가들게 하다.

▷ 본문풀이 ◁

  24년, 가을 9월에 왕이 〈기산〉의 들에서 사냥하다가 이상한

사람을 만났으니, 그는 양쪽 겨드랑이에 날개가 있었다. 그를 조정에 등용하여 「우」씨 성을 주고, 왕의 딸을 아내로 삼게 하였다.

○二十七年, 春正月에 王太子「解明」이 在古
　　이십칠년　춘정월　　왕태자　해명　　　재고

都하니 有力而好勇하다. 〈黃龍國〉王이 聞之하고
도　　유력이호용　　황룡국왕　　문지

遣使以强弓爲贈하다. 「解明」이 對其使者하여 挽
견사이강궁위증　　해명　　대기사자　　만

而折之曰, "非予有力이라, 弓이 自不勁耳니라."
이절지왈　비여유력　　궁　자불경이

하다『黃龍王』이 慙하니 王(유리)이 聞之怒하여 告
　　황룡왕　참　　왕　　　문지노　　고

『黃龍王』曰, "「解明」이 爲子不孝하니 請爲寡人
황룡왕왈　　해명　　위자불효　　청위과인

하여 誅之하오." 하다. 三月에 「黃龍王」이 遣使하여
　　주지　　　　삼월　　황룡왕　　견사

請太子相見하니 太子欲行하다 人有諫者하여 曰,
청태자상견　　태자욕행　　인유간자　　왈

"今隣國이 無故請見하니 其意不可測也라." 하다.
금인국　무고청견　　기의불가측야

太子曰, "天之不欲殺我한대 「黃龍王」이 其如我
태자왈　천지불욕살아　　황룡왕　　기여아

何오?" 하고 遂行하다. 「黃龍王」이 始謀殺之라가
하　　　수행　　황룡왕　　시모살지

及見不敢加害하고 禮送之하다.
급견불감가해　　예송지

▶ 어려운 낱말 ◀

[古都(고도)] : 卒本을 말함. [好勇(호용)] : 용맹을 좋아함. [强弓(강궁)] : 센 활.

[挽而折之(만이절지)] : 활을 당겨 꺾다. [不勁(불경)] : 단단하지 못함. [慙]:
부끄러울(참). [隣國(인국)] : 이웃나라. [謀殺(모살)] : 죽이기를 도모함. [加
害(가해)] : 해를 가함. 죽이다. [禮送(예송)] : 예를 갖추어 돌려보냄.

▷ 본문풀이 ◁

27년, 봄 정월에 왕태자 「해명」이 옛 도읍에 남아 있었다. 그는
힘이 세고 용감하였다. 〈황룡국〉 왕이 이 소문을 듣고 사신을 보
내 센 활을 선사하였다. 「해명」이 그 사신 앞에서 활을 당겨 꺾으
면서 "내가 힘이 센 것이 아니라, 활 그 자체가 강하지 않다."고 말
했다. 『황룡왕』이 부끄러워하니 왕이 이 말을 듣고 노하여 『황룡
왕』에게 "「해명」은 자식으로서 효성이 없으니, 청컨대 나를 위하
여 죽여 버리라."라고 말했다. 3월에, 『황룡왕』이 사신을 보내 태
자와 만나기를 요청하였다. 태자가 가려고 하니, 어떤 사람이 만
류하며 간하기를, "오늘 이웃 나라에서 이유 없이 만나자고 하니,
그 의도를 알 수가 없다."고 하였다. 태자가 말하기를, "하늘이 나
를 죽이려 하지 않는다면, 『황룡왕』이 나를 어찌하겠는가?"라고
하면서 드디어 떠났다. 『황룡왕』이 처음에는 그를 죽이고자 하였
으나, 만나보고는 감히 해치지 못하고 예절을 갖추어 돌려보냈다.

○二十八年, 春.三月에 王이 遣人하여 謂「解明」
이십 팔 년 춘 삼 월   왕   견 인   위 해 명

曰, "吾.遷都는 欲安民而.固邦業이어늘 汝不我隨
왈   오 천 도   욕 안 민 이 고 방 업   여 불 아 수

하고 而恃剛力하여 結怨於.隣國하니 爲.子之道가
이 시 강 력   결 원 어 린 국   위 자 지 도

其若是乎아?"하고 乃賜劒使自裁하다. 太子卽欲
기 약 시 호   내 사 검 사 자 재   태 자 즉 욕

自殺이어늘 或止之曰, "大王長子已卒로 太子正
자 살   혹 지 지 왈   대 왕 장 자 이 졸   태 자 정

當爲後어늘 今使者一至而自殺하니 安知其非
당 위 후   금 사 자 일 지 이 자 살   안 지 기 비

詐乎아?" 太子曰, "嚮에 『黃龍王』이 以强弓遺之
사 호   태 자 왈   향   황 룡 왕   이 강 궁 유 지

에 我恐其輕我國家하여 故로 挽折而報之어늘
아 공 기 경 아 국 가   고   만 절 이 보 지

不意見責於父王하여 今父王이 以我爲不孝라 하
불 의 견 책 어 부 왕   금 부 왕   이 아 위 불 효

여 賜劒自裁하시니 父之命을 其可逃乎아?"하고
사 검 자 재   부 지 명   기 가 도 호

乃往〈礪津〉〈東原〉하여 以槍揷地하고 走馬觸之
내 왕 여 진 동 원   이 창 삽 지   주 마 촉 지

而死하니 時年이 二十一歲러라. 以太子禮로 葬於
이 사   시 년   이 십 일 세   이 태 자 례   장 어

〈東原〉하고 立廟하여 號其地하여 爲〈槍原〉이라
동 원   입 묘   호 기 지   위 창 원

하다.

▶ 어려운 낱말 ◀

[自裁(자재)] : 자살. [嚮] : 저번에. 항하여(향). [逃(도)] : 어기다. 면하다. 도
망가다. [礪] : 숫돌(려). [槍揷地(창삽지)] : 창을 땅에 꽂다.

▷ 본문풀이 ◁

28년, 봄 3월에 왕이 사람을 보내 「해명」에게 말했다. "내가 도
읍을 옮긴 것은, 백성들을 안정시켜 국가의 위업을 다지려는 것

인데, 네가 나를 따르지 않고 힘이 센 것을 믿고 이웃 나라와 원한을 맺었으니, 자식 된 도리가 이와 같을 수 있는가?' 그리고 태자에게 칼을 주어 자결하게 하였다. 태자가 즉시 자결하려 하니, 어떤 사람이 말리면서 말하기를, "대왕의 맏아들이 이미 죽었으므로, 태자께서는 정당하게 후계자가 될 것입니다. 지금 왕의 사자가 한 번 와서 말한다 하여 자결한다면, 왕의 지시가 진실이라는 것을 어떻게 알겠습니까?' 태자가 말하기를, "전번에 『황룡왕』이 강한 활을 보냈기에, 나는 그들이 우리나라를 업신여길까 걱정되어, 일부러 활을 잡아 당겨 꺾음으로써 답한 것인데, 뜻밖에 부왕의 견책을 당하게 되었다. 이제 부왕이 나를 불효하다고 생각하여 칼을 내려 자결케 하니, 아버지의 명령을 거역할 수 있겠느냐?' 하고, 태자는 〈여진〉 〈동원〉으로 가서 창을 땅에 꽂아 놓고, 말을 타고 달려 그 창에 찔려 자결하였다. 이때 나이가 21세였다. 태자의 예식으로 〈동원〉에 장사지내고, 그곳에 사당을 세웠다. 이에 따라 그 땅을 〈창원〉이라 하였다.

○論曰, 孝子之事親也는 當,不離左右以,致孝어늘 若『文王』之,爲世子로다.「解明」은 在於別都하여 以,好勇聞하니 其於得罪也는 宜矣니라. 又聞之하니 傳曰, "愛子,敎之以,義方하고 弗納於邪하다." 하니 今,王이 始,未嘗敎之라가 及其惡成하니

疾之已甚하여 殺之而後已하니 可謂父不父하고
질지이심　살지이후이　가위부불부

子不子矣니라.
자부자의

【 저자의 견해 】

효자가 어버이를 섬김에 있어서는, 마땅히 어버이의 곁을 떠나지 않는 것으로 효도를 삼아, 마치 『문왕』이 세자 시절에 행동하듯 하여야 한다. 「해명」은 옛 도읍에 살면서 용맹을 좋아한다고 소문이 났으니, 그는 당연히 죄를 범한 것이다. 또한 전해오는 말에 "아들을 사랑하거든 옳은 방향으로 가르치고, 사악한 길로 들어가지 않도록 하라."라는 말을 들은 적이 있으니, 왕이 처음에는 한 번도 가르친 일이 없다가 죄악이 이루어진 다음에 지나치게 미워하여 죽여버리고 말았으니, 이야말로 애비는 애비답지 못하고, 자식은 자식답지 못하다고 할 수 있다.

○秋八月에 『扶餘王』 「帶素」의 使來讓王曰,
추팔월　부여왕　대소　사래양왕왈

"我先王이 與先君『東明王』으로 相好어늘 而誘
아선왕　여선군동명왕　상호　이유

我臣하여 逃至此는 欲完聚以成國家이니 夫國
아신　도지차　욕완취이성국가　부국

有大小하고 人有長幼어늘 以小事大者는 禮也요
유대소　인유장유　이소사대자　예야

以幼事長者는 順也라. 今王이 若能以禮順事我
이유사장자　순야　금왕　약능이례순사아

면 則天必佑之하여 國祚永終이니 不然則欲保其
즉천필우지　국조영종　불연즉욕보기

社稷이라도 難矣니라."하다 於是에 王이 自謂하기
를 立國日淺하고 民屠兵弱하니 勢合忍恥屈服하
여 以圖後効하고 乃與群臣으로 謀報曰, "寡人僻
在海隅하여 未聞禮義러니 今承大王之敎하니 敢
不惟命之從이리오."하다 時에 王子「無恤」이 年
尚幼少하여 聞王欲報〈扶餘〉言하여 自見其使曰,
"我先祖神靈之孫이라, 賢而多才나 大王妬害하
여 讒之父王하여 辱之以牧馬라, 故로 不安而出하
다. 今大王不念前怨하고 但恃兵多하고 輕蔑我邦
邑하니 請使者는 歸報大王하여 '今有累卵於此하
니 若大王이 不毁其卵이면 則臣將事之요 不然
則否라.'"하다. 『扶餘王』이 聞之하고 問群下하니
有一老嫗對曰, "累卵者는 危也요, 不毁其卵者는
安也니라."라고 하다. 其意曰, "王(帶素)이 不知己危
하고 而欲人之來하니 不如易危以安而自理也
라."하다.

[來(래)] : 來朝. [不如(불여)] : ~함만 같지 못하다. [自理(자리)] : 스스로 다스리다.

▷ 본문풀이 ◁

　가을 8월에, 『부여왕』「대소」의 사신이 와서 왕을 꾸짖으며, "우리 선왕이 그대의 선왕『동명왕』과 서로 의좋게 지냈는데, 이제 우리 신하들을 이곳으로 도망하여 오도록 유인하는 것은, 백성을 모두 모아 나라를 세우려는 것이다. 나라에는 대국과 소국의 구분이 있고, 사람에도 어른과 아이의 구분이 있으니, 소국으로서 대국을 섬기는 것은 예절이며, 아이가 어른을 섬기는 것은 순리이다. 이제 왕이 만약 예절과 순리로써 우리를 섬긴다면, 하늘이 반드시 도와 나라의 운명이 영원히 보존될 것이지만, 그렇지 않으면 사직을 보존하려 해도 어려울 것이다."라고 말하였다. 이에 왕은, 나라를 세운 역사가 짧으며, 백성과 군대는 약하므로 치욕을 참고 굴복하여, 후일의 성과를 도모하는 것이 형세에 합치된다고 스스로 말하고, 여러 신하들과 함께 의논하여 『부여왕』에게, "과인이 바다 한 구석에 외따로 살아왔기에 예의에 대한 것을 듣지 못하였다. 이제 대왕의 교시를 받고 보니, 감히 명령을 따르지 않을 수 없다."고 회답하였다. 이때, 왕자「무휼」은 나이가 아직 어렸다. 그가 왕이 부여에 회답하려 한다는 말을 듣고, 직접 〈부여〉의 사신을 보고 다음과 같이 말했다. "우리 선조는 신령의 자손으로서 현명하고 재주가 많았었는데, 대왕이 질투하고 모해하였고, 부왕에게 말이나 기르게 하는 직위를 주도록 참소하여 욕을 보인 까닭에 불안하여 탈출했던 것이다. 이제 대왕이 전날의 잘못은 생각하지 않고, 오직 군사가 많은 것을 믿어 우리나라를 멸시하고 있으니, 사신은 돌아가서 대왕에게 '이곳에 알을 쌓아 놓았으니, 만약 대왕이 그 알을 무너뜨리지 않는다면 내가 대왕을 섬길 것이요, 그렇지 않으면 섬기지 못하겠다.'"고 보고하라. 『부여왕』이 이 말을 듣고 여러 사람에게 그 뜻을 두루 물었다. 한 노파가 "쌓아놓은 알은 위태로운 것이니, 그 알을 무너뜨리지 않는 자는 편안할 것이다."라고 대답하였다. 노파의 말은 곧, "왕이 자신에게 위기가 왔음을 알지 못하고 오히려 남이 와서 굴복하기를 강요하고 있으니, 이는 스스로 위기를 만들지 않고 차라리 평화를 택하여 자기 나라를 먼저 잘 다스리는 것만 같지 못하다."라고 했던 것이었다.

○二十九年, 夏,六月에 〈矛川〉上에서 有,黑蛙
이 십 구 년   하 육 월   모 천 상   유 흑 와

與,赤蛙하여 群鬪하다가 黑蛙不勝하고 死하니 議
여 적 와   군 투   흑 와 불 승   사   의

者曰, "黑은 北方之色이니 〈北扶餘〉가 破滅之徵
자 왈   흑   북 방 지 색   북 부 여   파 멸 지 징

也라." 하다. 秋,七月에 作,離宮於〈豆谷〉하다.
야   추 칠 월   작 이 궁 어 두 곡

▶ 어려운 낱말 ◀

　[黑蛙(흑와)] : 검은 개구리. [赤蛙(적와)] : 붉은 개구리. [徵也(징야)] : ~를 상
　징한다. [離宮(이궁)] : 별궁.

▷ **본문풀이** ◁

29년, 여름 6월에 〈모천〉에서 검은 개구리와 붉은 개구리가 떼지어 싸우다가, 검은 개구리가 이기지 못하고 죽으니 사람들이 풀이하여 말하기를, "검은 것은 북방의 색깔이니, 〈북부여〉가 파멸될 징조라."고 말했다. 가을 7월에, 〈두곡〉에 이궁을 지었다.

○三十一年에 〈漢〉의 「王莽」이 發‚我兵하여 伐
胡어늘 吾人‚不欲行이라 强迫遣之하니 皆亡‚出塞
하여 因‚犯法‚爲寇하다. 〈遼西:요하 서편의 漢郡名〉의
大尹「田譚」이 追擊之하다가 爲‚所殺하니 州郡은
歸咎於‚我하다. 「嚴尤」가 奏言하되 "「貊」人(:縣內)
이 犯法이나 宜令州郡으로 且‚慰安之하다. 今‚猥被
以‚大罪면 恐其遂叛하리라. 〈扶餘〉之屬은 必有和
者하니 「匈奴」未克에 〈扶餘〉,〈濊貊〉復起하면 此‚
大憂也니이다." 「王莽」이 不聽하고 詔「尤」擊之하
므로 「尤」는 誘‚我將「延丕」하여 斬之하고 傳首‚京

師하다.[兩『漢書』及『南北史』皆云: "誘〈句麗〉侯〈騶〉斬之.]
사

「莽」이 悅之하여 更名.吾王하여 爲.「下句麗侯」라
망 열지   경명오왕   위   하구려후

하고 布告天下하여 令咸知焉하다. 於是에 寇.〈漢〉
포고천하   영함지언   어시 구 한

의 邊地가 愈甚하다.
변지   유심

▶ 어려운 낱말 ◀

[伐胡(벌호)] : 胡(흉노)를 치다. [强迫遣之(강박견지)] : 강제로 보내려 하다.
[歸咎(귀구)] : 허물을 되돌리다. [猥被(외피)] : 함부로 뒤집어씌우다. [大憂
(대우)] : 큰 걱정. [京師(경사)] : 여기서는 장안을 말함. [令咸知(영함지)] : 다
알게 하다. [愈甚(유심)] : 더욱 심하다.

▷ 본문풀이 ◁

　31년에 〈한〉나라 「왕망」이 우리 군사를 동원하여 오랑캐를 치
고자 하기에 우리 군사들이 가기를 원하지 않으므로 강제로 협박
하여 보내려 하니, 모두 변방으로 도망하여 법을 위반하고 약탈
을 하였다. 〈요서〉 대윤 「전담」이 그들을 추격하다가 죽었다. 한
나라 주와 군에서는 우리에게 잘못을 돌렸다. 「엄우」가 「왕망」에
게 아뢰어 말하기를, "「맥(貊)」사람들이 법을 위반하고 있으니,
마땅히 (요동과 현토의) 주군들로 하여금 그들을 위무토록 하는
것이 좋을 것이다. 지금 함부로 그들에게 큰 죄를 묻게 되면, 그
들이 반란을 일으킬까 걱정된다. 〈부여〉의 족속 가운데 반드시
그들을 추종하는 자가 있을 것이니, 우리가 오랑캐를 부수지 못

하고 있는 지금 다시 〈부여〉, 〈예맥〉이 일어난다면, 이는 큰 걱정거리이다."라고 하였다. 「왕망」은 이 말을 듣지 않고 「엄우」에게 공격하라는 명령을 내렸다. 「엄우」가 우리 장수 「연비」를 꾀어내어 목을 베어 〈한〉나라 서울로 보냈다.【두 [한서]와 [남북사]에는 모두 〈구려〉 후 〈추(騶)〉를 꾀어 목을 베었다."라고 기록되어 있다.】「왕망」이 기뻐하여 우리 왕을 「하구려후(下句麗侯)」로 개칭하고, 이를 천하에 포고하여 모두 알게 하였다. 이로부터 〈한〉나라 변경을 침범하는 일이 더욱 심해졌다.

○三十二年, 冬 十一月에 〈扶餘〉人이 來侵하니
삼 십 이 년 동 십 일 월   부 여 인   내 침

王이 使子「無恤」로 率師 禦之하다. 「無恤」은 以
왕   사 자 무 휼   솔 사 어 지   무 휼   이

兵小로 恐 不能敵이라 設 奇計로 親 率軍하여 伏
병 소   공 불 능 적   설 기 계   친 솔 군   복

于 山谷以 待之하다. 〈扶餘〉兵이 直至〈鶴盤嶺〉
우 산 곡 이 대 지   부 여 병   직 지 학 반 령

下하자 伏兵 發하여 擊其不意하니 〈扶餘〉軍이 大
하   복 병 발   격 기 불 의   부 여 군   대

敗하여 棄馬 登山하니 「無恤」이 縱兵 盡殺之하다.
패   기 마 등 산   무 휼   종 병 진 살 지

▶ **어려운 낱말** ◀

[使子(사자)] : 아들을 시켜서. [無恤(무휼)] : 유리왕의 아들. 나중에 대무신왕이 된다. [率師(솔사)] : 군사를 거느리고. [奇計(기계)] : 기묘한 계책. [鶴盤嶺(학반령)] : 고개 이름. [棄馬(기마)] : 말을 버리고. [縱兵(종병)] : 군사를 놓아.

32년, 겨울 11월에 〈부여〉가 침범해왔다. 왕이 아들 「무휼」로 하여금 군사를 이끌고 이를 방어하게 하였다. 「무휼」은 병력이 적어 대적할 수 없음을 염려하여, 기묘한 계책을 내어 직접 군사를 거느리고 산골짜기에 숨어 기다리고 있었다. 〈부여〉 군사가 곧바로 〈학반령〉 아래에 이르자, 숨겼던 군사를 출동시켜 불의의 공격을 하니, 〈부여〉 군사들이 크게 패하여 말을 버리고 산으로 올라갔다. 「무휼」이 군사를 풀어 그들을 전부 죽여 버렸다.

○三十三年, 春正月에 立.王子「無恤」하여 爲.太
　　　　삼 십 삼 년　춘 정 월　　입 왕 자 무 휼　　　　위 태
子하고 委以.軍國之事하다. 秋八月에 王이 命「烏
자　　　위 이 군 국 지 사　　　추 팔 월　　왕　　명 오
伊」와 「摩離」하여 領兵.二萬으로 西伐〈梁貊〉하여
이　　마 리　　　영 병 이 만　　　서 벌 양 맥
滅其國하고 進兵.襲取하여 〈漢〉의 〈高句麗縣〉하다.
멸 기 국　　　진 병 습 취　　　　한　　　고 구 려 현
[縣屬〈玄菟郡〉]

▶ 어려운 낱말 ◀

[烏伊(오이)] : 주몽이 북부여에서 데리고 왔다는 사람. [梁貊(양맥)] : 小水貊으로, 玄菟郡의 屬縣. *高句麗縣은 玄菟의 治縣이었다.

▷ 본문풀이 ◁

33년, 봄 정월에 왕자 「무휼」로 태자를 삼고, 군사와 국정에 관

한 일을 맡겼다. 가을 8월에, 왕이 「오이」와 「마리」에게 명하여 군사 2만 명을 거느리고, 서쪽으로 〈양맥〉을 공격하여 그 나라를 멸망시키고, 계속 진군하여 〈한〉나라의 〈고구려현〉을 습격 탈취토록 하였다.【현은 〈현도군〉에 속한다.】

○三十七年, 夏四月에 王子「如津」이 溺水死하다. 王이 哀慟하여 使人求屍하나 不得하고 後에 〈沸流〉人「祭須」가 得之하다. 以聞하고 遂以禮葬 於〈王骨嶺〉하고 賜「祭須」에게 金十斤과 田十頃하다. 秋七月에 王이 幸〈豆谷〉하여 冬十月에 薨於〈豆谷〉離宮하다. 葬於〈豆谷〉〈東原〉하고 號爲『琉璃明王』하다.

▶ 어려운 낱말 ◀

[溺水死(익수사)] : 물에 빠져 죽음. 溺死. [求屍(구시)] : 시체를 찾음. [禮葬(예장)] : 예를 갖추어 장사지냄. [豆谷(두곡)] : 지명으로 이궁이 있는 곳. [薨] : 임금 죽을(훙). *황제가 죽으면 '崩' 자를 씀.

▷ 본문풀이 ◁

37년, 여름 4월에 왕자 「여진」이 물에 빠져 죽었다. 왕이 슬퍼하며 사람들로 하여금 시체를 찾게 하였으나 결국 찾아내지 못하였다. 그 후, 〈비류〉 사람 「제수」가 시체를 찾았다고 알려왔으므로, 곧 예식을 갖추어 〈왕골령〉에 장사지내고, 「제수」에게 금 10근과 밭 10경을 주었다. 가을 7월에, 왕이 〈두곡〉에 행차하였고, 겨울 10월, 왕이 〈두곡〉 이궁에서 서거하였다. 〈두곡〉 〈동원〉에서 장사지내고, 호를 『유리명왕』이라 하였다.

3 | 大武神王(대무신왕) : 18~44

○『大武神王』이 立하다.[或云,『大解朱留王』이라.] 諱는 「無恤」이니 『琉璃王』의 第,三子니라. 生而聰慧하고 壯而雄傑하여 有,大略하다. 『琉璃王』의 在位三十三年, 甲戌에 立爲,太子하니 時年이 十一歲라 至是에 卽位하니라. 母는 「松」氏로 〈多勿國〉王, 「松讓」의 女也니라.

[聰慧(총혜)] : 총명하고 지혜롭다.   [雄傑(웅걸)] : 영웅적이고 걸출함.   [大略
(대략)] : 큰 지략이 있음.

▷ 본문풀이 ◁

『대무신왕』이 왕위에 올랐다.【혹은『대해주류왕』이라고도 한다.】 그
의 이름은 「무휼」이며,『유리왕』의 제 3자이다. 그는 나면서부터
총명하고, 장성하여서는 호걸의 풍모를 갖추었고, 지략이 많았다.
『유리왕』 재위 33년 갑술에 무휼을 태자로 삼았다. 당시의 나이는
11세였는데, 이제 왕위에 올랐다. 어머니는 「송씨」이니, 〈다물국〉
왕 「송양」의 딸이다.

○二年, 春, 正月에 京都, 震하다. 大赦하다.〈百
　　이 년　춘 정 월　　경 도 진　　　대 사　　　　백
濟〉民, 一千餘户가 來投하다.
　제 민 일 천 여 호　　내 투

▶ 어려운 낱말 ◀

[震] : 지진(진).   [大赦(대사)] : 대사면.   [來投(내투)] : 항복해 오다.

▷ 본문풀이 ◁

2년, 봄 정월에 경도에 지진이 있었다. 죄수들을 크게 사면하
였다. 〈백제〉의 백성 1천여 호가 귀순하여 왔다.

○三年, 春三月에 立.『東明王』廟하다. 秋九月
삼 년 춘 삼 월 립 동 명 왕 묘 추 구 월

에 王이 田〈骨句川〉하여 得.神馬하여 名을「駏驤」
왕 전 골 구 천 득 신 마 명 거 루

라 하다. 冬十月에 扶餘王「帶素」가 遣使送.赤烏
동 시 월 부 여 왕 대 소 견 사 송 적 오

하니 一頭二身이라. 初에 〈扶餘〉人이 得.此烏하여
일 두 이 신 초 부 여 인 득 차 오

獻之王하니 或曰, "烏者는 黑也라 今.變而爲赤하
헌 지 왕 혹 왈 오 자 흑 야 금 변 이 위 적

고 又.一頭二身은 幷.二國之.徵也니 王其.兼〈高
우 일 두 이 신 병 이 국 지 징 야 왕 기 겸 고

句麗〉乎아?" 하다. 「帶素」喜送之하며 兼示.或者
구 려 호 대 소 희 송 지 겸 시 혹 자

之.言하다. 王이 與.群臣으로 議答曰, "黑者는 北
지 언 왕 여 군 신 의 답 왈 흑 자 북

方之色이라. 今變而爲.南方之色하니 又.赤烏는
방 지 색 금 변 이 위 남 방 지 색 우 적 오

瑞物也라, 君得.而不有之하고 以送於.我하니 兩
서 물 야 군 득 이 불 유 지 이 송 어 아 량

國存亡을 未可知也라." 하다. 「帶素」聞之하고 驚
국 존 망 미 가 지 야 대 소 문 지 경

悔하니라.
회

▶ 어려운 낱말 ◀

[廟(묘)] : 위패를 모시는 사당. [駏驤(거루)] : 야생마의 일종. [驚悔(경회)] :
(…말을 듣고) 놀라서 뉘우치다.

▷ **본문풀이** ◁

　3년, 봄 3월에 『동명왕』의 사당을 세웠다. 가을 9월에, 왕이 〈골구천〉에서 사냥하다가 신비로운 말을 얻어 「거루」라고 이름 지었다. 겨울 10월에, 부여왕 「대소」가 사신을 통하여 붉은 까마귀를 보내왔으니 그 까마귀의 머리는 하나이고 몸은 둘이었다. 처음에, 〈부여〉 사람이 이 까마귀를 얻어서 왕에게 바쳤는데, 어떤 사람이 부여왕에게 "까마귀는 검은 법인데, 이제 빛이 변하여 붉게 되었고, 또한 머리는 하나인데 몸이 둘이니, 이는 두 나라가 병합될 징조이니 왕께서는 〈고구려〉를 합병함이 어떤가요?"라고 말하였다. 「대소」가 기뻐하며 붉은 까마귀를 고구려에 보내면서, 동시에 이 사람이 한 말도 전하였다. 왕이 여러 신하들과 의논하고 부여왕에게 대답하기를, 검은색은 북방의 색깔인데, 이제 변하여 남방의 색이 되었으며, 또한 붉은 까마귀는 상서로운 것인데, 그대가 이것을 얻었으나 가지지 못하고 나에게 보냈으니, 두 나라의 존망을 알 수 없겠구나! 라고 하였다. 「대소」가 이 말을 듣고 놀라며 후회하였다 한다.

　○四年, 冬, 十二月에 王이 出師하여 伐〈扶餘〉하
　　　사 년 동 십 이 월　　왕　　출 사　　　벌 부 여

여 次〈沸流水〉上에 望見水涯하니 若有女人이 舁
　　차 비 류 수 상　　망 견 수 애　　　약 유 여 인　여

鼎游戲하다. 就見之하니 只, 有鼎하다. 使之炊하니
정 유 희　　　　취 견 지　　　지 유 정　　　사 지 취

不待火, 自熱이라, 因得作食하여 飽, 一軍하다. 忽
부 대 화 자 열　　　　인 득 작 식　　　포 일 군　　　홀

有_유,一壯夫曰_{일장부왈},"是鼎_{시정}은 吾家物也_{오가물야}로 我妹_{아매},失之_{실지}하여

王_왕이 今_금,得之_{득지}하니 請負以從_{청부이종}하리다." 하니 遂_수,賜姓_{사성}

「負鼎_{부정}」氏_씨라 하다. 抵_저〈利勿林_{이물림}〉宿_숙에 夜聞金聲_{야문금성}하다.

向明_{향명}에 使人尋之_{사인심지}하니 得_득,金璽_{금새},兵物等_{병물등}하여 曰_왈,"天_천

賜也_{사야}라." 하고 拜受之_{배수지}하다. 上道_{상도}에 有_유,一人_{일인}하니, 身_신

長九尺_{장구척},許_허요, 面白而目_{면백이목},有光_{유광}이라. 拜_배,王曰_{왕왈},"臣是_{신시}

〈北溟_{북명}〉人「怪由_{인괴유}」로 竊聞大王_{절문대왕}이 北伐_{북벌},〈扶餘_{부여}〉라 하

니 臣請從行_{신청종행}하여 取_취,〈扶餘_{부여}〉王頭_{왕두}하오이다." 하니 王_왕이

悅許之_{열허지}하다. 又有人曰_{우유인왈},"臣_신은 〈赤谷_{적곡}〉人_인,「麻盧_{마로}」오

이다. 請以長矛_{청이장모}로 爲導_{위도}하오리다." 하니 王_왕이 又許之_{우허지}하

다.

▶ 어려운 낱말 ◀

[沸流水(비류수)] : 지금의 渾江, 즉 佟佳江. [水涯(수애)] : 물의 언덕. [舁] : 마
주 들(여). [舁鼎游戲(여정유희)] : 솥을 마주 들고 유희하는 것. [不待火(부대
화)] : 불이 없어도. [金聲(금성)] : 여기서는 단순한 쇳소리만으로 풀이함.
[金璽(금새)] : 금으로 만든 옥새. [許(허)] : 여기서는 '얼마쯤' 으로 사용됨.

▷ **본문풀이** ◁

    4년, 겨울 12월에 왕이 군사를 동원하여 〈부여〉를 공격하러 가는 도중에 〈비류수〉 옆에 머무르며 물가를 바라보니, 마치 어떤 여인이 솥을 들고 유희를 하는 것 같았다. 가까이 가서 보니 여인은 없고 솥만 있었다. 왕이 그 솥에 밥을 짓게 하니, 불을 때기도 전에 솥이 저절로 뜨거워졌고, 이에 따라 밥을 짓게 되어 모든 군사들을 배불리 먹일 수 있었다. 이때 갑자기 건장한 한 사나이가 나타나 말하기를, "이 솥은 우리 집 물건이었는데, 제 누이가 잃었다가 이제 왕께서 얻었으니, 제가 이 솥을 지고 왕을 따라가게 하여 주십시오."라고 하였다. 왕은 곧 그에게 「부정(負鼎)」씨라는 성을 주었다. 왕이 〈이물림〉에 도착하여 묵게 되었는데, 밤에 쇳소리가 들려왔다. 날이 밝을 무렵에 사람을 시켜 그곳을 찾는 중에 금으로 만든 옥새와 병기 등을 얻었다. 왕이 "이는 하늘이 주시는 것이다."라고 말하며, 절을 하고 받았다. 길을 떠나려 할 때 한 사람이 나타났다. 그의 키는 9척 가량이었으며, 얼굴이 희고 눈에서 광채가 빛났다. 그는 왕에게 절을 하고, "저는 〈북명〉 사람 「괴유」입니다. 듣건대, 대왕께서 북쪽으로 〈부여〉를 친다 하니, 제가 따라 가서 〈부여〉왕의 머리를 베어 오도록 허락하여 주십시오."라고 말했다. 왕이 기뻐하며 이를 허락하였다. 또한 어떤 사람이, "저는 〈적곡〉 사람 「마로」입니다. 긴 창을 들고 길을 인도하게 허락하여 주십시오."라고 말했다. 왕이 이를 또한 허락하였다.

○五年, 春.二月에 王이 進軍於〈扶餘國〉南하니
오 년 춘 이 월 왕 진 군 어 부 여 국 남

其地는 多泥塗라 王이 使擇平地하여 爲營하고 解
鞍休卒하여 無恐懼之態하다. 〈扶餘〉王이 擧國出
戰하니 欲掩其不備하여 策馬以前하여도 陷濘不
能進退하다. 王이 於是에 揮「怪由」하니 「怪由」는
拔劍號吼擊之하니 萬軍披靡하며 不能支라 直進
執〈扶餘〉王하여 斬頭하다. 〈扶餘〉人이 旣失其王
하여 氣力摧折이나 而猶不自屈하고 圍數重하다.
王이 以糧盡士饑하여 憂懼不知所爲하여 乃乞靈
於天하니 忽大霧하여 咫尺에 不辨人物七日하다.
王이 令作草偶人하여 執兵立營內外하여 爲疑兵
하고 從間道潛軍夜出하니 失〈骨句川〉神馬와
〈沸流原〉大鼎하다. 至〈利勿林〉하니 兵飢不興이
라, 得野獸하여 以給食하다. 王旣至國하여 乃會群
臣飮至曰, "孤以不德으로 輕伐〈扶餘〉하여 雖殺
其王이나 未滅其國하고 而又多失我軍資하니 此
孤之過也니라." 하고 遂親吊死問疾하여 以存慰

百姓하다. 是以로 國人은 感王德義하여 皆許,殺身
於國事矣하다. 三月에 神馬「駏驉」가 將〈扶餘〉馬,
百匹하고 俱至〈鶴盤嶺〉下의 〈車廻谷〉하다. 夏四
月에 〈扶餘〉王「帶素」弟가 至〈曷思水〉濱하여 立
國稱王하다. 是는 〈扶餘〉王「金蛙」의 季子로 史失
其名하다. 初에 「帶素」之見殺也에 知,國之將亡하
고 與,從者百餘人으로 至〈鴨淥谷〉한대 見『海頭
王』이 出獵이어늘 遂殺之하고 取其百姓하여 至此
始都하니 是爲『曷思王』이니라. 秋,七月에 〈扶餘〉
王의 從弟가 謂,國人曰, "我先王(:帶素)이 身亡,國
滅하니 民無所依하고 王弟,逃竄하여 都於〈曷思〉
하고 吾亦,不肖하여 無以興復하다."하고 乃與,萬餘
人,來投하다. 王(대무신왕)은 封,爲王(제후)하고 安置
〈掾那部〉하다. 以,其背有,絡文이어늘 賜姓「絡」氏
하다. 冬,十月에 「怪由」卒하다. 初에 疾革하여 王이
親臨存問하니 「怪由」言하되 "臣은 〈北溟〉의 微賤

之人으로 屢蒙厚恩이니 雖死猶生어니와 不敢忘
報하나이다."하니 王은 善其言하여 又以有大功勞
하여 葬於〈北溟山〉陽하고 命有司하여 以時祀之
하다.

▷ 본문풀이 ◁

5년, 봄 2월에 왕이 〈부여국〉 남쪽으로 진군하였다. 그곳에는
진흙 수렁이 많으므로 왕은 평지를 선택하여 병영을 만들고, 말
안장을 풀고 병사들을 쉬게 하여 두려워하는 태도를 보이지 않도
록 하였다. 〈부여〉왕이 전국의 군사를 동원하여 출전하였다. 그
는 고구려가 대비하지 않는 틈을 노려 기습하고자 하였다. 그러
나 말을 급히 몰아 진군하다가 진흙 수렁에 빠져서 앞으로 갈 수도
뒤로 갈 수도 없게 되었다. 왕이 이때 「괴유」를 출동시켰다. 「괴
유」가 칼을 뽑아 들고 고함을 지르며 공격해 가니, 〈부여〉의 1만

여 군졸들이 넘어지고 쓰러져서 버틸 수 없었다. 이때 「괴유」가 곧바로 전진하여 〈부여〉왕을 붙잡아 목을 베었다. 〈부여〉 사람들은 이미 왕을 잃고 기세가 꺾였으나, 그래도 굴복하지 않고 〈고구려〉 군사를 여러 겹으로 포위하였다. 군량이 다하고 군사들이 굶주리니, 왕은 두려워하며 어찌할 바를 몰랐다. 왕이 하늘에 영험을 빌자, 갑자기 큰 안개가 7일 동안 끼어 지척에서도 사람인지 아닌지 분별할 수 없었다. 왕은 짚으로 허수아비를 만들고 허수아비에게 병기를 들게 하여 병영 안팎에 세워서 마치 병사로 보이도록 위장하였다. 그리고 사잇길로 밤을 도와 몰래 행군하였다. 이런 가운데 〈골구천〉에서 얻은 신마와 〈비류수〉 상류에서 얻은 큰 솥을 잃어 버렸다. 〈이물림〉에 이르러 군사들이 배고파 일어나지 못하므로 들짐승을 잡아 군사들에게 먹였다. 왕이 본국으로 돌아와서 여러 신하들을 모아놓고 음지(飮至)의 예식을 거행하면서 말하되 "내가 부덕하여 경솔하게 〈부여〉를 공격하였다. 비록 그 왕을 죽였으나 그 나라를 멸망시키지는 못하였으며, 또한 우리 군사와 물자를 많이 잃었으니, 이는 나의 잘못이다."라고 말했다. 그리고 곧바로 전사자를 직접 조상하고, 부상 당한 자를 문병하여 백성들을 위로하였다. 이에 백성들이 왕의 덕행과 의리에 감동되어, 나라 일에 생명을 바치기로 모두 다짐하였다. 3월에, 신마 「거루」가 부여의 말 백 필을 가지고 〈학반령〉 아래 〈차회곡〉에 왔다. 여름 4월에, 〈부여〉왕 「대소」의 아우가 〈갈사수〉 가에 이르러 나라를 세우고 왕을 자칭하였다. 이 사람은 〈부여〉왕 「금와」의 막내아들인데, 역사서에는 그 이름이 전해지지 않는다. 처음에 「대소」왕이 살해되자 그는 장차 나라가 망할 것을 알고, 자기를 따르는 자 백여 명을 데리고 〈압록곡〉에 이르렀다가, 사냥 나온 『해두왕』을 죽이고 그의 백성을 빼앗았는데, 이때에 이르러 처음으로 도읍을 정하였다. 이 사람이 곧 『갈사왕』이다. 가을 7월에, 〈부여〉왕의 종제가 백성에게 "우리 선왕이 별세하고 나라가 멸망하여 백성들이 의지할 곳이 없고, 왕의 아우는 도망하여 〈갈사〉에 도읍을 정하였으며, 나 역시 불초하여 나라를 부흥시킬 수 없다."라고 말하고, 만여 명을 데리고 귀순하여 왔다. 왕이 그를 왕으로 봉하여 〈연나부〉에 있게 하였다. 그의 등에 낙(絡) 무늬가 있다 하여 성씨를 「낙(絡)」으로 정하여 주었다. 겨울 10월에, 「괴유」가 죽었다. 처음 그의 병이 위독했을 때 왕이 직접 가서 문병하였다. 그때 「괴유」가 말하기를, "저는 〈북명〉의 미천한 사람으로서, 왕의 두터운 은혜를 여러 번 입었습니다. 비록 죽더라도 살아서와 같이 은혜에 보답할 것을 감히 잊지 못할 것입니다."라고 말하였다. 왕이 그 말을 훌륭하다고 생각하였고, 또한 그가 큰 공을 세웠기 때문에 〈북명산〉 남쪽에 장사지내고, 관리에 명하여 시제(時祭)를 지내게 하였다.

○八年, 春. 二月에 拜.〈乙豆智〉하여 爲.右輔하고
팔 년 춘 이월   배   을 두 지   위 우 보
委以. 軍國之事하다.
위 이 군 국 지 사

8년, 봄 2월에 〈을두지〉를 우보로 삼아 군사와 국정에 대한 일을 맡겼다.

○九年, 冬, 十月에 王이 親征〈蓋馬國〉하여 殺其
구 년 동 시월 왕 친 정 개 마 국 살 기

王하고 慰安, 百姓하며 令, 軍士毋, 虜掠하고 但以, 其
왕 위 안 백 성 영 군 사 무 노 략 단 이 기

地爲, 郡縣하다. 十二月에 〈句茶國〉王이 聞〈蓋馬〉
지 위 군 현 십 이 월 구 다 국 왕 문 개 마

滅하고 懼, 害及己하여 舉國來降하다. 由是로 拓地,
멸 구 해 급 기 거 국 내 항 유 시 척 지

浸廣하다.
침 광

▶ 어려운 낱말 ◀

[蓋馬國(개마국)] : 압록강 상류 방면에 있었던 나라. [虜掠(노략)] : 약탈. [來
降(내항)] : 항복하다. [降] : 내리다 강, 항복하다 항. [由是(유시)] : 이로 말미
암아. [浸廣(침광)] : 점점 넓어짐.

▷ 본문풀이 ◁

9년, 겨울 10월에 왕이 직접 〈개마국〉을 쳐서 그 왕을 죽이고, 백성들을 위로하였다. 왕은 자기 군사들이 백성을 노략하지 않도록 하고 단지 그 지역만 따로 군현으로 만들었다. 12월에, 〈구다국〉 왕이 〈개마〉가 멸망되었다는 소식을 듣고, 자기에게도 화가 미칠까 두려워하여 항복하였다. 나라는 이에 따라 개척 지역이

점점 넓어졌다.

○ 十年, 春.正月에 拜.〈乙豆智〉로 爲.左輔하고
십 년 춘 정월 배 을두지 위 좌보

〈松屋句〉로 爲.右輔하다.
송 옥 구 위 우보

▷ 본문풀이 ◁

10년, 봄 정월에 〈을두지〉를 좌보로 삼고, 〈송옥구〉를 우보로
삼았다.

○ 十一年, 秋.七月에 〈漢〉의 〈遼東〉太守가 將兵
십일 년 추 칠월 한 요동 태수 장병

來伐하니 王이 會.群臣하고 問戰.守之計하다. 右輔
래벌 왕 회 군신 문 전 수지계 우보

「松屋句」曰, "臣은 聞하니 恃德者昌하고 恃力者
송 옥 구 왈 신 문 시덕자창 시력자

亡하니 今.中國荒儉하고 盜賊蜂起에도 而.兵出無
망 금 중국황검 도적봉기 이 병출무

名하니 此는 非.君臣定策이요 必是.邊將規利이니
명 차 비 군신정책 필시 변장규리

擅侵.吾邦이라 逆天違人이면 師必無功하리니 憑險
천침 오방 역천위인 사필무공 빙험

出奇하여 破之必矣리다." 하니 左輔「乙豆智」曰,
출기 파지필의 좌보 을두지 왈

"小敵之强은 大敵之禽也이라. 臣度컨대 大王之兵
소적지강 대적지금야 신탁 대왕지병

과 孰與〈漢〉兵之多리오, 可以謀伐이나 不可力勝
숙여 한 병지다 가이모벌 불가력승

이니다." 하니 王曰, "謀伐若何오?" 하니 對曰, "今
　　　　　　왕왈　모벌약하　　　　대왈　금

〈漢〉兵이 遠鬪하니 其鋒을 不可當也라. 大王은
　한　병　원투　　　기봉　불가당야　　대왕

閉城自固하고 待其.師老하여 出而擊之가 可也니
폐성자고　　　대기사로　　　출이격지　　가야

다." 하니 王이 然之하다. 入〈尉那巖〉城하여 固守
　　　　왕　연지　　　입위나암성　　　고수

數旬하니 〈漢〉兵이 圍.不解하니 王이 以.力盡兵疲
수순　　　한병　위불해　　　왕　이력진병피

하여 謂「豆智」曰, "勢不能守하니 爲之奈何오?"
　　위두지왈　세불능수　　　위지내하

하다. 「豆智」曰, "〈漢〉人은 謂我.巖石之地가 無.
　　　두지왈　한인　위아암석지지　　무

水泉이니 是以長圍하여 以待吾人之困하니 宜取.
수천　　시이장위　　　이대오인지곤　　　의취

池中鯉魚하여 包以水草하여 兼旨酒若干과 致
지중리어　　　포이수초　　　겸지주약간　　치

犒.漢軍이니다." 하니 王이 從之하여 貽書曰, "寡
호한군　　　　　　왕　종지　　　이서왈　과

人愚昧하여 獲罪於.上國하여 致令將軍.帥百萬之
인우매　　　획죄어상국　　　치령장군솔백만지

軍이 暴露弊境하니 無.以將厚意를 輒用薄物로 致
군　폭로폐경　　　무이장후의　　　첩용박물　치

供於左右하나이다." 於是에 〈漢〉將은 謂.城内有
공어좌우　　　　　어시　한장　위성내유

水하니 不可猝拔이라 하고 乃報曰, "我.皇帝不以.
수　　불가졸발　　　　내보왈　아황제불이

臣駑하시고 下令出師하여 問.大王之罪어늘 及境.
신노　　　하령출사　　　문대왕지죄　　　급경

踰旬하도록 未得要領이어늘 今聞來旨하니 言順且
유순　　　미득요령　　　금문래지　　　언순차

恭하여 敢不,藉口,以報皇帝하리라."하고 遂,引退하
공   감불 자구 이보황제   수 인퇴
다.

▶ 어려운 낱말 ◀

[荒儉(황검)] : 흉작, 흉년. [蜂起(봉기)] : 벌떼처럼 일어나다. [無名(무명)] : 명
분 없이. [非君臣定策(비군신정책)] : 중앙정부의 정책이 아니다. [規利(규리)]
: 이익을 가지려 하다. [規(규)] : 가지다로 풀이함. [擅侵(천침)] : 제멋대로 침
략함. [憑險(빙험)] : 험한 곳을 의지하여. [破之必矣(파지필의)] : 반드시 깨뜨
릴 수 있다. [禽] : 날짐승(금), 여기서는 擒으로, '사로잡다'의 뜻임. [遠鬪
(원투)] : 멀리서 와서 싸우다. [致犒(치호)] : 호궤를 하다. 음식을 보내어
군사를 위로하다. [犒] : 호궤할(호). [貽書(이서)] : 글을 전하다. [輒] : 문득
(첩), 대수롭지 않을(첩). [輒用(첩용)] : 변변치 못한 물건. [猝拔(졸발)] : 갑자
기 성을 함락하다. [臣駑(신노)] : 신하가 임금에게 자기를 낮추어 하는 말.
노둔한 신하. [駑] : 둔할(노). [踰旬(유순)] : 열흘이 넘었다. [要領(요령)] : 행
동하는 바.

▷ 본문풀이 ◁

11년, 가을 7월에 〈한〉의 〈요동〉태수가 군사를 거느리고 공
격해왔다. 왕이 여러 신하들을 모아 놓고, 공격과 방어에 대한 계
책을 물었다. 우보「송옥구」가 말하기를, "제가 듣건대, 덕을 믿
는 자는 창성하고, 힘을 믿는 자는 망한다 하였습니다. 지금 중국
에는 흉년이 들어 도적들이 봉기하고 있는데, 이유 없이 군사를
일으키니, 이는 조정에서 결정한 사항이 아니고, 필시 변방의 장
수가 사욕을 채울 목적으로 우리나라를 무단 침범한 것입니다.

이는 하늘의 이치에 위배되고, 사람의 도리에 어긋나는 행위이므로, 그들의 군사는 결코 성공하지 못할 것이니, 우리가 험준한 지형에 의지하였다가 불시에 기습을 한다면, 적을 반드시 이길 수 있을 것입니다."라고 했다. 좌보「을두지」가 말하기를, "수가 적은 편이 비록 강하다 할지라도, 결국은 수가 많은 편에게 잡히게 됩니다. 제가 대왕의 군사와 〈한〉나라 군사 중에 어느 편이 많은가를 생각하여 보았는데, 계략으로 그들을 공격할 수 있을지언정 힘으로는 이길 수 없습니다."고 했다. 왕이 묻되, "계략으로 공격하려면 어떻게 해야 하는가?" 하니, 을두지가 대답하기를, "지금 〈한〉나라 군사가 멀리 와서 싸우니, 그들의 서슬을 당해낼 수 없습니다. 대왕은 성문을 닫고 우리의 군사를 튼튼히 하여, 적군이 피로해지기를 기다린 후에 나아가 공격하는 것이 좋겠습니다." 하니, 왕이 이 의견을 옳게 여기고 〈위나암〉성에 들어가서 수십일 동안 굳게 수비하였으나 〈한〉나라 군사는 포위를 풀지 않았다. 우리의 힘이 다하고 군사가 피로해졌으므로 「두지」에게 묻기를, "더 이상 수비할 수 없는 형세가 되었으니 어떻게 할까?"「두지」가 대답하기를, "그들은 우리가 암석 지대에 처하고 있으므로 물 있는 샘이 없다고 생각하여, 오랫동안 포위하여 우리가 곤궁에 처하기를 기다리는 것입니다. 그러므로 연못의 잉어를 잡아서 수초로 싸고, 또한 약간의 맛 좋은 술을 준비하여 〈한〉나라 군사에게 보내는 것이 좋겠습니다." 왕이 「두지」의 말에 따라 편지를 보내어 말하기를, "내가 우매하여 상국에 죄를 지어, 장군으로 하여금 백만의 군사를 거느리고 우리의 황폐한 경내에서 노숙 생활을 하게 하였다. 장군의 후의에 보답할 길이 없어, 이에 보잘 것 없는 물건이나마 장군의 막하에 보낸다."고 하니, 이때 〈한〉나라 장수가 성 안에 물이 있으니 빠른 시간 내에 점령할 수는 없다고 하였다. 그들은 곧 회답하여 말했다. "우리 황제가 나의 어리석음을 생각하지 않고, 나에게 출사의 명령을 내려 대왕의 죄과를 묻게 하였다. 이에 따라 고구려 국경에 온지 열흘이 넘도록 행동할 바를 몰랐는데, 이제 보내 온 편지를 보니 말이 순리에 맞고 공손하니, 내가 황제에게 이 말대로 보고하지 않을 수 있으랴." 하고 그는 마침내 군사를 이끌고 물러갔다.

○十三年, 秋,七月에 〈買溝谷〉人「尙須」가 與其
　　　　　십 삼 년　추 칠 월　　　매 구 곡 인 상 수　　　여 기
弟,「尉須」로 及堂弟「于刀」等으로 來投하다.
　제　위 수　　　급 당 제 우 도 등　　　　내 투

▷본문풀이◁

13년, 가을 7월에 〈매구곡〉 사람 「상수」가 그의 아우 「위수」 및 사촌 「우도」 등을 데리고 투항해 왔다.

○十四年, 冬,十一月에 有雷하고 無雪하다.
　　　　　십 사 년　동 십 일 월　　유 뢰　　　무 설

▷본문풀이◁

14년 겨울 11월, 우레가 있었고, 눈이 내리지 않았다.

○十五年, 春三月에 黜大臣「仇都」와 「逸苟」와
십오년 춘삼월 출대신구도 일구

「焚求」等, 三人을 爲庶人하다. 此三人은 爲「沸
분구 등 삼인 위서인 차삼인 위비

流」部長이러니 資貪鄙하여 奪人妻妾과 牛馬와 財
류부장 자탐비 탈인처첩 우마 재

貨를 恣其所欲하여 有不與者卽鞭之하니 人皆忿
화 자기소욕 유불여자즉편지 인개분

怨하다. 王이 聞之하고 欲殺之하다가 以「東明」舊
원 왕 문지 욕살지 이동명구

臣으로 不忍致極法하고 黜退而已하며 遂使南部
신 불인치극법 출퇴이이 수사남부

使者「鄒勃素」를 代爲部長하다. 「勃素」가 旣上
사자 추발소 대위부장 발소 기상

任으로 別作大室以處하고 以「仇都」等의 罪人을
임 별작대실이처 이구도등 죄인

不令升堂하다. 「仇都」等이 詣前하여 告曰, "吾儕
불령승당 구도 등 예전 고왈 오제

小人이 故犯王法하여 不勝愧悔하니 願公赦過하
소인 고범왕법 불승괴회 원공사과

여 以令自新하면 則死無恨矣리다." 하니 「勃素」
이령자신 즉사무한의 발소

가 引上之하여 共坐曰, "人不能無過어늘 過而能
인상지 공좌왈 인불능무과 과이능

改면 則善莫大焉이라." 하고 乃與之爲友하니 「仇
개 즉선막대언 내여지위우 구

都」等은 感愧하여 不復爲惡하다. 王이 聞之曰,
도 등 감괴 불부위악 왕 문지왈

"「勃素」不用威嚴하고 能以智懲惡하니 可謂能矣
발소 불용위엄 능이지징악 가위능의

니라." 하고 賜姓曰, 「大室」氏하다. 夏四月에 王子
사성왈 대실 씨 하사월 왕자

「好童」이 遊於〈沃沮〉할새 『樂浪王』「崔理」가 出
行타가 因,見之하고 問曰, "觀君顔色하니 非常人
이라. 豈非〈北國〉,『神王』之子乎아?"하고 遂,同歸
하여 以女로 妻之하다. 後에 「好童」이 還國하여 潛
遣人하여 告〈崔〉氏女曰, "若,能入而國,武庫하여
割破鼓角이면 則,我以禮迎이요 不然則否라." 하
다. 先是에 〈樂浪〉에 有,鼓角하니 若有敵兵이면
則,自鳴이라 故로 令,破之하다. 於是에 〈崔〉女가
將,利刀로 潛入庫中하여 割,鼓面,角口하고 以報
「好童」하니 「好童」이 勸王,襲〈樂浪〉하다. 「崔理」
는 以,鼓角이 不鳴이라, 不備하고 我兵이 掩至城
下라, 然後에 知,鼓角皆破하다. 遂殺女子하고 出
降하다.[或云, 欲滅〈樂浪〉하여 遂請婚하여 娶其女로 爲子妻하
고 後使歸本國하여 壞其兵物이라 하다.]

▶ 어려운 낱말 ◀

[黜] : 내칠(출). [東明舊臣(동명구신)] : 고주몽의 옛 신하. [黜退(출퇴)] : 내쫓

다. [升堂(승당)] : 당상에 올리다. [故] : 짐짓(고). [感愧(감괴)] : 감격하고 부끄러움. [沃沮(옥저)] : 지금의 함흥 일대. [割破(할파)] : 베고 찢다. [禮迎(예영)] : 예로써 맞이함. 즉 결혼을 말함. [利刀(이도)] : 날카로운 칼.

▷ 본문풀이 ◁

15년 봄 3월, 대신「구도」·「일구」·「분구」등의 세 사람을 축출하여 서인으로 만들었다. 이 세 사람은「비류」의 부장으로 있을 때, 자질이 탐욕스럽고 야비하여 남의 처첩과 우마와 재물을 함부로 빼앗으며, 자신의 욕망대로 행동했었다. 만약 이를 주지 않는 자가 있으면 곧 매질을 하였으니, 사람들이 모두 분개하며 원망하였다. 왕이 이 소식을 듣고 그들을 처형하고자 하였으나 『동명왕』의 옛 신하들을 차마 극형에 처할 수 없다 하여 축출한 것이다. 그리고 곧 남부 사자「추발소」로 하여금 그들을 대신하여 부장이 되게 하였다.「발소」가 부임한 후, 별도로 큰 집을 짓고 살면서「구도」등은 죄인이라 하여 마루에 오르지 못하게 하였다.「구도」등이 앞에 와서 말하기를, "우리들은 소인이라 왕법을 위반하였으니, 그 부끄럽고 뉘우치는 심정이야 이루 다 말할 수 없다. 원컨대, 공이 우리들의 죄과를 용서하여 우리를 새로 태어나게 해준다면 죽어도 한이 없겠다."고 했다.「발소」가 그들을 오르게 하여 같이 앉아서 말하기를, "사람이란 잘못이 없을 수 없으니, 잘못을 능히 고칠 수 있다면 이보다 더 좋은 일이 없다."고 하니 발소는 그들과 더불어 벗을 삼았다.「구도」등이 수치심을 느끼고 다시는 나쁜 짓을 하지 않았다. 왕이 이 소식을 듣고,

"「발소」는 위엄이 아닌 지혜로써 악한 사람을 바로잡았으니 유능하다고 말할 수 있다."라 하고, 「발소」에게 「대실」씨라는 성을 주었다. 여름 4월에, 왕자 「호동」이 〈옥저〉에서 유람하고 있었다. 그때 『낙랑왕』「최리」가 그곳을 다니다가 그를 보고 묻기를, "그대의 얼굴을 보니 보통 사람이 아니로구나. 그대가 어찌 〈북국〉『신왕』의 아들이 아닌가?' 『낙랑왕』「최리」는 마침내 그를 데리고 돌아가서 자기의 딸을 아내로 삼게 하였다. 그 후, 「호동」이 본국에 돌아와서 몰래 아내에게 사자를 보내 말하기를, "네가 너의 나라 무기고에 들어가서, 북과 나팔을 부수어 버릴 수 있다면, 내가 예를 갖추어 너를 맞이할 것이요, 그렇게 하지 못하다면 너를 맞아들이지 않겠다." 옛날부터 〈낙랑〉에는 북과 나팔이 있었는데, 적병이 쳐들어오면 저절로 소리를 내기 때문에 그녀로 하여금 이를 부수어 버리게 한 것이었다. 이때 〈최〉씨의 딸은 예리한 칼을 들고 남모르게 무기고에 들어가서 북을 찢고 나팔의 입을 찢어버린 후, 이를 「호동」에게 알려 주었다. 「호동」이 왕에게 권하여 〈낙랑〉을 습격하였다. 「최리」는 북과 나팔이 울지 않아 방비를 하지 않았고, 우리 군사들이 소리 없이 성 밑까지 이르게 된 이후에야 북과 나팔이 모두 부수어진 것을 알았다. 그는 마침내 자기 딸을 죽이고 나와서 항복하였다.【〈낙랑〉을 없애기 위하여 청혼하고, 그의 딸을 데려다가 며느리를 삼은 다음, 그녀를 본국에 돌려보내 그 병기를 부수게 하였다는 설도 있다.】

○冬, 十一月에 王子「好童」이 自殺하니 「好童」은
　동　십 일 월　　왕 자 호 동　　자 살　　　　호 동

王之次妃 『曷思王』 孫女의 所生也라. 顔容美麗하
왕지차비 갈사왕 손녀 소생야 안용미려

여 王이 甚愛之하니 故로 名「好童」이라 하다. 元妃
왕 심애지 고 명호동 원비

가 恐奪嫡爲太子하여 乃讒於王曰, "「好童」이
공탈적위태자 내참어왕왈 호동

不以禮待妾하며 殆欲亂乎아?"하니 王曰, "若以
불이례대첩 태욕난호 왕왈 약이

他兒로 憎疾乎아?"하니 妃知王不信하여 恐禍將
타아 증질호 비지왕불신 공화장

及하여 乃涕泣而告曰, "請大王은 密候하여 若無
급 내체읍이고왈 청대왕 밀후 약무

此事면 妾이 自伏罪하리다."하니 於是에 大王이 不
차사 첩 자복죄 어시 대왕 불

能不疑하고 將罪之하니라. 或謂「好童」曰, "子何
능불의 장죄지 혹위호동왈 자하

不自釋乎아?"하니 答曰, "我若釋之면 是顯母之
부자석호 답왈 아약석지 시현모지

惡하여 飴王之憂이니 可謂孝乎아?"하고 乃伏劍
악 이왕지우 가위효호 내복검

而死하다.
이 사

▶ 어려운 낱말 ◀

[自釋(자석)] : 자신의 죄를 변명하다. 즉, 상세히 내용을 풀이하다.

▷ 본문풀이 ◁

　　겨울 11월에, 왕자 「호동」이 자살하였다. 「호동」은 왕의 둘째
왕비인 『갈사왕』 손녀의 소생이었다. 그는 얼굴이 미려하여 왕이
매우 귀여워하였으며, 이에 따라 이름도 「호동」이라고 하였다.

첫째 왕비는 「호동」이 정통을 빼앗아 태자가 될 것을 염려하여, 왕에게 참소하기를, "「호동」은 나를 무례하게 대하며, 간통하려 하는가?"고 하니, 왕이 대답하기를, "너는 호동이 다른 사람의 소생이라 하여 미워하느냐?" 첫째 왕비는 왕이 자기를 믿지 않음을 알고, 화가 장차 자기에게 미칠 것을 두려워하여 울면서 말하기를, "청컨대, 대왕께서 가만히 엿보소서. 만약 이런 일이 없으면, 내가 죄를 받겠습니다." 하니, 이에 대왕이 호동을 의심하지 않을 수 없어 그에게 죄를 주려 하였다. 어떤 사람이 「호동」에게 말하기를, "그대는 왜 스스로 해명하지 않는가?" 하니, 호동이 대답하기를, "내가 만일 해명한다면, 이것은 어머니의 죄악을 드러내는 것이어서 왕에게 근심을 더해주는 것이니, 이를 어찌 효라 할 수 있겠는가?" 하고, 호동은 이에 칼을 품고 엎드려져 죽었다.

○論曰, 今王이 信讒言하여 殺無辜之愛子니
其不仁不足道矣어니와 而「好童」도 不得無罪라.
何則고 하니 子之見責於其父也는 宜若「舜」之於
「瞽瞍」로 小杖則受하고 大杖則走하여 期不陷父
於不義라. 「好童」은 不知出於此하여 而死非其
所니라. 可謂執於小謹而昧於大義라 其公子「申
生」之譬耶아?

[何則(하즉)] : 왜 그런가 하면. [瞽瞍(고수)] : 舜임금의 아버지. 미련하고 고집
스런 아버지를 순임금은 잘 순응하여 효자로 이름이 높았다. [申生(신생)] :
춘추전국시대의 인물. 驪姬의 참소로 申生은 자살한다는 내용이 이와 비슷
하다. [譬耶(비야)] : 내용이 비슷함.

[저자의 견해]

왕은 참소하는 말을 믿고, 죄 없는 사랑하는 아들을 죽였으니,
그의 어질지 못함은 말할 것도 없으나, 「호동」에게도 죄가 없는
것은 아니다. 왜냐하면 자식이 아버지에게서 책망을 들었을 때는,
마땅히 「순」이 「고수」에게 하듯이 조금 때리면 맞고, 많이 때리면
피하여 아버지가 불의에 빠지지 않게 하여야 할 것이다. 「호동」은
이러한 행동으로 나아갈 줄을 모르고, 죽지 않을 일로 죽었으니,
가히 작은 성실을 행하기 위하여 대의에 어두웠다고 말할 수 있
다. 이는 옛날의 공자 「신생」에 비유할 만하다.

○ 十二月, 立, 王子「解憂」하여 爲, 太子하다. 遣
　　십 이 월　입　왕 자　해 우　　　위 태 자　　　견
使入〈漢〉하여 朝貢하다. 「光武帝」가 復其王號하
사 입 한　　　조 공　　　광 무 제　　복 기 왕 호
다. 是는〈建武〉, 八年也니라.
　시　　건 무　팔 년 야

▷ 본문풀이 ◁

12월, 왕자 「해우」를 태자로 삼았다. 〈한〉나라에 사신을 보내

조공하니, 「광무제」가 왕호를 회복시켰다. 이때가 〈건무〉 8년이었다. (A.D. 32년).

○二十年, 王이 襲〈樂浪〉하여 滅之하다.
이 십 년 왕 습 낙 랑 멸 지

▷ 본문풀이 ◁

20년, 왕이 〈낙랑〉을 습격하여 멸망시켰다.

○二十四年, 春.三月에 京都雨雹하다 秋.七月에
이 십 사 년 춘 삼 월 경 도 우 박 추 칠 월

隕霜殺穀하고 八月에 梅花.發하다.
운 상 살 곡 팔 월 매 화 발

▷ 본문풀이 ◁

24년, 봄 3월에 서울에 우박이 내렸다. 가을 7월에, 서리가 내려 곡식이 죽었고, 8월에는 매화가 피었다.

○二十七年, 秋.九月에 〈漢〉의 「光武帝」가 遣
이 십 칠 년 추 구 월 한 광 무 제 견

兵渡海하여 伐〈樂浪〉하고 取其地하여 爲.郡縣하
병 도 해 벌 낙 랑 취 기 지 위 군 현

니 〈薩水:청천강〉已南이 屬〈漢〉하다. 冬.十月에 王
살 수 이 남 속 한 동 시 월 왕

薨하다. 葬於〈大獸村〉原하고 號를 爲『大武神王』
홍 장 어 대 수 촌 원 호 위 대 무 신 왕

이라 하다.

[渡海(도해)] : 바다를 건너서. [薩水(살수)] : 지금의 청천강.

▷ 본문풀이 ◁

　27년, 가을 9월에 〈한〉나라 「광무제」가 군사를 보내 바다를 건너와서 〈낙랑〉을 치고, 그 땅을 빼앗아 군현을 만들었으니, 이에 〈살수〉 이남이 〈한〉나라에 속하게 되었다. 겨울 10월에, 왕이 서거하였다. 그를 〈대수촌〉 언덕에 장사지내고, 호를 『대무신왕』이라 하였다.

4 閔中王(민중왕) : 44~48

　○『閔中王』의 諱는 「解色朱」이니 『大武神王』
　　　　　　　민중왕　　　　　휘　　해색주　　　　　　　대무신왕
之,弟也라. 『大武神王』이 薨하니 太子幼少라 不
지 제 야　　　대무신왕　　　홍　　　태자유소　　불
克.卽政하니 於是에 國人이 推戴以,立之하다. 冬,
극 즉정　　　어시　　국인　　추대이 입지　　　　동
十一月에 大赦하다.
십 일 월　　대사

[推] : 밀다(추). [戴] : 머리에 이다(대). 推戴(추대)하다.

▷ 본문풀이 ◁

『민중왕』의 이름은 「해색주」이며, 『대무신왕』의 아우이다. 『대무신왕』이 죽었을 때, 태자가 나이가 어렸기 때문에 정사를 담당할 수 없었으니, 이에 따라 백성들이 해색주를 추대하여 왕으로 세웠다. 겨울 11월에, 죄수들을 크게 사면하였다.

○二年, 春,三月에 宴,群臣하다. 夏,五月에 國東,
　　이 년　춘 삼 월　　연 군 신　　　　하 오 월　　국 동
大水하여 民饑하니 發倉賑給하다.
대 수　　민 기　　　발 창 진 급

▶ 어려운 낱말 ◀

[宴] : 연회 잔치(연). [饑] : 굶주릴(기). [賑給(진급)] : 구제미를 지급하다.

▷ 본문풀이 ◁

2년, 봄 3월에 여러 신하들을 모아 연회를 베풀었다. 여름 5월에, 동쪽 지방에 홍수가 나서 백성들이 굶주리므로 창고를 풀어 구제하였다.

○三年, 秋,七月에 王이 東狩하여 獲,白獐하다.
　　삼 년　추 칠 월　왕　　동 수　　　획 백 장
冬,十一月에 星孛于南하여 二十日而滅하다. 十二
동 십 일 월　　성 패 우 남　　　이 십 일 이 멸　　　십 이

月에 京都無雪하다.
월　　경도무설

▷ 본문풀이 ◁

3년, 가을 7월에 왕이 동쪽지방으로 사냥을 나가 흰 노루를 잡
았다. 겨울 11월에, 혜성이 남쪽에 나타났다가 20일 만에 사라졌
다. 12월에, 서울에 눈이 내리지 않았다.

○四年, 夏四月에 王이 田於〈閔中原〉하다. 秋,
　　사년　하사월　　왕　　전어　민중원　　　　　추

七月에 又田이라가 見,石窟하고 顧謂,左右曰, "吾
칠월　　우전　　　　견석굴　　　　고위좌우왈　　오

死에 必葬於,此하고 不須,更作,陵墓하라! "하다. 九
사　　필장어차　　　　불수갱작능묘　　　　　　구

月에 東海人〈高朱利〉가 獻,鯨魚目하니 夜有光이
월　　동해인고주리　　　　헌경어목　　　　야유광

라. 冬,十月에 〈蠶友落部〉의 大家〈戴升〉等의 一
　　　동십월　　　잠우락부　　　대가대승등　　　일

萬餘家가 詣,〈樂浪〉하여 投〈漢〉하다.[『後漢書』云, "大
만여가　　예낙랑　　　　투한　　　　　　　　　

加〈戴升〉等, 萬餘口"라 하다.]

▶ 어려운 낱말 ◀

[原(원)] : 들판, 언덕. [鯨] : 고래(경).

▷ 본문풀이 ◁

4년, 여름 4월에 왕이 〈민중원〉에서 사냥을 하였다. 가을 7월

에, 다시 사냥을 하다가 석굴을 보고 측근들에게 말하기를 "내가 죽거든 반드시 여기에 장사할 것이며, 별도로 능묘를 만들지 말라!"고 하였다. 9월에, 동해 사람 〈고주리〉가 고래의 눈을 바쳤는데 밤에도 빛이 났다. 겨울 10월에, 〈잠우락부〉의 대가 〈대승〉등의 1만여 호가 〈낙랑〉으로 가서 〈한〉나라에 투항하였다.【[후한세]에는 '대가 「대승」 등 1만여 명' 이라고 기록되어 있다.】

○五年, 王薨하다. 王后及群臣이 重違遺命하여
　오 년　왕 흥　　　왕 후 급 군 신　　중 위 유 명
乃葬於石窟하고 號爲『閔中王』하다.
　내 장 어 석 굴　　　호 위　민 중 왕

▷ 본문풀이 ◁

5년에, 왕이 서거하였다. 왕후와 여러 신하들이 왕의 유명을 중히 여겨서 석굴에 장사지내고, 호를 『민중왕』이라 하였다.

5 慕本王(모본왕) : 48~53

○『慕本王』의 諱는 「解憂」[一云「解愛婁」].니 『大武
　　모 본 왕　　휘　　해 우　　　　　　　　 대 무
神王』의 元子니라. 『閔中王』이 薨하니 繼而卽位
　신 왕　　원 자　　　　민 중 왕　　흥　　계 이 즉 위

하다. 爲人이 暴戾不仁하여 不恤國事하니 百姓이
위인 폭려불인 불휼국사 백성
怨之하다.
원지

▶ 어려운 낱말 ◀

[暴戾(폭려)] : 포악하다. 사납다. [不恤(불휼)] : 돌보지 않고.

▷ 본문풀이 ◁

『모본왕』의 이름은 「해우」【「해애루」라고도 한다.】이니, 『대무신
왕』의 맏아들이다. 『민중왕』이 서거하자, 뒤이어 왕위에 올랐다.
그의 사람됨이 포악하고 어질지 못하여 나라 일을 돌보지 않았기
때문에 백성들이 그를 원망하였다.

○元年, 秋, 八月에 大水하여 山崩, 二十餘所하다.
원년 추 팔월 대수 산붕 이십여소
冬, 十月에 立, 王子「翊」하여 爲, 王太子하다.
동 시월 입 왕자 익 위 왕태자

▶ 어려운 낱말 ◀

[山崩(산붕)] : 산이 무너짐. [翊] : 도울(익).

▷ 본문풀이 ◁

원년, 가을 8월에 홍수가 나서 20여 개소의 산이 무너졌다. 겨
울 10월에, 왕자 「익」을 왕태자로 삼았다.

○二年, 春에 遣將하여 襲〈漢〉의 〈北平〉과 〈漁陽〉
　　　이 년 춘　견 장　　습 한　　북 평　　어 양
과 〈上谷〉과 〈太原〉하다. 而〈遼東〉太守「蔡彤」이
　　상 곡　　태 원　　　이 요 동 태 수　채 동
以,恩信으로 待之하니 乃復和親하다. 三月에 暴風
이 은 신　　　대 지　　내 부 화 친　　삼 월　　폭 풍
拔樹하다. 夏,四月에 殞霜雨雹하다. 秋八月에 發
발 수　　하 사 월　　운 상 우 박　　추 팔 월　　발
使賑恤하여 國内,饑民하다.
사 진 휼　　　국 내 기 민

▶ 어려운 낱말 ◀

　[拔樹(발수)] : 나무가 뽑히다. [殞] : 죽을(운). [殞霜(운상)] : 서리가 내리다.
　떨어질(운).

▷ 본문풀이 ◁

　2년 봄에, 장수를 보내 〈한〉의 〈북평〉·〈어양〉·〈상곡〉·〈태
원〉을 습격하였다. 그러나 〈요동〉 태수「채동」이 은혜와 신의로
써 대접하므로 다시 화친하였다. 3월에, 폭풍이 불어 나무가 뽑
혔다. 여름 4월에, 서리와 우박이 내렸다. 가을 8월에, 사신을 보
내 국내의 굶주리는 백성들을 구제하였다.

○四年, 王이 日增,暴虐하여 居常坐人하고 臥則
　　　사 년　왕　일 증 포 학　　거 상 좌 인　　와 즉
枕人하여 人或,動搖면 殺無赦하니 臣有諫者하면
침 인　　　인 혹 동 요　　살 무 사　　　신 유 간 자
彎弓射之하다.
만 궁 사 지

4년, 왕이 날이 갈수록 포악하여, 앉을 때는 사람을 깔고 앉으며, 누울 때는 사람을 베고 누웠다. 만일 사람이 조금만 움직이면 용서 없이 죽였으며, 신하 중에서 간하는 자가 있으면 그에게 활을 쏘아 죽였다.

○六年, 冬 十一月에 「杜魯」弑其君하다. 「杜魯」는 〈慕本〉人으로 侍王左右하니 慮其見殺하여 乃哭하다. 或曰, "大丈夫 何哭爲오?"하니 古人曰, "'撫我則 后요, 虐我則 讐라.' 했으니 今王이 行虐以 殺人하니 百姓之 讐冶라 爾其圖之하라." 하다. 「杜魯」藏刀하고 以進王前하니 王이 引而坐어늘 於是에 拔刀害之하다. 遂葬於〈慕本〉原하고 號爲 『慕本王』이라 하다.

▶ 어려운 낱말 ◀

[弑] : 죽일(시). 下剋上을 弑라고 함. [讐] : 원수(수). 讎와 同字임.

6년, 겨울 11월에 「두노」가 임금을 죽였다. 「두노」는 〈모본〉

사람으로서 왕의 근신이었는데, 자기가 해를 입을까 걱정하여 통곡하였다. 어떤 사람이 그에게 말하기를, "대장부가 왜 우는가?' 옛사람의 말에 " '나를 사랑하면 임금이요, 나를 학대하면 원수라.' 고 하였다. 이제 왕이 포악한 짓을 하여 사람을 죽이니, 이는 백성의 원수이다. 그대는 왕을 처치하라."고 하였다. 「두노」가 칼을 품고 왕 앞으로 가니 왕이 그를 앉게 하였다. 이때 「두노」가 칼을 빼어 왕을 죽였다. 그를 〈모본〉 언덕에 장사지내고, 호를 『모본왕』이라 하였다.

6 太祖大王, 國祖王(태조대왕, 국조왕) : :53~146

○『太祖大王』[或云『國祖王』.]의 諱는 「宮」이요, 小
名「於漱」라. 『琉璃王』子인 古鄒加 「再思」之子
也라. 母,太后는 〈扶餘〉人也라. 『慕本王』이 薨하
니 太子不肖하여 不足以主,社稷이어늘 國人이 迎
「宮」,繼立하니라. 王은 生而,開目能視하고 幼而,
岐嶷이나 以年,七歲로 太后가 垂簾聽政하다.

[古鄒加(고추가)] : 관직명. [岐嶷(기억)] : 어릴 때부터 재능이 뛰어남을 이르는 말. [垂簾聽政(수렴청정)] : 섭정을 말함. 발을 드리워놓고 안에서 정사함.

▷ 본문풀이 ◁

『태조대왕』【『국조왕』이라고도 한다.】의 이름은 「궁」이고, 아명은 「어수」이다. 그는 『유리왕』의 아들 고추가 「재사」의 아들이고, 어머니 태후는 〈부여〉 사람이다. 『모본왕』이 죽었으나, 태자가 불초하여 나라를 맡을 수 없었으므로, 백성들이 「궁」을 맞이하여 『모본왕』에 이어 왕으로 삼았다. 왕은 태어나면서 눈을 뜨고 볼 수 있었으며, 어린 나이에도 출중한 면모가 보였다. 그러나 이때 나이 7세였기 때문에 태후가 수렴청정하였다.

○三年, 春二月에 築〈遼西〉十城하여 以備〈漢〉
　삼년　춘이월　　축 요서 십성　　　　이 비 한
兵하다. 秋八月에 國南에 蝗害穀하다.
병　　　추팔월　국남　　황해곡

▷ 본문풀이 ◁

3년, 봄 2월에 〈요서〉에 10개 성을 쌓아서 〈한〉나라의 침략에 대비하였다. 가을 8월에, 남쪽 지방에 메뚜기 떼가 나타나 곡식을 해쳤다.

○四年, 秋七月에 伐〈東沃沮〉하여 取其土地하
　사년　추칠월　　벌 동옥저　　　　취기토지

여 爲.城邑하고 拓境.東至滄海하고 南至〈薩水:청천
　　위　성읍　　　척　경　동지창해　　　　남지　살수
강〉하다.

▶ 어려운 낱말 ◀

[東沃沮(동옥저)] : 지금의 함흥 일대. [滄海(창해)] : 동해. [薩水(살수)] : 청천강.

▷ 본문풀이 ◁

4년, 가을 7월에 〈동옥저〉를 쳐서 그 땅을 빼앗아 성읍을 만들
어 국경을 개척하였으니, 동으로는 푸른 바다(동해)요, 남으로는
〈살수〉에 이르렀다.

○七年, 夏.四月에 王이 如.〈孤岸淵〉하여 觀.魚
　　칠년　하사월　　왕　　여　고안연　　　　관　어
釣라가 得.赤翅白魚하다. 秋.七月에 京都大水하여
조　　　득적시백어　　　추칠월　　경도대수
漂沒.民屋하다.
표몰민옥

▶ 어려운 낱말 ◀

[魚釣(어조)] : 고기잡이. [赤翅白魚(적시백어)] : 붉은 날개가 달린 백어. [翅] :
날개(시). [京都(경도)] : 서울. [漂沒(표몰)] : 잠기고 떠내려감.

▷ 본문풀이 ◁

7년, 여름 4월에 왕이 〈고안연〉에 가서 낚시를 하다가 날개가
붉은 흰 고기 한 마리를 낚았다. 가을 7월에, 서울에 홍수가 나서

가옥이 물에 잠기거나 떠내려갔다.

○十年, 秋,八月에 東獵하여 得,白鹿하다. 國南에
　　십 년 　추 팔 월　 동 렵　 　득 백 록　　　 국 남

飛蝗,害穀하다.
비 황 해 곡

▷ 본문풀이 ◁

　10년, 가을 8월에 동쪽 지방에서 사냥을 하여 흰 사슴을 잡았
다. 남쪽 지방에 날아다니는 메뚜기 떼가 나타나 곡식을 해쳤다.

○十六年, 秋,八月에 『曷思王』孫 「都頭」가 以
　　십 육 년　 추 팔 월　 갈 사 왕 손　 도 두　　　 이

國,來降하다. 以 「都頭」로 爲,于台하다. 冬,十月에
국 래 항　 　이　 도 두　　 위 우 태　　　 동 시 월

雷하다.
뢰

▶ 어려운 낱말 ◀

　[曷思王(갈사왕)] : 부여의 왕족 帶素의 아우. [于台(우태)] : 職名.

▷ 본문풀이 ◁

　16년, 가을 8월에 『갈사왕』의 손자 「도두」가 항복해왔다. 「도
두」를 우태로 삼았다. 겨울 10월에, 우레가 있었다.

○二十年, 春,二月에 遣〈貫那部〉 沛者「達賈」하
　　이 십 년 춘 이 월　 　견　 관 나 부　 패 자 달 고

여 伐〈藻那〉하고 虜其王하다. 夏四月에 京都에 旱
　　　벌　조　나　　　　　노　기　왕　　　　하　사　월　　　경　도　　　한
하다.

▶ 어려운 낱말 ◀

　[貫那部(관나부)] : 고구려 5부족 중의 하나인 灌奴部임.　[沛者(패자)] : 職名.
　[藻那(조나)] : 부락명.

▷ 본문풀이 ◁

　20년, 봄 2월에 〈관나부〉 패자 「달고」를 보내 〈조나〉를 치고,
그 왕을 사로잡았다. 여름 4월에, 서울에 가뭄이 들었다.

○二十二年, 冬十月에　王이　遣〈桓那部〉沛者
　　이　십　이　년　　동　시　월　　왕　　　견　　환　나　부　　패　자
「薛儒」하여　伐〈朱那〉하여　虜其王子「乙音」하여
　설　유　　　　　벌　주　나　　　　　노　기　왕　자　을　음
爲‘古鄒加’하다.
위　고　추　가

▶ 어려운 낱말 ◀

　[桓那部(환나부)] : 중앙 桂婁部의 별칭?　[朱那(주나)] : 부락명.　[古鄒加(고추
가)] : 왕족 중에 가장 큰 지위를 말함.

▷ 본문풀이 ◁

　22년, 겨울 10월에 왕이 〈환나부〉 패자 「설유」를 보내 〈주나〉
를 치고, 그 왕자 「을음」을 사로잡아 ‘고추가’ 를 삼았다.

○二十五年, 冬, 十月에 〈扶餘〉使, 來하여 獻, 三
角鹿과 長尾兎하니 王이 以爲, 瑞物이라 하고 大赦
하다. 十一月에 京都에 雪, 三尺하다.

▷본문풀이◁

25년, 겨울 10월에 〈부여〉의 사신이 와서 뿔이 셋 달린 사슴과
꼬리가 긴 토끼 한 마리를 바쳤다. 왕이 이를 상서로운 것이라 하
여 죄수들을 크게 사면하였다. 11월에, 서울에 눈이 3자 내렸다.

○四十六年, 春, 三月에 王이 東巡, 〈柵城〉하여
至, 〈柵城〉西, 〈罽山〉하여 獲, 白鹿하다. 及至〈柵
城〉하여 與群臣으로 宴飮하고 賜, 〈柵城〉守吏, 物
段有差하고 遂, 紀功於, 岩하고 乃還하다. 冬, 十月에
王이 至自, 〈柵城〉하다.

▶ 어려운 낱말 ◀

[柵城(책성)] : 지금의 琿春. [守吏(수리)] : 그곳의 관리. [至自(지자)] : ~에서부
터 도착하다.

46년, 봄 3월에 왕이 동쪽 〈책성〉으로 가는 도중에, 〈책성〉 서쪽 〈계산〉에 이르러 흰 사슴을 잡았다. 〈책성〉에 도착하여 여러 신하들에게 연회를 베풀어 술을 마시면서, 〈책성〉 관리들에게 물품을 정도에 따라 하사하였다. 그들의 공적을 바위에 새기고 돌아왔다. 겨울 10월에, 왕이 〈책성〉에서 돌아왔다.

○五十年, 秋, 八月에 遣使, 安撫〈柵城〉하다.
　　오 십 년　추 팔 월　　견 사 안 무　책 성

▷본문풀이◁

50년, 가을 8월에 사신을 보내 〈책성〉의 백성들을 위로하였다.

○五十三年, 春, 正月에 〈扶餘〉使, 來하여 獻虎하
　　오 십 삼 년　춘 정 월　　부 여 사 래　　헌 호

니 長, 丈二하며 毛色이 甚明而, 無尾하다. 王이 遣,
　　장 장 이　　모 색　　심 명 이 무 미　　왕　견

將入〈漢〉, 〈遼東(漢의 郡縣)〉하여 奪掠, 六縣하다. 太
　장 입 한　요 동　　　　　　　탈 략 육 현　　태

守「耿夔」가 出兵하여 拒之하니 王軍이 大敗하다.
　수 경 기　출 병　　거 지　　왕 군　대 패

秋, 九月에 「耿夔」가 擊, 破〈貊〉人하다.
　추 구 월　경 기　　격 파 맥 인

▶ 어려운 낱말 ◀

[獻虎(헌호)] : 호랑이를 헌납함. [甚明(심명)] : 매우 환하다.

▷ 본문풀이 ◁

53년, 봄 정월에 〈부여〉 사신이 와서 호랑이를 바쳤는데, 길이가 1장 2척이며, 털 빛깔은 밝고 꼬리가 없었다. 왕이 〈한〉나라 〈요동〉에 장수를 보내 여섯 개 현을 약탈하게 하였다. 요동 태수 「경기」가 군사를 동원하여 대항하였다. 왕의 군사가 크게 패하였다. 가을 9월에, 「경기」가 〈맥〉인을 격파하였다.

○五十五年, 秋,九月에 王이 獵,〈質山〉陽하여
　오 십 오 년　추 구 월　　왕　렵　질 산 양
獲,紫獐하다. 冬,十月에 〈東海谷〉守가 獻,朱豹하
획 자 장　　동 시 월　　동 해 곡 수　헌 주 표
니 尾長,九尺이라.
미 장 구 척

▷ 본문풀이 ◁

55년, 가을 9월에 왕이 〈질산〉 남쪽에서 사냥하다가 자줏빛 노루를 잡았다. 겨울 10월에, 〈동해곡〉 수령이 붉은 표범을 바쳤다. 그 표범의 꼬리가 아홉 자였다.

○五十六年, 春,大旱하여 至夏赤地하다. 民饑하
　오 십 육 년　춘 대 한　　지 하 적 지　　민 기
므로 王이 發使賑恤하다.
왕　　발 사 진 휼

▷ 본문풀이 ◁

56년, 봄에 가뭄이 들었다. 여름이 되자 땅이 붉게 타들어갔다.

백성들이 굶주리므로 왕이 사신을 보내어 백성들을 구제하였다.

○五十七年, 春正月에 遣使如〈漢〉하여 賀「安
오 십 칠 년 춘 정 월 견 사 여 한 하 안

帝」加元服하다.
제 가 원 복

▶ 어려운 낱말 ◀

[加元服(가원복)] : 일종의 성년식. 남자 20세가 되면 大人의 衣冠을 가하는
예식임.

▷ 본문풀이 ◁

57년, 봄 정월에 〈한〉나라에 사신을 보내 「안제」의 성년식을
축하하였다.

○五十九年, 遣使如〈漢〉하여 貢獻方物하고 求
오 십 구 년 견 사 여 한 공 헌 방 물 구

屬〈玄菟〉하다.[『通鑑』言, ‘是年三月에 〈麗〉王「宮」與「穢貊」,
속 현 도

寇〈玄菟〉했다.’ 하니 不知或求屬,或寇耶니 抑一誤耶아?]

▷ 본문풀이 ◁

59년에, 〈한〉나라에 사신을 보내 방물을 바치고, 〈현도〉에 소
속되기를 요구하였다.【[통감]에는 ‘이 해 3월, 〈고구려〉왕 「궁」이 「예맥」
과 함께 〈현도〉를 침범하였다.’ 고 기록되어 있는데, 한편으로는 속하기를 원

하고, 다른 편으로는 침범한 것인지도 모르겠다. 아니면 어느 한 쪽이 잘못 기록한 것인가?】

○六十二年, 春.三月에 日有食之하다. 秋.八月에 王이 巡守.南海하다. 冬.十月에 至自.南海하다.

▷ 본문풀이 ◁

62년, 봄 3월에 일식이 있었다. 가을 8월에, 왕이 남해를 순행하였다. 겨울 10월에, 왕이 남해에 갔다가 돌아왔다.

○六十四年, 春.三月에 日有食之하다. 冬.十二月에 雪.五尺하다.

▷ 본문풀이 ◁

64년, 봄 3월에 일식이 있었다. 겨울 12월에 눈이 다섯 자 내렸다.

○六十六年, 春.二月에 地震하다. 夏.六月에 王이 與「穢貊」으로 襲〈漢〉의 〈玄菟〉하여 攻〈華麗城〉하다. 秋.七月에 蝗雹하여 害穀하다. 八月에 命.所司하여 擧.賢良孝順하고 問.鰥寡孤獨及.老不

能,自存者하여 給,衣食하다.
능 자 존 자 　 급 의 식

▶ 어려운 낱말 ◀

[穢貊(예맥)] : 小水貊. [賢良孝順(현량효순)] : 현량하고 효순하는 사람. [鰥寡
孤獨(환과고독)] : 四窮之首. 과부, 홀아비, 고아, 독거인.

▷ 본문풀이 ◁

66년, 봄 2월에 지진이 있었다. 여름 6월에, 왕이 「예맥」과 함께 〈한〉나라 〈현도〉를 습격하여 〈화려성〉을 쳤다. 가을 7월에, 메뚜기 떼가 생기고 우박이 내려 곡식이 상하였다. 8월에, 해당 관청에 명령하여 선량한 사람, 효성스런 사람, 온순한 사람들을 천거하게 하고, 홀아비·과부·고아·자식 없는 노인과 늙어서 자기 힘으로 살 수 없는 자들을 조사하여, 입을 것과 먹을 것을 주게 하였다.

○六十九年, 春에 〈漢〉의 〈幽州刺史〉「馮煥」과
육 십 구 년 　 춘 　 한 　 유 주 자 사 　 풍 환

〈玄菟太守〉「姚光」과 〈遼東〉太守「蔡諷」等이 將
현 도 태 수 　 요 광 　 요 동 태 수 채 풍 등 　 장

兵來侵하여 擊殺〈穢貊〉,渠帥하고 盡獲,兵馬,財物
병 내 침 　 격 살 예 맥 거 수 　 진 획 병 마 재 물

하다. 王이 乃,遣弟「遂成」하여 領兵,二千餘人으로
왕 　 내 견 제 수 성 　 영 병 이 천 여 인

逆,「煥」,「光」等하다. 「遂成」이 遣使詐降하니「煥」
역 환 광 등 　 수 성 　 견 사 사 항 　 환

等이 信之하다. 「遂成」이 因,據險以遮,大軍하고
등 　 신 지 　 수 성 　 인 거 험 이 차 대 군

潛遣_{잠견},三千人_{삼천인}하여 攻_공〈玄菟_{현도}〉,〈遼東_{요동}〉二郡_{이군}하여 焚其_{분기}

城郭_{성곽}하고 殺獲_{살획},二千餘人_{이천여인}하다. 夏_하,四月_{사월}에 王_왕이 與_여,

「鮮卑_{선비}」八千人_{팔천인}으로 往攻_{왕공}〈遼隊縣_{요대현}〉하다. 〈遼東_{요동}〉太_태

守_수,「蔡諷_{채풍}」이 將兵出於_{장병출어}〈新昌_{신창}〉하여 戰沒_{전몰}하다. 功曹_{공조}

掾_연「龍端_{용단}」과 兵馬掾_{병마연}「公孫酺_{공손포}」는 以身_{이신},扞_한「諷_풍」하다가

俱沒於_{구몰어},陣_진하고 死者百餘人_{사자백여인}하다. 冬_동,十月_{시월}에 王_왕이 幸_행,

〈扶餘_{부여}〉하여 祀_사,太后廟_{태후묘}하다. 存問_{존문},百姓窮困者_{백성궁곤자}하여

賜物有差_{사물유차}하다.「肅愼_{숙신}」使來_{사래}하여 獻_헌,紫狐裘及_{자호구급},白鷹_{백응}

과 白馬_{백마}하니 王_왕이 宴勞以_{연로이},遣之_{견지}하다. 十一月_{십일월}에 王_왕이

至自_{지자}〈扶餘_{부여}〉하다. 王_왕이 以_이「遂成_{수성}」으로 統軍國事_{통군국사}하

다. 十二月_{십이월}에 王_왕이 率_솔「馬韓_{마한}」과 「穢貊_{예맥}」에 一萬餘_{일만여}

騎_기하고 進圍_{진위}〈玄菟城_{현도성}〉하니 〈扶餘_{부여}〉王_왕이 遣子_{견자},「尉_위

仇台_{구태}」하여 領兵二萬_{영병이만}하고 與_여,〈漢_한〉兵_병으로 并力拒戰_{병력거전}

하여 我軍大敗_{아군대패}하다.

▶ 어려운 낱말 ◀

[刺史(자사)] : 중국의 관리로서 지방을 관리하던 관원. [太守(태수)] : 지방장

관으로 군수에 해당. [盡獲(진획)] : 모두 빼어가다. [詐降(사항)] : 거짓 항복.
[據險(거험)] : 요새를 이용하여. [遮大軍(차대군)] : 대군을 막고. [殺獲(살획)] :
죽이고 노획하다. [鮮卑(선비)] : 선비족. 東明族. [遼隊縣(요대현)] : 지금의
海城西. [新昌(신창)] : 遼東屬縣, 遼陽西北? [功曹掾(공조연)] : 職名. [兵馬掾
(병마연)] : 職名. [身扞(신한)] : 몸으로 가리어주다. 몸으로 막다. 엄호하다.
[扞] : 막을(한). [存問(존문)] : 찾아 문안하다. [肅愼(숙신)] : 여진족 前稱.

▷ 본문풀이 ◁

69년, 봄에 〈한〉나라 〈유주〉 자사 「풍환」・〈현도〉 태수 「요
광」・〈요동〉 태수 「채풍」 등이 군사를 거느리고 침입하여, 〈예맥〉
의 우두머리를 죽이고 병기와 마필과 재물을 모두 약탈하였다. 왕
이 아우 「수성」에게 군사 2천여 명을 주어서, 「풍환」・「요광」 등
과 싸우게 하였다. 「수성」이 한나라 군영에 사자를 보내 거짓으로
항복하겠다고 말했다. 「풍환」 등은 이 말을 믿었다. 「수성」이 곧
험한 곳에 의지하여 대군을 막는 한편 비밀리에 군사 3천 명을 보
내 〈현도〉・〈요동〉의 두 군을 공격하여, 그 성곽을 불사르고 2천
여 명을 죽이거나 사로잡았다. 여름 4월에, 왕이 「선비」의 군사 8
천 명과 함께 〈요대현〉을 공격하였다. 요동 태수 「채풍」이 군사를
거느리고 〈신창〉에 나와 싸우다가 전사하였다. 공조연 「용단」과
병마연 「공손포」는 자신의 몸으로 「채풍」을 엄호하다가, 「채풍」과
함께 진영에서 죽었다. 이때 사망자가 백여 명이었다. 겨울 10월
에, 왕이 〈부여〉에 행차하여 태후묘에 제사를 지내고, 곤궁한 처
지에 있는 백성들을 위문하고, 정도에 따라 물품을 주었다. 「숙
신」의 사신이 와서 자줏빛 여우 갖옷과 흰 매와 흰 말을 바쳤다.

왕이 연회를 베풀어 노고를 위로하여 보냈다. 11월에, 왕이 〈부여〉
에서 돌아왔다. 왕이 아우 「수성」으로 하여금 군사와 국정에 대한
일을 총괄적으로 맡아보게 하였다. 12월에, 왕이 「마한」과 「예맥」
의 기병 1만여 명을 거느리고 〈현도성〉을 포위하였다. 〈부여〉왕
이 아들 「위구태」를 시켜 군사 2만 명을 거느리고, 〈한〉나라 군사
와 힘을 합쳐 대항케 하였다. 우리 군사가 크게 패하였다.

○七十年, 王이 與「馬韓」, 「穢貊」으로 侵〈遼東〉
　　칠십년　왕　여　마한　　예맥　　　침　요동

하니 〈扶餘〉王이 遣兵하여 救破之하다.[〈馬韓〉은 以〈百
　　　부여　왕　견병　　　구파지

濟〉『溫祚王』二十七年에 滅이어늘 今與〈麗〉王行兵者는 盖滅而復

興者歟아?]

▷ 본문풀이 ◁

　70년에, 왕이 「마한」·「예맥」과 함께 〈요동〉을 공격하였다. 〈부
여〉왕이 군사를 파견하여 한나라를 구원하고, 고구려 군사를 격파
하였다.【〈마한〉은 〈백제〉『온조왕』 27년에 멸망하였는데, 지금 〈고구려〉 왕
과 함께 군사 행동을 하였다 하니, 멸망하였다가 다시 일어난 것인가?】

○七十一年, 冬, 十月에 以, 沛者「穆度婁」로 爲, 左
　　칠십일년　동　십월　　이　패자　목도루　　　위좌

輔하고 「高福章」으로 爲, 右輔하여 令與, 「遂成」으로
보　　　고복장　　　위　우보　　　영여　수성

參政事하다.
참 정 사

[沛者(패자)] : 직명.

▷ 본문풀이 ◁

71년, 겨울 10월에 패자 「목도루」를 좌보로 삼고, 「고복장」을 우보로 삼아, 「수성」으로 정사에 참여하게 하였다.

○ **七十二年, 秋,九月庚申,晦**에 **日有食之**하다.
　칠 십 이 년　추 구 월 경 신 회　　일 유 식 지

冬,十月에 **遣使入〈漢〉,朝貢**하다. **十一月**에 **京都**
동 시 월　　견 사 입 한 조 공　　　십 일 월　　경 도

地震하다.
지 진

▷ 본문풀이 ◁

72년, 가을 9월 그믐 경신일에 일식이 있었다. 겨울 10월에, 〈한〉 나라에 사신을 보내 조공하였다. 11월, 서울에 지진이 있었다.

○ **八十年, 秋,七月**에 「**遂成**」이 **獵於〈倭山〉**하여
　팔 십 년　추 칠 월　　수 성　　엽 어 왜 산

與,左右宴할새 **於是**에 **貫那于台**(직명)「**彌儒**」와 **桓**
여 좌 우 연　　어 시　　관 나 우 태　　　미 유　　환

那于台(직명)「**菸支留**」와 **沸流那皁衣**(직명)「**陽神**」
나 우 태　　어 지 류　　비 류 나 조 의　　　양 신

等이 陰謂「遂成」曰, "初에 『慕本王』之薨也에 太
子不肖하여 群寮欲立, 王子「再思」하니 「再思」는 以
老, 讓子者하여 欲使 兄老弟及이어늘 今王이 旣已老
矣에도 而無讓意하니 惟吾子는 計之하라." 하니 「遂
成」曰, "承襲必嫡은 天下之,常道也라. 王이 今,雖
老나 有,嫡子在하니 豈敢,覬覦乎아?" 하니 「彌儒」
曰, "以弟之賢으로 承兄之後는 古亦有之이니 子
其勿疑하라." 하다 於是에 左輔,沛者「穆度婁」는
知「遂成」이 有,異心하고 稱疾,不仕하다.

▶ 어려운 낱말 ◀

[于台(우태)] : 職名. [皁] : 하인(조). 검을(조). [皁衣(조의)] : 직명. [承襲必嫡
(승습필적)] : 왕위는 반드시 적자가 세습함. [覬覦(기유)] : 분에 넘치는 희망
을 품음. [左輔(좌보)] : 직명. [稱疾(칭질)] : 병을 핑계로.

▷ 본문풀이 ◁

80년, 가을 7월에 「수성(王弟)」이 〈왜산〉에서 사냥을 하며, 좌
우의 종자를 더불어 연회를 베풀 때 관나부 우태(직명) 「미유」와
환나부 우태(직명) 「어지류」와 비류나 조의(직명) 「양신」 등이 남
모르게 「수성」에게 말하기를, "초기에 『모본왕』이 죽었을 때, 태

자가 불초하여 여러 신하들이 왕자 「재사」를 왕으로 세우려 하였으나, 「재사」가 늙었다 하여 아들에게 양보하였다. 이는 형이 늙으면 아우에게 양위하자는 것이었다. 이제 왕이 이미 늙었으나 양위할 뜻이 없으니, 그대는 대책을 세우라.」고 하였다. 「수성」이 말하기를, "맏아들이 왕위를 계승하는 것은 천하의 상도이다. 왕이 지금 비록 연로하다고 하지만 맏아들이 있는데 어찌 감히 왕위를 넘볼 수 있겠는가?" 하니, 「미유」가 말하기를, "아우가 현명하면 형의 뒤를 잇는 일이 옛날에도 있었다. 그대는 이를 의심치 말라."고 했다. 이때 좌보 패자 「목도루」는 「수성」이 왕이 되고자 하는 생각이 있음을 알고, 병을 일컫고 벼슬을 하지 않았다.

○八十六年, 春 三月에 「遂成」이 獵於〈質陽:질
산의 남쪽〉하여 七日不歸하고 戱樂無度하다. 秋 七
月에 又獵〈箕丘〉하여 五日乃反하니 其弟「伯固」
諫曰, "禍福無門하고 惟人所召라. 今 子以 王弟
之親으로 爲 百寮之首하니 位已極矣요 功亦盛矣
라. 宜以 忠義存心하고 禮讓克己하여 上同王德하
고 下得民心, 然後에 富貴 不離於身하고 而 禍亂
不作矣리라. 今 不出於此하여 而 貪樂忘憂하니 竊

爲.足下危之라." 하니 答曰, "凡.人之情이 誰不欲.
위족하위지　　　　　 답왈　 범인지정　 수불욕

富貴而.歡樂者哉리오마는 而.得之者는 萬無一耳
부귀이환락자재　　　　　 이 득지자　 만무일이

라. 今.吾居.可樂之勢하니 而.不能肆志면 將焉用
금 오거 가락지세　　　 이 불능사지　 장언용

哉리요?" 하고 遂.不從이러라.
재　　　　　　 수 부종

▶ **어려운 낱말** ◀

[貪樂忘憂(탐락망우)] : 즐거움을 탐하여 근심을 잊음. [竊] : 훔칠(절). [竊爲
(절위)] : 간절히 그대를 위하여. [足下(족하)] : 존칭어로 쓰는 말. 귀하. 좌하
등과 같이. [肆志(사지)] : 마음대로. [肆] : 방자할(사). [不從(부종)] : 말을 듣
지 않음.

▷ **본문풀이** ◁

　86년, 봄 3월에 「수성」이 〈질산〉 남쪽에서 사냥하며 7일 동안
돌아오지 않고, 즐기기만 할 뿐 행동에 절도가 없었다. 가을 7월
에, 「수성」이 또 〈기구〉에 사냥 가서 5일 만에 돌아왔다. 그의 아
우 「백고」가 간하기를, "화복은 들어오는 문이 따로 있는 것이 아
니라, 오직 사람이 불러들이는 것이다. 지금 형은 왕의 아우라는
친족으로서 백관의 우두머리가 되었으니, 지위는 이미 지극히 높
고, 공로도 또한 훌륭하다. 따라서 마땅히 충성과 의리를 마음에
간직하고, 예절과 겸양으로 욕망을 억제하여, 위로는 왕의 덕과
같도록 노력하고, 아래로는 민심을 얻어야 한다. 이렇게 한 뒤에
야 부귀가 형을 떠나지 않고 화란이 일어나지 않을 것이다. 이제

이렇게 행동하지 않고, 향락에 빠져 걱정을 모르고 있으니, 형이 위태롭게 되지 않을까 걱정된다."고 했다. 「수성」이 대답하기를, "사람의 감정으로 누구인들 부귀와 환락을 원하지 않으랴만, 이것을 얻는 자는 만 명에 하나도 없을 것이다. 이제 내가 향락을 즐길 수 있는 처지에 있으니, 내 뜻대로 할 수 없다면 장차 무슨 소용이 있겠느냐?' 하고는 그는 끝내 그의 말을 듣지 않았다.

○九十年, 秋九月에 〈丸都〉地震하다. 王이 夜夢에 一豹, 齧斷虎尾하다. 覺而, 問其吉凶하니 或曰, "虎者는 百獸之長이요, 豹者는 同類而小者也라. 意者, 王之族類가 殆有, 謀絶大王之, 後者乎아?" 하니 王이 不悅하여 謂, 右輔「高福章」曰, "我昨夢有, 所見을 占者之言이 如此하니 爲之奈何오?" 하니 答曰, "作不善이면 則, 吉變爲凶하고 作善이면 則, 災反爲福하니다. 今, 大王이 憂國如家하시고 愛民如子하시니 雖有小異나 庸何傷乎리오?" 하다.

▶ 어려운 낱말 ◀

[丸都(환도)] : 환도성. 국내성. [齧斷(설단)] : 물어뜯다. [殆] : 위태로울, 의심

하다. 거의, 아마(태). [昨夢(작몽)] : 어젯밤의 꿈. [庸何(용하)] : 무엇을. [傷乎(상호)] : 마음을 태우겠습니까? 걱정.

▷ 본문풀이 ◁

90년. 가을 9월에 〈환도〉에 지진이 있었다. 왕이 밤에 꿈을 꾸었는데, 표범이 호랑이의 꼬리를 물어 끊었다. 왕이 잠을 깨어 좋은 꿈인지 나쁜 꿈인지를 물으니 어떤 사람이 말하기를, "호랑이는 모든 짐승의 어른이며, 표범은 호랑이의 한 종류로서 작은 짐승이다. 아마도 왕의 친족 가운데 대왕의 후대를 끊으려고 획책하는 자가 있지 않은가?"라고 하였다. 왕이 기분이 좋지 않아 우보「고복장」에게 "내가 어젯밤 꿈에 본 것에 대하여, 점치는 자의 말이 이러하니, 어떻게 하는 것이 좋을까?"라고 물었다. 고복장이 대답하기를, "안 좋은 일을 하면, 좋은 것도 변하여 나쁜 것이 되고, 좋은 일을 하면, 재앙도 도리어 복으로 변하는 것입니다. 이제 대왕께서 나라 일을 집안일과 같이 걱정하며, 백성을 자식과 같이 사랑하시니, 비록 사소한 이변이 있다한들 무슨 걱정거리가 되겠습니까?"라고 했다.

○九十四年. 秋.七月에「遂成」이 獵於〈倭山〉之
　　구십사년　추칠월　　　수성　　렵어왜산지
下하여 謂.左右曰, "大王.老而.不死하고 吾齒卽.
하　　위좌우왈　대왕로이불사　　　오치즉
將暮矣하니 不可待也라. 惟願.左右는 爲.我計之
장모의　　　불가대야　　유원좌우　　위아계지
하라."하니 左右皆曰, "敬.從命矣하리다."하다. 於
　　　　　좌우개왈　　경종명의　　　　　　어

是에 一人獨進曰,
시 일인독진왈

"向에 王子有, 不祥之言하니 而, 左右不能, 直諫
향 왕자유 불상지언 이좌우불능직간

하고 皆曰, 敬從命者하니 可謂, 姦且諛矣리다. 吾
개왈경종명자 가위간차유의 오

欲, 直言하니 未知, 尊意如何리오?"하니「遂成」曰,
욕직언 미지존의여하 수성왈

"子能直言하면 藥石也이니 何疑之有리오?"하니
자능직언 약석야 하의지유

其人對曰, "今, 大王之賢으로 內外, 無異心하니 子
기인대왈 금대왕지현 내외무이심 자

雖有功이나 率, 群下, 姦諛之人으로 謀廢, 明上하니
수유공 솔군하 간유지인 모폐명상

此, 何異將, 以單縷로 繫, 萬鈞之重하니 而, 倒曳乎
차하이장이단루 계만균지중 이도예호

리오? 雖復愚人이나 猶知其, 不可也리다. 若, 王子
수부우인 유지기불가야 약왕자

가 改圖易慮하여 孝順事上이면 則, 大王이 深知, 王
개도역려 효순사상 즉대왕 심지왕

子之善하고 必有, 揖讓之心이나 不然則, 禍將及也
자지선 필유읍양지심 불연즉화장급야

리이다."하다.「遂成」이 不悅하니 左右, 妬其直하여
수성 불열 좌우투기직

讒於「遂成」曰, "王子가 以, 大王年老를 恐, 國祚
참어수성왈 왕자 이대왕연로 공국조

之危하여 欲爲後圖어늘 此人이 妄言如此하니 我
지위 욕위후도 차인 망언여차 아

等은 惟恐漏洩하여 以, 致患也니 宜殺以, 滅口하니
등 유공누설 이치환야 의살이멸구

다."「遂成」이 從之하다. 秋八月에 王이 遣將하여
수성 종지 추팔월 왕 견장

襲〈漢〉의 〈遼東〉, 西, 〈安平縣〉하여 殺〈帶方〉令하

고 掠得〈樂浪〉太守와 妻子하다. 冬, 十月에 右輔

「高福章」이 言於, 王曰, "「遂成」이 將叛하니 請, 先

誅之하소서." 하니 王曰, "吾, 旣老矣하고 「遂成」이

有功於國하니 吾將禪位하니 子無煩慮하라! " 하

다. 「福章」曰, "「遂成」之, 爲人也는 忍而不仁하니

今日, 受, 大王之禪이면 則, 明日害, 大王之子孫하리

다. 大王은 但知, 施惠於, 不仁之弟하시고 不知, 貽

患於, 無辜之子孫하시니 願, 大王은 熟計之하소서."

하니 王이 不聽하다. 十二月에 王이 謂「遂成」曰,

"吾, 旣, 老하여 倦於萬機하고 天之曆數, 在汝躬하며

況汝, 內參國政하고 外摠軍事하고 久有, 社稷之功

하여 允塞, 臣民之望하니 吾所付託을 可謂得人이

로다. 作其卽位하여 永孚于, 休로다! " 하고 乃, 禪位

하고 退老於, 別宮하여 稱爲『太祖大王』하다. [『後漢

書』云하되 '〈安帝〉〈建光〉元年에 〈高句麗〉王「宮」死하고 子「遂

成」이 立하니. 〈玄菟〉太守「姚光」이 上言하되 欲因其喪으로 發兵擊之하다. 議者皆以爲可許하다. 尙書「陳忠」曰, "「宮」이 前桀黠하여「光」이 不能討하고 死而擊之는 非義也라. 宜遣吊問하고 因責讓前罪하여 赦不加誅하고 取其後善이라."하니「安帝」從之하다 하고 明年에「遂成」이 還〈漢〉生口라.' 하다. 案『海東古記』면 '〈高句麗〉國祖王「高宮」은 以〈後漢〉〈建武〉二十九年, 癸巳에 卽位하여 時年七歲로 國母攝政하고 至〈孝桓帝〉〈本初〉元年丙戌에 遜位讓母弟「遂成」하니 時에「宮」年이 一百歲로 在位九十四年이라 하다, 則〈建光〉元年은 是「宮」在位第六十九年이라.' 하니 則『漢書』所記와 與『古記』가 抵梧不相符合하니 豈『漢書』所記誤耶아?!

▶ 어려운 낱말◀

[吾齒(오치)] : 내 나이. [將暮(장모)] : 장차 老境에 들다. [敬從命(경종명)] : 공경스럽게 명을 따르다. [向(향)] : 좀전에. [不祥之言(불상지언)] : 상서롭지 못한 말. [直諫(직간)] : 똑바로 간언하다. [藥石(약석)] : 약이 되다. [姦諛(간유)] : 간사하고 아첨함. [單縷(단루)] : 한 올의 실. [萬鈞(만균)] : 매우 무거운. [鈞] : 서른 근(균). [倒曳(도예)] : 거꾸로 달아서 잡아당기다. [揖讓(읍양)] : 예의를 다하여 사양함. [讒] : 참소할(참). [漏洩(누설)] : 비밀이 새나감. [安平縣(안평현)] : 지금의 九連城 東北 安平河 流域. [帶方縣(대방현)] : 지금의 황해도 봉산군에 해당함. [萬機(만기)] : 여러 가지 국사. [曆數(역수)] : 曆運.

[在汝躬(재여궁)] : 너에게 있음. [允塞(윤색)] : 진실로 가득 참. [永孚(영부)] : 길이 아름답게. [休] : 아름답다, 쉬다(휴).

▷ 본문풀이 ◁

94년, 가을 7월에 「수성」이 〈왜산〉 아래서 사냥하면서 좌우의 근신들에게 말하기를, "대왕이 늙었으나 죽지 않고, 나도 나이가 많으니 기다릴 수 없다. 그대들은 나를 위하여 계책을 꾸미기 바란다."하니, 근신들이 모두 "삼가 명령에 따르겠다."라고만 말하였다. 이 때 누군가가 혼자 나서서 조금 전에 당신은 자신에게 결코 상서롭지 않은 말을 하였는데, "근신들이 올바른 말로 말리지 않고, 모두 삼가 명령에 따르겠다고 하였으니, 이는 간사하고 아첨하는 것이라고 할 수 있다. 내가 직언을 하려 하는데, 당신의 뜻이 어떠한지 모르겠다."라고 말하였다. 「수성」이 "그대가 직언을 한다면 그것은 나에게 약이 될 터인데, 무엇을 의심하는가?"라고 대답하였다. 그 사람이 대답하기를, "우리 대왕이 현명하여 안팎으로 반역할 마음을 가진 사람이 없는데, 당신이 비록 국가에 공로가 있다고 하지만, 간사스럽고 아첨하는 아랫사람들을 데리고, 현명한 임금을 폐위시키려고 하니, 이것이 한 오라기의 실로 1만 균의 물건을 매어놓고 거꾸로 끌어당겨 보려는 것과 무엇이 다르겠는가? 어리석은 사람이라도 그것이 불가능하다는 것을 알 것이다. 만일 당신이 자신의 생각을 바꾸어, 충효와 공손함으로 대왕을 섬기면, 대왕께서는 당신의 어진 마음을 깊이 헤아려, 반드시 당신에게 양위할 마음을 가질 것이며, 그렇게 하지 않는다면 앞으로 화가 미칠 것이다." 했다. 「수성」은 이 말을 듣고 기분이 좋지 않았다. 좌우의 근신들이 그의 정직함을 질투하여 「수성」에게 참소하기를, "대왕이 나이 많아 국가의 운명이 위태로울까를 염려하여, 후일에 대한 계책을 도모하려는 것인데, 이 사람이 이와 같이 망녕된 말을 하니, 우리는 이러한 사실이 누설되어 후환을 초래할까 염려된다. 따라서 이 사람을 죽여 입을 닫게 하는 것이 옳다고 생각한다." 했다. 「수성」이 그 말을 따랐다. 가을 8월에, 왕이 장수를 보내 〈한〉나라 요동 서쪽 〈안평현〉을 습격하여 〈대방〉의 수령을 죽이고 〈낙랑〉 태수의 처자를 빼앗아 돌아왔다. 겨울 10월에, 우보 「고복장」이 왕에게 말하기를, "「수성」이 반란을 일으키려 하니, 청컨대 먼저 그를 처형하소서." 하니, 왕이 말하기를, "내가 이미 늙었고, 「수성」은 나라에 공이 있으니, 내가 그에게 왕위를 주려 한다. 그대는 염려하지 말라!"고 했다. 「복장」이 말하기를, "「수성」은 사람됨이 잔인하고 어질지 못합니다. 아마도 오늘 대왕의 왕위를 물려받는다면, 내일은 대왕의 자손을 해칠 것입니다. 대왕은 다만 어질지 못한 아우에게 은혜를 베푸는 것만 알고, 죄 없는 자손들에게 후환이 미칠 것을 알지 못하니, 원컨대 대왕께서는 깊이 살피소서." 12월에, 왕이 「수성」에게 말하기를, "내가 이미 늙어서 모든 일이 힘들구나. 하늘의 운수가 너에게 있으며, 또한 네가 안으로는 국정에 참여하고, 밖으로는 군사에 대한 일을 총괄하여, 오랫동안 넉넉히 나라에 공로가 있어 신하와 백성들의 신망이 진실로 가득하므로, 내가 의지하고 일을 맡길 적임자를 얻었다고 할 수 있다. 이제 왕위에 올라 길이 경사를 누릴지어다!" 하고는, 왕은 곧 왕위를 내어주고 별궁으로 물러났다. 이를 『태조대왕』이라 하였다. 【[후한세]에는 '〈안제〉〈건광〉 원년에 〈고구려〉왕 「궁」이 죽고, 아들 「수성」이 왕위에 올랐다. 이때 〈현도〉 태수 「요광」이 왕이 죽은 것을 기회로 삼아 군사를 출동하여 치고 싶다고 안제에게 말하니, 모두가 찬성하였다. 상서 「진충이」 말하기를, "전에는 「궁」이 훌륭하고 영명하여 요광이 칠 수 없었는데, 그가 죽었다 하여 치는 것은 의로운 일이 아니다. 마땅히 사자를 보내 조문하고, 예전의 죄과를 묻되, 용서하여 죽이지 말고 두었다가, 후일을 도모함이 좋을 것이다."라고 하니, 「안제」가 이 말대로 하였다. 이듬해에 「수성」이 〈한〉나라 포로를 돌려보냈다.' 라고 기록되어 있다. 그러나 [해동고기]에는 '〈고구려〉 국조왕 「고궁」은 후한 건무 29년 계사에 즉위하니, 이때 나이가 7세였기 때문에 그 어머니가 섭정하였다. 〈효환제〉〈본초〉 원년 병술에 이르러, 동복 아우 「수성」에게 왕위를 내어주니, 이때 「궁」의 나이가 1백세로서, 재위 94년이다.' 라고 기록되어 있으니, 건광 원년은, 곧 「궁」의 재위 69년에 해당한다. [한서]의 기록과 [고기]의 기록이 서로 다르니, 혹시 [한서]의 기록이 틀린 것이 아닌가?】

7 次大王(차대왕) : 146~165

○『次大王』의 諱는 「遂成」이니 『太祖大王』同母
弟也니라. 勇壯有,威嚴이나 小,仁慈하다. 受『太祖
大王』이 推讓하여 卽位하니 時年이 七十六이러라.

▷ 본문풀이 ◁

『차대왕』의 이름은 「수성」이며 『태조대왕』의 동복아우이다.
그는 용감하고 체격이 건장하여 위엄이 있었으나 인자한 마음은
적었다. 『태조대왕』이 물려준 자리를 받아 즉위하였다. 이때 나
이 76세였다.

○二年, 春,二月에 拜,貫那, 沛者「彌儒」를 爲,左
輔하다. 三月에 誅,右輔「高福章」하다. 「福章」이
臨死,嘆曰, "痛哉라 冤乎인져! 我,當時爲,先朝近
臣하여 其可見,賊亂之人(遂成)을 默然,不言哉아?
恨,先君,不用吾言이 以至於此하다. 今君,甫陟大
位하여 宜,新政,敎以示,百姓이어늘 而以不義,殺一

忠臣하니 吾與其,生於無道之時언정 不如,死之速
충신　　　　오여기생어무도지시　　　불여사지속

也라.”하고 乃,卽刑하니 遠近聞之하고 莫不憤惜하
야　　　　　내즉형　　　원근문지　　　막불분석

다. 秋,七月에 左輔「穆度婁」는 稱疾退老하니 以,
추칠월　　좌보목도루　　　칭질퇴로　　　이

桓那于台「菸支留」를 爲,左輔하고 加爵爲,「大主
환나우태　어지류　　위좌보　　　가작위　대주

簿」하다. 冬,十月에 〈沸流那部〉「陽神」으로 爲,中
부　　　　동시월　　비류나부　양신　　　위중

畏大夫하고 加爵爲,于台하니 皆,王之故舊라. 十
외대부　　　가작위우태　　　개왕지고구　　십

一月에 地震하다.
일월　　지진

▶ 어려운 낱말 ◀

[沛者(패자)] : 職名. [臨死(임사)] : 죽음에 임하여. [痛哉(통재)] : 슬프다! [默
然(묵연)] : 묵묵히 있다. [甫陟(보척)] : 오르다. [憤惜(분석)] : 애석히 여기다.
[稱疾(칭질)] : 병을 핑계로. [菸] : 향초(어). [故舊(고구)] : 옛 친구.

▷ 본문풀이 ◁

　2년, 봄 2월에 관나 패자 「미유」를 좌보로 임명하였다. 3월에,
우보 「고복장」을 죽였다. 「복장」이 죽을 때 탄식하며 말하기를,
“슬프고 원통하다! 내가 전일에 선왕의 근신이었으니, 어찌 반역
을 도모하는 자를 보고도 묵묵히 말을 하지 않으랴? 전 왕이 나의
말을 듣지 않아서 이 지경에 이르게 한 것이 한스럽다. 이제 임금
이 왕위에 올랐으니 마땅히 새로운 정치와 교화를 백성에게 보여
야 할 것인데도, 정의에 어긋나게 한 사람의 충신을 죽이려 한다.

내가 이와 같은 무도한 시대에 사느니, 차라리 빨리 죽는 것이 낫겠다."라고 말하고, 「복장」은 곧 형을 받았다. 원근 사람들이 이 말을 듣고 분노하고 애석하게 여기지 않는 자가 없었다. 가을 7월에, 좌보 「목도루」가 병을 구실로 퇴직하자, 환나부 우태 「어지류」를 좌보로 삼고, 작위를 올려 「대주부」라 하였다. 겨울 10월에, 〈비류나부〉 「양신」을 중외대부로 삼고, 작위를 올려 우태라 하니, 그들은 모두 왕의 옛 친구였다. 11월, 지진이 있었다.

○三年, 夏四月에 王이 使人으로 殺『太祖大王』,
　　삼 년　하 사 월　　왕　　사 인　　　　살　태 조 대 왕

元子「莫勤」하니 其弟「莫德」이 恐禍連及하여 自
원 자 막 근　　　　기 제 막 덕　　　공 화 연 급　　　　　자

縊하다.
액

▶ 어려운 낱말 ◀

[連及(연급)] : 인연하여 미치다. [自縊(자액)] : 목매어 자살하다.

▷ 본문풀이 ◁

　3년, 여름 4월에 왕이 사람을 시켜 『태조대왕』의 맏아들 「막근」을 죽이자, 그의 아우 「막덕」은 화가 자기에게도 미칠까 두려워 스스로 목매어 죽었다.

○論曰, 昔에 〈宋〉「宣公」이 不立其子「與夷」하
　　논 왈　석　　　　송　선 공　　　불 립 기 자　여 이

고 而.立其弟「穆公」하니 小.不忍으로 亂.大謀하여
이 입기제목공　　　소 불인　　　난 대 모

以致.累世之亂이라 故로『春秋』에 '大居正이라.'
이 치 누세 지 란　 고　 춘 추　　대 거 정

하다. 今『太祖王』이 不知義하고 輕.大位以授.不仁
금 태 조 왕　부 지 의　 경 대 위 이 수 불 인

之弟하여 禍及.一忠臣과 二.愛子하니 可勝歎耶아?
지 제　화 급 일 충 신　 이 애 자　　가 승 탄 야

▶ 어려운 낱말 ◀

[大居正(대거정)] : 정도를 지키라.　[可勝歎耶(가승탄야)] : 가히 탄식함을 이길
수 있으랴.

[저자의 견해]

　옛날 〈송〉의 「선공」이 그의 아들 「여이」를 왕으로 세우지 않
고, 아우 「목공」을 왕으로 세웠으니, 이는 작은 인정에 이끌려 국
가의 대계를 어지럽힌 것이다. 그리고 이에 따라 여러 세대에 걸
친 환란이 일어났다. 이 때문에 [춘추]에서는 '정도(正道)에 처하
는 것을 가장 크게 여기라.' 라고 말하였다. 이제 『태조왕』이 정
의를 알지 못하고, 중대한 왕위를 가볍게 여겨 어질지 못한 아우
에게 넘김으로써, 화란이 한 명의 충신과 사랑하는 두 아들에게
미치게 하였으니, 가히 탄식을 하지 않을 수 있으랴?

　○秋.七月에 王이 田于〈平儒原〉할새 白狐.隨而
추 칠 월　왕　전 우 평 유 원　　백 호 수 이

鳴하니 王이 射之不中하고 問於師巫하니 曰, "狐
명　　왕　사 지 부 중　　문 어 사 무　　왈　호

者는 妖獸로 非,吉祥이어든 白其色이라. 尤可怪也
자   요수   비 길상   백 기색   우 가 괴 야

나 然이나 天이 不能諄諄其言이라, 故로 示以妖怪
   연   천   불능순순기언   고   시 이 요괴

者이니 欲令人君으로 恐懼,修省以,自新也니다. 君
자   욕령인군   공구 수성이 자신야   군

若修德이면 則,可以轉禍爲福이니다."하니, 王曰,
약 수덕   즉 가이전화위복   왕왈

"凶則爲凶이요, 吉則爲吉이라, 爾旣以,爲妖를 又
흉 즉 위 흉   길 즉 위 길   이 기 이 위 요   우

以,爲福하니 何其誣耶아?"하고 遂,殺之하다.
이 위 복   하 기 무 야   수 살 지

▶ 어려운 낱말 ◀

[諄諄(순순)] : 곡진하게 타이르는 모양. [妖怪(요괴)] : 요상하고 괴이함. [恐懼(공구)] : 두렵게 여김. [修省(수성)] : 수양하고 반성함. [自新(자신)] : 스스로 새롭게 함. [誣耶(무야)] : 무슨 무고를 하느냐?

▷ 본문풀이 ◁

　가을 7월에, 왕이 〈평유원〉에서 사냥하는데, 흰 여우가 따라오면서 울었다. 왕이 여우를 쏘았으나 맞추지 못하였다. 왕이 무당에게 물으니, 그가 대답하기를, "여우는 원래 요사스럽고, 상서롭지 못한 짐승인데, 더구나 그 빛깔이 희니 더욱 괴이합니다. 그러나 하늘이 간절한 뜻을 말로 전할 수 없으므로 요괴한 것을 보여 주는 것이니, 이는 임금으로 하여금 두려워할 줄 알고 반성할 줄 알게 하여, 스스로 새롭게 하도록 하려는 것입니다. 만약 임금이 덕을 닦으면, 화를 복으로 바꿀 수 있을 것입니다."라고 하니,

왕이 말하기를, "흉하면 흉하다 하고, 길하면 길하다 할 것이지, 이미 요사스러운 것이라고 말해놓고 다시 복이 된다고 하니, 이 무슨 거짓말인가?" 하고 왕은 마침내 그를 살해했다.

○四年, 夏.四月丁卯.晦에 日有食之하다. 五月
　　사　년　하　사월정묘회　　일유식지　　　　오　월
에 五星이 聚於東方하니 日者가 畏.王之怒하여 誣
　　오　성　취어동방　　　　일　자　외왕지노　　　　무
告曰, "是는 君之德也요, 國之福也니이다." 하니
고　왈　시　군지덕야　　국지복야
王이 喜하다. 冬,十二月에 無氷하다.
왕　희　　　동시이월　　무수

▶ 어려운 낱말 ◀

　[日者(일자)] : 日官. 점쟁이. [誣告(무고)] : 함부로 거짓으로 말하다.

▷ 본문풀이 ◁

　4년, 여름 4월 그믐 정묘일에 일식이 있었다. 5월에, 5성이 동방에 모이니 일관(日官)이 왕이 노할까 두려워하여 거짓으로 말하되, "이는 임금의 덕이며, 나라의 복입니다."라고 말하였다. 왕이 기뻐하였다. 겨울 12월에, 얼음이 얼지 않았다.

○八年, 夏.六月에 隕霜하고 冬.十二月에 雷와
　　팔　년　하유월　　운　상　　　　동십이월　　뢰
地震하다. 晦에 客星이 犯月하다.
지　진　　　회　객　성　범　월

▷ 본문풀이 ◁

8년, 여름 6월에 서리가 내렸고, 겨울 12월에, 우레와 지진이
있었다. 그믐날 객성이 달을 범하였다.

○ 十三年, 春二月에 星孛于北斗하다. 夏五月
　　　　십 삼 년　춘 이 월　　　성 패 우 북 두　　　하 오 월
甲戌晦에 日有食之하다.
갑 술 회　　일 유 식 지

▷ 본문풀이 ◁

13년, 봄 2월에 혜성이 북두에 나타났다. 여름 5월, 그믐 갑술
일에는 일식이 있었다.

○ 二十年, 春正月晦에 日有食之하다. 三月에
　　　이 십 년　춘 정 월 회　　일 유 식 지　　　삼 월
『太祖大王』이 薨於別宮하니 年이 百十九歲러라.
　태 조 대 왕　　홍 어 별 궁　　　년　백 십 구 세
冬十月에 椽那部의 早衣「明臨答夫」가 因民不
동 시 월　연 나 부　조 의 명 림 답 부　　　인 민 불
忍하여 弑王하다. 號爲『次大王』이라 하다.
인　　　시 왕　　　호 위　차 대 왕

▷ 본문풀이 ◁

20년, 봄 정월 그믐에 일식이 있었다. 3월에, 『태조대왕』이 별
궁에서 별세하니, 나이 119세였다. 겨울 10월에, 연나부 조의 「명
림답부」가 백성들의 고통을 보다 못하여 왕을 죽였다. 호를 『차

대왕』이라 하였다.

8 新大王(신대왕) : 165~179

○『新大王』의 諱는「伯固」[固는 一作,句라.]이니『太祖
　신대왕　　휘　　백고　　　　　　　　　태조
大王』之,季弟니라. 儀表英特하고 性仁恕하다. 初
대왕 지 계제　　의표영특　　성인서　　초
에『次大王』無道하여 臣民이 不親附로 恐有禍亂
　차대왕 무도　　신민　불친부　공유화란
하여 害及於己하여 遂,遁於山谷하다. 及『次大王』
　　해급어기　　　수둔어산곡　　　급차대왕
이 被弑에 左輔「菸支留」가 與,群公議하여 遣人迎
　피시　좌보 어지류　　여군공의　　　견인영
致하다. 及至에 「菸支留」가 獻,國璽曰, "先君,不
치　　　급지　　어지류　　헌국새왈　선군불
幸棄國하니 雖,有子나 不克,有,國家하니다. 夫,人
행기국　　수유자　불극유국가　　　부인
之心이 歸于,至仁하니 謹拜稽首하여 請卽,尊位하
지심　귀우지인　　근배계수　　　청즉존위
소서." 하니 於是에 俯伏,三讓而後에 卽位하니 時
　　　어시　부복삼양이후　즉위　시
年이 七十七歲러라.
년　칠십칠세

[季弟(계제)] : 끝의 동생. [儀表(의표)] : 겉모양. [仁恕(인서)] : 마음이 어질고 남을 잘 용서하다. [不親附(불친부)] : 남과 잘 어울리지 않음. [遯] : 달아날 (둔). [被弑(피시)] : 시해를 당함. [迎致(영치)] : 맞이함. [不克(불극)] : 맡기지 못함. [稽首(계수)] : 머리를 조아려. [俯伏(부복)] : 꿇어 엎드려.

▷ 본문풀이 ◁

『신대왕』의 이름은 「백고」【'고(固)'를 '구(句)'라고도 한다.】이며, 『태조대왕』의 막내아우이다. 의표가 영특하고 성품이 인자하며 너그러웠다. 선왕인 『차대왕』이 무도하여 신하와 백성들이 가까이하려 하지 않았기 때문에 「백고」는 환란이 생기면 자기에게도 해가 미칠 것을 염려하여 산골짜기로 도망했었다. 『차대왕』이 살해되자, 좌보 「어지류」가 여러 대신들과 의논하여 사람을 보내 백고를 모셔오게 하였다. 백고가 돌아오자 「어지류」가 무릎을 꿇고 옥새를 바치면서 말하기를, "선왕이 불행하게 돌아가시고, 비록 그 아들이 있으나 나라를 맡길 수 없으며, 인심이 인자하신 당신에게 돌아가므로, 삼가 절하고 머리를 조아리오니, 청컨대 존위에 오르소서." 하니, 이에 백고는 엎드려 세 번 사양한 뒤에 즉위하였다. 이때 나이가 77세였다.

○二年, 春.正月에 下令曰, "寡人이 生忝王親하
이 년 춘 정월   하령왈   과인   생첨왕친

여 本非君德하고 向屬友 于之.政하니 頗乖.貽厥
  본비군덕   향촉우 우지정   파괴이궐

之謨라. 畏害難安하여 離群遠遯이러니 泊聞凶訃
지모   외해난안   이군원둔   계문흉부

하고 但極哀摧어늘 豈謂百姓樂推하여 群公勸進
단극애최 기위백성낙추 군공권진

이라? 謬以眇末로 據于崇高하니 不敢遑寧하여 如
유이묘말 거우숭고 불감황녕 여

涉淵海로다. 宜推恩而及遠하고 遂與眾而自新하
섭연해 의추은이급원 수여중이자신

니 可大赦國内하라!”하다 國人이 旣聞赦令하고
가 대사국내 국인 기문사령

無不歡呼慶抃하여 曰, “大哉라! 新大王之德澤
무불환호경변 왈 대재 신대왕지덕택

也여!”하다. 初에「明臨答夫」之難에『次大王』太
야 초 명림답부 지난 차대왕 태

子「鄒安」은 逃竄이러니 及聞嗣王赦令하고 卽詣
자 추안 도찬 급문사왕사령 즉예

王門하여 告曰, “嚮에 國有災禍에 臣不能死하고
왕문 고왈 향 국유재화 신불능사

遯于山谷이러니 今聞新政하고 敢以罪告하노니
둔우산곡 금문신정 감이죄고

若大王據法定罪하여 棄之市朝라도 惟命是聽이
약 대왕거법정죄 기지시조 유명시청

며 若賜以不死하시고 放之遠方이면 則生死肉骨
약사이불사 방지원방 즉생사육골

之惠也요 臣所願也니 非敢望也리요.”하다. 王은
지혜야 신소원야 비감망야 왕

卽賜〈狗山瀨〉와 〈婁豆谷〉의 二所하고 仍封爲
즉사 구산뢰 누두곡 이소 잉봉위

〈讓國君〉하다. 拜「答夫」하여 爲國相하고 加爵爲
양국군 배답부 위국상 가작위

沛者하여 令知內外兵馬兼, 領〈梁貊〉部落하다.
패자 영지내외병마겸 영양맥부락

改左右輔하여 爲國相하니 始於此니라.
개좌우보 위국상 시어차

[生歿(생첨)] : 태어나다. [向屬(향촉)] : 부탁하다. [友于(우우)] : 우애 있는 형제를 말함. [貽厥(이궐)] : 자손, 또는 자손을 위하여 남기는 계책. [遠遯(원둔)] : 멀리 떠나 숨어있는 상태. [洎聞(계문)] : 얻어듣고. [凶訃(흉부)] : 흉한 부음. [哀摧(애최)] : 슬픔. [遑寧(황녕)] : 편안한 겨를. 慶抃(경변)] : 경하하다. [難(난)] : 여기서는 亂임. [逃竄(도찬)] : 도망하여 숨다. [據法定罪(거법정죄)] : 법에 의거하여 죄를 정함. [棄之市(기지시)] : 시체를 저자에 내버림. [惟命是聽(유명시청)] : 명령에 복종함. [生死肉骨之惠(생사육골지혜)] : 죽은 사람을 다시 살려내는 은혜. [瀨] : 여울(뢰).

▷ 본문풀이 ◁

2년, 봄 정월에 왕이 명령을 내려 말하기를, "내가 외람되게도 왕의 근친으로 태어났으나, 본래 임금의 덕성을 갖추지 못했다. 앞서 형제 사이에 정권을 맡긴 것은 왕위를 자손에게 전하는 법도에 대단히 어긋나는 것이었다. 나는 화를 입을까 두려워 마음이 편치 못했으며, 이에 따라 사람 사는 곳을 떠나 먼 곳에 은둔했다가, 선왕의 흉보를 듣고 슬픈 심정을 억누를 수 없었으니, 오늘 백성들이 나를 즐거이 추대하며 여러 대신들이 왕위를 권할 줄을 어찌 생각이나 하였으랴? 그릇되게도 못난 자격으로 거룩한 자리에 앉게 되니, 편치 못함이 마치 깊은 물 깊은 바다를 건너는 것과 같도다. 마땅히 은혜를 먼 곳까지 펴야 할 것이며, 대중들과 더불어 나를 새롭게 해야 할 것이니, 전국의 죄수들을 대사하라!" 하니 백성들이 대사령을 듣고, 모두 기뻐하며 경하하기를, "크도다! 새 임금의 은덕이여!"라고 말하였다. 애초에「명림답부」의 난이 일어났을 때, 『차대왕』의 태자 「추안」이 도망하였다가 새 왕의 대사령을 듣고 곧 궐문에 이르러 고하기를, "지난번 나라에 재난이 있을 때, 제가 죽지 못하고 산곡으로 도망하였다가, 이제 새로운 정치가 베풀어졌다는 말을 듣고 감히 저의 죄를 말씀드립니다. 만약 대왕께서 법에 의하여 죄를 정하여 주시면, 시체를 저자에 버리는 형벌이라도 받겠으며, 만약 죽음을 면하게 하여 먼 곳으로 추방하신다면, 죽을 사람을 살리는 은혜이니, 이는 저의 원하는 바이나 감히 기대할 수는 없습니다." 하다. 왕이 그에게 〈구산뢰〉·〈누두곡〉 두 곳을 주고, 〈양국군〉으로 봉하였다. 「답부」를 국상으로 임명하고, 작위를 올려 〈패자〉로 삼아, 내외의 병마사를 맡게 하고, 동시에 〈양맥〉 부락을 다스리게 하였다. 좌보와 우보를 국상으로 고친 것이 이때부터 시작되었다.

○三年, 秋,九月에 王如〈卒本〉하여 祀,始祖廟하다. 冬,十月에 王이 至自〈卒本〉하다.
삼 년 추 구 월 왕 여 졸 본 사 시 조 묘 동 시 월 왕 지 자 졸 본

▷ 본문풀이 ◁

3년, 가을 9월에 왕이 〈졸본〉에 가서 시조 사당에 제사지냈다. 겨울 10월에, 왕이 〈졸본〉에서 돌아왔다.

○四年,〈漢〉의 〈玄菟郡〉太守,「耿臨」이 來侵하
여 殺.我軍數百人하니 王이 自降.乞屬〈玄菟〉하다.

▷ 본문풀이 ◁

4년, 〈한〉나라 〈현도군〉 태수 「경림」이 침입하여 우리 군사 수
백 명을 죽이자, 왕이 자진하여 항복하고 〈현도〉에 속하기를 요
청하였다.

○五年에 王이 遣.大加「優居」와 主簿「然人」等으
로 將兵하여 助〈玄菟〉太守「公孫度」하여 討.〈富
山〉賊하다.

▶ 어려운 낱말 ◀

[大加(대가)] : 職名. [主簿(주부)] : 職名. [討] : 토벌할(토).

▷ 본문풀이 ◁

5년에, 왕이 대가 「우거」와 주부 「연인」 등으로 하여금 군사를
거느리고 〈현도〉 태수 「공손도」를 도와 〈부산〉의 적을 치게 하
였다.

○八年, 冬.十一月에 〈漢〉이 以.大兵으로 嚮我하

니 王이 問,群臣하되 戰守孰便고 하니 "〈漢〉兵은
狋衆輕我하니 若不出戰하면 彼,以我爲怯하여 數
來하리다. 且,我國山이 險而路隘하니 此,所謂,一
夫當關하여도 萬夫,莫當者也라. 〈漢〉兵이 雖衆이
나 無如我何하리니 請,出師禦之하소서." 하다「明臨
答夫」는 曰, "不然하오이다. 〈漢〉은 國大民衆하여
今以强兵으로 遠鬪라, 其鋒을 不可當也라. 而又,
兵衆者宜戰하고 兵少者면 宜守가 兵家之常也니
다. 今,〈漢〉人은 千里轉糧으로 不能持久이니 若我,
深溝高壘하고 淸野以,待之면 彼必,不過旬月하고
饑困而歸하리니 我以,勁卒로 薄之면 可以得志리
다." 하니 王이 然之하여 嬰城固守하니 〈漢〉人이 攻
之不克하고 士卒,饑餓引還하다.「答夫」가 帥,數千
騎로 追之하여 戰於〈坐原〉하니 〈漢〉軍이 大敗하여
匹馬不反하다. 王이 大悅하여 賜「答夫」로 〈坐原〉
及〈質山〉을 爲,食邑하다.

[嚮我(향아)] : 우리를 향해 쳐오다. [戰守(전수)] : 전투냐 수비냐. [孰便(숙편)] : 어느 것이 나으냐? [數來(삭래)] : 자주 쳐들어오다. [路隘(로애)] : 길이 험하여. [無如我何(무여아하)] : 우리를 어찌하지 못하다. [遠鬪(원투)] : 멀리에 와서 싸우다. [轉糧(전량)] : 군량미를 운반하다. [不能持久(불능지구)] : 오래 버티지 못함. [深溝高壘(심구고루)] : 외지를 깊이 파고 성루를 높이다. [淸野(청야)] : 들판을 깨끗이 비우면. [旬月(순월)] : 10일, 혹은 1달. [饑困(기곤)] : 배가 고파서. [勁卒(경졸)] : 강성한 졸병. [嬰城(영성)] : 성문을 굳게 닫고 성을 지킴. [食邑(식읍)] : 공로로 주는 읍성.

▷ 본문풀이 ◁

8년, 겨울 11월에 〈한〉나라에서 대병을 일으켜 우리를 향하여 왔다. 왕이 군신들에게 공격과 수비의 어느 쪽이 좋은가를 물었다. 여러 사람들이 의논하여 말하기를, "〈한〉나라 군사들이 수가 많은 것을 믿고 우리를 경시하니, 만약 나아가 싸우지 않으면, 적은 우리를 겁낸다고 하여 자주 침입할 것입니다. 또한 우리나라는 산이 험하고 길이 좁으니, 이야말로 한 명이 문을 지키면 만 명이 와도 막아낼 수 있는 격입니다. 따라서 〈한〉나라 군사의 수가 많을지라도, 우리를 어찌할 수 없을 것이니, 군사를 출동시켜 방어하소서." 하니, 그러나 「답부」가 말하기를, "그렇지 않습니다. 〈한〉나라는 나라가 크고 백성이 많습니다. 이제 그들이 강병으로 멀리까지 쳐들어오니, 그 예봉을 당할 수 없습니다. 또한 병력이 많은 자는 싸워야 하고, 병력이 적은 자는 수비해야 한다는 것이 병가의 법도입니다. 이제 〈한〉나라는 천리 길이나 되는 먼 곳에서 군량미를 수송해야 하므로, 오래 버틸 수는 없을 것입니다. 그러므로 만약 우리가 성 밖에 도랑을 깊이 파고 보루를 높이 쌓으며, 성 밖의 들판에 곡식 한 알, 사람 하나 없이 비워 놓고 기다리게 되면, 그들은 반드시 열흘 혹은 한 달을 넘기지 못하고, 굶주림과 피곤으로 인하여 돌아갈 것입니다. 이때 우리가 강한 군사로써 육박하면 뜻대로 될 수 있을 것입니다." 했다. 왕이 이를 옳게 여겨 성을 닫고 굳게 수비하였다. 〈한〉나라의 군사들이 공격하다가 승리하지 못하고, 장수와 졸병들이 굶주리다 못하여 퇴각하였다. 이때 「답부」가 수천 명의 기병을 거느리고 추격하여, 〈좌원〉에서 전투를 벌이니, 〈한〉나라 군사가 크게 패하여 한 필의 말도 돌아가지 못하였다. 왕이 크게 기뻐하여 「답부」에게 〈좌원〉과 〈질산〉을 식읍으로 주었다.

○十二年, 春正月에 群臣이 請立太子하다. 三月에 立王子「男武」로 爲王太子하다.
십 이 년 춘 정 월 군 신 청 립 태 자 삼 월 입 왕 자 남 무 위 왕 태 자

▷ 본문풀이 ◁

12년, 봄 정월에 군신들이 태자를 정할 것을 왕에게 요청하였다. 3월에, 왕자 「남무」를 왕태자로 삼았다.

○十四年, 冬十月丙子晦에 日有食之하다.
십 사 년 동 시 월 병 자 회 일 유 식 지

14년, 겨울 10월 그믐, 병자일에 일식이 있었다.

○十五年, 秋.九月에 國相「答夫」卒하니 年.百十
　　십 오 년　추.구 월　　국 상 답 부 졸　　　년 백 십

三歲러라. 王이 自臨.慟하고 罷朝.七日하다. 乃以.
　삼 세　　왕　　자 임 통　　　파 조 칠 일　　　내 이

禮葬於〈質山〉하고 置.守墓二十家하다. 冬.十二月
　예 장 어　질 산　　　치 수 묘 이 십 가　　　동 십 이 월

에 王薨하여 葬於〈故國谷〉하니 號爲『新大王』이라
　　왕 훙　　　장 어 고 국 곡　　　호 위 신 대 왕

하다.

15년, 가을 9월에 국상 「답부」가 죽으니, 나이가 113세였다.
왕이 직접 가서 슬픔을 표하고 7일간 조회를 파하였다. 예의를
갖추어 〈질산〉에 장례를 지내고, 20여 호의 수묘(守墓) 지기를 두
었다. 겨울 12월에, 왕이 서거하여 〈고국곡〉에 장례를 지내고,
호를 『신대왕』이라 하였다.

9 故國川王(고국천왕) : 179~197

○『故國川王』[或云「國襄」.]의 諱는 「男武」[或云,「伊
고 국 천 왕　　　　　　　　　휘　　　 남 무

夷謨」.]이니, 『新大王』「伯固」之.第二子니라.「伯
이　　　　　　신 대 왕　백 고 지 제 이 자　　　　　　백

固」薨하니 國人이 以.長子「拔奇」가 不肖라 하여 共
고　 훙　　國人이 이 장 자 발 기　　不肖라 하여　공

立「伊夷謨」하여 爲王하다.〈漢〉,〈獻帝〉〈建安〉初
립 이 이 모　　　위왕　　　　한　헌 제　건 안　초

에「拔奇」는 怨爲.兄而不得立하여 與「消奴加」로
　발 기　　원 위 형 이 부 득 립　　　여　소 노 가

各將.下戶.三萬餘口하여 詣「公孫康」하여 降하고
각 장 하 호 삼 만 여 구　　　예 공 손 강　　　항

還住〈沸流水〉上하다. 王(고국천왕)은 身長.九尺이
환 주 비 류 수　상　　　왕　　　　　　신 장 구 척

요, 姿表雄偉하고 力能.扛鼎하며 莅事聽斷을 寬
　자 표 웅 위　　역 능 강 정　　이 사 청 단　관

猛.得中하다.
맹 득 중

▶ **어려운 낱말** ◀

[還住(환주)] : 거기 가서 머물다.　[雄偉(웅위)] : 풍채가 웅장함.　[扛鼎(강정)] :
큰 솥을 들 수 있다니 힘이 셈을 말함.　[莅事(이사)] : 일에 다다라서는.　[寬猛
(관맹)] : 관용과 날카로움.　[得中(득중)] : 그 가운데 함께 가지고 있다.

『고국천왕』【혹은 「국양」이라고도 한다.】의 이름은 「남무」【혹은 「이이모」라고도 한다.】이며, 『신대왕』 「백고」의 둘째 아들이다. 그전에 「백고」가 죽었을 때, 백성들이 왕의 맏아들 「발기」가 어질지 못하다 하여 「이이모」를 추대하여 왕을 삼았다. 〈한〉의 〈헌제〉 〈건안〉 초기에 「발기」가 형임에도 불구하고 왕위에 오르지 못한 것을 원망하여, 「소노가」와 함께 각각 백성 3만여 명을 거느리고, 요동 태수 「공손강」에게 가서 항복하고, 〈비류수〉가로 돌아와 살았다. 왕(고국천왕)은 키가 9척이오, 풍채가 웅장하며 힘이 세어서 큰 솥도 들 수 있었고, 일의 처리에 있어서 관용성과 맹렬성을 알맞게 가지고 있었다.

○二年, 春,二月에 立妃「于」氏하여 爲,王后하다.
이 년 춘 이 월 입 비 우 씨 위 왕 후

后는 提那部「于素」之,女也니라. 秋,九月에 王如
후 제 나 부 우 소 지 녀 야 추 구 월 왕 여

〈卒本〉하여 祀,始祖廟하다.
졸 본 사 시 조 묘

2년, 봄 2월에 왕비 「우」씨를 왕후로 삼으니, 그는 제나부 「우소」의 딸이다. 가을 9월, 왕이 〈졸본〉으로 가서 시조의 사당에 제사를 올렸다.

○四年, 春,三月甲寅,夜에 赤氣,貫於太微하니
사 년 춘 삼 월 갑 인 야 적 기 관 어 태 미

如蛇하다. 秋.七月에 星孛于.太微하다.
여사　　　추칠월　성패우태미

▷ 본문풀이 ◁

4년, 봄 3월 갑인일 밤에 붉은 기운이 태미 성좌를 관통하여 그 모양이 뱀과 같았다. 가을 7월에, 혜성이 태미 성좌에 나타났다.

○六年,〈漢〉의〈遼東〉太守가 興師하여 伐我하
육년　한　　요동　태수　흥사　　　벌아

니 王이 遣.王子「罽須」하여 拒之나 不克하다. 王이
왕　견왕자계수　　　거지　불극　　　왕

親帥.精騎往하여 與〈漢〉軍戰於〈坐原〉하여 敗之
친솔정기왕　　　여한군전어좌원　　　패지

하니 斬首.山積하다.
참수산적

▷ 본문풀이 ◁

6년, 〈한〉나라 〈요동〉 태수가 군사를 일으켜 우리나라를 쳐들어왔다. 왕이 왕자 「계수」를 파견하여 대항하게 하였으나 승리하지 못했다. 왕이 직접 정예 기병을 거느리고 〈한〉나라 군사와 〈좌원〉에서 싸워 승리하였다. 적의 머리가 산더미와 같았다.

○八年, 夏.四月.乙卯에 熒惑.守心하다. 五月壬
팔년　하사월을묘　　형혹수심　　　오월임

辰.晦에 日有食之하다.
진회　일유식지

▶어려운 낱말◀

[熒惑(형혹)] : 화성. [守心(수심)] : 심성 성좌에 머무르다. *心宿(심수)는 심성,
별 이름. [日有食之(일유식지)] : 일식(日食:日蝕).

▷본문풀이◁

8년, 여름 4월 을묘에 형혹성이 심성 성좌에 머물렀다. 5월, 그
믐 임진일에 일식이 있었다.

○十二年, 秋,九月에 京都,雪,六尺하다. 中畏大
　　　　십이년　추구월　　　경도설육척　　　중외대

夫,沛者「於沸留」와 評者「左可慮」는 皆以,王后
부패자　어비류　　평자　좌가려　　개이왕후

親戚으로 執國權柄하다. 其子弟,幷,恃勢驕侈하여
친척　　집국권병　　　기자제병시세교치

掠人子女와 奪人田宅하여 國人怨憤하다. 王이 聞
약인자녀　탈인전택　　국인원분　　　왕　문

之하고 怒欲,誅之하니「左可慮」等이 與,四椽那로
지　　노욕주지　　　좌가려등　　여사연나

謀叛하다.
모반

▶어려운 낱말◀

[沛者(패자)] : 職名. [評者(평자)] : 職名. [執國權柄(집국권병)] : 나라의 권리를
잡다. [驕侈(교치)] : 교만과 사치. [怨憤(원분)] : 원한과 분노. [四椽那(사연
나)] : 연나부의 4가. [謀叛(모반)] : 반란.

▷본문풀이◁

12년, 가을 9월에 서울에 눈이 여섯 자 내렸다. 중외대부 패자

「어비류」와 평자 「좌가려」는 모두 왕후의 친척으로서 권력을 잡고 있었다. 그 자제들이 모두 그 세도를 믿고 교만하고 사치하였으며, 다른 사람의 딸을 겁탈하고, 남의 토지와 주택을 갈취하였다. 백성들이 원망하고 분개하였다. 왕이 이 소문을 듣고 노하여 그들을 처형하려 하니, 「좌가려」 등이 네 연나와 더불어 반란을 일으켰다.

○十三年, 夏.四月에 「左可慮」等이 聚衆하여
십 삼 년 하 사 월 좌 가 려 등 취 중

攻.王都하다. 王이 徵.畿内兵馬하여 平之하고 遂.
공 왕 도 왕 징 기 내 병 마 평 지 수

下令曰, "近者에 官以寵授하고 位非.德進하여 毒.
하 령 왈 근 자 관 이 총 수 위 비 덕 진 독

流.百姓하고 動我.王家하니 此는 寡人.不明所致
류 백 성 동 아 왕 가 차 과 인 불 명 소 치

也라. 令汝.四部는 各擧.賢良.在下者하라! "하다.
야 영 여 사 부 각 거 현 량 재 하 자

於是에 四部共擧.東部의 「晏留」하다. 王이 徵之하
어 시 사 부 공 거 동 부 안 류 왕 징 지

여 委以.國政하니 「晏留」가 言於王曰, "微臣은
위 이 국 정 안 류 언 어 왕 왈 미 신

庸愚하고 固不足하여 以參大政이오이다. 西.〈鴨淥
용 우 고 부 족 이 참 대 정 서 압 록

谷〉〈左勿村〉의 「乙巴素」者는 『琉璃王』大臣인
곡 좌 물 촌 을 파 소 자 유 리 왕 대 신

「乙素」之.孫也니 性質.剛毅하고 智慮.淵深이나
을 소 지 손 야 성 질 강 의 지 려 연 심

不.見用於世하면 力田自給하니 大王이 若欲.理國
불 견 용 어 세 역 전 자 급 대 왕 약 욕 리 국

이면 非,此人則,不可니이다." 하니 王이 遣使하여
비 차인즉 불가　　　　　왕　　견사

以,卑辭,重禮聘之하여 拜,中畏大夫하고 加爵爲,
이 비사 중례빙지하여 배 중외대부　　　가작위

于台하여 謂曰, "孤叨承,先業하여 處,臣民之上이
우태　　위왈　고도승선업　　처 신민지상

나 德薄才短하여 未濟於理이니 先生은 藏用,晦明
덕박재단　　미제어리　　선생　　장용회명

하여 窮處,草澤者,久矣라, 今不我棄하고 幡然而,
궁처 초택자 구의　　금불아기　　번연이

來하니 非,獨孤之,喜幸이요, 社稷生民之,福也니
래　　비 독고지 희행　　사직생민지 복야

라. 請安承敎하니 公其,盡心하라!" 하다「巴素」意
청안승교　　공기 진심　　　　　　파소 의

雖,許國이나 謂,所受職이 不足以,濟事하여 乃,對
수 허국　　위 소수직　부족이 제사하여 내 대

曰, "臣之,駑蹇으로 不敢當,嚴命하니 願,大王은
왈　신지 노건　　불감당 엄명　　원 대왕

選,賢良하시고 授,高官하여 以成大業하소서." 하니
선 현량　　수 고관　　이성대업

王知其意하고 乃除爲,國相하여 令知政事하다. 於
왕지기의　　내제위 국상　　영지정사　　　　어

是에 朝臣國戚은 謂「素」가 以新으로 間舊라 하여
시　조신국척　위 소　이신　　간구

疾之하다. 王이 有敎曰, "無貴賤하고 苟不從,國相
질지　　왕 유교왈　무귀천　　구부종 국상

者면 族之하리라." 하다「素」退而,告人曰, "不逢
자　족지　　　　　소 퇴이 고인왈　불봉

時則,隱하고 逢時則,仕는 士之常也라. 今,上이 待
시즉 은　　봉시즉사　사지상야　금 상　대

我以,厚意하시니 其,可復念,舊隱乎아!" 하고 乃以,
아이 후의　　기 가부념 구은호　　　내이

至誠奉國하여 明政敎,愼賞罰하니 人民以安하고
지성봉국　　　명정교 신상벌　　　인민이안

內外無事하니라. 冬,十月에 王이 謂「晏留」曰, "若
내외무사　　　　동 시월　　왕　　위 안류 왈　약

無子之,一言이면 孤,不能得「巴素」하여 以,共理라.
무자지 일언　　　고 불능득 파소　　　이 공리

今,庶績之,凝은 子之,功也라." 하고 乃拜爲,大使者
금 서적지 응　 자지 공야　　　　내 배위 대사자

하다.

▶어려운 낱말◀

[聚衆(취중)] : 무리들을 모으다. [畿內(기내)] : 왕도의 안에. [寵授(총수)] : 정
실에 따라 주어지다. [德進(덕진)] : 덕행에 의하여 승진하다. [毒流百姓(독류
백성)] : 독이 백성에 미친다. [動我王家(동아왕가)] : 왕실을 동요시킨다. [四
部(사부)] : 三曰 東部요, 一曰 左部라고 되어있음. [微臣(미신)] : 신하가 자기
를 낮추어 미천한 신하라고 함. [剛毅(강의)] : 강직하면서 지혜로움. [淵深
(연심)] : 연못처럼 깊다. [叨] : 함부로 차지하다. 탐낼(도). [德薄才短(덕박재
단)] : 자기의 겸손을 말하는 것으로, 박덕하고 재주가 모자람. [藏用晦明(장
용회명)] : 재능과 총명을 감추고. [草澤(초택)] : 황야. [幡然(번연)] : 마음을 돌
려먹다. 즉 飜然으로 선뜻 태도를 바꾸는 모양. [意雖許國(의수허국)] : 뜻은
비록 나라에 허락할 것이나. [駑蹇(노건)] : 둔한 말의 걸음걸이. [國戚(국척)]
: 귀족. [不逢時則(불봉시즉)] : 때를 못 만나면. [復念(부념)] : 다시 생각하라.

▷본문풀이◁

　13년, 여름 4월에 「좌가려」가 무리를 모아 서울을 침공했다.
왕은 서울 부근의 병마를 징발하여 그들을 진압했다. 그리고 다
음과 같은 명령을 내리기를, "근자에 관직이 정실에 따라 주어지

고, 직위는 덕행에 의하여 승진되지 않아서 해독이 백성들에게 미치고 나의 왕실을 동요시키고 있다. 이는 내가 총명하지 못했기 때문이다. 너의 4부에 명령하노니, 각각 자기 하부에 있는 현명한 자들을 천거하라!" 하였다. 이에 4부에서는 모두 동부의 「안류」를 천거하였다. 왕이 「안류」를 불러 국정을 맡겼다. 「안류」가 왕에게 말하기를, "미천한 저는 용렬하고 어리석어 실로 중대한 국정에 참여할 수 없습니다. 서쪽 〈압록곡〉〈좌물촌〉에 사는 「을파소」라는 사람은 『유리왕』의 대신이었던 「을소」의 자손인데, 성질이 강직하고 지혜로우며 사려 깊은 사람입니다. 그러나 등용되지 못하고 농사로 생계를 삼고 있습니다. 대왕께서 만약 나라를 잘 다스리려 하신다면 이 사람을 등용하지 않으면 안 됩니다."라고 했다. 왕이 사신을 보내 겸손한 말과 후한 예로써 「을파소」를 초빙하여 중외대부로 임명하고 우태의 작위를 주고 말하기를, "내가 외람되게 선대의 왕업을 이어 신하와 백성의 윗자리에 처하였으나, 덕과 재주가 없어 정치를 잘할 수 없었다. 선생은 재능과 총명을 감추고, 초야에 있은 지 오래였는데, 이제 나를 버리지 않고 마음을 돌려 이곳에 왔으니, 이는 나의 기쁨일 뿐 아니라 사직과 백성의 행복이다. 그대의 가르침을 받고자 하니, 그대는 진정을 다하여 주기 바란다."라고 했다. 「파소」는 비록 나라에 공헌하고 싶었으나, 맡은 직위가 일을 하기에는 충분하지 않다고 생각하여 대답하기를, "우둔한 저로서는 감히 왕의 엄명을 감당하기 어려우니, 왕께서는 현량한 사람을 선택하여 높은 관직을 주어 위업을 달성하게 하소서." 했다. 왕이 그 뜻을 알고, 곧 국상으로 임명하여 정사를 주관하게 하였다. 이에 조신과 외척들은, 「을파소」가 새로 들어와 옛 대신들을 이간질한다 하여 미워하였다. 왕이 교서를 내려 말하기를, "귀한 자나 천한 자를 막론하고 만약 국상에게 복종하지 않는 자는 친족까지 징벌하리라." 하니, 「을파소」가 물러나와 사람들에게 "때를 만나지 못하면 숨고, 때를 만나면 벼슬을 하는 것은 선비의 도이다. 이제 왕께서 나를 후의로 대하시니, 어찌 다시 전일의 은거를 생각하랴!" 라고 말하고, 지성으로 나라에 봉사하여 정치와 교화를 밝히고 상벌을 신중하게 처리하니, 백성들이 편안하고, 나라 안팎이 무사하였다. 겨울, 10월에, 왕이 「안류」에게 말하기를, "만일 그대의 말이 아니었다면, 내가 「을파소」를 데리고 나라를 함께 다스리지 못했을 것이다. 이제 모든 일이 정리된 것은 그대의 공로이다."라 하고, 그를 대사자로 임명하였다.

○論曰, 古先哲王의 之於賢者也에 立之無方하
논왈 고선철왕 지어현자야 입지무방

고 用之不惑하니 若〈殷〉『高宗』之「傅說」과 〈蜀〉先
용지불혹 약 은 고종 지부열 촉 선

主之「孔明」과 〈秦〉의「符堅」之「王猛」이니 然後
주지 공명 진 부견 지왕맹 연후

에야 賢,在位하고 能,在職하여 政教,修明而國家,可
현 재위 능 재직 정교 수명이국가 가

保니라. 今,王이 決然,獨斷하여 拔「巴素」於海濱은
보 금왕 결연독단 발파소 어해빈

不擾,衆口하고 置之,百官之上하고 而,又賞其舉者
불요 중구 치지 백관지상 이 우상기거자

하니 **可謂得, 先王之法矣**니라.
가 위 득 선 왕 지 법 의

▶ **어려운 낱말** ◀

[不惑(불혹)] : 의혹을 품지 않으니. 나이 40을 말하기도 함. [政教(정교)] : 정
치가 개선됨. [國家可保(국가가보)] : 국가를 보존할 수 있음. [決然獨斷(결연
독단)] : 결연히 혼자 용단을 내려서. [海濱(해빈)] : 바닷가.

〖 **저자의 견해** 〗

옛날의 명철한 임금들은 현명한 자를 등용함에 상례를 따지지
않았으며, 등용한 후에는 의심을 하지 않았으니, 〈은〉나라 『고종』
은 「부열」에게, 〈촉〉나라 「유비」는 「공명」에게, 〈진〉나라 「부견」
은 「왕맹」에게 그러하였다. 이러한 연후에야 직위에서 현명함과
능력이 발휘되어 정치가 개선되고 교화가 이루어져 국가를 보존
할 수 있는 것이다. 이제 왕이 결연히 혼자 용단을 내려 「을파소」
를 바닷가에서 발탁하고, 중론에 구애받지 않고 그를 백관의 윗
자리에 임용하였으며, 또한 천거한 자에게까지 상을 주었으니,
가히 옛 임금들의 법도를 체득하였다고 말할 수 있겠다.

○ **十六年, 秋, 七月**에 **墮霜, 殺穀**하여 **民饑**하니 **開**
　 십 육 년 　 추 칠 월 　 　 타 상 살 곡 　 　 민 기 　 　 개

倉, 賑給하다. **冬, 十月**에 **王**이 **畋于〈質〉陽**하니 **路**
창 진 급 　 　 동 시 월 　 왕 　 전 우 질 양 　 　 로

見, 坐而, 哭者하고 **問**하되, "**何以哭爲**아?"하니 **對**
견 좌 이 곡 자 　 문 　 　 하 이 곡 위 　 　 대

曰, "**臣**이 **貧窮**하여 **常以, 傭力養母**러니 **今歲不登**
왈 　 신 　 빈 궁 　 　 상 이 용 력 양 모 　 　 금 세 부 등

하여 **無所傭作**하여 **不能得,升斗之食**하여 **是以**로
무소용작　　　　불능득승두지식　　　　　시이

哭耳니이다.”하니 **王曰,**“**嗟呼**라! **孤,爲民父母**하
곡이　　　　　　왕왈　　차호　　　　고위민부모

여 **使民至於,此極**하니 **孤之,罪也**라.”하고 **給,衣食**
사민지어차극　　　　고지죄야　　　　　　급의식

以,存撫之하고 **仍命,內外所司**하여 **博問,鰥寡孤獨**
이존무지　　　　잉명내외소사　　　　박문환과고독

과 **老病貧乏,不能,自存者**를 **救恤之**하다. **命,有司**
노병빈핍불능자존자　　　구휼지　　　　　명유사

하여 **每年,自,春三月**로 **至,秋七月**히 **出,官穀**하여
매년자춘삼월　　　지추칠월　　　출관곡

以,百姓,家口多少하여 **賑貸,有差**하여 **至冬,十月**에
이백성가구다소　　　　진대유차　　　　지동시월

還納하여 **以爲,恒式**하니 **內外大悅**하다.
환납　　　이위항식　　　　내외대열

▶ **어려운 낱말** ◀

[墮霜(타상)] : 서리가 떨어지다. [民饑(민기)] : 백성들이 굶주리다. [畋于(전우)] : 사냥하다. 밭을 갈다. [傭力養母(용력양모)] : 품팔이를 하여 어머니를 봉양하다. [不登(부등)] : 흉년이 들어. [存撫(존무)] : 위로하다. [博問(박문)] : 널리 물어서 찾아내다. [鰥寡孤獨(환과고독)] : 四顧無親. 홀아비, 과부, 고아, 독인. [貧乏(빈핍)] : 가난하여 아무것도 없는 자. [救恤(구휼)] : 도와주어 구제하다. [賑貸(진대)] : 곡식을 빌려주다. [爲恒式(위항식)] : 법으로 정하다. [大悅(대열)] : 크게 기뻐하다.

▷ **본문풀이** ◁

16년 가을 7월, 서리가 내려 곡식이 죽었다. 백성들이 굶주리므로 창고를 열어 구제하였다. 겨울, 10월에 왕이 〈질산〉 남쪽에

서 사냥하다가 길가에 앉아 우는 자를 보고 우는 이유를 물으니, 그가 대답하기를 "제가 빈궁하여 항상 품팔이로 어머님을 봉양하였는데, 금년에는 흉년이 들어 품팔이 할 곳이 없으므로, 한 되나 한 말의 곡식도 얻을 수 없기에 우는 것입니다."라고 하였다. 왕이 말하기를, "아아! 내가 백성의 부모가 되어, 백성으로 하여금 이러한 지경에 이르게 하였으니, 이는 나의 죄이다."라 하고, 그에게 옷과 음식을 주어 위로하였다. 이어서 서울과 지방의 해당 관청에 명령하여, 홀아비·과부·고아·자식 없는 늙은이·늙고 병들고 가난하여 혼자 힘으로 살 수 없는 자들을 널리 탐문하여 구제하게 하였다. 그리고 관리들에게 명령하여 매년 봄 3월부터 가을 7월까지 관곡을 풀어, 백성들의 식구의 다소에 따라 차등 지게 구제 곡식을 빌려 주었다가, 겨울 10월에, 상환하게 하는 것을 법규로 정하였다. 모든 백성들이 크게 기뻐하였다.(진대법)

○十九年, 〈中國〉大亂으로 〈漢〉人이 避亂, 來投
　　십구년　중국　대란　　한인　　피란내투
者, 甚多하니 是는 〈漢〉〈獻帝〉〈建安〉二年也라.
자 심다　　시　한　헌제　건안　이년야
夏, 五月에 王薨하다. 葬于 故國川原하니 號爲『故
하 오월　왕홍　　장우 고국천원　　호위　고
國川王』이라 하다.
국천 왕

▶ 어려운 낱말 ◀

　[大亂(대란)] : 중국에서 군웅이 봉기했다. [薨] : 왕이 죽을(홍). [葬于(장우)] :
　~에 장사 지내다.

　　19년, 〈중국〉에 큰 난리가 일어나, 피난하여 귀순하는 〈한〉나라 백성들이 매우 많았다. 이때가 〈한〉나라의 〈헌제〉 〈건안〉 2년이었다. 여름 5월에, 왕이 서거하였다. 고국천 언덕에 장사 지내고, 호를 『고국천왕』이라 하였다.

10 | 山上王(산상왕) : 197~229

○『山上王』의 諱는 「延優」[一名「位宮」]이니 『故國川王』之 弟也라. 『魏書』에 云하되 "「朱蒙」의 裔孫「宮」이 生而,開目,能視하니 是爲「太祖」라 今, 王이 是,「太祖」의 曾孫이니 亦,生而視人하여 似,曾祖「宮」하다. 〈高句麗〉에 呼 相似를 爲 '位'하니 故로 名을 「位宮」云이라" 하다. 『故國川王』이 無子라 故로 「延優」가 嗣立하다. 初에 『故國川王』之薨也에 王后「于」氏는 秘不,發喪하고 夜往,王弟「發岐」

宅하여 曰, "王이 無後하니 子, 宜嗣之하라." 하니
대   왈 왕 무후   자 의사지

「發岐」不知, 王薨하고 對曰, "天之曆數, 有所歸하
발기 부지 왕홍   대왈   천지역수 유소귀

니 不可, 輕議로 況婦人而, 夜行하니 豈, 禮云乎아?"
불가 경의   황부인이야행   기 례운호

하다. 后慙하여 便往「延優」之宅하니「優」는 起衣
후참   변왕 연우 지댁   우   기 의

冠하고 迎門, 入座, 宴飮하다. 王后曰, "大王, 薨에 無
관   영문 입좌 연음   왕후왈 대왕 홍 무

子하니「發岐」爲, 長當嗣하나 而謂, 妾有異心하니
자   발기 위 장당사   이위 첩유이심

暴慢無禮하므로 是以, 見叔이라." 하니 於是에「延
폭만무례   시이 견숙   어시   연

優」는 加禮하여 親自, 操刀, 割肉하다가 誤傷, 其指하
우   가례   친자 조도 할육   오상 기지

다. 后가 解裙帶하여 裏其, 傷指하다. 將歸에 謂,「延
후   해군대   이기 상지   장귀 위 연

優」曰, "夜深, 恐有不虞하니 子其, 送我至宮하오."
우 왈   야심 공유불우   자기 송아지궁

하다「延優」從之하니 王后, 執手, 入宮하다. 至, 翌日,
연우 종지   왕후 집수 입궁   지 익일

質明에 嬌, 先王命이라 하고 令, 群臣하여 立「延優」
질명   교 선왕명   령 군신   입 연우

爲王하다.「發岐」聞之하고 大怒하여 以兵圍, 王宮
위왕   발기 문지   대노   이병위 왕궁

하고 呼曰, "兄死弟及은 禮也니라. 汝, 越次, 簒奪하
호왈   형사제급 레야   여 월차 찬탈

니 大罪也라 宜, 速出하라. 不然則, 誅及, 妻孥하리
대죄야   의 속출하라   불연즉 주급 처노

라." 하다.「延優」閉門, 三日하니 國人이 又, 無從
연우 폐문 삼일   국인   우 무종

「發岐」者어늘 「發岐」知難하고 以,妻子로 奔,〈遼
東〉하여 見,太守「公孫度」하고 告曰, "某는 〈高句
麗〉王.「南武」之,母弟也라. 「男武」死하고 無子라,
某之弟「延優」가 與嫂「于」氏,謀하여 卽位,以廢,
天倫之義하니 是用憤恚하여 來投上國하니 伏願
假兵三萬하여 令擊之하여 得以平亂하리다." 하니
「公孫度」從之하다. 「延優:山上王)」가 遣弟,「罽須」
하여 將兵禦之하니 〈漢〉兵,大敗하다. 「罽須」,自爲,
先鋒追北하니 「發岐」가 告「罽須」曰, "汝今,忍害,
老兄乎아?" 하다. 「罽須」는 不能,無情於,兄弟라 不
敢害之하고 曰, "「延優」가 不以,國讓은 雖,非義也
나 爾以,一時之,憤으로 浴滅宗國은 是,何意耶오?
身沒之後에 何面目으로 以見,先人乎아?" 하다 「發
岐」聞之하고 不勝慙悔하여 奔至〈裴川〉하여 自刎
死하다. 「罽須」哀哭하며 收其屍하여 草葬,訖而還
하다. 王,悲喜하여 引,「罽須」하고 內中,宴하여 見以

家人之禮로 且曰, "「發岐」가 請兵異國하여 以侵
가인지례　차왈　　발기　　청병이국　　　이침

國家는 罪,莫大焉이라. 今,子克之하여 縱而不殺하
국가　　죄막대언　　금자극지　　　종이불살

니 足矣라. 及其自死에 哭甚哀라. 反謂,寡人無道
　족의　급기자사　곡심애　　반위과인무도

乎아?"하니 「罽須」가 愀然,銜淚而,對曰, "臣今
호　　　　계수　　초연함루이대왈　신금

請,一言而死하노이다."하니 王曰, "何也오?"하니
청일언이사　　　　　왕왈　　하야

「罽須」曰, "王后,雖以先王으로 遺命立,大王이나
계수왈　　왕후수이선왕　　　유명립대왕

大王이 不以,禮讓之하니 曾無兄弟,友恭之義니이
대왕　불이예양지　　　증무형제우공지의

다. 臣은 欲成大王之美하여 故로 收屍殯之이니 豈
　신　욕성대왕지미　　고　수시빈지　　기

圖緣此로 逢,大王之怒乎아? 大王이 若以仁으로
도연차　봉대왕지노호　　대왕　약이인

忘惡이면 以兄,喪禮葬之를 孰謂,大王不義乎잇까?
망악　　이형상례장지　숙위대왕불의호

臣은 旣以言之하니 雖死猶生이니다. 請出受誅,有
신　기이언지　　수사유생　　　청출수주유

司하소서."하니 王이 聞其言하고 前席而坐하여 溫
사　　　　왕　문기언　　전석이좌　　온

顏慰諭曰, "寡人이 不肖라 不能,無惑이니 今,聞子
안위유왈　과인　불초　불능무혹　　금문자

之言하니 誠知過矣로다. 願子無責하라." 王子(계
지언　　성지과의　　원자무책　　　왕자

수)拜之하니 王亦拜之하고 盡歡而罷하다. 秋,九月
배지　　왕역배지　　진환이파　　추구월

에 命,有司하여 奉迎「發岐」之喪하여 以,王禮葬於
　명유사　　봉영발기지상　　이왕례장어

〈裴嶺〉하다 王은 本因「于」氏로 得位하니 不復更
　　배령　　　　왕　　본인 우 씨　　득위　　　　불 부 갱

娶하고 立「于」氏하여 爲后하다.
취　　　입 우 씨　　　위후

▶ 어려운 낱말 ◀

[裔孫(예손)] : 후손. [位(위)] : 여기서는 상사의 뜻임. [嗣之(사지)] : 왕위를 잇
다. [曆數(역수)] : 天運. [宴飮(연음)] : 자리를 베풀다. [當嗣(당사)] : 마땅히
왕위를 잇다. [暴慢(폭만)] : 난폭한 언어 행동. [加禮(가례)] : 예의를 차려서.
[裙帶(군대)] : 치마끈. [不虞(불우)] : 편치 않음. [翌日(익일)] : 이튿날. [簒奪
(찬탈)] : 왕위를 빼앗다. [閉門(폐문)] : 문을 닫다. [母弟(모제)] : 同母弟를 말
함. [憤恚(분에)] : 분노하여 성을 냄. [追北(추배)] : 패배자를 쫓아가다. [慙
悔(참회)] : 부끄러워 뉘우침. [哀哭(애곡)] : 슬피 울다. [草葬(초장)] : 草殯, 즉
풀로 싸서 장사 지내다. [訖] : 마치다(흘). [家人(가인)] : 여기서는 형제간을
말함. [愀然銜淚(초연함루)] : 슬퍼서 눈물을 머금다. [溫顔慰諭(온안위유)] :
온화한 얼굴로 위로의 말을 하다. [無惑(무혹)] : 의혹이 없음. [誠] : 진실로
(성). [知過(지과)] : 허물을 알다. [無責(무책)] : 너무 꾸짖지 말라.

▷ 본문풀이 ◁

『산상왕』의 이름은 「연우」【「위궁」이라고도 한다.】이며 『고국천왕』
의 아우이다. [위서]에는 "「주몽」의 후손 「궁」은 태어나면서부터
눈을 뜨고 능히 볼 수 있었는데, 이가 「태조」이다. 지금 왕은 「태
조」의 증손으로서 역시 태어나면서부터 사람을 알아보는 것이 증
조 「궁」과 같았다. 〈고구려〉에서는 서로 같다는 말을 '위(位)'라
고 하므로, 「위궁」으로 이름을 지었다."라고 기록되어 있다. 『고
국천왕』이 아들이 없으므로, 「연우」가 뒤를 이어 즉위하였다. 처

음『고국천왕』이 별세하였을 때, 왕후「우」씨는 왕이 죽은 사실을
비밀로 하여 발표하지 않고, 밤에 왕의 아우「발기」의 집에 가서
말하기를, "왕이 아들이 없으니 그대가 왕의 뒤를 이어야겠다."
고 하니, 「발기」는 왕이 죽은 것을 알지 못하고 대답하기를, "하
늘의 운수는 가는 방향이 정해져 있는 것이니 경솔하게 논의할
수 없다. 더구나 부인으로서 밤에 출입하는 것이 어찌 예절에 맞
는다 하리오?" 했다. 왕후가 부끄러워하며 곧「연우」의 집으로
가니, 「연우」는 일어나 의관을 정제하고, 문에 나와 왕후를 맞아
들여 자리에 앉히고 잔치를 베풀었다. 왕후가 말하기를, "대왕이
돌아가셨는데 아들이 없으니, 「발기」가 맏 아우로서 마땅히 뒤를
이어야 되겠으나, 그는 나에게 딴마음이 있다고 생각했는지 무례
하고 오만하며 예절 없이 대하였다. 이에 따라 아주버니에게 온
것이다." 하였다. 이때「연우」는 예절을 더욱 극진히 하여 직접
칼을 들고 왕후에게 고기를 베어주다가 잘못하여 손가락을 다쳤
다. 왕후가 허리띠를 풀어 그의 다친 손가락을 감싸주었다. 왕후
가 환궁하려 할 때「연우」에게 "밤이 깊어 뜻하지 않은 일이 생길
까 염려되니, 그대가 나를 대궐까지 데려다 달라."고 하였다. 「연
우」가 그렇게 하였다. 왕후는「연우」의 손을 잡고 대궐로 들어갔
다. 이튿날 날이 샐 무렵에 왕후가 선왕의 유명이라고 거짓말을
하며, 군신들로 하여금「연우」를 왕으로 삼게 하였다. 「발기」가
듣고 크게 노하여, 군사로 왕궁을 포위하고 외치기를, "형이 죽으
면 아우에게 왕위가 돌아가는 것이 예의거늘, 네가 차례를 어기
고 왕위를 찬탈하는 것은 큰 죄악이니 빨리 나오라. 그렇지 않으

면 너의 처자들까지 죽이겠다.”고 했다. 「연우」는 3일 동안 문을 닫고 나오지 않았다. 백성들도 「발기」를 따르는 자가 없었다. 「발기」는 성사되기 어려움을 알고, 처자들과 함께 〈요동〉으로 도주하였다. 그는 요동 태수 「공손도」를 보고 말하기를, “나는 〈고구려〉왕 「남무」의 동복아우이다. 「남무」가 죽고 아들이 없는데, 나의 아우 「연우」가 형수 「우」씨와 공모하여 왕위에 올라 천륜의 대의를 어겼다. 나는 이에 분개하여 상국으로 귀순하여 왔다. 원컨대 군사 3만 명을 빌려주어 연우를 치게 하면, 고구려의 분란을 평정할 수 있겠다.”고 했다. 「공손도」가 그 말을 들어 주었다. 「연우」가 아우 「계수」에게 군사를 주어 요동에서 오는 군사를 막으니, 〈한〉나라 군사가 크게 패하였다. 「계수」가 스스로 선봉이 되어 도망가는 군사를 추격하였다. 「발기」가 「계수」에게 말하기를, “네가 오늘 감히 늙은 형을 죽이겠는가?” 하니, 「계수」는 형제간의 정의를 버릴 수 없어 감히 그를 죽이지 못하고 말하기를, “「연우」가 왕위를 사양하지 않은 것은 비록 정의로운 행동은 아니지만, 형이 일시의 분한 생각을 못 이겨 나라를 멸망시키려 함은 무슨 뜻인가? 죽은 후에 무슨 면목으로 선조들을 대하려는가?”라고 했다. 발기가 이 말을 듣고 부끄러움과 뉘우침을 이길 수 없어 〈배천〉으로 도주하여 스스로 목을 찔러 자결하였다. 「계수」가 슬피 울고 「발기」의 시체를 거두어 초빈을 하고 돌아왔다. 왕은 슬퍼하면서도 일면 기뻐하며, 「계수」를 궐내로 불러 들여 잔치를 베풀고, 형제의 예로 대하면서 말하기를, “「발기」가 타국에 청병하여 국가를 침범하였으니, 죄가 이보다 더 클 수 없다.

이제 그대가 이기고도, 「발기」를 풀어주어 죽이지 않은 것만 하여도 족한 일인데, 그가 자결한 것을 대단히 애통해하니, 그대는 도리어 나를 무도하다고 생각하는 것이 아닌가?" 「계수」가 서글프게 눈물을 머금으며 대답하기를, "제가 지금 한 마디 말을 하고 죽기를 청합니다." 하니, "왕이 무슨 말인가?" 하고 되물으니 「계수」가 말하기를, "왕후가 비록 선왕의 유명으로 대왕을 즉위하게 하였으나, 대왕께서는 예로써 사양하지 않았으니, 이미 형제간에 우애하고 공손해야 한다는 의리는 없어진 것입니다. 저는 대왕의 미덕을 이루고자, 짐짓 「발기」의 시체를 거두어 초빈을 한 것인데, 이로 말미암아 대왕의 노여움을 당할 줄이야 어찌 알았겠습니까? 대왕께서 만약 어진 마음을 베풀어 「발기」의 죄악을 잊어버리고, 형에 대한 상례를 갖추어 장례지내 주신다면, 누가 대왕이 옳지 않다고 하겠습니까? 제가 이미 이 말을 하였으니 죽음을 당하여도 사는 것과 같습니다. 청컨대, 나아가 형리의 처형을 받겠습니다." 하니, 왕이 그 말을 듣고 앞으로 다가 앉으며, 따뜻한 표정으로 위로하여 말하기를, "내가 불초하여 미혹됨이 없을 수 없었는데, 이제 너의 말을 들으니, 진실로 나의 잘못을 알게 되었구나. 너는 나를 탓하지 말라." 하니, 동생이 왕에게 절하고, 왕도 그에게 또한 절을 하여 마음껏 즐기다가 헤어졌다. 가을 9월에, 관리에게 명하여 「발기」의 상례를 지내되, 왕례로써 〈배령〉에 장사하게 하였다. 왕이 원래 「우」씨에 의하여 왕위를 얻게 되었으므로, 다시 장가들지 않고 「우」씨를 왕후로 삼았다.

○二年, 春.二月에 築.〈丸都城〉하다. 夏.四月에
이 년 춘 이 월 축 환 도 성   하 사 월
赦.國内.二罪已下하다.
사 국 내 이 죄 이 하

▷본문풀이◁

2년, 봄 2월에 〈환도성〉을 쌓았다. 여름 4월에, 전국의 사형수
이하의 죄수들을 사면하였다.

○三年, 秋.九月에 王畋于〈質〉陽하다.
삼 년 추 구 월 왕 전 우 질 양

▷본문풀이◁

3년, 가을 9월에 왕이 〈질산〉 남쪽에서 사냥하였다.

○七年, 春.三月에 王以無子라 禱於山川하니 是
칠 년 춘 삼 월 왕 이 무 자 도 어 산 천   시
月.十五夜夢에 天謂曰, "吾令.汝.少后로 生男하
월 십 오 야 몽 천 위 왈   오 령 여 소 후 생 남
리니 勿憂하라." 王이 覺語.群臣曰 "夢에 天語.我
물 우   왕 각 어 군 신 왈 몽   천 어 아
하되 諄諄如此하나 而無少后하니 奈何오?" 하다.
순 순 여 차   이 무 소 후   내 하
「巴素」對曰, "天命.不可測이니 王은 其.待之하소
파 소 대 왈   천 명 불 가 측   왕   기 대 지
서." 하다. 秋.八月에 國相「乙巴素」卒하니 國人이
추 팔 월 국 상 을 파 소 졸   국 인
哭之慟하다. 王이 以「高優婁」로 爲.國相하다.
곡 지 통   왕 이 고 우 루   위 국 상

[諄諄(순순)] : 곡진하게 가르치는 모양. [國相(국상)] : 대신.

▷ 본문풀이 ◁

7년, 봄 3월에 왕이 아들이 없어 산천에 기도를 하니, 이 달 15일 밤 꿈에 하늘이 왕에게 말하기를, "내가 너의 소후로 하여금 아들을 낳게 할 것이니 걱정하지 말라."고 하였다. 왕이 잠을 깨어 군신에게 말하기를, "꿈에 하늘이 나에게 이와 같이 간곡하게 말하였는데, 소후가 없으니 어찌하면 좋은가?" 하니, 「을파소」가 대답하기를, "천명이란 헤아릴 수 없으니 왕께서는 기다리소서." 했다. 가을 8월에, 국상 「을파소」가 죽으니, 온 백성이 통곡하였다. 왕이 「고우루」를 나라의 재상으로 삼았다.

○十二年, 冬, 十一月에 郊豕逸하다. 掌者追之하
　십 이 년　동　십 일 월　교 시 일　　장 자 추 지

여 至〈酒桶村〉하니 躑躅, 不能捉이라. 有, 一女子하
　지 주 통 촌　　척 촉 불 능 착　　유　일 녀 자

니 年이 二十許라, 色美而艶이라, 笑而, 前執之하
　년　이 십 허　색 미 이 염　　소 이 전 집 지

니 然後에 追者得之하다. 王이 聞而異之하고 欲
　연 후　추 자 득 지　　왕　문 이 이 지　　욕

見, 其女하려 微行, 夜至, 女家하여 使, 侍人說之하니
견 기 녀　미 행 야 지 여 가　　사 시 인 설 지

其家에 知, 王來하고 不敢拒하다. 王이 入室하여
기 가　지 왕 래　　불 감 거　　왕　입 실

召, 其女하여 欲御之하니 女告曰, "大王之命을 不
소 기 녀　욕 어 지　　여 고 왈　대 왕 지 명　불

敢避리오마는 若幸而,有子면 願不見遺하소서."하
감 피　　　　　약 행 이 유 자　　원 불 견 유

니 王諾之하다. 至,丙夜에 王起,還宮하다.
　왕 낙 지　　　　지 병 야　　왕 기 환 궁

▶ 어려운 낱말 ◀

[郊豕(교시)] : 제천시 희생물로 쓰일 돼지. [逸] : 도망갈(일). [掌者(장자)] : 맡
은 사람. [躑躅(척촉)] : 이리저리 날뛰다. [艶(염)] : 아름답고 곱다. [諾之(낙
지)] : 그것을 좋다고 하다. [丙夜(병야)] : 三更. 밤 11시~이튿날 1시까지.
*甲夜 : 밤 7~9시(초경), 乙夜 : 밤 9~11시(2경), 丙夜 : 밤 11~새벽 1시(3경),
丁夜 : 새벽 1~3시(4경), 戊夜 : 새벽 3시~5시(5경).

▷ 본문풀이 ◁

　12년, 겨울 11월에 교제에 잡을 돼지가 달아났다. 관리하는 자
가 쫓아가 〈주통촌〉에 이르렀는데, 돼지가 이리저리 날뛰어 잡
지 못하였다. 이때 나이가 20세 가량 되고, 얼굴이 아름다운 한
여자가 웃으면서 앞으로 걸어와 돼지를 잡아주어 쫓던 자가 돼지
를 얻을 수 있었다. 왕이 이 말을 듣고 이상하게 여겼다. 왕은 그
여자가 보고 싶어 평복을 입고, 밤에 여자의 집에 갔다. 시종을
시켜 말하니, 그 집에서 왕이 온 줄 알고 감히 거절하지 못하였
다. 왕이 방으로 들어가 그 여자를 불러 어거하려 하였다. 그 여
자가 말하기를, "대왕의 명령을 감히 피할 수 없으니, 만약 아이
가 있게 되면 버리지 말기를 원합니다."라고 하니, 왕이 승낙하였
다. 자정이 되자, 왕이 일어나 환궁하였다.

○十三年, 春三月에 王后가 知王幸〈酒桶村〉
　　십삼년　춘삼월　　왕후　지왕행　주통촌

女하고 妬之하여 陰遣兵士殺之하니 其女聞知하
녀　　투지　　　음견병사살지　　　기녀문지

고 衣男服逃走하다. 追及欲害之하니 其女問曰,
　의남복도주　　　추급욕해지　　　기녀문왈

"爾等今來殺我는 王命乎아? 王后命乎아? 今妾
이등금래살아　왕명호　　왕후명호　　금첩

腹有子하니 實王之遺體也라. 殺妾身可也어니와
복유자　　실왕지유체야　　살첩신가야

亦殺王子乎아?"하다 兵士不敢害하고 來以女所
역살왕자호　　　병사불감해　　　내이녀소

言告之하다. 王后怒하여 必欲殺之하려다가 而未
언고지　　왕후노　　필욕살지　　　　이미

果하다. 王이 聞之하고 乃復幸女家하여 問曰"汝
과　　왕　문지　　내부행녀가　　문왈　여

今有娠하니 是誰之子오?"對曰, "妾은 平生不
금유신　　시수지자　　대왈　첩　평생불

與兄弟同席커늘 況敢近異性男子乎리오? 今在
여형제동석　　　황감근이성남자호　　금재

腹之子는 實大王之遺體也니이다."하다. 王이 慰
복지자　실대왕지유체야　　　　왕　위

藉贈與를 甚厚하고 乃還告王后하니 竟不敢害러
자증여　심후　　내환고왕후　　경불감해

라. 秋九月에〈酒桶村〉女가 生男하니 王이 喜曰,
　추구월　　주통촌녀　생남　　왕　희왈

"此天賚予嗣胤也라."하다. 始自郊豕之事로 得
차천뢰여사윤야　　　시자교시지사　득

以幸其母라 하여 乃名其子曰「郊彘」라 하고 立其
이행기모　　　내명기자왈교체　　　입기

母爲小后하다 初에 小后母孕未産하고 巫卜之
모위소후　　초　소후모잉미산　　무복지

曰, "必生王后하리다." 하다. 母喜하여 及生하니 名
　　필생왕후　　　　　　　　모희　　　급생　　명
曰「后女」라 하다. 冬,十月에 王이 移都於〈丸都〉하
　　후녀　　　　　　　동시월　왕　이도어 환도
다.

▶ 어려운 낱말 ◀

[男服逃走(남복도주)] : 남장을 하고 도주하다.　[欲害(욕해)] : 죽이려고 하다.
[遺體(유체)] : 남겨둔 몸.　[慰藉(위자)] : 위로하기 위해 주는 물건.　[贈與(증
여)] : 주다.　[天賚(천뢰)] : 하늘이 준.　[嗣胤(사윤)] : 대를 이을 맏아들.　[郊豕
(교시)] : 제천에 쓰는 희생물 돼지.　[丸都(환도)] : 지금의 通溝 輯安縣 城.

▷ 본문풀이 ◁

　13년, 봄 3월에 왕이 〈주통촌〉 여자에게 갔던 사실을 왕후가
알고, 그 여자를 질투하여 남몰래 군사를 보내 죽이려 하였으나,
그 여자가 이 소문을 듣고 남장을 하고 도주하였다. 병사들이 그
여자를 추격하여 죽이려 하니, 그 여자가 묻기를, "너희들이 지금
나를 죽이려 하니, 이것이 왕의 명령이냐? 왕후의 명령이냐? 이제
나의 뱃속에 아이가 있으니, 이 아이는 왕의 혈육이다. 나를 죽이
는 것은 좋으나 왕자도 죽일 것인가?" 병사들이 그 여자를 감히 죽
이지 못하고 돌아와 그 여자의 말을 그대로 알렸다. 왕후가 노하
여 기어코 죽이려 하였으나 성공하지 못하였다. 왕이 이 소문을
듣고 곧 다시 그 여자의 집에 가서 묻기를, "네가 지금 임신한 것
이 누구의 아이냐?" 라고 하니, 그 여자가 대답하기를, "제가 평생

에 형제와도 잠자리를 같이 하지 않았는데, 황차 성이 다른 남자와 가까이 했겠습니까? 지금 저의 뱃속에 있는 아이는 진실로 대왕의 혈육입니다."라고 하였다. 왕이 그 여자를 위로하는 선물을 후하게 주었다. 그리고 곧 돌아와 왕후에게 말하니, 왕후가 끝내 그 여자를 죽이지 못하였다. 가을 9월에 〈주통촌〉 여자가 아들을 낳았다. 왕이 기뻐하며 말하기를, "이는 하느님이 나에게 주신 아들이다."라고 하였다. 처음, '교시'의 일로 잡을 돼지로 말미암아 그 어머니를 사랑할 수 있었다 하여, 그 아이의 이름을 「교체」라 하고, 아이의 어머니를 소후로 삼았다. 그전, 처음 소후의 어머니가 그녀를 배었을 때 무당이 점을 치고 말하기를 "반드시 왕후를 낳으리라." 하여 어머니가 기뻐하였고, 그 아이를 낳게 되자 「후녀」라고 이름 지었었다. 겨울 10월에, 왕이 〈환도성〉으로 도읍을 옮겼다.

○十七年, 春正月에 立「郊彘」하여 王太子하다.
　　　　 십 칠 년　춘 정 월　　입 교 체　　　　 왕 태 자

▶ **어려운 낱말** ◀

[彘]: 돼지(체).

▷ **본문풀이** ◁

17년, 봄 정월, 「교체」를 왕태자로 삼았다.

○二十一年, 秋八月에 〈漢〉의 〈平州〉人「夏瑤」
　이 십 일 년　추 팔 월　　한　　　평 주 인　하 요

가 以.百姓.一千餘家로 來投하니 王이 納之하여
　　이 백성 일천여가　　내투　　왕　　납지

安置〈柵城〉하다. 冬.十月에 雷와 地震하고 星孛
안치 책성　　　　동 시월　뇌　　지진　　　성 패

于.東北하다.
우 동북

▶ 어려운 낱말 ◀

　[平州(평주)] : 당시의 幽州. [柵城(책성)] : 지금의 琿春(훈춘).

▷ 본문풀이 ◁

　　21년, 가을 8월에 〈한〉나라 〈평주〉 사람 「하요」가 백성 1천여 호
를 데리고 귀순해왔다. 왕이 그를 받아들여 〈책성〉에 배치하였다.
겨울 10월에, 우레와 지진이 있었다. 혜성이 동북방에 나타났다.

　○二十三年, 春.二月壬子.晦에 日有食之하다.
　　이 십 삼 년　춘 이 월 임 자 회　　일 유 식 지

▷ 본문풀이 ◁

　23년, 봄 그믐 임자일에 일식이 있었다.

　○二十四年, 夏.四月에 異鳥集于.王庭하다.
　　이 십 사 년　하 사 월　　이 조 집 우 왕 정

▷ 본문풀이 ◁

　24년, 여름 4월에 이상한 새들이 대궐에 모였다.

○二十八年, 王孫 「然弗」이 生하다.
　　이 십 팔 년　왕 손　연 불　　생

▷ 본문풀이 ◁

28년, 왕의 손자 「연불」이 태어났다.

○三十一年, 夏五月에 王薨하다. 葬於〈山上陵〉
　　삼 십 일 년　하 오 월　　왕 훙　　　장 어 산 상 릉

하니 號爲『山上王』이라 하다.
　　　호 위　산 상 왕

▷ 본문풀이 ◁

31년, 여름 5월에 왕이 서거하였다. 〈산상릉〉에 장례 지내니
호를『산상왕』이라 하였다.

11| 東川王(동천왕) : 227~247

○『東川王』[或云「東襄」.]의 諱는 「憂位居」요, 少名
　　동 천 왕　　　　　　　휘　　우 위 거　　　소 명

은 「郊彘」니 『山上王』之子니라. 母는〈酒桶村〉人
　　교 체　　산 상 왕 지 자　　모　　주 통 촌 인

으로 入爲하여 『山上王』의 小后로 史失其族姓하
　　입 위　　　산 상 왕　　소 후　사 실 기 족 성

다. 前王,十七年에 立爲,太子하여 至是,嗣位하다.
　　　전왕 십칠년　　입위 태자　　　지시 사위

王性,寬仁하여 王后欲試,王心하여 候王,出遊에
왕성 관인　　　왕후욕시 왕심　　　　후왕 출유

使人截,王路,馬鬣하더니 王還,曰, "馬無鬣하니 可
사인절 왕로 마렵　　　왕환 왈　　마무렵　　　가

憐쿠나!"하다. 又令,侍者로 進食,時에 陽,覆羹於
련　　　　　　우령 시자　　진식 시　　양 복갱어

王衣나 亦不怒하다.
왕의　　역불노

▶ 어려운 낱말 ◀

[候(후)] : 기다리다. [截] : 끊을(절). [馬鬣(마렵)] : 말갈기. [陽(양)] : 일부러.
속이다. 볕. 음력 10월을 陽月이라 함. [覆羹(복갱)] : 국을 엎지르다.

▷ 본문풀이 ◁

　『동천왕』【「동양」이라고도 한다.】의 이름은 「우위거」이며, 아명은
「교체」이니, 『산상왕』의 아들이다. 어머니는 〈주통촌〉 사람으로
서 『산상왕』의 소후로서 사기에는 그의 가족과 성이 기록되어 있
지 않다. 왕은 전왕 17년에 태자가 되었고, 이때에 이르러 왕위에
올랐다. 왕은 성격이 너그럽고 인자하여서 왕후가 왕의 심정을
시험해 보기 위하여, 왕이 유람하러 나가기를 기다렸다가 사람을
시켜 왕이 타는 말의 갈기를 잘랐더니 왕이 돌아와서 하는 말이,
"말이 갈기가 없으니 가련 하구나!"라고만 말하였다. 왕후가 또
시종으로 하여금 밥상을 올릴 때 일부러 왕의 옷에 국을 엎지르게
하였는데, 왕은 역시 성내지 않았다.

○二年, 春, 二月에 如,〈卒本:환인〉하여 祀,始祖廟
　　　이 년 춘 이 월　여 졸 본　　　　　　　사 시 조 묘
하고 大赦하다. 三月에 封,「于」氏하여 爲,王太后하
　　　대 사　　삼 월　봉 우 씨　　　위 왕 태 후
다.

▷본문풀이◁

2년 봄 2월, 왕이 〈졸본〉에 가서 시조의 사당에 제사지내고,
죄수들을 크게 사면하였다. 3월에, 「우」씨를 왕태후로 봉했다.

○四年, 秋, 七月에 國相「高優婁」卒하고 以,于台
　　　사 년 추 칠 월　국 상 고 우 루 졸　　　이 우 태
「明臨於漱」를 爲,國相하다.
　명 림 어 수　　위 국 상

▷본문풀이◁

4년, 가을 7월에 국상 「고우루」가 죽었다. 우태 「명림어수」를
국상으로 삼았다.

○八年,〈魏〉에 遺使,和親하다. 秋, 九月에 太后
　　　팔 년　위　　견 사 화 친　　　추 구 월　태 후
「于」氏,薨하다. 太后臨終에 遺言,曰,“妾이 失行
　우 씨 흥　　　태 후 림 종　유 언 왈　첩　실 행
하니 將何,面目으로 見,『國壤』於,地下하리오? 若群
　　　장 하 면 목　　　견 국 양 어 지 하　　　약 군
臣不忍,擠於,溝壑이어든 則,請葬,我於〈山上王陵〉
　신 불 인 제 어 구 학　　　즉 청 장 아 어　산 상 왕 릉

之_側하오." 하다. 遂_葬之_如其言하다. 巫者曰,
지 측　　　　　　수 장 지 여 기 언　　　　무 자 왈

"『國壤』이 降於_予曰, '昨見〈于〉氏_歸于天上하
국 양　　강 어 여 왈　　작 견 우 씨 귀 우 천 상

고 不勝_憤恚하여 遂_與之戰하다. 退而思之하니 顔
불 승 분 에　　　수 여 지 전　　퇴 이 사 지　　　안

厚_不忍見_國人하니 爾告於_朝하여 遮_我以物하
후 불 인 견 국 인　　이 고 어 조　　　차 아 이 물

라.'" 하다. 是로 用_植松七重於_陵前하다.
시 용 식 송 칠 중 어 릉 전

▶ 어려운 낱말 ◀

[何面目(하면목)] : 무슨 면목으로. [國壤(국양)] : 고국천왕. [擠] : 밀(제). [不
忍擠(불인제)] : 차마 밀어 떨어뜨리지 않으려면. [溝壑(구학)] : 구렁텅이. [憤
恚(분에)] : 분함. [顔厚(안후)] : 낯이 뻔뻔하여. [遮] : 가릴(차).

▷ 본문풀이 ◁

　8년, 〈위〉나라에서 사신을 보내와 화친을 맺었다. 가을 9월에,
태후 「우」씨가 죽었다. 태후가 죽을 때 다음과 같이 유언하기를,
"내가 행실이 좋지 않았으니, 무슨 면목으로 지하에서 『국양왕』
을 보겠는가? 만약 여러 신하들이 계곡이나 구덩이에 나의 시신
을 차마 버리지 못하겠거든, 나를 〈산상왕릉〉 옆에 묻어 달라."
했다. 태후의 유언대로 장사하였다. 무당이 말하기를, "『국양왕』
이 나에게 내려와서 '어제 「우」씨가 산상왕에게 가는 것을 보고
는, 분함을 참을 수 없어서 마침내 「우」씨와 다투었다. 내가 돌아
와 생각하니 낯이 아무리 두껍다 하여도 차마 백성들을 대할 수

없으니 네가 조정에 이를 알려서, 나의 무덤을 가리는 시설을 하
게 하라.'"고 말하였다. 그래서 국양왕의 능 앞에 일곱 겹으로 소
나무를 심었다.

○十年, 春, 二月에 〈吳〉王, 「孫權」이 遣, 使者「胡
　　십 년 춘 이 월　　　　　　오 왕 손 권　　　　　견 사 자 호

衛」하여 通和하니 王이 留其使하여 至, 秋七月에 斬
위　　　　통 화　　　　왕　　유 기 사　　　　　지 추 칠 월　　참

之하고 傳首於〈魏〉하다.
지　　　　전 수 어 위

▷ 본문풀이 ◁

　10년, 봄 2월에 〈오〉나라의 왕인 「손권」이 사신 「호위」를 보내
화친을 청하려 하니, 왕이 그 사신을 억류했다가 가을 7월에, 그
의 목을 베어 〈위〉나라에 전하여 보냈다.

○十一年, 遣, 使如〈魏〉하여 賀改, 年號하니 是는
　　십 일 년 견 사 여 위　　　　　하 개 년 호　　　　　시

〈景初〉, 元年也러라.
경 초　　원 년 야

▷ 본문풀이 ◁

　11년, 〈위〉나라에 사신을 보내 〈위〉의 연호가 개정된 것을 축
하하니, 이때가 〈경초〉 원년이었다.

○十二年, 〈魏〉太傅『司馬宣王:懿(각)』이 率衆하
　　십 이 년　　위 태 부 사 마 선 왕　　　　　솔 중

고 討.「公孫淵:康의 아들」하니 王이 遣.主簿「大加」하
여 將兵.千人助之하다.

▷ 본문풀이 ◁

12년, 〈위〉나라 태부 『사마선왕』이 군사를 동원하고 「공손연」
을 토벌하니, 왕이 주부 「대가」로 하여금 군사 1천 명을 거느리고
그들을 돕게 하였다.

○ 十六年, 王이 遣將하여 襲破〈遼東:郡〉의 〈西
安平:縣,지금의 安平河 유역〉하다.

▷ 본문풀이 ◁

16년, 왕이 장수를 보내 〈요동〉의 〈서안평〉을 격파하였다.

○ 十七年, 春.正月에 立.王子「然弗」하여 爲.王
太子하고 赦.國内囚하다.

▷ 본문풀이 ◁

17년, 봄 정월에 왕자 「연불」을 왕태자로 삼고 국내의 죄수들
을 사면하였다.

○十九年, 春,三月에 東海人이 獻,美女하니 王이
납之後宮하다. 冬,十月에 出師하여 侵〈新羅:助賁時
代〉北邊하다.

▷ 본문풀이 ◁

19년, 봄 3월에 동해 사람이 미녀를 바쳤다. 왕이 그를 후궁으로 맞이하였다. 겨울 10월에, 군사를 출동시켜 〈신라〉 북쪽 변방을 침공하였다.

○二十年, 秋,八月에 〈魏〉가 遣,〈幽州〉刺史,
「冊丘儉:관구검」하여 將,萬人하고 出,〈玄菟:지금의 撫
順〉來侵하니 王이 將,步騎,二萬人하고 逆戰於
〈沸流水:渾江상류〉上하여 敗之하고 斬首,三千餘級
하다. 又,引兵再戰,於〈梁貊:佟佳江과 富爾江 合流處 라고
함?〉之谷이러니 又敗之하여 斬獲,三千餘人하다. 王
이 謂,諸將曰, "〈魏〉之大兵이 反不如,我之小兵하
다.「冊丘儉」者는 〈魏〉之,名將이나 今日,命在我,
掌握之中乎로다." 하고 乃領,鐵騎,五千하고 進而

擊之하니 「儉」이 爲,方陣하고 決死而戰하여 我軍
격지 검 위방진 결사이전 아군

大潰하여 死者,一萬八千餘人하고 王은 以,一千餘
대궤 사자일만팔천여인 왕 이일천여

騎로 奔〈鴨淥原〉하다. 冬,十月에 「儉」이 攻陷〈丸
기 분 압록원 동시월 검 공함 환

都城〉하여 屠之하고 乃遣,將軍「王頎」하여 追王하
도성 도지 내견장군왕기 추왕

다. 王이 奔〈南沃沮〉하여 至于〈竹嶺:咸興 西北 110리
왕 분 남옥저 지우죽령

인 黃草嶺〉하니 軍事,分散殆盡하나 唯,東部「密友」
군사분산태진 유동부밀우

가 獨,在側하다가 謂,王曰, "今,追兵甚迫하여 勢不
독재측 위왕왈 금추병심박 세불

可脫오이다. 臣이 請,決死而禦之하오니 王은 可遁
가탈 신 청결사이어지 왕 가둔

矣하소서." 하고, 遂募死士하여 與之赴敵하여 力戰
의 수모사사 여지부적 역전

하다. 王은 間行,脫而去하여 依,山谷하여 聚散卒,自
왕 간행탈이거 의산곡 취산졸자

衛하며 謂曰, "若有能取「密友」者하면 厚賞之하리
위 위왈 약유능취밀우자 후상지

라." 하다. 下部「劉屋句」가 前對曰, "臣試往焉하리
하부유옥구 전대왈 신시왕언

다." 하고 遂於戰地하여 見「密友」가 伏地어늘 乃負
수어전지 견밀우 복지 내부

而至하다. 王이 枕之以,股하니 久而乃蘇하다. 王은
이지 왕 침지이고 구이내소 왕

間行轉輾하여 至〈南沃沮〉하니 〈魏〉軍이 追不止하
간행전전 지 남옥저 위군 추부지

다. 王은 計窮勢屈하여 不知所爲하다. 東部人「紐
왕 계궁세굴 부지소위 동부인 유

由」가 進曰, "勢甚危迫하오니 不可徒死니이다. 臣
에 有,愚計하니 請以,飮食往,犒〈魏〉軍하며 因,伺
隙,刺殺彼將하리다. 若,臣計得成이어든 則,王은 可,
奮擊,決勝矣하소서." 하다. 王曰, '諾다.' 하다. 「紐
由」가 入〈魏〉軍하여 詐,降曰, "寡君이 獲罪於大
國하고 逃至,海濱하니 措躬無地하여 將以請降於,
陣前하여 歸死,司寇(:사법관리)하여 先遣小臣하여
致,不腆之物하여 爲,從者羞라." 하다. 〈魏〉將이 聞
之하고 將受,其降에 「紐由」는 隱刀食器하고 進前
하여 拔刀刺〈魏〉將,胸하고 與之俱死하니 〈魏〉軍,
遂亂하다. 王이 分軍爲,三道하여 急擊之하니 〈魏〉
軍이 擾亂,不能陳하고 遂自〈樂浪:평안남도〉而退하
다. 王이 復國論功하고 以「密友」와 「紐由」를 爲,第
一하여 賜「密友」는 〈巨谷〉과 〈靑木谷〉하고 賜,「屋
句」는 〈鴨淥:압록강 주변〉과 〈杜訥河原:지금의 東來江,
江界인듯〉以爲食邑하고, 追贈「紐由」는 爲,九使者(?)

하고 又以.其子「多優」는 爲.大使者하다. 是役也는
우이기자다우 위대사자 시역야

〈魏〉將은 到〈肅愼〉南界하여 刻石.紀功하고 又到
위장 도숙신남계 각석기공 우도

〈丸都山〉하여 銘.〈不耐城:원산.안변〉而.歸하다. 初에
환도산 명불내성 이귀 초

其臣「得來」가 見王侵叛.中國하고 數諫이나 王이
기신득래 견왕침반중국 수간 왕

不從하다.「得來」嘆曰, "立見此地에 將生蓬蒿리
부종 득래탄왈 입견차지 장생봉호

라."하고 遂.不食而死하다.「毌丘儉」이 令.諸軍하
수불식이사 관구검 영제군

여 不壞其墓하고 不伐其樹하며 得其妻子도 皆.放
불괴기묘 불벌기수 득기처자 개방

遣之하다.[『括地志:당의 지리서』云,하되 '〈不耐城〉은 卽〈國內
견지

城〉也라, 城은 累石爲之라.'하다. 此卽〈丸都山〉與〈國內城〉相

接이라.『梁書:高句麗傳』에는 '以「司馬懿」가 討「公孫淵」하니 王

이 遣將하여 襲〈西安平〉하므로「毌丘儉」이 來侵이라.'하고『通

鑑』에는 '以「得來」諫王을 爲王「位宮」時事이라.'하나 誤也니

라.]

▶어려운 낱말◀

[구분] 毌(관), 母(모), 毋(무). [將萬人(장만인)]: 만인을 거느리고. [步騎(보기)]
: 보병과 기병. [逆戰(역전)]: 되받아 싸우다. [追王(추왕)]: 왕을 추격하다.
[死士(사사)]: 결사대. [間行脫而去(간행탈이거)]: 사잇길로 달아나다. [轉輾

(전전)] : 몸을 뒤척이는 모양. [計窮勢屈(계궁세굴)] : 계책이 다하고 형세가
쭈그러들다. [勢甚危迫(세심위박)] : 사세가 매우 위급함. [往犒(왕호)] : 거기
가서 음식을 호궤하다. 음식을 보내어 군사를 위로하다. [伺隙(사극)] : 틈을
보아서. [奮擊決勝(분격결승)] : 분격하여 승리를 결정하소서. [措] : 두
다.(조). [措躬無地(조궁무지)] : 몸 둘 곳이 없음. [不腆之物(부전지물)] : 변변
치 못함 음식. [蓬蒿(봉호)] : 쑥. 쑥이 우거진 풀숲.

▷ 본문풀이 ◁

  20년, 가을 8월에 〈위〉나라가 〈유주〉 자사 「관구검」으로 하여
금 1만 명을 거느리고 〈현도〉를 침공하게 하였다. 왕이 보병과
기병 2만 명을 거느리고 〈비류수〉에서 전투를 벌여 그들을 쳐부
수고 3천여 명의 머리를 베었다. 다시 군사를 이끌어 〈양맥〉 골
짜기에서 전투를 벌여, 역시 적군을 쳐부수고 3천여 명을 죽이거
나 생포하였다. 왕이 여러 장수들에게 말하기를, "〈위〉나라의 대
병력이 오히려 우리의 적은 군사만도 못하다. 「관구검」이란 자는
〈위〉나라의 명장이지만, 오늘날에는 그의 목숨이 나의 손에 달
려 있구나." 하고는 왕은 곧 철기 5천 명을 거느리고 진격하였다.
「관구검」이 방진을 치고 결사적으로 싸우자, 우리 군사가 대패하
여 사망자가 1만 8천여 명이었다. 왕이 기병 1천여 명을 거느리
고 〈압록원〉으로 도주하였다. 겨울 10월에, 「관구검」이 환도성
을 공격하여 함락시키고 백성들을 도륙하였다. 그리고 곧 장군
「왕기」를 보내 왕을 추격하였다. 왕은 〈남옥저〉로 도주하다가
〈죽령〉에 이르렀다. 군사들은 흩어져 거의 모두 없어지고, 다만
동부의 「밀우」가 혼자 왕의 옆에 있다가 왕에게 말하기를, "지금

추격해오는 적병이 매우 가까운 거리에 있으므로, 이를 피할 수 없는 형세가 되었습니다. 제가 결사적으로 적군을 방어하면, 왕께서는 피할 수 있을 것입니다." 그는 드디어 결사대를 모아 그들과 함께 적에게 달려들어 전력을 다하여 싸웠다. 왕은 사잇길로 가다가 산골짜기에 의지하여 흩어진 군사들을 모아 호위토록 하였다. 왕은 군사들에게 말하기를, "만약 「밀우」를 찾아올 수 있는 자가 있으면 후한 상을 주겠다." 했다. 하부 「유옥구」가 앞으로 나와서, "제가 해보겠습니다."라고 말하고, 곧 전장으로 가서 땅에 쓰러져 있는 「밀우」를 발견하고 등에 업어왔다. 왕은 자신의 다리 위에 「밀우」를 눕혔다. 「밀우」는 한참이 지나서야 소생하였다. 왕은 다시 사잇길을 전전하며 〈남옥저〉에 이르렀다. 그러나 〈위〉나라 군사는 추격을 멈추지 않았다. 왕은 적절한 계책도 없고 형세가 어려워 어찌할 바를 몰랐다. 동부 사람 「유유」가 나와 말하기를, "형세가 위급하다고 하여 헛되이 죽을 수는 없습니다. 저에게 어리석은 계책이 있습니다. 제가 음식을 가지고 가서 〈위〉나라 군사를 위로하다가, 기회를 보아 적장을 찔러 죽이고자 합니다. 만약 저의 계책대로 되면, 그때 왕께서 적을 맹렬히 공격하여 승리를 얻을 수 있을 것입니다." 했다. 왕이 '좋다'고 말하였다. 「유유」가 〈위〉나라 군중에 들어가서 항복을 가장하고 말하기를, "우리 임금이 대국에 죄를 짓고 바닷가로 도망하였으나, 이제 왕은 의지할 곳이 없으므로, 장차 귀국의 진영에 항복하여 귀국의 법관에게 죽음을 맡기려 하는데, 저를 먼저 보내 변변치 못한 음식으로 군사들을 대접하게 하였습니다."라고 했다. 〈위〉

나라 장수가 이 말을 듣고 그의 항복을 받으려 하였다. 이때 「유유」가 식기에 칼을 감추어 가지고 나아가서 칼을 뽑아 〈위〉나라 장수의 가슴을 찌르고 그와 함께 죽었다. 〈위〉나라 군사는 곧 혼란에 빠졌다. 왕은 군사를 세 길로 나누어 급습하였다. 〈위〉나라 군사들은 혼란 속에서 전열을 가다듬지 못하고, 마침내 〈낙랑〉에서 퇴각하였다. 왕은 귀국하여 공적을 평가하였다. 「밀우」와 「유유」는 1등이었다. 「밀우」에게는 〈거곡〉과 〈청목곡〉을 주고, 「옥구」에게는 〈압록〉과 〈두눌하원〉을 주어 식읍으로 삼게 하고, 「유유」에게는 구사자를 추증하고, 또한 유유의 아들 「다우」를 대사자로 삼았다. 이 전쟁에 〈위〉나라 장수가 〈숙신〉 남쪽 경계에 이르러, 돌에 전공을 새겨 기념하고, 또한 〈환도산〉에 이르러 〈불내성〉에 기념비를 새기고 돌아갔다. 예전에, 왕의 신하 「득래」는, 왕이 중국을 침략하고 배반하는 것을 보고 이를 중단하기를 수차례 간하였다. 그러나 왕은 그 말을 따르지 않았다. 「득래」는 탄식하며, "머지않아 이 땅이 쑥대밭이 되는 것을 보게 될 것이다."라고 말하면서, 음식을 먹지 않고 굶어 죽었다. 위나라 장수 「관구검」이 군사들로 하여금 그의 무덤을 헐지 말며 무덤의 나무를 베지 못하도록 하고, 그의 처자들을 찾아 모두 풀어주도록 명령하였다. 【[괄지지]에는, '〈불내성〉은, 곧 〈국내성〉이다. 그 성은 돌을 쌓아 만들었다.' 라고 기록되어 있다. 이는 〈환도산〉과 〈국내성〉이 서로 접해 있기 때문이다. [양서]에는 '「사마의」가 「공손연」을 치자, 고구려왕이 장수를 보내 〈서안평〉을 습격하였으므로, 「관구검」이 와서 침노한 것이다.' 라고 기록되어 있고, [통감]에는 '「득래」가 왕에게 간한 것은 고구려왕 「위궁」 때의 사실이다.' 라고

하였으니, 이는 잘못된 기록이다.】

○二十一年, 春二月에 王이 以〈丸都城〉이 經
　　이십일년　춘이월　　왕　　이환도성　　　경
亂으로써 不可復都라 하고 築〈平壤城〉하고 移民
란　　　　불가부도　　　　　축　평양성　　　　이민
及廟社하다. 〈平壤〉者는 本仙人「王儉」之宅也
급묘사　　　　평양　자는　본선인　왕검　지택야
라. 或云, "王之都를 「王儉」이라." 하다.
　　혹운　왕지도　　　왕검

▶ 어려운 낱말 ◀

[經亂(경란)] : 난리를 겪다. [廟社(묘사)] : 종묘사직. 제단.

▷ 본문풀이 ◁

　21년, 봄 2월에 왕은 〈환도성〉이 난리를 겪었으므로, 다시 도
읍이 될 수 없다고 생각하고, 〈평양성〉을 쌓아 백성과 종묘와 사
직을 옮겼다. 〈평양〉이라는 지방은 본래 선인 「왕검」의 택지였
다. 어떤 사람은 이르기를, "왕의 도읍지를 「왕검」이라고 했다."
고 하였다.

○二十二年, 春二月에 〈新羅〉가 遣使結和하다.
　　이십이년　춘이월　　　신라　　　견사결화
秋九月에 王薨하여 葬於〈柴原〉하고 號曰, 『東川
추구월　　왕홍　　　　장어　시원　　　　호왈　동천
王』이라 하다. 國人이 懷其恩德하여 莫不哀傷하다.
왕　　　　　　　국인　　회기은덕　　　　막불애상

近臣이 欲自殺하여 以殉者,衆이나 嗣王이 以爲,非
근신　욕자살　　　이순자중　　　사왕　　이위비

禮라 하여 禁之하다. 至,葬日에 至墓,自死者,甚多
례　　　금지　　　지장일　　지묘자사자심다

하다. 國人이 伐柴하여 以覆其屍라 遂,名其地曰,
　　　국인　벌시　　　이복기시　　수 명기지왈

〈柴原〉이라 하다.
시 원

▷ 본문풀이 ◁

　22년, 봄 2월에 〈신라〉가 사신을 보내와 화친을 맺었다. 가을 9
월에, 왕이 서거하였다. 〈시원〉에 장례를 지내고, 호를 『동천왕』
이라 하였다. 백성들이 왕의 은덕을 생각하고 그의 죽음을 슬퍼하
지 않는 자가 없었다. 근신 중에는 자살하여 순장되기를 바라는
자가 많았으나, 새로 등극한 왕이 예가 아니라 하여 허락하지 않
았다. 그러나 장례 일에 왕의 무덤에 와서 자결한 자가 아주 많았
다. 백성들이 섶을 베어 그들의 시체를 덮어 주었기 때문에 그곳
을 〈시원〉이라고 불렀다.

12 | 中川王(중천왕) : 347~270

○『中川王』[或云「中壤」]의 諱는 「然弗」이니 『東川王』之子니라. 儀表俊爽하고 有智略하다. 『東川』十七年에 立爲王太子하다. 二十二年, 秋九月에 王薨하니 太子卽位하다. 冬十月에 立「椽」氏하여 爲后하다. 十一月에 王弟「預物」과 「奢句」等이 謀叛하다가 伏誅하다.

▶ 어려운 낱말 ◀

[儀表俊爽(의표준상)] : 외모가 준수함. [謀叛伏誅(모반복주)] : 반란을 일으키다가 처형됨.

▷ 본문풀이 ◁

『중천왕』【혹은 「중양」이라고 한다.】의 이름은 「연불」이며, 『동천왕』의 아들이다. 외모가 준수하고 지략이 많았다. 『동천왕』 17년에 왕태자가 되었다. 22년, 가을 9월에 왕이 사망하자, 태자가 왕위에 올랐다. 겨울 10월에 「연」씨를 왕후로 삼았다. 11월에, 왕의 아우 「예물」·「사구」 등이 반란을 도모하다가 처형되었다.

○三年, 春, 二月에 王이 命相〈明臨於漱〉하여 兼
　　　삼 년 춘 이 월　왕　명 상 명 림 어 수　　　겸

知, 內外兵馬事하다.
지 내 외 병 마 사

▷ 본문풀이 ◁

　3년, 봄 2월에 왕이 국상 〈명림어수〉를 명하여 내외의 군사에
관한 사무를 겸직하도록 명하였다.

○四年, 夏, 四月에 王이 以「貫那」夫人을 置, 革
　　　사 년 하 사 월　왕　이 관 나 부 인　치 혁

囊하여 投之, 西海하다. 「貫那」夫人은 顔色佳麗하
낭　　투 지 서 해　　관 나 부 인　안 색 가 려

고 髮長, 九尺하여 王이 愛之하여 將立以爲, 小后하
발 장 구 척　　왕　애 지　　장 립 이 위 소 후

다. 王后「椽」氏는 恐其專寵하여 乃言於, 王曰,
왕 후 연 씨　　공 기 전 총　　내 언 어 왕 왈

"妾이 聞하니 西〈魏〉는 求, 長髮, 購以千金이라. 昔
첩　문　　서 위　구 장 발 구 이 천 금　석

我, 先王(東川王)이 不致禮於〈中國〉하여 被兵出奔
아 선 왕　　불 치 례 어 중 국　　피 병 출 분

하여 殆喪社稷(국가)이니다. 今王은 順其所欲하여
태 상 사 직　　금 왕　순 기 소 욕

遣, 一個, 行李(사신)하여 以, 進長髮, 美人하면 則, 彼
견 일 개 행 리　　이 진 장 발 미 인　즉 피

必, 欣納하여 無復, 侵伐之事하소서." 하다. 王이 知
필 흔 납　　무 부 침 벌 지 사　　　왕　지

其意하고 默不答하니라. 夫人, 聞之하고 恐其加害
기 의　묵 부 답　　부 인 문 지　　공 기 가 해

하여 反, 讒后於王曰, "王后가 常罵妾曰, '田舍之
반 참 후 어 왕 왈　왕 후　상 매 첩 왈　전 사 지

女가 安得在此아? 若不自歸면 必有後悔하리라.'
여   안득재차   약불자귀   필유후회

하다. 意者컨대 后,欲伺大王之出하여 以害於妾하
의자   후욕사대왕지출   이해어첩

니 如之何오?"하다. 後에 王이 獵于〈箕丘〉而還하
여지하   후   왕   엽우기구 이환

니 夫人이 將,革囊迎哭,曰, "后가 欲以妾을 盛此
부인   장혁낭영곡왈   후   욕이첩   성차

하여 投,諸海하니 幸,大王이 賜妾微命(가는 목숨)하
투제해   행대왕   사첩미명

여 以返於,家하면 何敢更望,侍,左右乎리까?"하니
이반어가   하감갱망시좌우호

王이 問知其詐하고 怒하여 謂,夫人曰, "汝要,入海
왕   문지기사   노   위부인왈   여요입해

乎아?"하고 使人投之하다.
호   사인투지

▶ 어려운 낱말 ◀

[革囊(혁낭)] : 가죽 주머니. [顔色佳麗(안색가려)] : 얼굴이 아름답다. [專寵(전
총)] : 사랑을 독차지함. [默不答(묵부답)] : 묵묵부답. [讒后(참후)] : 왕후를 참
소하다. [田舍之女(전사지녀)] : 촌 계집이. [安得在此(안득재차)] : 어찌 이런
곳에 있으려고 하느냐? [要(요)] : 꼭, 정말.

▷ 본문풀이 ◁

4년, 여름 4월에 왕이 「관나」 부인을 가죽 주머니에 넣어 서해
에 던지게 하였다. 원래 「관나」 부인은 얼굴이 아름답고 머리털
의 길이가 9척이나 되어 왕이 사랑하였고, 장차 소후를 삼으려 하
였다. 왕후 「연」씨는 그가 왕의 사랑을 독차지할 것을 걱정하여

왕에게 말하기를, "제가 듣건대 서쪽 〈위〉나라에서 긴 머리털을 천금을 주고 산다고 합니다. 옛적에 우리 선대 임금은 〈중국〉에 예물을 보내지 않아 병란을 당하여 쫓겨 다녔으며, 나라를 잃을 뻔 하기도 했습니다. 그러하니 이제 왕께서는 위나라가 원하는 대로 사신을 보내 머리털 긴 미인을 진상하면, 그들은 반드시 흔쾌히 받아들일 것이며, 다시는 침범하는 일이 없을 것입니다." 하였다. 왕은 그녀가 말하는 의도를 짐작하고 묵묵히 대답하지 않았다. 「관나」 부인이 이 말을 듣고 자기에게 해가 미칠까 겁을 내어 도리어 왕에게 왕후를 참소하여 말하기를, "왕후가 항상 나를 욕하여 '시골 계집이 어찌 여기에 있느냐? 만약 스스로 돌아가지 않으면 반드시 후회하리라.' 라고 합니다. 대왕이 나가시는 기회를 이용하여 왕후가 나를 해칠 것 같은 생각이 드니 어찌하오리까?" 했다. 그 후 왕이 〈기구〉에서 사냥을 하고 돌아오자, 「관나」 부인이 가죽 주머니를 들고 나와 왕을 맞이하며 울면서 말하기를, "왕후가 나를 여기에 담아 바다에 버리려 하니, 대왕께서 미천한 목숨을 돌보아 집으로 돌아가게 하여 주신다면, 어찌 이 이상 대왕을 옆에서 모시기를 감히 바라겠습니까?" 하니, 왕은 그것이 거짓말임을 알고 노하여 부인에게 말하기를, "네가 바다에 들어가기를 원하느냐?" 하고는 사람을 시켜 바다에 던지게 하였던 것이다.

○七年, 夏.四月에 國相「明臨於漱」가 卒하고
　　칠년　하사월　　　　국상　명림어수　　졸
以〈沸流〉沛者「陰友」로 爲.國相하다. 秋.七月에
이　비류　패자　음우　　위국상　　　　추칠월

地震하다.
지 진

▷ 본문풀이 ◁

7년, 여름 4월에 국상 「명림어수」가 사망하자, 〈비류〉 패자 「음
우」를 국상으로 임명하였다. 가을 7월에, 지진이 있었다.

○**八年, 立王子「藥盧」**로 **爲王太子**하고 **赦國**
팔 년   입 왕 자 약 로   위 왕 태 자   사 국
內하다.
내

▷ 본문풀이 ◁

8년에, 왕자 「약로」를 왕태자로 삼고 국내에 사면령을 내렸다.

○**九年, 冬十一月**에 **以椽那**의 「**明臨笏睹**」에게
구 년 동 십 일 월   이 연 나   명 림 홀 도
尙公主하여 **爲駙馬都尉**하다. **十二月**에 **無雪**하고
상 공 주   위 부 마 도 위   십 이 월   무 설
大疫하다.
대 역

▶ 어려운 낱말 ◀

[尙公主(상공주)] : 공주를 시집보내다. [駙馬都尉(부마도위)] : 임금의 사위에
게 주는 벼슬.

9년, 겨울 11월에 연나부의 「명림홀도」에게 공주를 시집보내서 부마도위를 삼았다. 12월에, 눈이 내리지 않았고 전염병이 크게 돌았다.

○十二年, 冬,十二月에 王이 畋于〈杜訥:지금의 강
　　　　십 이 년　동 십 이 월　　왕　　　전 우 두 눌

계〉之谷하다. 〈魏〉將「尉遲楷」[名犯「長陵:17대 인종」
　　　지 곡　　　　위　장　울 지 해

諱.]가 將兵,來伐하다. 王이 簡,精騎五千하여 戰於
　　　　장 병 래 벌　　왕　　간 정 기 오 천　　　전 어

〈梁貊〉之谷하여 敗之하고 斬首,八千餘級하다.
　양 맥　지 곡　　　　패 지　　　참 수 팔 천 여 급

▶ 어려운 낱말 ◀

[畋] : 사냥하다. 밭 갈다(전).　[簡(간)] : 선택. 고르다.

▷ 본문풀이 ◁

12년, 겨울 12월에 왕이 〈두눌곡〉에서 사냥을 하였다. 〈위〉나라 장수 「울지해」【이름이 「장릉」의 이름에 저촉되었다.】가 군사를 동원하여 침입하였다. 왕이 정예 기병 5천 명을 선발하여, 〈양맥〉 골짜기에서 싸워 그를 이기고, 8천여 명의 머리를 베었다.

○十三年, 秋,九月에 王如,〈卒本〉하여 祀,始祖
　　　　십 삼 년　추 구 월　　왕 여　졸 본　　　　사 시 조

廟하다.
묘

13년, 가을 9월에 왕이 〈졸본〉에 가서 시조의 사당에 제사를 올렸다.

○ 十五年, 秋.七月에 王이 獵〈箕丘〉하다가 獲.白
　　십 오 년　추 칠 월　　왕　　엽 기 구　　　　　획 백

獐하다. 冬.十一月에 雷와 地震하다.
장　　　　동 십 일 월　　뢰　　지 진

▶ 어려운 낱말 ◀

[獵] : 사냥할(엽). [白獐(백장)] : 흰 노루.

▷ 본문풀이 ◁

15년, 가을 7월에 왕이 〈기구〉에서 사냥하다가 흰 노루를 잡 았다. 겨울 11월에, 우레와 지진이 있었다.

○ 二十三年, 冬.十月에 王薨하다. 葬於〈中川〉
　　이 십 삼 년　동 시 월　　왕 홍　　　장 어 중 천

之原하고 號曰, 『中川王』이라 하다.
지 원　　호 왈　중 천 왕

▷ 본문풀이 ◁

23년, 겨울 10월에 왕이 서거하였다. 〈중천〉 언덕에 장례를 지 내고, 호를 『중천왕』이라 하였다.

13 | 西川王(서천왕) : 270~292

○『西川王』[或云「西壤」]의 諱는 「藥盧」[一云「若友」]이
니 『中川王』의 第二子니라. 性聰悟而仁하여 國
人이 愛敬之하다. 『中川王』八年에 立爲太子하여
二十三年, 冬十月에 王薨하니 太子卽位하니라.

▶ 어려운 낱말 ◀

[聰悟而仁(총오이인)] : 총명하고 어질다. [薨] : 왕이 죽을(훙).

▷ 본문풀이 ◁

『서천왕』【혹은 「서양」이라고도 한다.】의 이름은 「약로」【「약우」라고
도 한다.】이며, 『중천왕』의 둘째 아들이다. 성격이 총명하고 어질
었기 때문에 백성들이 그를 아끼고 존경하였다. 『중천왕』 8년에
태자가 되었고, 23년, 겨울 10월에 왕이 서거하니 태자가 즉위하
였다.

○二年, 春正月에 立西部(:5부의 하나)大使者「于
漱」之女하여 爲王后하다. 秋七月에 國相「陰友」

가 卒하다. 九月에 以「尚婁」로 爲,國相하니 「尚
졸　　　구월　이　상루　　　위국상　　　　상

婁」는 「陰友」,子也니라. 冬,十二月에 地震하다.
루　　음우　자야　　　동십이월　　　지진

▶ 어려운 낱말 ◀

[大使(대사)] : 官名.

▷ 본문풀이 ◁

2년, 봄 정월에 서부 대사자 「우수」의 딸을 왕후로 삼았다. 가
을 7월에, 국상 「음우」가 죽었다. 9월에, 「상루」를 국상으로 삼으
니, 「상루」는 「음우」의 아들이었다. 겨울 12월에, 지진이 있었다.

○三年, 夏四月에 隕霜害麥하다. 六月에 大旱하다.
삼년　하사월　　운상해맥　　　유월　대한

▷ 본문풀이 ◁

3년, 여름 4월에 서리가 내려 보리가 피해를 입었다. 6월에, 큰
가뭄이 들었다.

○四年, 秋,七月丁酉,朔에 日有食之하다. 民饑
사년　추칠월정유삭　　　일유식지　　　민기

하여 發倉賑之하다.
발창진지

4년, 가을 7월 초하루 정유일에 일식이 있었다. 백성들이 굶주리므로 창고를 열어 구제하였다.

○ 七年, 夏,四月에 王如〈新城〉[或云: 〈新城〉, 國之東
　　　칠 년　하 사 월　왕 여 신 성

北大鎭也.]하다가 獵獲白鹿하다. 秋,八月에 王,至自
　　　　　　엽 획 백 록　　　추 팔 월　　　왕 지 자

〈新城〉하다. 九月에 神雀이 集,宮庭하다.
　신 성　　　구 월　　신 작　　집 궁 정

▷ 본문풀이 ◁

7년 여름 4월, 왕이 〈신성〉【어떤 사람은 '신성은 동북 지방에 있는 큰 진(鎭)'이라고 말한다.】에 가서 사냥하다가 흰 사슴을 잡았다. 가을 8월에, 왕이 〈신성〉에서 돌아왔다. 9월에, 이상한 새가 대궐에 모여들었다.

○ 十一年, 冬,十月에 〈肅愼:여진족〉이 來侵하여
　　십 일 년　동 시 월　　　숙 신　　　　내 침

屠害,邊民하니 王이 謂,群臣曰, "寡人이 以,眇末
도 해 변 민　　왕　위 군 신 왈　　과 인　　이 묘 말

之軀로 謬襲邦基하니 德不,能綏하고 威不,能震이
지 구　유 습 방 기　　덕 불 능 수　　위 불 능 진

라 致此隣敵으로 猾我疆域하니 思得,謀臣,猛將하
치 차 인 적　　활 아 강 역　　사 득 모 신 맹 장

여 以折遐衝하리니 咨爾群公은 各擧,奇謀,異略,
이 절 하 충　　자 이 군 공　　각 거 기 모 이 략

才堪,將帥者하라." 群臣皆曰, "王弟「達賈」는 勇
재 감 장수자   군신개왈   왕제 달고   용

而有,智略하여 堪爲,大將이니다."하니 王이 於是에
이유 지략   감위 대장   왕   어시

遣「達賈」하여 往伐之하다.「達賈」로 出奇掩擊하
견 달고   왕벌지   달고   출기엄격

여 拔〈檀盧城〉하고 殺,酋長하고 遷,六百餘家,於
발 단로성   살 추장   천 육백여가 어

〈扶餘:지금의 農安 부근〉南,〈烏川〉하고 降,部落,六七
부여   남 오천   항 부락 육칠

所하여 以爲 '附庸'하다. 王이 大悅하여 拜「達賈」
소   이위 부용   왕 대열   배 달고

하여 爲,〈安國君〉하고 知,內外兵馬事하여 兼統〈梁
위 안국군   지 내외병마사   겸통 양

貊:佟佳江 부근〉과 〈肅愼〉諸,部落하다.
맥   숙신 제 부락

▶ 어려운 낱말 ◀

[屠害(도해)] : 도륙과 살해. [眇末之軀(묘말지구)] : 조그만 몸둥아리. [謬襲(유습)] : 잘못 왕위를 계승했으니. [邦基(방기)] : 나라의 기틀. [德不能綏(덕불능수)] : 덕은 능히 백성을 편안하게 하지 못하고. [震(진)] : 떨치다. 울리다. [遐衝(하충)] : 멀리 있는 적을 깨트리다. [奇謀異略(기모이략)] : 기이한 모술과 특별한 도략. [附庸(부용)] : 천자에 직속하지 않고 대국에 딸린 소국. 남에게 의지하여 따로 독립하지 못함.

▷ 본문풀이 ◁

11년, 겨울 10월에 〈숙신:여진족〉이 침입하여 변방 백성들을 죽였다. 왕이 여러 신하들에게 말하기를, "내가 미미한 몸으로 외람되게 왕위를 이었으나, 나의 덕은 백성들을 편하게 할 수 없고,

위엄은 먼 곳에 떨치지 못하여, 인근의 적들이 우리 강토를 침범하게 하였다. 이제 지략 있는 신하와 용감한 장수를 얻어 외적을 부수고자 하니, 너희들은 각각 특출한 계략을 지녀 장수가 될 만한 인재를 천거하라." 여러 신하들이 모두 말하기를, "왕의 아우 「달고」는 용맹스럽고 지략이 있어 대장이 될 만합니다."라고 하니, 왕이 이에 「달고」를 보내 〈숙신〉을 치게 하였다. 「달고」가 뛰어난 계략으로 적을 기습하여 〈단로성〉을 빼앗고, 추장을 죽이고, 주민 6백여 호를 〈부여〉 남쪽 〈오천〉으로 옮기고, 6·7개소의 부락을 항복하게 하여 '부용'으로 삼았다. 왕이 크게 기뻐하여 「달고」를 〈안국군〉으로 삼고, 서울과 지방의 군사에 관한 일을 맡겼으며, 겸하여 〈양맥〉·〈숙신〉 등의 여러 부락을 통솔하게 하였다.

O十七年, 春二月에 王弟「逸友」와 「素勃」等,
二人이 謀叛하여 詐稱病하고 往溫湯하여 與黨類
와 戲樂無節하며 出言悖逆이어늘 王이 召之하되
僞許拜相하니 及其至어늘 令力士하여 執而誅之
하다.

▷ **본문풀이** ◁

17년, 봄 2월에 왕의 아우인 「일우」·「소발」 등의 두 사람이 반란하여, 병을 핑계로 온탕으로 가서 자기 무리들과 방종하게 놀며, 불온한 언사를 퍼뜨리기에 왕이 거짓으로 말을 하되 국상을 준다고 하니, 그들이 오기에 왕이 역사를 시켜 잡아 죽였다.

○十九年, 夏四月에 王幸〈新城:지금의 撫順 북쪽
십구년 하사월 왕행 신성
산〉하다.〈海谷〉太守가 獻鯨魚目하니 夜有光하다.
해곡 태수 헌경어목 야유광
秋八月에 王이 東狩하다가 獲白鹿하다. 九月에
추팔월 왕 동수 획백록 구월
地震하고 冬十一月에 王이 至自〈新城〉하다.
지진 동십일월 왕 지자신성

▷ 본문풀이 ◁

19년, 여름 4월에 왕이 〈신성〉에 갔다. 〈해곡〉 태수가 고래의 눈을 바쳤는데 밤에도 광채가 났다. 가을 8월에, 왕이 동쪽 지방에서 사냥하다가 흰 사슴을 잡았다. 9월에, 지진이 있었고, 겨울 11월에, 왕이 〈신성〉에서 돌아왔다.

○二十三年, 王薨하여 葬於〈西川〉之原하고 號
이십삼년 왕흥 장어 서천 지원 호
曰『西川王』이라 하다.
왈 서천왕

▷ 본문풀이 ◁

23년, 왕이 서거하였다. 〈서천〉 언덕에 장례를 지내고, 호를 『서천왕』이라 하였다.

烽上王(봉상왕) : 292~300

○『烽上王』[一云「雉葛」.]의 諱는「相夫」[或云「歃矢婁」.]
　　봉 상 왕　　　　　　　　　　　휘　　　상 부
이니『西川王』之.太子也라. 幼.驕逸多疑忌하다.
　　　서 천 왕　지 태 자 야　　유 교 일 다 의 기
『西川王』二十三年에 薨하니 太子卽位하다.
　서 천 왕　이 십 삼 년　 홍　　 태 자 즉 위

▶ 어려운 낱말 ◀

　[驕逸(교일)] : 교만이 지나칠 정도이다. [多疑忌(다의기)] : 의심과 시기가 많음.

▷ 본문풀이 ◁

　『봉상왕』【「치갈」이라고도 한다.】의 이름은「상부」【혹은「삽시루」라고
도 한다.】이며,『서천왕』의 태자이다. 그는 어려서부터 교만하고
방탕하며, 의심과 시기가 많았다. 23년에,『서천왕』이 서거하자
태자가 즉위하였다.

○元年, 春,三月에 殺〈安國君〉,「達賈」하다. 王
　원 년 춘 삼 월　 살 안 국 군　　달 고　　　왕
은 以,「賈」가 在,諸父之行하고 有大功業하니 爲,
　이 고　　　재 제 부 지 항　　유 대 공 업　　위
百姓이 所,瞻望하므로 故로 疑之하여 謀殺하다. 國
　백 성　 소 첨 망　　　　고　 의 지　　　모 살　　 국
人曰, "微〈安國君〉이면 民不能免.「梁貊」과 「肅
　인 왈　 미 안 국 군　　　민 불 능 면 양 맥　　　숙

慎」之,難이어늘 今其死矣에 其將焉,託이리오?"하
<ruby>慎<rt>신</rt></ruby> <ruby>지<rt></rt></ruby> <ruby>난<rt></rt></ruby> <ruby>금기사의<rt></rt></ruby> <ruby>기장언탁<rt></rt></ruby>

고 無不揮涕,相弔하다. 秋,九月에 地震하다.
무불휘체상조　　　추구월　　지진

▷ **본문풀이** ◁

　원년, 봄 3월에 왕이 〈안국군〉「달고」를 죽였다. 왕은, 「달고」
가 아버지의 항렬에 있고, 큰 공적이 있으며 백성들이 존경하므
로, 그를 의심하여 모살한 것이다. 백성들이 말하기를, "〈안국군〉
이 아니었다면 백성들이 「양맥」과 「숙신」의 환난을 면하지 못하
였을 것이다. 이제 그가 죽었으니, 우리는 장차 누구에게 의지할
것인가?' 하고 눈물을 뿌리며 서로 위로하지 않는 이가 없었다.
가을 9월에, 지진이 있었다.

　○二年, 秋,八月에 「慕容瘣(:모용외)=五胡의 하나인
이년　추팔월　　　모용외

'鮮卑大,單于' 족임」가 來侵하다. 王이 欲往.〈新城〉타
내침　　　왕　욕왕　신성

가 避賊하여 行至.〈鵠林〉하니 「慕容瘣」가 知,王出
피적　　행지　곡림　　　모용외　　지왕출

하고 引兵,追之하니 將及에 王懼하다. 時에 〈新城〉
인병추지　　장급　왕구　　시　　신성

宰,北部小兄(爵名)「高奴子」가 領,五百騎로 迎王하
재북부소형　　고노자　　영오백기　영왕

여 逢賊,奮擊之하니 「瘣」軍이 敗退하다. 王,喜하여
봉적분격지　　　외군　패퇴　　왕회

加,「高奴子」로 爵爲,大兄하고 兼賜,〈鵠林〉으로 爲,
가　고노자　　작위대형　　겸사곡림　　　위

食邑하다. 九月에 王이 謂,其弟「咄固:돌고」가 有,異
식읍   구월   왕 위기제   돌고   유이

心(叛心)이라 하여 賜死하다. 國人이 以,「咄固」無罪
심   사사   국인 이 돌고 무죄

어늘 哀慟之하다. 「咄固」子,「乙弗」이 出遯於,野
     애통지   돌고 자 을불   출둔어 야

하다.

▶ 어려운 낱말 ◀

[瘣] : 담. 사람 이름(외). 선우족의 이름. [咄] : 꾸짖을(돌). 어이 소리 질러
부르는 소리. [遯] : 날아날(둔).

▷ 본문풀이 ◁

2년, 가을 8월에 「모용외」가 침략하여 왔다. 왕은 〈신성〉으로
가서 적을 피하고자 하여, 왕이 〈곡림〉에 이르렀을 때, 「모용외」
가 왕이 나가는 것을 알고 군사를 이끌고 추격하니, 그들이 거의
도달하려 하자 왕은 이를 두려워하였다. 그때 〈신성〉 태수인 북
부 소형 「고노자」가 기병 5백 명을 거느리고 왕을 맞으러 나갔다
가 적군과 만나 전투를 벌였다. 「모용외」의 군사가 패배하여 퇴
각하였다. 왕이 기뻐하여 「고노자」의 작위를 대형으로 높이고,
또한 〈곡림〉을 그의 식읍으로 주었다. 9월에, 왕이 그의 아우 「돌
고」가 모반하려는 의도를 가졌다 하여 죽였다. 백성들은 「돌고」
가 죄가 없다고 생각하여 그의 죽음을 애통하게 생각하였다. 「돌
고」의 아들 「을불」은 산촌으로 도주하였다.

○三年, 秋,九月에 國相「相婁」가 卒하다. 以,南
部(5부의 하나)大使者「倉助利」로 爲,國相하고 進爵
爲,大主簿하다.

▷ 본문풀이 ◁

3년, 가을 9월에 국상「상루」가 죽었다. 남부 대사자「창조리」
를 국상으로 임명하고, 작위를 대주부로 올렸다.

○五年, 秋八月에「慕容廆」가 來侵하여 至,〈故
國原〉하여 見,『西川王』墓하고 使人發之하니, 役者
가 有暴死者하고 亦聞壙內,有,樂聲이어늘 恐,有神
하여 乃,引退하다. 王이 謂,群臣曰, "「慕容」氏는
兵馬精强하여 婁犯我,疆場하니 爲之奈何오?" 하
니 國相「倉助利」對曰, "北部(5부의 하나)大兄「高
奴子」가 賢且勇하니 大王이 若欲,禦寇,安民하려
면 非,「高奴子」면 無,可用者니다." 하니 王이 以,
「高奴子」로 爲,〈新城〉太守하니 善政,有,威聲하다.
「慕容廆」, 不復來寇하다.

[壙(광)] : 송장을 묻기 위해 파놓은 구덩이. [壙內(광내)] : 광 안에서. [疆場
(강역)] : 경계, 국경. '강역' 이라 읽음. [禦寇(어구)] : 외구를 막음.

▷ 본문풀이 ◁

5년, 가을 8월에 「모용외」가 침입하여 〈고국원〉에 이르러서
『서천왕』의 무덤을 보고 사람을 시켜 파게 하였다. 그런데 일하는
사람 중에 갑자기 사망자가 생기고, 또 광중에서 음악 소리가 들
리기에 그는 귀신이 있는 것으로 알고 겁을 내어 곧 군사를 이끌
고 물러갔다. 왕이 여러 신하들에게 묻기를, "「모용」씨는 군대가
강력하여 우리 강토를 여러 차례 침범하였으니, 이를 어찌하면 좋
겠는가?" 하니, 국상 「창조리」가 대답하기를, "북부 대형 「고노
자」는 어질고 용감한 사람이니, 만약 적을 방어하고 백성을 편안
하게 하려 한다면 「고노자」가 아니면 쓸만한 자가 없을 것입니
다." 하니, 왕이 「고노자」를 〈신성〉 태수로 삼았고 「고노자」는 선
정을 베풀어 명성이 높았다. 「모용외」가 다시는 침략하지 않았다

○七年, 秋,九月에 霜雹,殺穀하여 民饑하다. 冬,
　　칠년　추구월　　상박살곡　　　민기　　동

十月에 王이 增營,宮室하여 頗極,侈麗하니 民饑,
시월　왕　증영궁실　　　파극치려　　민기

且困하여 群臣,驟諫이나 不從하다. 十一月에 王이
차곤　　군신취간　　부종　　　십일월　왕

使人으로 索,「乙弗」이여 殺之不得하다.
사인　　색 을불　　　살지부득

▶ **어려운 낱말** ◀

[霜雹殺穀(상박살곡)] : 서리와 우박이 내려 곡식을 해치다. [民饑(민기)] : 백
성들이 굶었다. [侈麗(치려)] : 사치하고 화려함. [驟諫(취간)] : 자주 와서 간
하다.

▷ **본문풀이** ◁

7년, 가을 9월에 서리와 우박이 내려 곡식을 해치니 백성들이
굶주렸다. 겨울 10월에, 왕이 극도로 사치하고 화려하게 궁실을
증축하였다. 이로 말미암아 백성들이 굶주리고 또한 피로하여 많
은 신하들이 공사의 중단을 여러 번 간하였다. 왕이 이를 듣지 않
았다. 11월에, 왕이 사람을 시켜「을불」을 찾아 죽이려 하였으나
뜻을 이루지 못하였다.

○八年, 秋,九月에 鬼哭于〈烽山〉하다. 客星이
犯月하며 冬,十二月에 雷와 地震하다.

▷ **본문풀이** ◁

8년, 가을 9월에 귀신이 〈봉산〉에서 울었다. 객성이 달을 범하
였으며, 겨울 12월에, 우레와 지진이 있었다.

○九年, 春,正月에 地震하다. 自,二月로 至,秋七
月까지 不雨하다. 年饑하여 民相食하다. 八月에 王이

發.國內男女.年.十五已上하여 修理宮室하니 民乏
발 국내남녀 년 십오이상   수리궁실   민핍

於食과 困於役으로 因之以.流亡하다.「倉助利」諫
어식 곤어역으로 인지이유망   창조리 간

曰, "天災.荐至하고 年穀不登하여 黎民失所하니
왈   천재천지   연곡부등   여민실소

壯者.流離四方하고 老幼.轉乎溝壑하니 此誠.畏天
장자유리사방   노유전호구학   차성외천

憂民하여 恐懼.修省之時也니다. 大王은 曾是不思
우민   공구수성지시야   대왕   증시불사

하고 驅.饑餓之人하여 困.木石之役하시니 甚乖.爲
구 기아지인   곤 목석지역   심괴위

民父母之意니다. 而況.比鄰有.强梗之敵하니 若
민부모지의   이황비린유강경지적   약

乘.吾弊以來면 其如社稷.生民.何오리까? 願.大王
승 오폐이래   기여사직생민 하   원 대왕

은 熟計之하소서." 하다. 王이 慍曰, "君者는 百姓
숙계지   왕 온왈 군자는 백성

之.所.瞻望也라. 宮室이 不壯麗면 無以示.威重이
지소첨망야   궁실   부장려   무이시위중

라. 今.國相이 蓋.欲謗.寡人은 以干.百姓之.譽也니
금 국상   개 욕방 과인   이간 백성지 예야

라."하다. 「助利」曰, "君不恤民이면 非仁也요, 臣
조리왈   군불휼민   비인야   신

不諫君이면 非忠也니다. 臣이 旣.承乏國相에 不
불간군   비충야   신   기승핍국상   불

敢不言이면 豈敢.干譽乎리오?" 하니 王이 笑曰,
감불언   기감간예호   왕   소왈

"國相은 欲爲.百姓死耶아? 冀無.復言하라." 하다.
국상   욕위 백성사야   기무부언

「助利」는 知.王之不悛하고 且畏及害하여 退하다.
조리   지왕지부전   차외급해   퇴

與群臣同謀하여 廢之하고 迎「乙弗」하여 爲王하
여군신동모 폐지 영을불 위왕

다. 王知不免하고 自經하니 二子亦從而死하다.
왕지불면 자경 이자역종이사

葬於〈烽山〉之原하니 號曰,『烽上王』이라 하다.
장어 봉산 지원 호왈 봉상왕

▶ **어려운 낱말** ◀

[乏] : 모지라질(핍). [流亡(유망)] : 빠져 도망가다. [天災荐至(천재천지)] : 천
재가 거듭 찾아와서. [不登(부등)] : 흉년이 들어. [壯者(장자)] : 장정들. [溝
壑(구학)] : 구렁텅이. [畏天憂民(외천우민)] : 하늘을 두려워하고 백성을 근심
하다. [驅饑餓(구기아)] : 배고픈 사람을 몰아. [恤民(휼민)] : 백성을 어여삐
여김. [冀] : 바라다(기). [悛] : 고칠(전). [自經(자경)] : 목매어 자살하다.
[經] : 목매다(경).

▷ **본문풀이** ◁

9년, 봄 정월에 지진이 있었다. 2월부터 가을 7월까지 비가 오
지 않았다. 흉년이 들어 백성들이 서로 잡아먹었다. 8월에, 왕이
국내의 15세 이상의 남녀를 징발하여 궁실을 수리하게 하였다.
백성들은 식량의 결핍과 부역의 고통으로 사방으로 유랑하였다.
「창조리」가 왕에게 간하기를, "천재가 연속하여 발생하고, 흉년
이 들어서 백성들은 살 곳을 잃었습니다. 그리하여 젊은이들은
사방으로 흩어지고, 노약자들은 계곡과 구렁텅이를 헤매고 있으
니, 지금은 진실로 하늘을 두려워하고 백성들을 걱정하여 근신하
고 반성할 때입니다. 대왕은 이러한 사정을 한 번도 생각하지 않
고, 굶주리는 백성들을 몰아다가 나무를 깎고 돌을 나르는 부역

으로 괴롭히고 있습니다. 이는 왕이 백성의 부모라는 뜻에 대단히 어긋나는 일입니다. 더구나 주위에는 강한 적이 있습니다. 그들이 만약 우리가 피폐한 기회를 이용하여 침범해 온다면, 사직과 백성들은 어떻게 되겠습니까? 원컨대, 대왕께서는 이를 깊이 생각하소서." 했다. 왕이 이를 듣고 노하여 말하기를, "임금이란 백성들이 위로 받드는 자리이다. 그러므로 궁실이 웅장하고 화려하지 않으면 위중함을 내보일 수 없는 것이다. 지금 국상은 아마도 나를 비방하여 백성들의 칭송을 듣고자 하는 것 같구려." 하고는 「조리」가 말하기를, 임금이 백성을 걱정하지 않으면 어진 것이 아니고, 신하가 임금에게 충간하지 않으면 충성하는 것이 아닙니다. 제가 이미 국상이라는 어려운 자리를 이었으니 말을 아니할 수 없는 것이지, 어찌 감히 백성의 칭송을 구하는 것이겠습니까?' 하니, 왕이 웃으며 말하기를, "국상은 백성을 위하여 죽으려는가? 이후로는 말하지 않기를 바란다." 했다. 「조리」는 왕이 잘못을 고치지 않으려 한다는 것을 알았다. 그리고 자신에게 해가 미칠 것을 두려워하였다. 그는 왕 앞에서 물러나왔다. 그리고 군신들과 의논하여 왕을 폐위시키고 「을불」을 왕으로 세웠다. 왕은 화를 면할 수 없음을 알고 스스로 목매어 죽었다. 그의 두 아들도 따라 죽었다. 〈봉산〉 언덕에 장례를 지내고, 호를 『봉상왕』이라 하였다.

15│ 美川王(미천왕) : 300~330

○『美川王』[一云『好壤王』.]의 諱는 「乙弗」[或云〈憂弗〉.]
이니 『西川王』之子, 古鄒加(귀족명)「咄固」之子니
라. 初에 『烽上王』이 疑「咄固」有,異心하여 殺之하
니 子「乙弗」이 畏害出遁하다. 始就〈水室村〉人하
여 「陰牟」家에 傭作하다. 「陰牟」는 不知其,何許
人하여 使之,甚苦하다. 其家,側,草澤에 蛙鳴하니
使「乙弗」로 夜投,瓦石하여 禁其聲하고 晝日,督之
樵採하여 不許,暫息하다. 不勝,艱苦하여 周年乃去
하다. 與〈東村〉人,「再牟」로 販鹽하다. 乘舟抵,
〈鴨淥:압록강 하류인 듯.〉하여 將,鹽下寄,江東(압록강
동)〈思收村〉人家하다. 其家,老嫗請鹽이어늘 許之,
斗許하고 再請,不與하다. 其嫗,恨恚하니 潛以,屨置
之鹽中하다. 「乙弗」不知하고 負而上道하다. 嫗追,
索之하여 誣以,廋屨하여 告〈鴨淥〉宰하다. 宰는 以,

屨直로 取鹽與嫗하고 決笞放之하다. 於是에 形
容枯槁하고 衣裳을 藍縷하여 人見之라도 不知其爲,
王孫也하다. 是時에 國相「倉助利」가 將廢王하여
先遣北部「祖弗」과 東部「蕭友」等하여 物色,謗
「乙弗」於,山野하다. 至〈沸流河:지금의 渾江〉邊하여
見,一丈夫,在,船上하니 雖,形貌憔悴나 而,動止非
常이라. 「蕭友」等이 疑是「乙弗」하고 就而,拜之
曰, "今,國王이 無道하여 國相,與,群臣이 陰謀하여
廢之하니 以,王孫으로 操行儉約하고 仁慈愛人하
여 可以嗣,朝業이라 故로 遣,臣等하여 奉迎이라."
하다. 「乙弗」疑曰, "予,野人이요, 非,王孫也이니
請更審之하소서." 하다. 「蕭友」等曰, "今上이 失,
人心久矣라, 固,不足爲,國主라. 故로 群臣이 望,王
孫,甚勤하니 請,無疑하소서." 하고 遂,奉引以歸하다.
「助利」喜하여 致於〈烏陌〉,南家하고 不令人知하
다. 秋,九月에 王(봉상왕)이 獵於〈侯山〉之陰하니 國

相「助利」,從之하여 謂,衆人曰, "與我同心者는 效
我하라."하고 乃以蘆葉으로 揷冠하니 衆人이 皆揷
之러라. 「助利」知,衆心皆同하고 遂其廢王하여 幽
之別室하고 以兵周衛하다. 遂迎,王孫하여 上,璽綬
하고 卽,王位하다. 冬,十月에 黃霧,四塞하다. 十一
月에 風從,西北來하여 飛砂,走石,六日하다. 十二
月에 星孛于,東方하다.

▶ 어려운 낱말 ◀

[出遁(출둔)] : 도망가다. [草澤(초택)] : 풀이 우거진 연못가에. [蛙鳴(와명)] :
개구리가 울다. [樵採(초채)] : 나무를 해오다. [暫息(잠식)] : 잠시 쉬는 시간.
[艱苦(간고)] : 괴로움. [許] : 줄(허), 쯤(허), 허락(허). [恨恚(한에)] : 원망하고
성냄. [屨直(구치)] : 신발값으로. [屨] : 신(구). [上道(상도)] : 길을 떠나다.
[廀屨(수구)] : 신을 숨기다. [枯槁(고고)] : 초목이 마름. 얼굴이 말라비틀어진
것에도 비유. [藍縷(남루)] : 옷이 다 떨어지다. [憔悴(초췌)] : 얼굴이 마르고
더러운 모양. [國主(국주)] : 나라의 주인이니, 즉 임금. [甚勤(심근)] : 기대하
다. 기다리다. [不令人知(불령인지)] : 남에게 알리지 아니함. [陰(음)] : 陰은
그늘이니, 북쪽을 의미한다. [揷冠(삽관)] : 머리에 꽂다. [璽綬(새수)] : 옥새.
[璽] : 옥새(새). [綬] : 인끈(수).

▷ 본문풀이 ◁

『미천왕』【『호양왕』이라고도 한다.】의 이름은 「을불」【혹은 「우불」이라

고도 한다.]이고, 『서천왕』의 아들 고추가 「돌고」의 아들이다. 예전에 『봉상왕』은 그의 아우 「돌고」가 모반할 생각을 가졌다고 의심하여 그를 죽였다. 그의 아들 「을불」은 자기에게도 해가 미칠 것을 두려워하여 도망했었다. 처음에는 〈수실촌〉 사람 「음모」의 집에서 머슴 생활을 하였다. 「음모」는 을불이 어떤 사람인지를 알지 못하고 힘든 일을 시켰다. 그 집 옆의 연못에서 개구리가 울면, 「음모」는 개구리 소리가 나지 않도록 「을불」로 하여금 밤마다 기와 조각과 돌을 던지게 하였고, 낮이면 나무를 해오라고 독촉하여 잠시도 쉬지 못하게 했다. 「을불」은 고생을 이기지 못하고 일 년 만에 그 집을 떠났다. 을불은 〈동촌〉 사람 「재모」와 함께 소금 장사를 하였다. 배를 타고 〈압록〉에 가서 소금을 가지고 내려와 강의 동쪽 〈사수촌〉 사람의 집에 머물렀다. 그 집 노파가 소금을 요구하여, 한 말 가량 주었다. 그러나 그 노파는 그 이상 주기를 요청하였다. 「을불」은 주지 않았다. 그러자 노파가 그를 미워하여 몰래 자기의 신발을 소금 속에 묻었다. 「을불」은 이를 모르고 소금을 지고 길을 떠났다. 노파가 쫓아와 신발을 찾아들고, 「을불」이 자기의 신발을 감추었다고 거짓으로 〈압록〉 성주에게 고발하였다. 성주는 신발값으로 소금을 빼앗아 노파에게 주고, 을불에게 매를 때린 후 석방하였다. 이리하여 을불은 얼굴이 여위고 의복이 남루하여, 누구든 그가 왕손임을 알아보지 못하게 되었다. 이때 국상 「창조리」가 장차 왕을 폐하고자 하여, 먼저 북부 「조불」과 동부 「소우」 등을 파견하여, 온 나라에서 「을불」을 찾게 하였다. 그들이 〈비류하〉 물가에 도착하였을 때, 한 사나이가 배에 있었는데, 얼굴은 비록 초췌하였으나 행동거지가 보통 사람과는 달랐다. 「소우」 등은 이 사람이 「을불」이 아닌가 생각하고, 그 앞에 나아가 절을 하고 말하기를, "지금 국왕이 무도하므로 국상이 군신들과 함께 왕을 폐하려고 합니다. 왕손께서는 행동이 검소하고 인자하며 사람을 사랑하므로, 조상의 유업을 이을 수 있다 하여, 저희들을 보내 맞아 오게 하였습니다." 했다. 「을불」이 의심하여 말하기를, "나는 평민이오, 왕손이 아닙니다. 달리 알아보시오." 했다. 「소우」 등이 말하기를, "지금 왕이 인심을 잃은 지 오래여서, 실로 나라의 주인이 되기에 부족합니다. 이로 인하여 여러 신하들이 왕손을 간절하게 기다리고 있습니다. 청컨대 의심하지 마시기 바랍니다." 했다. 그들은 곧 「을불」을 받들어 돌아왔다. 「조리」가 기뻐하며 「을불」을 〈조맥〉 남쪽 인가에 머물게 하고, 다른 사람들이 알지 못하도록 하였다. 가을 9월에, 왕이 후산 북쪽에서 사냥할 때 국상 「조리」가 따라갔다. 「조리」가 여러 사람들에게 말하기를, "나와 마음이 같은 자는 내가 하는 대로 하라." 했다. 그는 곧 갈대 잎을 모자에 꽂았다. 여러 사람들이 모두 그를 따라 갈대 잎을 꽂았다. 「조리」는 여러 사람의 마음이 모두 같다는 것을 알고, 드디어 그들과 함께 왕을 폐하여 별실에 가두고, 군사들로 하여금 지키게 하였다. 그리고 곧 왕손을 맞아 옥새를 올려 왕위에 오르게 하였다. 겨울 10월에, 누런 안개가 사방에 끼었다. 11월에, 바람이 서북에서 불어와 6일간이나 모래를 날리고 돌을 굴렸다. 12월에, 혜성이 동쪽에 나타났다.

○三年, 秋,九月에 王이 率兵三萬하여 侵〈玄菟
　　　　삼년　추구월　왕　솔병삼만　침　현도
郡〉하여 虜獲,八千人하여 移之〈平壤〉하다.
군　　　노획팔천인　　　이지 평양

　3년, 가을 9월에 왕이 군사 3만을 거느리고 〈현도군〉을 공격
하여 8천 명을 사로잡아 〈평양〉으로 옮겨 살게 하였다.

○十二年, 秋,八月에 遣將襲取,〈遼東〉〈西安
　　십이년　추팔월　견장습취　요동　　서안
平〉하다.
평

　12년, 가을 8월에 장수를 보내 〈요동〉〈서안평〉을 공격하여
빼앗았다.

○十四年, 冬,十月에 侵〈樂浪郡〉하여 虜獲,男女
　　십사년　동시월　침　낙랑군　　　노획남녀
二千餘口하다.
이천여구

　14년, 겨울 10월에 〈낙랑군〉을 침공하여 남녀 2천여 명을 사
로잡았다.

○十五年, 春,正月에 立,王子「斯由」하여 爲,太
십오년 춘 정월 입왕자 사유 위태
子하다. 秋,九月에 南侵〈帶方郡〉하다.
자 추구월 남침 대방군

▷ 본문풀이 ◁

15년, 봄 정월에 왕자「사유」를 태자로 삼았다. 가을 9월에, 남
쪽으로 〈대방군〉을 침공하였다.

○十六年, 春,二月에 攻破〈玄菟城:지금의 撫順〉하
십육년 춘 이월 공파 현도성
여 殺獲甚衆하다. 秋,八月에 星孛于,東北하다.
살 획 심 중 추 팔월 성 패 우 동북

▷ 본문풀이 ◁

16년, 봄 2월에 〈현도성〉을 격파하여 적의 사상자가 매우 많
았다. 가을 8월에, 혜성이 동북방에 나타났다.

○二十年, 冬,十二月에 〈晉〉의 〈平州〉刺史「崔
이십년 동 십이월 진 평주 자사 최
毖」가 來奔하다. 初에「崔毖」는 陰說我及「段」氏와
비 내분 초 최비 음세아급단 씨
「宇文」氏하여 使,共攻「慕容廆:모용외」하여 三國(고구
우문 씨 사 공공 모용 외 삼국
려,단씨,우문씨)이 進攻〈棘城(극성):모용외의 據城〉하다.
진공 극성
「廆」는 閉門自守하여 獨以牛酒를 犒「宇文」氏하
외 폐문자수 독이우주 호 우문 씨

다. 二國(동맹국)은 疑「宇文」氏와 與「廆」로 有謀하
고 各引兵歸하다.「宇文」大人「悉獨官」曰, "二國
(고구려와 段氏)雖歸나 吾當獨取之라." 하다.「廆」가
使,其子「皝」과 與,長史「裴嶷」으로 將,精銳爲前鋒
하고 自將,大兵繼之하니「悉獨官」이 大敗하여 僅
以身免하다.「崔毖」聞之하고 使其兄子,「燾」로 詣
〈棘城(극성):모용씨의 據城〉하여 僞賀하다.「廆」가 臨
之以兵하니「燾」는 懼首服하다.「廆」가 遣「燾」歸하
며 謂「毖」曰, "降者는 上策이요, 走者는 下策也라."
하고 引兵隨之하다.「毖」는 與,數十騎로 棄家來奔하
고 其,衆悉降於「廆」하다.「廆」는 以,其子「仁」으로
鎭〈遼東〉官府하여 市里案堵,如故하다. 我將(高句
麗의 將軍)「如孥」가 據于〈河城〉하니「廆」가 遣,將
軍)「張統」하여 掩擊擒之하여 俘其衆,千餘家하여
歸于〈棘城〉하다. 王이 數,遣兵寇〈遼東〉하니「慕
容廆」가 遣「慕容翰」과「慕容仁」하여 伐之하다.

198 | 삼국사기(三國史記) 3권

王이 求盟하니 「翰」과 「仁」이 乃還하다.
왕　구맹　　　　한　　　인　　내환

▶ 어려운 낱말 ◀

[刺] : 가시(자). [陰說(음세)] : 가만히 달래다. [棘] : 가시(극). [牛酒(우주)] :
고기와 술. [犒] : 호궤할(호), 술대접하다(호). [數遣(삭견)] : 자주 보내다.

▷ 본문풀이 ◁

20년, 겨울 12월에 〈진〉나라 〈평주〉 자사 「최비」가 도망해왔
다. 예전에 「최비」는 비밀리에 우리나라·「단」씨·「우문」씨를 회
유하여, 「모용외」를 공격하게 하였다. 이에 따라 세 나라가 〈극성〉
으로 진공하였다. 「모용외」는 성문을 닫고 수비하면서 「우문」씨에
게 쇠고기와 술을 보내 위로하였다. 다른 두 나라는 「우문」씨와
「모용외」 사이에 남모르는 계략이 있다고 의심하여, 각각 군사를
이끌고 돌아왔다. 「우문」 대인 「실독관」이 말하기를, "두 나라는
비록 돌아갔으나, 내가 혼자 힘으로 극성을 빼앗을 수 있다."고 했
다. 「모용외」가 그의 아들 「황」으로 하여금 장사 「배억」과 함께 정
예 부대를 이끌고 선봉에 서게 하고, 자신은 대부대를 거느리고
뒤를 이었다. 「실독관」은 대패하고 몸만 간신히 빠져 나갔다. 「최
비」가 이 말을 듣고 형의 아들 「도」로 하여금 〈극성〉에 가서 거짓
으로 승리를 치하하였다. 「모용외」가 군사를 옆에 세우고 「도」를
접견하였다. 「도」는 이를 보고 겁을 내어 자복하였다. 「모용외」는
곧 「도」를 돌려보내면서 「최비」에게 말하기를, "항복하는 것이
상책이오, 도주하는 것은 하책이다." 「모용외」는 군사를 이끌고

「도」의 뒤를 따랐다. 「최비」는 기병 수십 명을 데리고 집을 버리고 우리에게 도망해왔고, 나머지 군사들은 모두 「모용외」에게 항복하였다. 「모용외」는 그의 아들 「인」으로 하여금 요동 관부에 진을 치게 하였다. 시장과 마을이 예전과 같이 평안하였다. 우리 장수 「여노」가 〈하성〉에 주둔하고 있었는데, 「모용외」가 장군 「장통」을 보내 습격하여 사로잡고, 주민 1천여 호를 포로로 잡아 〈극성〉으로 돌아갔다. 왕은 여러 번 군사를 파견하여 〈요동〉을 침공하였고, 「모용외」는 「모용한」과 「모용인」을 시켜 우리를 공격하였다. 이리하여 왕은 동맹을 요구하였다. 이에 따라 「한」과 「인」이, 곧 돌아갔다.

○二十一年, 冬, 十二月에 遣兵寇,〈遼東〉하니
이 십 일 년   동 십 이 월   견 병 구   요 동

「慕容仁」이 拒戰破之하다.
모 용 인   거 전 파 지

▷ **본문풀이** ◁

21년, 겨울 12월에 군사를 보내 〈요동〉을 침공하니, 「모용인」이 항전하여 우리가 패배하였다.

○三十一年, 遣使〈後趙〉의 「石勒」하여 致其楛
삼 십 일 년   견 사 후 조   석 륵   치 기 고

矢하다.
시

[勒] : 굴레(륵). [楛矢(고시)] : 싸리나무 화살.

▷ 본문풀이 ◁

31년, 〈후조〉의 「석륵」에게 사신을 보내 싸리나무 화살을 주었다.

○三十二年, 春二月에 王薨하니 葬於〈美川〉之
　 삼십이년　춘이월　　왕홍　　　장어미천지
原하고 號曰『美川王』이라 하다.
원　　호왈　미천왕

▷ 본문풀이 ◁

32년, 봄 2월에 왕이 서거하였다. 〈미천〉 언덕에 장례를 지내고, 호를 『미천왕』이라 하였다.

16 | 故國原王(고국원왕) : 331~371

○『故國原王』[一云『國岡上王』]의　諱는「斯由」[或云
　 고국원왕　　　　　　　　　　휘　　사유
「釗(소)」]이다. 『美川王』十五年에　立爲太子라가　三
　 소　　　미천왕　십오년　　　입위태자　　　삼

十二年, 春에 王薨하니 卽位하다.
십 이 년 춘   왕흥   즉위

▷ 본문풀이 ◁

『고국원왕』【『국강상왕』이라고도 한다.】의 이름은 「사유」【혹은 「소」라고도 한다.】이다. 『미천왕』15년에 태자가 되었고, 32년 봄에 왕이 서거하자, 왕위에 올랐다.

○二年, 春.二月에 王如〈卒本〉하여 祀始祖廟하
이 년 춘 이월   왕여 졸본   사 시 조 묘
고 巡問百姓하여 老病賑給하다. 三月에 至自〈卒
순 문 백 성   노 병 진 급   삼 월   지 자 졸
本〉하다.
본

▶ 어려운 낱말 ◀

[巡問(순문)] : 임금이 순행하면서 지방의 백성을 위로함. [老病賑給(노병진급)] : 늙고 병든 이를 구제함.

▷ 본문풀이 ◁

2년, 봄 2월에 왕이 〈졸본〉에 가서 시조의 사당에 제사지내고, 순행하면서 백성들을 위로하고, 늙고 병든 자들을 구제하였다. 3월에, 왕이 〈졸본〉에서 돌아왔다.

○四年, 秋.八月에 增築〈平壤城〉하다. 冬.十二
사 년 추 팔월   증 축 평 양 성   동 십 이

月에 無雪하다.
월　무 설

4년, 가을 8월에 〈평양성〉을 증축하였다. 겨울 12월에, 눈이
내리지 않았다.

○五年, 春正月에 築國北〈新城〉하다. 秋七月
　오 년　춘 정월　축 국북 신 성　　　추 칠월
에 隕霜殺穀하다.
　운 상 살 곡

▶ 어려운 낱말 ◀

[隕霜殺穀(운상살곡)] : 서리가 내려 곡식을 해치다.

5년, 봄 정월에 북쪽에 〈신성〉을 쌓았다. 가을 7월에, 서리가
내려 곡식을 해쳤다.

○六年, 春三月에 大星이 流西北하다. 遣使如
　육 년　춘 삼월　대 성　유 서북　　　견사여
〈晉〉하여 貢方物하다.
　진　　　공 방 물

6년, 봄 3월에 큰 별이 서북방으로 흘러갔다. 사신을 〈진〉나라

에 보내 방물을 조공했다.

○九年, 〈燕〉王「皝:慕容皝은 慕容廆의 아들」이 來侵
　　구 년　　　연 왕 황　　　　　　　　　　　　　내 침
하여 兵及〈新城〉하다. 王이 乞盟하니 乃還하다.
　　병 급 신 성　　　　왕　걸 맹　　　내 환

▷ **본문풀이** ◁

9년, 〈연〉나라 임금 「황」이 침입하여 그의 군사가 〈신성〉까지
이르렀다. 왕이 동맹을 요청하자, 그들이 곧 돌아갔다.

○十年, 王이 遣世子하여 朝於〈燕〉王「皝」하다.
　　십 년　왕　견 세 자　　　　조 어 연 왕 황

▷ **본문풀이** ◁

10년, 왕이 〈연〉나라 임금 「황」에게 세자를 보내 예빙케 하였
다.

○十二年, 春二月에 修葺〈丸都城:지금의 通溝 輯安
　　십 이 년　춘 이 월　　수 집　환 도 성
縣〉하고 又築〈國內城:通溝 山城子〉하다. 秋八月에 移
　　　　우 축 국 내 성　　　　　　　　　　추 팔 월　이
居〈丸都城〉하다. 冬十月에 〈燕〉王「皝」이 遷都
거 환 도 성　　　동 시 월　　연 왕 황　　천 도
〈龍城:棘城에서 龍城으로〉하다. 立威將軍「翰」이 請하
용 성　　　　　　　　　　　　입 위 장 군 한　　　청
되 ‘先取〈高句麗〉하고 後滅「宇文」이라야 然後에
　　선 취 고 구 려　　　후 멸 우 문　　　연 후

中原可圖리다.' 〈高句麗〉에는 有,二道하니 其,北
道는 平闊하고 南道는 險狹이라. 衆欲從,北道하다.
「翰」曰, "虜(:고구려를 가리킴)가 以,常情料之하고 必
謂大軍이 從,北道라 하여 當,重北而輕南하니 王은
宜帥銳兵하고 從,南道擊之하여 出其不意하면 北
都(丸都)는 不足取也니라. 別遣偏師하여 出,北道
하면 縱有蹉跌이라도 其,腹心(중심)已潰하므로 四
支(부분)는 無能爲也니라."하다.「皝」이 從之하다.
十一月에「皝」이 自,將勁兵四萬하여 出,南道하다.
以,「慕容翰」과「慕容霸」로 爲,前鋒하고 別遣長史
(職名)「王寓」等으로 將兵,萬五千하여 出,北道以來
侵하다. 王은 遣弟,「武」로 帥,精兵五萬하여 拒,北
道하고 自帥羸兵하여 以備南道하다.「慕容翰」等
이 先至戰하고「皝」이 以,大衆繼之하니 我兵大敗
하다. 左長史(職名)「韓壽」가 斬,我將「阿佛和度加」
하고 諸軍乘勝하여 遂入〈丸都〉하다. 王은 單騎走

入〈斷熊谷〉이나 將軍「慕輿埿」가 追獲,王母「周」
입 단웅곡 장군 모여니 추획왕모 주

氏,及,王妃而歸하다. 會에「王寓」等은 戰於北道라
씨 급 왕비이귀 회 왕우등 전어북도

가 皆,敗沒하다. 由是로「釗」은 不復窮追하고 遣使
개 패몰 유시 황 불부궁추 견사

招王이나 王은 不出하다.「釗」이 將還에「韓壽」曰,
초왕 왕 불출 황 장환 한수 왈

"〈高句麗〉之地는 不可戍守하고 今에 其主는 亡,民
고구려 지지 불가수수 금 기주 망민

散하여 潛伏山谷하니 大軍旣去하면 必復鳩聚하여
산 잠복산곡 대군기거 필부구취

收其餘燼하니 猶足爲患이리라 請,載其父尸(:美川王
수기여신 유족위환 청 재기부시

尸)하고 囚其,生母而歸라가 俟其 '束身自歸'하여
수기생모이귀 사기 속신자귀

然後에 返之하여 撫以恩信이 策之上也이니다." 하
연후 반지 무이은신 책지상야

다.「釗」從之하여 發『美川王』墓하여 載其尸하고
황 종지 발미천왕묘 재기시

收其府庫,累世之寶하고 虜,男女五萬餘口하고 燒
수기부고누세지보 노 남녀오만여구 소

其宮室하고 毁〈丸都城〉而還하다.
기궁실 훼 환도성 이환

▶ 어려운 낱말 ◀

[修葺(수집)] : 보수하다. [蹉跌(차질)] : 일에 실패함. 실수. [前鋒(전봉)] : 선봉
대. [羸兵(이병)] : 남은 군사. [猶足爲患(유족위환)] : 오히려 걱정거리를 키우
기에 족하다. [毁] : 헐어내다(훼).

　12년, 봄 2월에 〈환도성〉을 보수하고, 〈국내성〉을 쌓았다. 가을 8월에, 왕이 〈환도성〉으로 옮겨 왔다. 겨울 10월, 〈연〉나라 임금 「황」이 〈용성〉으로 도읍을 옮겼다. 입위장군 「한」이 「황」에게 다음과 같이 권고하였다. '먼저 〈고구려〉를 빼앗고, 다음에 「우문」씨를 멸해야만 중원을 도모할 수 있다.' 〈고구려〉에는 두 길이 있으니 북쪽 길은 평탄하고 넓으며, 남쪽 길은 험하고 좁다. 그래서 사람들은 항상 북쪽 길을 선택하였다. 「한」이 말하기를, "적국은 일반적으로 상황을 고려하여, 우리 대군이 반드시 북쪽 길로 오리라고 생각할 것입니다. 따라서 북쪽 길을 중시하고 남쪽 길을 가볍게 취급할 것입니다. 왕께서 응당 정예 부대를 이끌고 남쪽 길로 가서 불의의 공격을 하면, 북쪽 도성은 공격할 필요도 없을 것입니다. 또한 별도로 소부대를 북쪽 길로 보내면 다소 차질이 있더라도, 그들의 심장부가 이미 무너졌으므로 사지를 움직일 수 없을 것입니다." 「황」은 이 말을 따랐다. 11월, 〈연〉나라 임금 「황」이 직접 강병 4만을 거느리고 남쪽 길로 진군하였다. 「모용한」과 「모용패」를 선봉으로 삼고, 별도로 장사 「왕우」 등으로 하여금 군사 1만 5천을 거느리고 북쪽 길로 진군하게 하여 우리나라를 침범하였다. 왕은 아우 「무」로 하여금 정예 부대 5만을 이끌고 북쪽 길을 방어하게 하고, 자신은 약한 군사를 거느리고 남쪽 길을 방어하였다. 이때 「모용한」 등이 먼저 와서 전투를 벌였고, 연이어 「황」의 대군이 도착하였으므로, 우리 군사가 대패하였다. 좌장사 「한수」가 우리 장수 「아불화도가」를 죽이자, 모든 적들이 승승장구하여 드디어 〈환도성〉으로 쳐들어왔다. 왕은 단기로 〈단웅곡〉으로 도주하였다. 〈연〉나라 장군 「모여니」가 따라와서 왕모 「주」씨와 왕비를 잡아 돌아갔다. 이때 연나라 장군 「왕우」 등은 북쪽 길에서 우리 군사와 싸우다가 모두 전사하였다. 이로 말미암아 「황」은 더 이상 추격하지 않고 사람을 보내 왕을 불렀다. 왕은 가지 않았다. 「황」이 돌아가려 할 때 「한수」가 말하기를, "〈고구려〉 땅은 우리가 남아 지키기가 어렵습니다. 지금은 그들의 임금이 도주하고 백성들이 흩어져 산골짜기에 잠복하였으나, 우리 대군이 철수한 뒤에는, 틀림없이 다시 모여 나머지 군사를 수습할 것입니다. 이는 족히 근심거리가 될 것입니다. 그러므로 고구려 왕의 아버지의 시체를 싣고, 그의 생모를 사로잡아 돌아갔다가, 고구려 왕이 제 발로 와서 사죄하기를 기다린 후에 돌려주어, 은혜와 신의로써 무마하는 것이 상책입니다." 했다. 「황」이 그 말에 따라 『미천왕』의 무덤을 파서 그 시체를 싣고, 대궐 창고에 있는 역대 보물을 탈취하고, 남녀 5만여 명을 사로잡고, 궁실을 불태우고, 〈환도성〉을 헐어 버리고 돌아갔다.

○十三年, 春, 二月에 王이 遣, 其弟하여 稱臣, 入
　　십삼년　춘　이월　　왕　　견 기제　　　　칭신 입

朝於〈燕〉하고 貢, 珍異以千數하다. 〈燕〉王「皝」은
조어 연　　　공 진이이천수　　　　연 왕 황

乃, 還其父尸하고 猶, 留其母(周氏)를 爲質하다. 秋,
내 환기부시　　　유 류기모　　　　　위질　　추

七月에 移居〈平壤〉, 〈東黃城〉하니 城在, 今〈西京:
칠월　　이거 평양　　동황성　　　　성재 금 서경

平壤〉東,〈木覓山〉中하다. 遣使如〈晉〉朝貢하다.
　　　　　　목멱산중　　　　　 견사여　진　조공

冬,十一月에 雪,五尺하다.
동 십 일 월　　설 오 척

▷ 본문풀이 ◁

13년, 2월 봄에 왕이 아우를 〈연〉나라에 보내 자신을 신하로 칭하면서 예빙케 하고, 1천 건에 달하는 진기한 물건을 바쳤다. 〈연〉나라 임금 「황」이, 곧 왕의 아버지의 시체를 돌려보내고, 왕모는 그대로 남아 있게 하여 볼모로 삼았다. 가을 7월에, 왕이 〈평양〉의 〈동황성〉으로 옮겨 왔으니, 동황성은 지금의 〈서경〉 동쪽 〈목멱산〉 가운데 있다. 〈진〉나라에 사신을 보내 조공하였다. 겨울 11월에, 눈이 다섯 자 내렸다.

○十五年, 冬,十月에 〈燕〉王「皝」이 使「慕容恪:
십 오 년 동 시 월　　 연 왕 황　　 사 모 용 각

燕王 皝의 아들」으로 來攻하여 拔〈南蘇:지금의 興京 부
　　　　　　　　　　내 공　　　발 남 소

근〉하고 置戍而還하다.
　　　 치 수 이 환

▷ 본문풀이 ◁

15년, 겨울 10월에 〈연〉나라 임금 「황」이 「모용각」으로 하여금 침공케 하여 〈남소〉를 함락시킨 후 수비군을 두고 돌아갔다.

○十九年, 王이 送前東夷護軍「宋晃:燕의 叛軍으로
십구년 왕 송전동이호군송황
앞서 高句麗에 도망하여 온 사람」을 于〈燕〉하다. 〈燕〉王
우연 연 왕
「儁(준):皝의 아들」이 赦之하여 更名曰「活」이라 하고
준 사지 경명왈 활
拜爲中尉하다.
배위중위

▷ 본문풀이 ◁

　19년, 왕이 이전의 동이호군「송황」을 〈연〉나라에 돌려보냈
다. 〈연〉나라 임금「준」이 그의 죄를 용서하고, 이름을「활」이라
고 고쳐서 중위로 임명하였다.

○二十五年, 春正月에 立王子「丘夫」하여 爲王
이십오년 춘정월 입왕자구부 위왕
太子하다. 冬十二月에 王이 遣使詣〈燕〉하여 納質
태자 동십이월 왕 견사예연 납질
修貢하며 以請其母하다. 〈燕〉王「儁」이 許之하고
수공 이청기모 연왕준 허지
遣殿中將軍「刀龕:도감」하여 送王母「周」氏歸國
견전중장군도감 송왕모주씨귀국
하고 以王爲征東大將軍〈營州〉刺使하여 封「落
이왕위정동대장군영주자사 봉낙
浪公」하니 王이 如故하다.
랑공 왕 여고

▶ 어려운 낱말 ◀

　[納質(납질)] : 볼모로 바치다. [修貢(수공)] : 조공을 바치다. [龕] : 감실(감).

[如故(여고)] : 예전과 같이 되다.

▷ **본문풀이** ◁

25년, 봄 정월에 왕자「구부」를 왕태자로 삼았다. 겨울 12월에, 왕이 〈연〉나라에 사신을 보내 볼모와 공물을 바치고, 왕모를 돌려보내기를 요청하였다. 〈연〉나라 임금「준」이 이를 허락하고, 전중장군「도감」으로 하여금 왕모「주」씨를 호송하여 귀국하게 하였다. 왕에게 정동대장군〈영주〉자사의 작호를 주고,「낙랑공」으로 봉하였으니, 이전과 동일하게 되었다.

○三十九年, 秋,九月에 王이 以兵二萬으로 南伐
　　삼 십 구 년　　추 구 월　　왕　　이 병 이 만　　　남 벌
〈百濟〉하여 戰於〈雉壤:雉岳城〉에서 敗績하다.
　백 제　　　　전 어　치 양　　　　　　　　패 적

▶ **어려운 낱말** ◀

[敗績(패적)] : 싸워서 지다.

▷ **본문풀이** ◁

39년, 가을 9월에 왕이 군사 2만을 보내 남쪽으로 〈백제〉를 공격하였으나 〈치양〉 전투에서 패배하였다.

○四十年, 〈秦〉王「猛」이 伐〈燕:慕容氏〉破之하다.
　　사 십 년　　진 왕　맹　　　벌　연　　　　　파 지
〈燕〉의 太傅(태부:職名)「慕容評」이 來奔이어늘 王이
　연　　태 부　　　　　　　모 용 평　　　내 분　　　왕

執送於〈秦〉하다.
집 송 어 진

▷ 본문풀이 ◁

40년, 〈진〉나라 왕 「맹」이 〈연〉나라를 격파하였다. 〈연〉나라 태부 「모용평」이 우리나라로 도망왔기에 왕이 이를 붙잡아 〈진〉나라에 보냈다.

○**四十一年, 冬, 十月**에 **〈百濟〉王**(:近肖古王)이 **率**
사 십 일 년 동 시 월 　 백 제 왕 　 솔
兵三萬하고 **來攻〈平壤城〉**하다. **王**이 **出師拒之**하
병 삼 만 　 내 공 평 양 성 　 왕 　 출 사 거 지
다가 **爲,流矢所中**하다. **是月,二十三日**에 **薨**하니 **葬**
위 류 시 소 중 　 시 월 이 십 삼 일 　 홍 　 장
于〈故國〉之原하다.[〈百濟〉『蓋鹵王』表〈魏〉曰: '梟斬釗首.'
우 고 국 지 원
過辭也.]

▷ 본문풀이 ◁

41년, 겨울 10월에 〈백제〉왕이 군사 3만 명을 거느리고 〈평양성〉을 공격하였다. 왕이 군사를 이끌고 방어하다가 화살에 맞았다. 이 달 23일에 왕이 서거하니, 〈고국〉 언덕에 장사지냈다.【〈백제〉『개로왕』이 〈위〉나라에 보낸 표문에 '소의 머리를 베었다.' 고 한 것은 지나친 말이다.】

17 | 小獸林王(소수림왕) : 371~384

○『小獸林王』[一云「小解朱留王」.]의 諱는 「丘夫」이니 『故國原王』之子也니라. 身長大하고 有雄略하다. 『故國原王』二十五年에 立爲太子하여 四十一年에 王薨하니 太子卽位하다.

▶ 어려운 낱말 ◀

[有雄略(유웅략)] : 영웅적인 도략이 있었다.

▷ 본문풀이 ◁

『소수림왕』[『소해주류왕』이라고도 한다.]의 이름은 「구부」이며, 『고국원왕』의 아들이다. 그는 신체가 장대하고 웅대한 지략이 있었다. 『고국원왕』 25년에 태자가 되었다. 41년에, 왕이 서거하자, 태자가 즉위하게 되었다.

○二年, 夏六月에 〈秦〉王「符堅」이 遣使及浮屠(僧)「順道」하여 送佛像과 經文하니 王은 遣使廻謝하고 以貢方物하다. 立大學하고 敎育子弟하다.

[浮屠(부도)] : 스님. [廻謝(회사)] : 회답으로 사례함. [方物(방물)] : 그 지방의
생산품. [子弟(자제)] : 자녀.

▷ 본문풀이 ◁

2년, 여름 6월에 〈진〉나라 왕 「부견」이 사신과 중 「순도」를 보
내어 불상과 경문을 보내왔다. 왕이 사신을 보내 답례로 토산물
을 바쳤다. 태학을 세워 자제들을 교육하였다.

○ 三年에 始頒律令하다.
　　삼 년　　시 반 율 령

▷ 본문풀이 ◁

3년, 처음으로 법령을 반포하였다.

○ 四年에 僧「阿道」來하다.
　　사 년　승 아 도 래

▷ 본문풀이 ◁

4년, 중 「아도」가 왔다.

○ 五年, 春二月에 始創〈肖門寺〉하여 以置「順
　　오 년 춘 이 월　시 창 초 문 사　　이 치 순
道」하고 又創〈伊弗蘭寺〉하여 以置「阿道」하니 此
도　　우 창 이 불 란 사　　　이 치 아 도　　차

는 **海東佛法之始**니라. **秋.七月**에 **攻.⟨百濟⟩⟨水谷**
　　해동불법지시　　　　추칠월　　공　백제　수곡

城:황해도 新溪⟩하다.
성

▷ **본문풀이** ◁

5년 봄 2월, 처음으로 ⟨초문사⟩를 창건하여 「순도」로 하여금
이 절을 주관하게 하였다. 또한 ⟨이불란사⟩를 창건하여 「아도」
로 하여금 이 절을 주관하게 하니, 이것이 해동 불법의 시초가 되
었다. 가을 7월에, ⟨백제⟩의 ⟨수곡성⟩을 공격하였다.

○**六年, 冬.十一月**에 **侵.⟨百濟⟩北鄙**하다.
　육년　동십일월　　　침　백제북비

▶ **어려운 낱말** ◀

[鄙] : 경계(비), 더러울(비), 국경(비).

▷ **본문풀이** ◁

6년, 겨울 11월에 ⟨백제⟩의 북쪽 변경을 침공하였다.

○**七年, 冬.十月**에 **無雪**하고 **雷**하며 **民疫**하다. ⟨**百**
　칠년　동시월　　　무설　　　뇌　　　민역　　　　　백

濟⟩가 **將兵三萬**으로 **來侵⟨平壤城⟩**하다. **十一月**에
제　　장병삼만　　　내침평양성　　　　　십일월

南伐⟨百濟⟩하다. **遣使入**「**符秦**:符堅의 秦, 즉 前秦」하
남벌백제　　　　견사입　부진

여 朝貢하다.
조 공

▷ 본문풀이 ◁

7년, 겨울 10월에 눈이 오지 않았고 우레가 있었으며 민간에 전염병이 돌았다. 〈백제〉가 군사 3만을 거느리고 와서 〈평양성〉을 침공하였다. 11월, 남쪽으로 〈백제〉를 쳤다. 〈진〉나라 왕「부견」에게 사신을 보내 조공하였다.

○八年에 旱하여 民饑相食하다. 秋,九月에 〈契
팔 년   한   민 기 상 식   추 구 월   거
丹〉이 犯北邊하여 陷,八部落하다.
란   범 북 변   함 팔 부 락

▷ 본문풀이 ◁

8년, 가뭄이 들고 백성들이 굶주려 서로 잡아먹었다. 가을 9월에, 〈거란〉이 북쪽 변경을 침범하여 8개 부락을 함락시켰다.

○十三年, 秋,九月에 星孛于,西北하다.
십 삼 년   추 구 월   성 패 우 서 북

▷ 본문풀이 ◁

13년, 가을 9월에 혜성이 서북쪽에 나타났다.

○十四年, 冬,十一月에 王薨하다. 葬於〈小獸林〉
십 사 년   동 십 일 월   왕 훙   장 어 소 수 림

하고 號爲『小獸林王』이라 하다.
　　　　　호 위　소 수 림 왕

▷ 본문풀이 ◁

　14년, 겨울 11월에 임금이 서거하였다. 〈소수림〉에 장례를 지
내고, 호를 『소수림왕』이라 하였다.

18 │ 故國壤王(고국양왕) : 384~391

　○『故國壤王』의 諱는「移連」[或云「於只支」]이니 『小
　　　고 국 양 왕　　　휘　　이 련　　　　　　　　　　　　소
獸林王』之弟也니라.『小獸林王』在位.十四年에
수 림 왕　지 제 야　　　소 수 림 왕　재 위 십 사 년
薨하니 無嗣라. 弟「移連」이 卽位하다.
홍　　　무 사　　제 이 련　　즉 위

▷ 본문풀이 ◁

　『고국양왕』의 이름은「이련」【혹은「어지지」라고 한다.】이며,『소수
림왕』의 아우이다.『소수림왕』이 재위 14년에 죽으니, 아들이 없
었다. 아우「이련」이 왕위에 올랐다.

○二年, 夏六月에 王이 出兵四萬하여 襲〈遼東〉
하다. 先是에 〈燕〉王「垂:慕容垂(前燕의 慕容皝의 제5子)」
가 命,〈帶方〉王「佐:慕容佐」하여 鎭,〈龍城〉하다.
「佐」는 聞,我軍이 襲,〈遼東〉하고 遣,司馬〈郝景〉하
여 將兵救之하다. 我軍은 擊敗之하여 遂陷〈遼東〉
과 〈玄菟〉하고 虜,男女一萬口而還하다. 冬,十一
月에 〈燕〉의 「慕容農:垂의 弟」이 將兵來侵하여 復,
〈遼東〉과 〈玄菟〉二郡하다. 初에 〈幽(幽州)〉와 〈冀
(冀州)〉의 流民이 多,來投하므로 「農:慕容農」이 以,
〈范陽(지명)〉의 「龐淵:인명」으로서 爲,〈遼東〉太守하
여 招撫之하다. 十二月에 地震하다.

▶ 어려운 낱말 ◀

[先是(선시)] : 어느 시점을 기준으로, ~이보다 앞서서. [陷(함)] : 함락하다.
[一萬口(일만구)] : 1만 명을 말함. [招撫(초무)] : 불러서 위무하다.

▷ 본문풀이 ◁

2년, 여름 6월에 왕이 군사 4만을 출동하여 〈요동〉을 습격하였
다. 이에 앞서 〈연〉나라 임금 「수」가 〈대방〉 왕 「좌」로 하여금 〈용

성)을 진압하게 하였다. 「좌」는 우리 군사가 〈요동〉을 습격하였다는 소문을 듣고, 사마 「학경」으로 하여금 군사를 거느리고 가서 구원하게 하였다. 우리 군사가 이들을 격파하고 마침내 〈요동〉과 〈현도〉를 쳐부수고 남녀 1만 명을 생포하여 돌아왔다. 겨울 11월, 〈연〉나라 「모용농」이 군사를 거느리고 침입하여, 〈요동〉과 〈현도〉 두 군을 회복하였다. 처음에 〈유주〉·〈기주〉 등지의 유랑민이 많이도 우리에게 투항했었는데, 「모용농」이 〈범양〉의 「방연」을 〈요동〉태수로 삼아 그들을 무마하였다. 12월에, 지진이 있었다.

○三年, 春正月에 立王子「談德」하여 爲太子하
　　삼 년　춘 정 월　　입 왕 자 담 덕　　　　위 태 자
다. 秋八月에 王이 發兵하여 南伐〈百濟〉하다. 冬
　　추 팔 월　왕　　발 병　　　남 벌 백 제　　　　동
十月에 桃李華하다. 牛生馬하니 八足二尾니라.
　시 월　도 리 화　　우 생 마　　　팔 족 이 미

▶ 어려운 낱말 ◀

[華] : 빛날(화). 꽃이 피다. [桃李華(도리화)] : 복사꽃과 오얏꽃이 피다.

▷ 본문풀이 ◁

　3년, 봄 정월에 왕자 「담덕」을 태자로 삼았다. 가을 8월에, 왕이 군사를 출동시켜 남쪽으로 〈백제〉를 쳤다. 겨울 10월에, 복숭아와 오얏꽃이 피었다. 소가 말을 낳았는데 발이 여덟 개요, 꼬리가 두 개였다.

○五年, 夏.四月에 大旱하고 秋.八月에 蝗하다.
오 년 하 사 월 대 한 추 팔 월 황

▷ 본문풀이 ◁

5년, 여름 4월에 크게 가뭄이 들고, 가을 8월에 메뚜기 떼가 나타났다.

○六年, 春에 饑人相食하니 王이 發倉賑給하다.
육 년 춘 기 인 상 식 왕 발 창 진 급
秋九月에 〈百濟〉來侵하여 掠.南鄙部落而歸하다.
추 구 월 백 제 내 침 약 남 비 부 락 이 귀

▶ 어려운 낱말 ◀

[發倉(발창)] : 창고를 열다. [掠] : 노략질할(략). [南鄙(남비)] : 남쪽 경계. 남쪽 국경.

▷ 본문풀이 ◁

6년, 봄에 기근이 들어 사람들이 서로 잡아먹으니 왕이 창고를 열어 구제하였다. 가을 9월에, 〈백제〉가 침입하여 남쪽 변경 부락을 약탈하고 돌아갔다.

○七年, 秋.九月에 〈百濟〉遣.達率(官名)「眞嘉
칠 년 추 구 월 백 제 견 달 솔 진 가
謨」하여 攻破〈都押城〉하고 虜.二百人以歸하다.
모 공 파 도 압 성 노 이 백 인 이 귀

▶ 어려운 낱말 ◀

[謨] : 꾀(모). [押] : 누를(압).

▷ 본문풀이 ◁

7년, 가을 9월에 〈백제〉가 달솔 「진가모」를 시켜 〈도압성〉을 쳐부수고, 주민 2백 명을 생포하여 돌아갔다.

○九年春에 遣使하여 〈新羅〉修好하니 〈新羅〉王
구 년 춘   견 사   신 라 수 호   신 라 왕
이 遣.姪「實聖」하여 爲質하다. 三月에 下敎하되,
  견 질 실 성   위 질   삼 월   하 교
崇信佛法하여 求福하라 하고 命.有司하여 立.國社
숭 신 불 법   구 복   명 유 사   입 국 사
(社稷壇)하고 修.宗廟하다. 夏.五月에 王薨하여 葬於
        수 종 묘   하 오 월   왕 홍   장 어
「故國壤」하니 號爲『故國壤王』이라 하다.
고 국 양   호 위 고 국 양 왕

▷ 본문풀이 ◁

9년, 봄에 〈신라〉에 사신을 보내 우호를 맺으니, 〈신라〉왕이 자기의 조카 「실성」을 볼모로 보내왔다. 3월에, 불교를 숭배하여 복을 받게 하라는 교서를 내리고, 관리들에게 명하여 사직단을 세우고 종묘를 수리하게 하였다. 여름 5월에 왕이 서거하여서 「고국양」에 장례를 지내고, 호를 『고국양왕』이라고 하였다.

19 廣開土王(광개토왕) : 391~413

〇『廣開土王』의 諱는 「談德」이니 『故國壤王』之
子니라. 生而雄偉하고 有.偶儻之志하다. 『故國壤
王』三年에 立爲太子하고 九年에 王薨하니 太子
卽位하다. 秋.七月에 南伐〈百濟〉하여 拔.十城하다.
九月에 北伐〈契丹〉하여 虜.男女五百口하고 又招
諭.本國陷沒民口.一萬而歸하다. 冬.十月에 攻陷
〈百濟〉〈關彌城〉하다. 其城.四面峭絶하고 海水環
繞하여 王이 分軍七道하여 攻擊.二十日에 乃拔하
다.

▶ 어려운 낱말 ◀

[生而雄偉(생이웅위)] : 태어나면서 체격이 컸음. [偶儻(척당)] : 대범하고 출중
함. [偶] : 대범할(척). [儻] : 빼어날(당). [招諭(초유)] : 불러서 달래다. [峭絶
(초절)] : 가파른 절벽. [環繞(환요)] : 사방에 빽빽하게 둘려있음.

『광개토왕』의 이름은 「담덕」이니, 『고국양왕』의 아들이다. 그는 태어나면서부터 체격이 크고 생각이 대범하였다. 『고국양왕』 3년에 태자가 되었고, 9년에 왕이 서거하니 태자가 왕위에 올랐다. 가을 7월에, 남쪽으로 〈백제〉를 공격하여 10개의 성을 점령하였다. 9월에, 북쪽으로 〈거란〉을 공격하여 남녀 5백 명을 생포하고, 또한 본국에서 〈거란〉으로 도망갔던 백성 1만 명을 달래어 데리고 돌아왔다. 겨울 10월에, 〈백제〉의 〈관미성〉을 공격하여 점령하였다. 그 성은 사면이 절벽이고, 바다로 감싸여 있어서 왕이 일곱 방면으로 군사를 나누어 공격한 지 20일 만에 점령하였다.

○二年, 秋, 八月에 〈百濟〉侵, 南邊하니 命將拒之
이 년 추 팔 월　　백제 침 남 변　　명 장 거 지
하다. 創, 九寺於〈平壤〉하다.
창 구 사 어　평 양

▷ 본문풀이 ◁

2년, 가을 8월에 〈백제〉가 남쪽 변경을 침략하니 장수에게 명령하여 이를 방어하게 하였다. 〈평양〉에 아홉 개의 절을 창건하였다.

○三年, 秋, 七月에 〈百濟〉來侵하다. 王이 率, 精
삼 년 추 칠 월　　백제 내 침　　왕　솔 정
騎五千하여 逆擊敗之하니 餘寇夜走하다. 八月에
기 오 천　　역 격 패 지　　여 구 야 주　　팔 월

築.國南七城하여 以備〈百濟〉之寇하다.
축 국 남 칠 성　　이 비 백 제 지 구

3년, 가을 7월에 〈백제〉가 침략하였다. 왕은 정예 기병 5천을
거느리고 그들을 공격하니 남은 적들이 밤에 달아났다. 8월에,
남쪽 지역에 일곱 개의 성을 쌓아 〈백제〉의 침약에 대비하였다.

○四年, 秋八月에 王이 與〈百濟〉로 戰於〈浿水:
　　사 년 추 팔 월　　왕　　여 백 제　　전 어 패 수
지금의 예성강〉之上하여 大敗之하고 虜獲八千餘級
　　　　　　　　지 상　　　　대 패 지　　노 획 팔 천 여 급
하다.

4년, 가을 8월에 왕이 〈패수〉에서 〈백제〉와 싸워서 그들을 대
패시키고, 8천여 명을 생포하거나 목 베었다.

○九年, 春.正月에 王이 遣使入〈燕〉하여 朝貢하
　　구 년 춘 정 월　　왕　　견 사 입 연　　　　조 공
다. 二月에 〈燕〉王「盛:慕容盛」이 以.我王이 禮慢하
　　이 월　　연 왕 성　　　　이 아 왕　　예 만
다 하여 自.將兵三萬으로 襲之하다. 以.驃騎大將軍
　　　　　　　자 장 병 삼 만　　습 지　　이 표 기 대 장 군
「慕容熙」로 爲.前鋒하여 拔〈新城〉과 〈南蘇〉二城
　모 용 희　　위 전 봉　　　발 신 성　　　남 소 이 성

하여 **拓地七百餘里**하여 **徙.五千餘戸而還**하다.
척 지 칠 백 여 리   사 오 천 여 호 이 환

▶ **어려운 낱말** ◀

[禮慢(예만)] : 예절 없이 거만함. [拓地(척지)] : 영토를 개척함. [徙] : 옮기다
(사).

▷ **본문풀이** ◁

9년, 봄 정월에 왕이 〈연〉나라에 사신을 보내 조공하였다. 2월
에, 〈연〉나라 임금 「성」이 우리 왕이 예절이 오만하다 하여 스스
로 군사 3만을 거느리고 공격해왔다. 그들은 표기대장군 「모용
희」를 선봉으로 삼아 〈신성〉·〈남소〉의 두 성을 함락시키고, 7백
여 리의 땅을 점령하여 그들 백성 5천여 호를 이주시켜 놓고 돌아
갔다.

○**十一年, 王**이 **遣兵攻.〈宿軍**(宿軍城:龍城 동북에 있
십 일 년 왕   견 병 공 숙 군

었다고 함.)〉하니 〈**燕**〉의 〈**平州**〉**刺史「慕容歸**」가 **棄**
연   평 주 자 사 모 용 귀   기

城.走하다.
성 주

▶ **어려운 낱말** ◀

[宿軍(숙군)] : 성 이름. [棄城走(기성주)] : 성을 버리고 도망감.

11년, 왕이 군사를 보내 〈연〉나라의 수비군을 공격하니 〈연〉나라 〈평주〉 자사 「모용귀」가 성을 버리고 도주하였다.

○十三年, 冬,十一月에 出師侵〈燕〉하다.
  십 삼 년   동 십 일 월   출 사 침   연

13년, 겨울 11월에 군사를 출동시켜 〈연〉나라를 공격하였다.

○十四年, 春,正月에 〈燕〉王「熙:盛의 숙부」, 來攻
  십 사 년   춘 정 월   연 왕 희   내 공
〈遼東城〉하다. 且陷에 「熙」가 命,將士하되 "毋得
  요 동 성   차 함   희   명 장 사   무 득
先登하라. 俟,劉平其城하여 朕與皇后가 乘轝而入
선 등   사 잔 평 기 성   짐 여 황 후   승 여 이 입
하리라." 하다. 由是로 城中이 得,嚴備하여 卒,不克
              유 시   성 중   득 엄 비   졸 불 극
而還하니라.
이 환

[且陷(차함)] : 함락이 될 즈음에. [俟] : 기다릴(사). [劉平(잔평)] : 평정하다.
[乘轝(승여)] : 가마를 타고. [由是(유시)] : 이로 인해서. [卒(졸)] : 마침내.

14년, 봄 정월에 〈연〉나라 임금 「희」가 〈요동성〉을 공격하였

다. 성이 함락될 즈음에 「희」가 장병들에게 명령하되, "성에 먼저 오르지 말라. 성이 평정되면 내가 황후와 함께 가마를 타고 들어가리라." 했다. 그러나 이로 말미암아 성 안에서는 엄하게 대비를 할 수 있었기 때문에 그들은 마침내 이기지 못하고 물러갔다.

○十五年, 秋.七月에 蝗하고 旱하다. 冬.十二月에
십 오 년 추 칠 월 황 한 동 십 이 월

〈燕〉王「熙」가 襲〈契丹〉하여 至〈陘北〉하니, 畏.
연 왕 희 습 거 란 지 형 북 외

〈契丹〉之衆하여 欲還하다가 遂棄輜重하고 輕兵襲
거 란 지 중 욕 환 수 기 치 중 경 병 습

我하다. 〈燕〉軍은 行.三千餘里하여 士馬疲凍하여
아 연 군 행 삼 천 여 리 사 마 피 동

死者屬路하다. 攻我〈木低城:지금의 遼寧省 木奇〉하다
사 자 속 로 공 아 목 저 성

가 不克而還하다.
불 극 이 환

▶ 어려운 낱말 ◀

[輜重(치중)] : 무거운 여러 전쟁무기(중무기). 군수품. [輕兵(경병)] : 가벼운 군사. [疲凍(피동)] : 피곤하고 동상이 걸리다. [屬] : 잇다(속). [屬路(속로)] : 길을 잇다.

▷ 본문풀이 ◁

15년, 가을 7월에 메뚜기 떼가 생기고 가뭄이 들었다. 겨울 12월에, 〈연〉나라 임금 「희」가 〈거란〉을 공격하기 위하여 〈형북〉에 도착하니, 거란 군사가 많은 것을 겁내어 돌아가려 하다가 수

레의 무거운 군수품을 버리고 경병으로 우리나라를 공격하였다.
〈연〉나라는 3천여 리를 행군하여 왔기 때문에 군사와 말이 피로
하여 동사자가 길에 줄을 이었다. 그들은 우리의 〈목저성〉을 공
격하다가 이기지 못하고 돌아갔다.

○十六年, 春,二月에 增修宮闕하다.
　　십 육 년　춘 이 월　　　증 수 궁 궐

▷ 본문풀이 ◁

16년, 봄 2월에 궁궐을 중축 수리하였다.

○十七年, 春,三月에 遣使〈北燕〉하여 且敍宗族
　　십 칠 년　춘 삼 월　　견 사 북 연　　　차 서 종 족
하니 〈北燕〉王「雲」도 遣,侍御史〈李拔〉하여 報之
　　　북 연 왕 운　　　견 시 어 사 이 발　　　보 지
하다.「雲」의 祖父「高和:고구려의 支庶」는 〈句麗〉之,
　　　운　　조 부 고 화　　　　　　　　구 려 지
支屬으로 自云「高陽顓頊」氏之,苗裔라 故로 以
지 속　　　자 운 고 양 전 욱 씨 지 묘 예　　고　　이
「高」로 爲氏焉하다.「慕容寶:垂의 子요, 盛의 父요, 熙의
　고　　위 씨 언　　　　모 용 보
兄」가 之爲太子에「雲」이 以武藝로 侍,東宮하니
　　　　지 위 태 자　　운　　이 무 예　　시 동 궁
「寶」가「雲」을 子之하여 賜姓「慕容」氏하다.
　보　　　운　　자 지　　　사 성 모 용 씨

▶ 어려운 낱말 ◀

[且敍(차서)] : 정의를 나누다. ~예를 베풀다. [侍御史(시어사)] : 관명. [支屬

(지속)] : 후예. *원래 北燕의 慕容氏는 高씨였다.

▷ 본문풀이 ◁

17년, 봄 3월에 〈북연〉에 사신을 보내 같은 종족으로서의 정의를 나누었다. 〈북연〉의 임금 「운」이 시어사 「이발」을 보내 답례하였다. 「운」의 조부 「고화」는 〈고구려〉의 지속으로, 자칭 「고양전욱」씨의 후손이라 하여, '고'를 성씨로 삼았다. 예전에 「모용보」가 태자가 되었을 때, 「운」이 무예가 뛰어나다 하여 동궁을 모셨는데, 「모용보」가 「운」을 아들로 삼아, 「모용」씨라는 성을 주었었다.

○十八年, 夏,四月에 立,王子「巨連」하여 爲,太
　　십 팔 년　　하 사 월　　입 왕 자 거 연　　　　위 태
子하다. 秋,七月에 築,國東〈禿山〉等, 六城하고 移,
자　　　추 칠 월　　축 국 동 독 산 등 육 성　　　　이
〈平壤〉民戶하다. 八月에 王이 南巡하다.
　평 양 민 호　　　팔 월　　왕　　남 순

▶ 어려운 낱말 ◀

[禿] : 대머리(독). [巡] : 돌아다닐(순).

▷ 본문풀이 ◁

18년, 여름 4월에 왕자 「거연」을 태자로 삼았다. 가을 7월에, 동쪽 지방에 〈독산〉 등 여섯 개의 성을 쌓고, 〈평양〉의 백성들을 이주시켰다. 8월에, 왕이 남쪽 지방을 순행하였다.

○二十二年, 冬,十月에 王薨하다. 號爲『廣開土
王』이라 하다.

▷ 본문풀이 ◁

22년, 겨울 10월에 왕이 서거하였다. 호를 『광개토왕』이라 하
였다.

20 | 長壽王(장수왕) : 413~490

○『長壽王』의 諱는 「巨連」[一作「璉」]이니 『開土
王』之,元子也라. 體貌魁傑하고 志氣豪邁하다. 『開
土王』十八年에 立爲太子하다. 二十二年에 王薨
하니 卽位하다.

▷ 본문풀이 ◁

『장수왕』의 이름은 「거연」【 '連' 을 '璉' 이라고 쓰기도 한다.】이며,

『광개토왕』의 맏아들이다. 그는 체격이 장대하고, 의기가 호방하였다. 『광개토왕』18년에 태자가 되었다. 22년에, 왕이 서거하자, 왕위에 올랐다.

○元年, 遣,長史「高翼」을 入〈晉〉奉表하고 獻,赭
　　원　년　견　장　사　고　익　　　입　진　봉　표　　　　헌　자
白馬(:桃花色말)하다.「安帝」는 封王하여 '〈高句麗〉
백　마　　　　　　　　　안　제　　봉　왕　　　　　　고　구　려
王〈樂安郡〉公'이라 하다.
왕　낙　안　군　공

▷ 본문풀이 ◁

원년, 장사「고익」을 〈진〉나라에 보내 표문을 올리고, 붉고 흰 말을 바쳤다. 〈진〉나라 「안제」가 왕을 '〈고구려〉왕 〈낙안군〉공' 으로 봉하였다.

○二年, 秋,八月에 異鳥集王宮하다. 冬,十月에
　　이　년　추　팔　월　　　이　조　집　왕　궁　　　　동　시　월
王이 于〈蛇川〉之原하여 獲,白獐하다. 十二月에 王
왕　우　사　천　지　원　　　　획　백　장　　　십　이　월　　왕
都에 雪,五尺하다.
도　　설　오　척

▷ 본문풀이 ◁

2년, 가을 8월에 이상한 새가 왕궁에 모여 들었다. 겨울 10월에, 왕이 〈사천〉벌에서 사냥하다가 흰 노루를 잡았다. 12월에, 왕

도에 눈이 다섯 자 내렸다.

○七年, 夏.五月에 國東大水하니 王이 遣使存問
　　　칠 년　하 오 월　　국 동 대 수　　　왕　　견 사 존 문
하다.

▶ **어려운 낱말** ◀

[存間(존문)] : 안부를 묻다. 임금이나 고을 원이 민정을 살피기 위하여 관하
의 백성을 찾아다님.

▷ **본문풀이** ◁

7년, 여름 5월에 동쪽 지방에 홍수가 나서 왕이 사람을 보내 위
문하였다.

○十二年, 春.二月에 〈新羅:實聖王 때〉遣使修聘
　　십 이 년　춘 이 월　　신 라　　　　　　견 사 수 빙
하니 王이 勞慰之特厚하다. 秋.九月에 大有年하여
　　왕　노 위 지 특 후　　추 구 월　　대 유 년
王이 宴.群臣於宮하다.
　왕　연 군 신 어 궁

▶ **어려운 낱말** ◀

[修聘(수빙)] : 사신을 보내 수교의 예의를 차림. [特厚(특후)] : 특별히 예의를
두텁게 하다. [有年(유년)] : 풍년.

12년, 봄 2월에 〈신라〉에서 사신을 보내와 예빙을 하니, 왕이 그를 특별히 후하게 예우하였다. 가을 9월에, 큰 풍년이 들자 왕이 궁중에서 여러 신하들과 함께 연회를 베풀었다.

○十三年에 遣使如〈魏〉하여 貢하다.
　　십 삼 년　　견 사 여 위　　　　공

13년에, 〈위〉나라에 사신을 보내 조공하였다.

○十五年, 移都〈平壤〉하다.
　　십 오 년　이 도　평 양

15년에, 〈평양〉으로 도읍을 옮겼다.

○二十三年, 夏六月에 王이 遣使入〈魏〉하여 朝
　　이 십 삼 년　하 유 월　　왕　견 사 입 위　　　조
貢하고 且請國諱(歷世의 帝諱)하다. 『世祖:魏의 帝王』는
공　　　차 청 국 휘　　　　　　　　　　　세 조
嘉其誠款하여 使錄帝系及,諱以與之하다. 遣,員外
가 기 성 관　　　사 록 제 계 급 휘 이 여 지　　　견 원 외
散騎侍郎「李敖」하여 拜王,爲 '都督遼海,諸軍事
산 기 시 랑 이 오　　　배 왕 위　도 독 요 해 제 군 사
征東將軍,領護東夷中郎將,〈遼東郡〉開國公〈高
정 동 장 군 영 호 동 이 중 랑 장　요 동 군　개 국 공 고

句麗〉王'이라 하다. 秋에 王이 遣使入〈魏〉하여 謝
恩하다. 〈魏〉人이 數伐〈燕〉하니 〈燕〉이 日危蹙하
다. 〈燕〉王「馮弘」曰, "若事急이면 且東.依〈高句
麗〉하여 以圖後擧하리라." 하고 密遣尙書(상서:職名)
「陽伊」하여 請迎於.我하다.

▶ 어려운 낱말 ◀

[誠款(성관)] : 참된 미음. 성심. [帝系及諱名(제계급휘명)] : 제실의 계보와 이
름. [日危蹙(일위축)] : 날로 위협을 받아 쭈그려들다. [請迎於我(청영어아)] :
자기를 받아줄 것을 요청하다.

▷ 본문풀이 ◁

23년, 여름 6월에 왕이 〈위〉나라에 사신을 보내 조공하고, 역
대 황제의 이름을 알려줄 것을 요청하였다. 〈위〉나라『세조』가
그 정성을 가상히 여겨서 제실의 계보와 이름을 기록하여 보내게
하였다. 원외 산기 시랑 「이오」를 보내 왕을 '도독요해, 제군사정
동장군, 영호동이중랑장, 〈요동군〉개국공 〈고구려〉왕' 으로 책봉
하였다. 가을에, 왕이 사신을 〈위〉나라에 보내 사은하였다. 〈위〉
나라 사람들이 〈연〉나라를 자주 공격하였기 때문에 〈연〉나라의
형세가 나날이 위급해졌다. 〈연〉나라 임금 「풍홍」이 말하기를,
"만일 사태가 위급하면, 동쪽으로 〈고구려〉에 잠시 의탁하며, 훗

날을 도모하겠다."라고 말하고, 비밀리에 상서「양이」를 우리나라에 보내 받아주기를 요청하였다.

○二十四年에 〈燕(北燕王, 馮弘(풍홍))〉王이 遣使入
이십사년   연   왕 견사입

貢于〈魏〉하고 請送侍子(魏에 入侍할 子弟)하다. 〈魏〉
공우위   청송시자   위

主不許하고 將,擧兵討之하여 遣使(고구려에)來告諭
주불허   장거병토지   견사   내고유

하다. 夏,四月에 〈魏〉가 攻〈燕〉의 〈白狼城〉하여 克
      하사월   위   공연   백낭성   극

之하다. 王이 遣將「葛盧」와「孟光」으로 將衆數萬
지   왕 견장갈로   맹광   장중수만

하고 隨「陽伊」하여 至〈和龍:지금의 조양〉하여 迎,
    수양이   지화룡   영

〈燕〉王하다.「葛盧」와「孟光」이 入城하여 命,軍脫
연 왕   갈로   맹광   입성   명군탈

弊褐하여 取〈燕〉의 武庫精仗하여 以給之하고 大
폐갈   취연   무고정장   이급지   대

掠城中하다. 五月에 〈燕:馮弘〉王이 率,〈龍城〉見戶
략성중   오월   연   왕 솔 용성 견호

하고 東徙하여 焚,宮殿하니 火,一旬不滅하다. 令,婦
    동사   분궁전   화일순불멸   영부

人으로 被甲居中하고「陽伊」等으로는 勒,精兵居
인   피갑거중   양이등   륵정병거

外하고「葛盧」와「孟光」은 帥騎殿後하여 方軌而
외   갈로   맹광   솔기전후   방궤이

進하니 前後,八十餘里러라. 〈魏〉主,聞之하고 遣,散
진   전후팔십여리   위주문지   견산

騎常侍「封撥」來하여 令送〈燕〉王하다. 王이 遣使
기상시봉발래   영송연 왕   왕 견사

入〈魏〉,奉表하여 稱當與「馮弘」으로 俱奉王化하
입 위 봉표 청 당 여 풍 홍 구봉왕화

다. 〈魏〉主는 以王이 違詔라 하여 議擊之하고 將發
위 주 이왕 위조 의격지 장발

〈隴右:지금의 甘肅〉騎卒에 「劉絜」과 『樂平王』과
농우 기졸 유혈 낙평왕

「丕」等이 諫之로 乃止하다.
비 등 간지 내지

▶ 어려운 낱말 ◀

[告諭(고유)] : 알리다. [弊褐(폐갈)] : 떨어진 옷. [武庫精仗(무고정장)] : 무고
안에 있는 정교한 무기. [見戶(견호)] : 현재 그대로의 戶口. [方軌(방궤)] : 수
레를 나란히 몰고 가다. [王化(왕화)] : 임금의 교화.

▷ 본문풀이 ◁

　24년에, 〈연〉나라 임금이 〈위〉나라에 사신을 보내 조공하고,
시자를 보내주기를 요청하였다. 〈위〉나라 임금이 이를 허락하지
않고, 군사를 동원하여 〈연〉나라를 공격하려 하면서, 우리나라에
사신을 보내 이 사실을 알려 주었다. 여름 4월, 〈위〉나라가 〈연〉
나라의 〈백낭성〉을 공격하여 승리하였다. 왕은 장수 「갈로」와
「맹광」으로 하여금 군사 수만 명을 거느리고 연나라 사신 「양이」
를 따라 〈화룡〉에 가서 〈연〉나라 임금을 맞이하도록 하였다. 「갈
로」와 「맹광」이 연나라 성에 들어가, 군사들에게 헌 옷을 벗게 하
고, 〈연〉나라 무기고에 있는 병기를 내주어 가지게 하고 그들은
대규모로 성을 약탈하였다. 5월에, 〈연〉나라 임금이 〈용성〉에 남
아 있는 주민들을 동쪽 〈고구려〉로 옮기고, 궁전에 불을 질렀다.

불길은 열흘 동안 꺼지지 않았다. 이동하는 부녀자들에게는 갑옷을 입혀 행렬의 복판에 서게 하고, 「양이」 등은 정병을 거느리고 행렬의 바깥쪽에 서게 하였으며, 「갈로」와 「맹광」은 기병을 거느리고 후미에 서서 수레를 나란히 몰아 진군하였다. 행렬의 길이가 80여 리에 이어졌다. 〈위〉나라 임금이 이 소문을 듣고, 산기상시 「봉발」을 고구려에 보내 〈연〉나라 임금을 압송하라고 하였다. 왕이 〈위〉나라에 사신을 보내 표문을 바치면서, 〈연〉나라 임금 「풍홍」과 함께 〈위〉나라 임금의 교화를 받들겠다고 하였다. 〈위〉나라 임금은 〈고구려〉 왕이 자기의 유조를 어겼다는 이유로, 고구려를 공격할 것을 논의하였다. 그는 〈농우〉 지방의 기병을 출동시키려 하였으나, 「유혈」·「낙평왕」·「비」 등이 간하여 이를 중지하였다.

○二十五年, 春二月에 遣使入〈魏〉하여 朝貢하다.
이십오년 춘 이월 견사입 위 조공

▷ 본문풀이 ◁

25년, 봄 2월에 〈위〉나라에 사신을 보내 조공하였다.

○二十六年, 春三月, 初에 〈燕〉王「弘」이 至〈遼東〉하다. 王이 遣使勞之日, "『龍城王』「馮君」
이십육년 춘삼월 초 연 왕 홍 지 요동 왕 견사로지왈 용성왕 풍군

이 袁適夜次하니 士馬勞乎아!"하니 「弘」은 慙怒
하여 稱制讓之하다. 王은 處之〈平郭:지금의 蓋平 부
근〉하더니 尋徙〈北豊:요동 땅〉하다. 「弘」은 素侮我
하나 政刑賞罰이 猶如其國하다. 王은 乃奪其侍
人하고 取其太子「王仁」하여 爲質하다. 「弘」이 怨
之하여 遣使如〈宋〉하여 上表求迎하다. 〈宋〉「太
祖」가 遣使者「王白駒」等하여 迎之하고 幷令我
資送하다. 王이 不欲使「弘」을 南來로 遣將「孫漱」
와 「高仇」等하여 殺「弘」于〈北豊〉하고 幷其子孫
十餘人하다. 「白駒」等은 帥所領七千餘人하고 掩
討「漱」와 「仇」하여 殺「仇」하고 生擒「漱」하다. 王
은 以「白駒」等이 專殺이라 하여 遣使執送之하다.
「太祖:송태조」는 以遠國으로 不欲違其意하여 下
「白駒」等獄이라가 已而原之하다.

▶ 어려운 낱말 ◀

[爰適野次(원적야차)] : 이에 와서 야숙을 하고 있으니. [稱制讓之(칭제양지)] :

制를 칭하면 나무랐다. [尋徙(심사)] : 얼마 아니하여 옮기다. [資送(자송)] : 治送하다. [南來(남래)] : 남쪽으로 보내다. [專殺(전살)] : 함부로 죽임. [原之 (원지)] : 그것을 되돌려 놓다.

▷ **본문풀이** ◁

26년, 봄 3월에 처음, 〈연〉나라 임금 「풍홍」이 〈요동〉에 당도 했을 때, 왕이 사신을 보내 위로하여 말하기를, "『용성왕』「풍군」 이 이곳에 와서 야숙을 하고 있으니, 군사와 말이 피곤하겠소." 하 니, 「풍홍」은 부끄러워하면서도 분노하여 법도를 들먹이며 왕을 꾸짖었다. 왕은 「풍홍」을 〈평곽〉에 있게 하다가, 얼마 후에 다시 〈북풍〉으로 옮겼다. 「풍홍」은 원래 우리를 업신여기고, 정치와 법 제도와 상벌을 자기 나라와 동일하게 하려고 하였다. 왕은 곧 그 의 시종을 빼앗고, 그의 태자 「왕인」을 볼모로 삼았다. 「풍홍」이 이를 원망하여 〈송〉나라에 사신을 보내 표문을 올리고 자기를 맞 아줄 것을 요청하였다. 〈송〉「태조」가 사신 「왕백구」 등을 보내 그를 맞이하게 하고, 우리로 하여금 그를 치송하게 하였다. 왕은 「풍홍」이 남쪽으로 가는 것을 원치 않았기 때문에, 장수 「손수」· 「고구」 등으로 하여금 〈북풍〉에서 「풍홍」과 그의 자손 10여 명을 죽이도록 하였다. 〈송〉의 사신 「왕백구」 등은 「풍홍」이 지휘하던 군사 7천여 명을 이끌고, 「손수」와 「고구」를 습격하여, 「고구」를 죽 이고 「손수」를 생포하였다. 왕은 「왕백구」 등이 「고구」를 마음대 로 죽였다는 이유로, 그를 잡아 사신편에 송나라로 보냈다. 〈송〉 「태조」는 먼 곳에 있는 나라이므로 〈고구려〉의 뜻을 어기지 않기

위하여 「왕백구」 등을 옥에 가두었다가 얼마 후에 석방하였다.

○二十七年, 冬.十一月에 遣使入〈魏〉朝貢하다.
이 십 칠 년 동 십 일 월 견 사 입 위 조 공
十二月에 遣使入〈魏〉朝貢하다.
십 이 월 견 사 입 위 조 공

▷ 본문풀이 ◁

27년, 겨울 11월에 〈위〉나라에 사신을 보내 조공하였다. 12월
에도, 〈위〉나라에 사신을 보내 조공하였다.

○二十八年에 〈新羅〉人이 襲殺邊將하다. 王이
이 십 팔 년 신 라 인 습 살 변 장 왕
怒하여 將.擧兵討之하니 〈羅〉王이 遣使謝罪어늘
노 장 거 병 토 지 나 왕 견 사 사 죄
乃止하다.
내 지

▶ 어려운 낱말 ◀

[襲殺(습살)] : 습격하여 죽임. [擧兵(거병)] : 군사를 출동시킴.

▷ 본문풀이 ◁

28년, 〈신라〉인이 우리의 변방 장수를 습격하여 죽였다. 왕이
노하여 군사를 출동시켜 공격하려 하였으나, 〈신라〉왕이 사신을
보내와 사죄하였으므로 이를 중단하였다.

○四十二年, 秋,七月에 遣兵,侵〈新羅〉北邊하다.
사 십 이 년   추 칠 월   견 병 침 신 라 북 변

▷ 본문풀이 ◁

42년, 가을 7월에 군사를 보내 〈신라〉의 북쪽 변경을 침공하
였다.

○四十三年에 遣使入〈宋〉하여 朝貢하다.
사 십 삼 년   견 사 입 송   조 공

▷ 본문풀이 ◁

43년에, 〈송〉나라에 사신을 보내 조공하였다.

○五十年, 春,三月에 遣使入〈魏〉하여 朝貢하다.
오 십 년   춘 삼 월   견 사 입 위   조 공

▷ 본문풀이 ◁

50년, 봄 3월에 〈위〉나라에 사신을 보내 조공하였다.

○五十一年에 〈宋〉의「世祖」,「孝武皇帝」가 策
오 십 일 년   송   세 조   효 무 황 제   책
王爲,'車騎大將軍,開府儀同三司'하다.
왕 위 거 기 대 장 군 개 부 의 동 삼 사

▷ 본문풀이 ◁

51년에, 〈송〉나라「세조」「효무황제」가 왕을 '거기대장군, 개

부의동삼사'로 책봉하였다.

○五十三年, 春,二月에 遣使入〈魏〉하여 朝貢하
　　　　　　오 십 삼 년　춘 이 월　　견 사 입 위　　　　조 공
다.

▷ **본문풀이** ◁

53년, 봄 2월에 〈위〉나라에 사신을 보내 조공하였다.

○五十四年, 春,三月에 遣使入〈魏〉하여 朝貢하
　　　　　　오 십 사 년　춘 삼 월　　견 사 입 위　　　　조 공
다. 〈魏〉의 「文明太后」가 以「顯祖:高宗의 아들」로
　　　위　　　문 명 태 후　　　이　현 조
六宮(:後宮)이 未備라 하여 敎,王令으로 薦其女하니
육 궁　　　　　　미 비　　　　　교 왕 령　　　천 기 녀
王이 奉表云하되 "女已出嫁하니 求以弟女로 應
왕　봉 표 운　　　여 이 출 가　　　구 이 제 녀　　응
之니다." 하니 許焉하다. 乃遣『安樂王』「眞」과 尚
지　　　　　　　허 언　　　　내 견 안 락 왕　　진　　　상
書「李敷」等하여 至境送幣하다. 或,勸王曰, "〈魏〉
서 이 부 등　　　지 경 송 폐　　　혹 권 왕 왈　　　위
가 昔與〈燕〉으로 婚姻하고 旣而伐之하니 由,行人(:
　　석 여 연　　　　혼 인　　　기 이 벌 지　　　유 행 인
사신)으로 具知其,夷險(:平坦과 險阻)故也며 殷鑑不遠
　　　　　구 지 기 이 험　　　　　　　고 야　　은 감 불 원
하니 宜以,方便辭之하소서." 하다. 王이 遂,上書하여
　　　의 이 방 편 사 지　　　　　　　왕　　수 상 서
稱,女死라 하다. 〈魏〉는 疑其嬌詐하고 又遣,假散
칭 여 사　　　　　　위 는　의 기 교 사　　　우 견 가 산

242 | 삼국사기(三國史記) 3권

騎常侍「程駿」하여 切責之하되 "若女審死者, 聽
기상시 정준　　　 절책지　　　　　　약녀심사자 청

更選.宗淑이라."하니 王云하되 "若.天子恕其前愆
갱선종숙　　　　 왕운　　　　　 약천자서기전건

이면 謹當奉詔하리라."하다. 會에「顯祖」崩하니 乃
　　　근당봉조　　　　　　　회　　 현조 붕　　　 내

止하다.
지

▷ 본문풀이 ◁

　54년, 봄 3월에 〈위〉나라에 사신을 보내 조공하였다. 〈위〉나
라 「문명태후」가 「현조」의 6궁이 미비하다 하여, 우리 왕에게 지
시하여 왕의 딸을 바치라고 하였다. 왕이 표문을 올려 "딸은 이미
출가하였다."고 말하고, 아우의 딸을 대신 바치기를 요청하였다.
〈위〉나라에서 이를 인정하고, 곧 『안락왕』 「진」과 상서 「이부」
등을 국경으로 파견하여 폐백을 보내왔다. 이때 어떤 사람이 왕에
게 권하기를, "〈위〉나라가 이전에 〈연〉나라와 혼인한 후 얼마 안
되어 〈연〉나라를 쳤으니, 이는 사신들이 지리적 상황을 상세히 조
사해갔기 때문입니다. 이러한 머지않은 시기에 이러한 교훈을 얻
었으니, 적당한 방법으로 거절해야 합니다."라고 말하였다. 왕은
곧 위나라에 편지를 보내 아우의 딸이 죽었다고 말했다. 〈위〉나라

에서는 이것이 거짓이라고 의심하여, 다시 대리산기상시「정준」을 보내 엄중히 질책하여, "만약 딸이 정말 죽었다면, 다시 종실의 다른 여자를 선택하는 것을 인정하겠다."라고 말하였다. 왕이 말하기를, "만약 천자가 나의 전일의 잘못을 용서한다면 삼가 지시대로 따르겠다."고 했다. 그때 마침「현조」가 죽었으므로 이 일은 중단되었다.

○五十五年, 春,二月에 遣使入〈魏〉하여 朝貢하다.
오십오년 춘 이월 견사입 위 조공

▷ 본문풀이 ◁

55년, 봄 2월에 〈위〉나라에 사신을 보내 조공하였다.

○五十六年, 春,二月에 王이 以〈靺鞨:東濊?〉兵, 一萬으로 攻取〈新羅〉, 〈悉直州城:강원도 삼척〉하다. 夏,四月에 遣使入〈魏〉하여 朝貢하다.
오십육년 춘 이월 왕 이 말갈 병 일만 공취 신라 실직주성 하 사월 견사입 위 조공

▷ 본문풀이 ◁

56년, 봄 2월에 왕이 〈말갈〉의 군사 1만을 거느리고, 〈신라〉의 〈실직주성〉을 공격하여 빼앗았다. 여름 4월에, 〈위〉나라에 사신을 보내 조공하였다.

○五十七年, 春.二月에 遣使入〈魏〉하여 朝貢하
다. 秋.八月에〈百濟〉兵이 侵入南鄙하다.

▷본문풀이◁

57년, 봄 2월에 〈위〉나라에 사신을 보내 조공하였다. 가을 8월
에, 〈백제〉의 군사가 남쪽 변경에 침입하였다.

○五十八年, 春.二月에 遣使入〈魏〉하여 朝貢하
다.

▷본문풀이◁

58년, 봄 2월에 〈위〉나라에 사신을 보내 조공하였다.

○五十九年, 秋.九月에「民奴各」等이 奔降於
〈魏〉하니 各賜田宅하다. 是가〈魏〉의「高祖」,〈延
興〉元年也니라.

▷본문풀이◁

59년, 가을 9월에 「민노각」 등이 〈위〉나라에 도망가 항복하였
다. 〈위〉나라는 그들에게 각각 토지와 주택을 주었다. 이때가 〈위〉

「고조」〈연흥〉원년이었다.

○六十年, 春.二月에 遣使入〈魏〉하여 朝貢하다.
　　육 십 년　춘 이 월　　견 사 입 위　　　조 공

秋.七月에 遣使入〈魏〉하여 朝貢하다. 自此已後로
추 칠 월　　견 사 입 위　　　조 공　　　자 차 이 후

貢獻倍前하니 其報賜도 亦稍加焉하다.
공 헌 배 전　　기 보 사　　역 초 가 언

▶ 어려운 낱말 ◀

　[貢獻倍前(공헌배전)] : 공물이 전보다 배가 되다.　[報賜(보사)] : 보답으로 주
다.　[稍] : 점점(초), 벼의 줄기 끝(초).　[稍加(초가)] : 점점 더해지다.

▷ 본문풀이 ◁

　60년, 봄 2월에 〈위〉나라에 사신을 보내 조공하였다. 가을 7월
에, 〈위〉나라에 사신을 보내 조공하였다. 이때부터 공물의 수량
이 종전에 비하여 배로 늘었으며, 보답으로 〈위〉나라에서 주는
물량도 다소 증가하였다.

○六十一年, 春.二月에 遣使入〈魏〉하여 朝貢하
　　육 십 일 년　춘 이 월　　견 사 입 위　　　조 공

다. 秋.八月에 遣使入〈魏〉하여 朝貢하다.
　　추 팔 월　　견 사 입 위　　　조 공

▷ 본문풀이 ◁

　61년, 봄 2월에 〈위〉나라에 사신을 보내 조공하였다. 가을 8월

에도 〈위〉나라에 사신을 보내 조공하였다.

○六十二年, 春,三月에 遣使入〈魏〉하여 朝貢하
다. 秋,七月에 遣使入〈魏〉하여 朝貢하다. 遣使入
〈宋〉하여 朝貢하다.

▷ 본문풀이 ◁

62년, 봄 3월에 〈위〉나라에 사신을 보내 조공하였다. 가을 7월
에도 〈위〉나라에 사신을 보내 조공하고, 〈송〉나라에도 사신을
보내 조공하였다.

○六十三年, 春,二月에 遣使入〈魏〉하여 朝貢하
다. 秋,八月에 遣使入〈魏〉하여 朝貢하다. 九月에
王이 帥兵三萬으로 侵〈百濟〉하여 陷,王所都〈漢
城〉하고 殺其王「扶餘慶」하고 虜,男女八千而歸하
다.

▷ 본문풀이 ◁

63년, 봄 2월에 〈위〉나라에 사신을 보내 조공하였다. 가을 8월

에, 〈위〉나라에 사신을 보내 조공하였다. 9월에, 왕이 군사 3만을 거느리고 〈백제〉를 침공하여, 백제왕의 도읍지 〈한성〉을 점령한 후, 백제왕 「부여경」을 죽이고 남녀 8천 명을 포로로 잡아서 돌아왔다.

○六十四年, 春.二月에 遣使入〈魏〉하여 朝貢하다. 秋.七月에 遣使入〈魏〉하여 朝貢하다. 九月에 遣使入〈魏〉하여 朝貢하다.

▷ 본문풀이 ◁

64년, 봄 2월에 〈위〉나라에 사신을 보내 조공하였다. 가을 7월에, 〈위〉나라에 사신을 보내 조공하였다. 9월에, 〈위〉나라에 사신을 보내 조공하였다.

○六十五年, 春.二月에 遣使入〈魏〉하여 朝貢하다. 秋.九月에 遣使入〈魏〉하여 朝貢하다.

▷ 본문풀이 ◁

65년, 봄 2월에 〈위〉나라에 사신을 보내 조공하였다. 가을 9월에, 〈위〉나라에 사신을 보내 조공하였다.

○六十六年, 遣使入〈宋〉하여 朝貢하다.〈百濟〉
「燕信」이 來投하다.

▷ 본문풀이 ◁

66년에,〈송〉나라에 사신을 보내 조공하였다.〈백제〉의「연신」
이 투항하였다.

○六十七年, 春.三月에 遣使入〈魏〉하여 朝貢하
다. 秋.九月에 遣使入〈魏〉하여 朝貢하다.

▷ 본문풀이 ◁

67년, 봄 3월에〈위〉나라에 사신을 보내 조공하였다. 가을 9월
에,〈위〉나라에 사신을 보내 조공하였다.

○六十八年, 夏.四月에〈南齊:6朝의 하나〉의「太
朝」〈蕭道成〉이 策王爲.驃騎大將軍하다. 王이 遣
使「餘奴」等하여 朝聘〈南齊〉하니,〈魏〉의〈光州〉
人이 於.海中에서 得「餘奴」等하여 送闕(魏主에게)하
다.〈魏〉의「高祖」가 詔.責王曰, "〈道成〉은 親弑

其君하고 竊位江左(江南)니 朕이 方欲興,滅國於舊
기군　　　　절위강좌　　　　　　짐　　　방욕흥멸국어구

邦하고 繼,絶世於「劉」氏어늘 而卿이 越境外交(魏
방　　　계절세어 유 씨　　　　이경　　　월경외교

의 境域을 넘어 南으로 外交)하여 遠通簒賊하니 豈是,藩
　　　　　　　　　　　　　　　　원통찬적　　　　기시번

臣守節之義리오? 今,不以一過로 掩卿舊款하여 卽
신수절지의　　　금불이일과　엄경구관　　　즉

送還藩하니 其,感恕思愆하고 祗承明憲하고 輯寧
송환번　　　기감서사건　　　지승명헌　　　집녕

所部하여 動靜而聞하라." 하다.
소부　　　동정이문

▶ 어려운 낱말 ◀

[送闕(송궐)] : (위나라) 대궐에 보내다. [詔責(조책)] : 조서로써 꾸짖다. [弑] :
시해할(시), 하극상(시). [繼絶世(계절세)] : 끊어진 대를 이어주다. [遠通簒
賊(원통찬적)] : 멀리 찬적과 통하려 하니. [簒賊(찬적)] : 남의 나라를 빼앗은
도적. [藩] : 울타리(번). 덮다, 지키다(번). [藩臣(번신)] : 제후국의 신하. [舊
款(구관)] : 옛 情誼. [輯寧(집녕)] : 편안하게 함. [所部(소부)] : 소속된 부서.
[聞(문)] : 들려 달라. 보고해 달라.

▷ 본문풀이 ◁

68년, 여름 4월에 〈남제〉「태조」〈소도성〉이 왕을 표기대장군
으로 책봉하였다. 왕은 〈남제〉에 사신「여노」등을 보내 예빙하
게 하였는데, 〈위〉나라 광주 사람이 바다에서「여노」등을 붙잡
아 〈위〉나라 대궐에 송치하였다. 〈위〉나라「고조」가 왕에게 조
서를 보내 다음과 같이 책망하였다. "〈소도성〉은 직접 자기 임금
을 시해하고 강남에서 왕으로 자칭하고 있다. 나는 이제 멸망한

나라를 옛 터에서 다시 일으키고, 끊어진 대를 「유」씨에게 이어 주려 하고 있다. 그런데 그대는 국경을 넘어서 외부와 접촉하며, 자기 임금을 죽인 역적과 내통하고 있다. 이것이 어찌 번신의 절개를 지키는 도리이겠는가? 나는 이제 한 가지 과오 때문에 그대의 옛 정성을 무시하지 않기 위하여 「여노」를 즉시 돌려보낸다. 나의 관대한 조치에 감동하여 자신의 과오를 반성하고 법도를 지킬 것이며, 다스리는 지역의 백성들을 편안하게 하고, 그대의 동정을 들려달라.”고 하였다.

○六十九年에 遣使〈南齊〉하여 朝貢하다.
　　육 십 구 년　　견 사　남 제　　　조 공

▷본문풀이◁

69년에, 〈남제〉에 사신을 보내 조공하였다.

○七十二年, 冬.十月에 遣使入〈魏〉하여 朝貢하
　　칠 십 이 년　동 십 월　　견 사 입　위　　　　조 공
다. 時에 〈魏〉人은 謂我方强(고구려)하고 置諸國使
　　시　　위 인　　위 아 방 강　　　　　　치 제 국 사
邸에 齊使第一이요, 我使者次之라 하다.
저　　제 사 제 일　　아 사 자 차 지

▶ 어려운 낱말 ◀

[使邸(사저)] : 사신의 관저.

▷ 본문풀이 ◁

72년, 겨울 10월에 〈위〉나라에 사신을 보내 조공하였다. 이
때, 〈위〉나라 사람들은 우리나라가 이제 강성하다고 보고, 여러
나라 사신들의 사관을 둠에 있어서, 제나라 사신을 첫 번째, 우리
나라 사신을 두 번째에 두었다.

○七十三年, 夏.五月에 遣使入〈魏〉하여 朝貢하
　　칠 십 삼 년　　하 오 월　　견 사 입 위　　　　조 공
다. 冬.十月에 遣使入〈魏〉하여 朝貢하다.
　　동 시 월　　견 사 입 위　　　　조 공

▷ 본문풀이 ◁

73년, 여름 5월에 〈위〉나라에 사신을 보내 조공하였다. 겨울
10월에, 〈위〉나라에 사신을 보내 조공하였다.

○七十四年, 夏.四月에 遣使入〈魏〉하여 朝貢하
　　칠 십 사 년　　하 사 월　　견 사 입 위　　　　조 공
다.

▷ 본문풀이 ◁

74년, 여름 4월에 〈위〉나라에 사신을 보내 조공하였다.

○七十五年, 夏.五月에 遣使入〈魏〉하여 朝貢하
　　칠 십 오 년　　하 오 월　　견 사 입 위　　　　조 공
다.

75년, 여름 5월에 〈위〉나라에 사신을 보내 조공하였다.

○七十六年, 春.二月에 遣使入〈魏〉하여 朝貢하
　　칠십육년　춘 이월　　견사입　위　　　조공
다. 夏.四月에 遣使入〈魏〉하여 朝貢하다. 秋.閏八
　　하 사월　　견사입　위　　　조공　　　추윤팔
月에 遣使入〈魏〉하여 朝貢하다.
월　　견사입　위　　　조공

▷ 본문풀이 ◁

76년, 봄 2월에 〈위〉나라에 사신을 보내 조공하였다. 여름 4월
에, 〈위〉나라에 사신을 보내 조공하였다. 가을, 윤 8월에 〈위〉나
라에 사신을 보내 조공하였다.

○七十七年, 春.二月에 遣使入〈魏〉하여 朝貢하
　　칠십칠년　춘 이월　　견사입　위　　　조공
다. 夏.六月에 遣使入〈魏〉하여 朝貢하다. 秋.九月
　　하 유월　　견사입　위　　　조공　　　추구월
에 遣兵侵〈新羅〉北邊하여 陷,〈狐山城〉하다. 冬.十
　　견병침 신라 북변　　　함 호산성　　　동 시
月에 遣使入〈魏〉하여 朝貢하다.
월　　견사입　위　　　조공

▷ 본문풀이 ◁

77년, 봄 2월에 〈위〉나라에 사신을 보내 조공하였다. 여름 6월
에, 〈위〉나라에 사신을 보내 조공하였다. 가을 9월에, 군사를 보

내 〈신라〉의 북쪽 변경을 침공하여 〈호산성〉을 점령하였다. 겨울 10월에, 〈위〉나라에 사신을 보내 조공하였다.

○七十八年, 秋七月에 遣使入〈魏〉하여 朝貢하
　　칠십팔년　추칠월　　견사입위　　　조공
다. 九月에 遣使入〈魏〉하여 朝貢하다.
　　구월　　견사입위　　　조공

▷ 본문풀이 ◁

78년, 가을 7월에 〈위〉나라에 사신을 보내 조공했다. 9월에, 〈위〉나라에 사신을 보내 조공했다.

○七十九年, 夏五月에 遣使入〈魏〉하여 朝貢하
　　칠십구년　하오월　　견사입위　　　조공
다. 秋九月에 遣使入〈魏〉하여 朝貢하다. 冬十二
　　추구월　　견사입위　　　조공　　　동십이
月에 王薨하다. 年九十八歲로 號를 『長壽王』이라
월　왕흥　　년구십팔세로　호　　　장수왕
하다. 〈魏〉의 「孝文:효문제」이 聞之하고 制素委貌와
　　위　효문　　　문지　　　제소위모
布深衣하고 擧哀於東郊하다. 遣〈謁者僕射:관직명〉
포심의　　거애어동교　　　견알자복야
「李安上」하여 策贈 '車騎大將軍太傅〈遼東〉郡,
　이안상　　　책증　거기대장군태부요동군
開國公〈高句麗〉王'하고 諡曰,「康」이라 하다.
개국공고구려왕　　　시왈　강

[制素委貌(제소위모)] : 흰색의 위모관. [布深衣(포심의)] : 베로 만든 深衣이니,
深衣는 制服의 하나이며 衣裳이 서로 연이어져 깊이 몸을 덮기 때문에 '심
의'라 한다. [擧哀於東郊(거애어동교)] : 동쪽 교외에서 애도식을 거행.

▷ 본문풀이 ◁

79년, 여름 5월에 〈위〉나라에 사신을 보내 조공하였다. 가을 9
월에, 〈위〉나라에 사신을 보내 조공하였다. 겨울 12월에, 왕이
서거하니 그의 나이 98세였다. 호를 『장수왕』이라 하였다. 〈위〉
나라「효문」황제가 이 소식을 듣고, 흰색의 위모관(委貌冠)를 쓰
고, 베로 만든 심의(深衣)를 입고 동쪽 교외에서 애도의 의식을 거
행한 후, 알자복야「이안상」을 보내와 왕을 '거기대장군태부, 〈요
동〉군개국공, 고구려왕'으로 추증하고, 시호를「강」이라 하였다.

21 文咨明王(문자명왕) : 491~519

○『文咨明王』[一云「明治好王」.]의 諱는「羅雲」이며
『長壽王』之孫이라. 父는 王子.古鄒大加(爵名)「助

多」이니 早死하여 『長壽王』이 養於宮中하여 以爲
太孫하다. 『長壽』在位,七十九年에 薨하니 繼立하
다.

▷ 본문풀이 ◁

　『문자명왕』【『명치호왕』이라고도 한다.】의 이름은 「나운」이며, 『장
수왕』의 손자이다. 아버지는 장수왕의 아들 고추대가(古鄒大加)
「조다」였다. 조다가 일찍 죽자 『장수왕』이 나운을 궁중에서 길러
태손으로 삼았다. 『장수왕』이 재위 79년에 서거하니, 나운이 뒤
를 이어 왕위에 올랐다.

　○元年, 春,正月에 〈魏〉의 「孝文帝」가 遣使拜
王하여 爲, '使持節都督,遼海諸軍事,征東將軍,領
護東夷,中郎將,〈遼東〉郡,開國公〈高句麗〉王'하
고 賜,衣冠服物과 車旗之飾하고 又詔王,遣,世子
入朝하라 하다. 王이 辭,以疾하고 遣,從叔「升干」이
隨,使者詣闕하다. 夏,六月에 遣使入〈魏〉하여 朝
貢하다. 秋,八月에 遣使入〈魏〉하여 朝貢하다. 冬,

十月에 遣使入〈魏〉하여 朝貢하다.
시 월　견사입　위　　　조공

▷ 본문풀이 ◁

　원년, 봄 3월에 〈위〉나라 「효문」황제가 사신을 보내 왕을 '사지절도독, 요해제군사, 정동장군, 영호동이, 중랑장, 〈요동〉군, 개국공〈고구려〉왕' 으로 삼고, 왕에게 의관·복식·수레 깃발 등의 장식물을 주었다. 또한 왕에게 세자를 보내 예빙하게 하였다. 그러나 왕은 세자가 병이 들어가지 못한다고 하고, 종숙 「승간」으로 하여금 사신을 따라 〈위〉나라 황제를 예빙하게 하였다. 여름 6월에, 〈위〉나라에 사신을 보내 조공하였다. 가을 8월에, 〈위〉나라에 사신을 보내 조공하였다. 겨울 10월에, 〈위〉나라에 사신을 보내 조공하였다.

○二年, 冬,十月에 地震하다.
　이 년　동 시 월　　지 진

▷ 본문풀이 ◁

　2년, 겨울 10월에 지진이 있었다.

○三年, 春,正月에 遣使入〈魏〉하여 朝貢하다. 二
　삼 년　춘 정월　견사입　위　　　조공　　　　　이
月에 〈扶餘〉王及,妻孥가 以國來降하다. 秋,七月
월　　부여　왕급　처노　　이국래항　　　추 칠월
에 我軍이 與〈新羅〉人으로 戰於〈薩水:忠北槐山郡
　아군　여 신라　인　　　전어　살수

青川面 青川里〉之原하여 〈羅〉人敗하여 保〈犬牙城:문
경의 서쪽〉하므로 我兵이 圍之하다. 〈百濟〉가 遣兵,
三千하고 援〈新羅〉하여 我兵引退하다. 〈齊〉帝策
王하여 爲,'使持節散騎常侍都督,〈營〉〈平〉二州,
征東大將軍〈樂浪〉公'하다. 遣使入〈魏〉하여 朝
貢하다. 冬,十月에 桃李華하다.

▶ 어려운 낱말 ◀

　[妻孥(처노)] : 처자.　[以國來降(이국래항)] : 나라를 바쳐 항복하다.　[引退(인
퇴)] : 후퇴하다.　[桃李華(도리화)] : 복사꽃이 피다.

▷ 본문풀이 ◁

　3년, 봄 정월에 〈위〉나라에 사신을 보내 조공하였다. 2월에, 〈부
여〉왕이 처자를 데리고 와서 나라를 바치고 항복하였다. 가을 7월
에, 우리 군사가 〈신라〉 군사와 〈살수〉 벌판에서 싸웠다. 〈신라〉
군사가 패배하여 〈견아성〉으로 들어가 수비하였다. 우리 군사가
이를 포위하였다. 〈백제〉에서 군사 3천 명을 보내 〈신라〉를 구원
하자 우리 군사가 퇴각하였다. 〈제〉나라 임금이 왕을 '사지절산기
상시도독, 〈영평〉2주, 정동대장군〈낙랑〉공'으로 봉하였다. 〈위〉
나라에 사신을 보내 조공하였다. 겨울 10월에, 복숭아와 오얏꽃이
피었다.

○四年, 春,二月에 遣使入〈魏〉하여 朝貢하다. 大旱하다. 夏,五月에 遣使入〈魏〉하여 朝貢하다. 秋,七月에 南,巡狩하여 望海而還하다. 八月에 遣兵圍〈百濟〉〈雉壤城:鳥嶺 以南인 듯?〉하니 〈百濟〉가 請救於〈新羅〉하다. 〈羅〉王이 命,將軍「德智」하여 率兵來援하므로 我軍退還하다.

▷ **본문풀이** ◁

4년, 봄 2월에 〈위〉나라에 사신을 보내 조공하였다. 큰 가뭄이 들었다. 여름 5월에, 〈위〉나라에 사신을 보내 조공하였다. 가을 7월에, 왕이 남쪽 지방으로 순행하여 바다에 망제를 지내고 돌아왔다. 8월에, 왕이 군사를 보내 백제의 〈치양성〉을 포위하니, 〈백제〉가 〈신라〉에 구원을 요청하였다. 〈신라〉왕이 장군 「덕지」로 하여금 백제를 구원하게 하므로 우리 군사가 물러나 돌아왔다.

○五年에 〈齊:南齊〉帝가 進王하여 爲,'車騎將軍'하다. 遣使入〈齊〉하여 朝貢하다. 秋,七月에 遣兵攻〈新羅〉〈牛山城〉하니 〈新羅〉兵이 出擊〈泥河:江陵 南川?〉上하여 我軍敗北하다.

5년에 〈제〉나라 임금이 왕을 '거기장군' 으로 승진시켰다. 〈제〉나라에 사신을 보내 조공하였다. 가을 7월에, 왕이 군사를 보내 〈신라〉의 〈우산성〉을 공격하니, 〈신라〉 군사가 〈이하〉에서 반격하여 우리 군사가 패배하였다.

○六年, 秋八月에 遣兵攻〈新羅〉〈牛山城〉하여
　　　　육 년　추 팔 월　　견 병 공　신 라　　우 산 성
取之하다.
취 지

▷ 본문풀이 ◁

6년, 가을 8월에 왕이 군사를 보내 〈신라〉 〈우산성〉을 공격하여 함락시켰다.

○七年, 春正月에 立王子「興安」하여 爲太子하
　　　　칠 년　춘 정 월　　입 왕 자 흥 안　　　　　위 태 자
다. 秋七月에 創〈金剛寺〉하다. 八月에 遣使入
　　추 칠 월　　창 금 강 사　　　　팔 월　　견 사 입
〈魏〉하여 朝貢하다.
　위　　　　조 공

▷ 본문풀이 ◁

7년, 봄 정월에 왕의 아들 「흥안」을 태자로 삼았다. 가을 7월에, 〈금강사〉를 창사하였다. 8월에, 〈위〉나라에 사신을 보내 조공하였다.

○八年에 〈百濟〉民饑하여 二千人,來投하다.
　　팔년　　백제민기　　이천인내투

▷본문풀이◁

8년에, 〈백제〉 백성들이 기근으로 인하여 2천 명이 투항해왔다.

○九年, 秋,八月에 遣使入〈魏〉하여 朝貢하다.
　　구년　추팔월　　견사입위　　　조공

▷본문풀이◁

9년, 가을 8월에 〈위〉나라에 사신을 보내 조공하였다.

○十年, 春正月에 遣使入〈魏〉하여 朝貢하다. 冬,
　　십년　춘정월　　견사입위　　　조공　　　동
十二月에 遣使入〈魏〉하여 朝貢하다.
십이월　　견사입위　　　조공

▷본문풀이◁

10년, 봄 정월에 〈위〉나라에 사신을 보내 조공하였다. 겨울 12월에, 〈위〉나라에 사신을 보내 조공하였다.

○十一年, 秋,八月에 蝗하다. 冬,十月에 地震하여
　　십일년　추팔월　　황　　　동시월　지진
民屋倒墮하고 有,死者하다. 〈梁〉「高祖」가 卽位하
민옥도타　　　유사자　　　양　고조　　즉위

다. 夏,四月에 進王爲, '車騎大將軍'하다. 冬,十
　　　　하 사 월　　진 왕 위　　거 기 대 장 군　　　　동 십
一月에 〈百濟〉犯境하다. 十二月에 遣使入〈魏〉하
　일 월　　백 제 범 경　　　십 이 월　　견 사 입 위
여 朝貢하다.
　　조 공

▷ 본문풀이 ◁

11년, 가을 8월에 메뚜기 떼가 많았다. 겨울 10월에, 지진이 나
서 가옥이 무너지고 사망자도 있었다. 〈양〉나라 「고조」가 즉위하
였다. 여름 4월에, 양나라 고조가 왕을 '거기대장군'으로 승진시
켰다. 겨울 11월에, 〈백제〉가 국경을 침범했다. 12월에, 〈위〉나라
에 사신을 보내 조공하였다.

○十二年, 冬,十一月에 〈百濟〉遣,達率(官名)「優
　십 이 년　동 십 일 월　　　백 제 견 달 솔　　　　　우
永」하여 率兵,五千으로 來侵,〈水谷城〉하다.
　영　　　솔 병 오 천　　내 침　수 곡 성

▷ 본문풀이 ◁

12년, 겨울 11월에 〈백제〉가 달솔 「우영」으로 군사 5천 명을
거느리고 〈수곡성〉을 침공하게 하였다.

○十三年, 夏,四月에 遣使入〈魏〉하여 朝貢하니
　십 삼 년　하 사 월　　견 사 입 위　　　　조 공
『世宗:孝文帝』이 引見其使「芮悉弗」於,東堂하다.
　세 종　　　　　인 견 기 사　예 실 불　어 동 당

「悉弗」進日, "小國이 係誠天極하사 累葉純誠하
여 地産土毛(산물)로 無愆王貢하니다. 但, 黃金은 出
自〈扶餘〉하고 珂則〈涉羅〉所産인데 〈扶餘〉는 爲,
〈勿吉〉所逐하고 〈涉羅:耽羅〉는 爲, 〈百濟〉所幷하니
二品, 所以不登, 王府(魏府)는 實, 兩賊是爲니다." 하
다.『世宗』日, "〈高句麗〉는 世荷上奬하여 專制海
外(東方)하고 九夷(東夷)詰虜는 悉得征之하다. 瓶罄
罍(:보물)耻이니 誰之咎也오? 昔에 方貢之愆은 責
在連率(太守, 즉 지방장관)이니 卿은 宜宣, 朕志於卿主
하여 務盡威懷(:위엄과 회유)之略하여 揃披害群하고
輯寧東裔하며 使, 二邑(夫餘와 涉羅)으로 還復舊墟하
여 土毛, 無失常貢也하라." 하다.

▶ **어려운 낱말** ◀

[係誠天極(계성천극)] : 황제를 섬기기로 약속함. [累葉純誠(누엽순성)] : 누대
에 걸쳐 성실하게 지키다. [地産土毛(지산토모)] : 땅에서 생산되는 토산물.
[珂] : 옥 이름(가). [二品(이품)] : 이 두 물건, 즉 황금과 珂玉. [黠虜(힐노)] :
교활한 놈들. [悉得征(실득정)] : 모두 정복하게 됨. [瓶罄罍(병경뇌)] : 보물.
[方貢之愆(방공지건)] : 조공의 허물. [宣朕志於卿主(선짐지어경주)] : 짐의 뜻

을 경의 임금에게 전하라. [揃] : 자를(전). [揃披(전피)] : 저것을 잘라내다. [害群(해군)] : 해로운 무리들. [輯寧東裔(집녕동예)] : 동방의 인민을 편안케 하다. [還復舊墟(환복구허)] : 옛 땅을 회복하다. [土毛無失常貢(토모무실상공)] : 토산물의 조공을 늘 어기지 않도록 하라.

▷ **본문풀이** ◁

13년, 여름 4월에 〈위〉나라에 사신을 보내 조공하니, 위나라 『세종』이 우리 사신 「예실불」을 동당에서 접견하였다. 「예실불」이 앞으로 나아가 말하기를, "우리나라가 황제를 섬기기로 약속한 것을 누대에 걸쳐 성실하게 지켰으며, 토산물을 바치는 조공도 어긴 적이 없었다. 다만 황금은 〈부여〉에서 생산되고, 옥은 〈섭라〉에서 생산되는데, 〈부여〉는 〈물길〉에게 쫓기고, 〈섭라〉는 〈백제〉에게 병합되었으니, 두 가지 물품이 왕의 창고에 들어오지 못하는 것은 실로 두 적국의 탓이다."라고 했다. 『세종』이 말하기를, "〈고구려〉는 대대로 상국의 도움을 받아, 해외를 다스리고 오랑캐의 교활한 무리들을 모두 정복하였다. 그러나 고구려의 보물이 적어졌으니, 이는 우리의 수치인데, 이는 누구의 허물인가? 지난 날 조공이 충실하지 못한 것은 책임이 지방관에게 있음이니, 그대는 나의 뜻을 그대의 왕에게 전달하여, 그로 하여금 위엄과 회유의 책략을 잘 사용하여 나쁜 자들을 없애고, 동방의 백성들을 편안케 하여, 〈부여〉와 〈섭라〉로 하여금 각각 옛 땅으로 돌아오게 하여 토산물의 공납을 어기지 않도록 하라."고 했다.

○十五年, 秋,八月에 王이 獵於〈龍山〉之陽하여
십오년 추 팔월 왕 엽어 용산 지양

五日而還하다. 九月에 遣使入〈魏〉하여 朝貢하다.
오 일 이 환 구월 견사입 위 조공

冬,十一月에 遣將伐〈百濟〉나 大雪하여 士卒,凍
동 십일월 견장벌 백제 대설 사졸 동

皸而還하다.
군이환

▶ 어려운 낱말 ◀

[陽(양)] : 남쪽. 산의 남쪽 자락. [皸] : 손발이 얼어터질(군). [凍皸(동군)] : 동
상. 손발이 얼어터짐.

▷ 본문풀이 ◁

　　15년, 가을 8월에 왕이 〈용산〉 남쪽에서 사냥하다가 5일 만에
돌아왔다. 9월에, 〈위〉나라에 사신을 보내 조공하였다. 겨울 11
월에, 왕이 군사를 파견하여 〈백제〉를 공격했으나, 큰 눈이 내려
서 군사들이 동상에 걸려 되돌아왔다.

○十六年, 冬,十月에 遣使入〈魏〉하여 朝貢하다.
십육년 동 시월 견사입 위 조공

王이 遣將「高老」하여 與,〈靺鞨〉로 謀하여 欲攻
왕 견장 고로 여 말갈 모 욕공

〈百濟〉〈漢城:지금의 廣州〉하여 進屯於〈橫岳〉下하니
백제 한성 진둔어 횡악 하

〈百濟〉가 出師逆戰하여 乃退하다.
백제 출사역전 내퇴

16년, 겨울 10월에 〈위〉나라에 사신을 보내 조공하였다. 왕이 장수 「고로」를 보내어 〈말갈〉과 함께 〈백제〉의 〈한성〉을 치고 자 하여 〈횡악〉 아래에 주둔하니, 〈백제〉가 군사를 출동시켜 맞 싸우고자 하여 곧 퇴각하였다.

○十七年, 〈梁〉의 「高祖:蕭衍」下詔曰, "〈高句
　　십 칠 년 　 양 　　　　고 조 　　　　　하 조 왈 　　　고 구
麗〉王「樂浪郡」公.某(諱雲)는 乃誠款著하여 貢驛(:
려 　왕 낙 랑 군 공 모 　　　　　　내 성 관 저 　　　　공 역
貢使)相尋하니 宜豊秩命(官爵)하고 式弘朝典이라
　　　상 심 　　　의 풍 질 명 　　　　　　식 홍 조 전
可.'撫軍[一作東.]大將軍.開府儀同三司'라."하다.
가 　무 군 　　　　　대 장 군 개 부 의 동 삼 사
夏.五月에 遣使入〈魏〉하여 朝貢하다. 冬.十二月에
하 오 월 　　견 사 입 　위 　　　조 공 　　　동 십 이 월
遣使入〈魏〉하여 朝貢하다.
견 사 입 　위 　　　조 공

▶ 어려운 낱말 ◀

[乃誠款著(내성관저)] : 이에 약속을 성실하게 지키다. [相尋(상심)] : 항상 찾 아서 행하다. [宜豊秩命(의풍질명)] : 마땅히 관작을 높여. [式弘朝典(식홍조 전)] : 조정의 법식을 넓게 펴다.

▷ 본문풀이 ◁

17년에 〈양〉나라 「고조」가 다음과 같은 조서를 내리기를, "〈고 구려〉왕 「낙랑군」공 아무개는 약속을 성실히 지켜 조공이 끊어

지지 않으니, 마땅히 관작을 높여 조정의 전범을 넓게 펴야겠으므로, 그에게 '무군【 '군(軍)' 을 '동(東)' 으로도 쓴다.】대장군개부의동삼사' 의 관작을 준다."고 했다. 여름 5월에, 〈위〉나라에 사신을 보내 조공하였다. 겨울 12월에, 〈위〉나라에 사신을 보내 조공하였다.

○十八年, 夏.五月에 遣使入〈魏〉하여 朝貢하다.
십 팔 년　하 오 월　　견 사 입　위　　　조 공

▷**본문풀이**◁

18년, 여름 5월에 〈위〉나라에 사신을 보내 조공하였다.

○十九年, 夏.閏六月에 遣使入〈魏〉하여 朝貢하
십 구 년　하 윤 유 월　　견 사 입　위　　　조 공
다. 冬.十一月에 遣使入〈魏〉하여 朝貢하다.
동 십 일 월　　견 사 입　위　　　조 공

▷**본문풀이**◁

19년, 여름 윤 6월에 〈위〉나라에 사신을 보내 조공하였다. 겨울 11월에, 〈위〉나라에 사신을 보내 조공하였다.

○二十一年, 春.三月에 遣使入〈梁〉하여 朝貢하
이 십 일 년　춘 삼 월　　견 사 입　양　　　조 공
다. 夏.五月에 遣使入〈魏〉하여 朝貢하다. 秋.九月
하 오 월　　견 사 입　위　　　조 공　　　추 구 월

에 侵.〈百濟〉하여 陷〈加弗〉과 〈圓山〉二城하고 虜
　　침　백제　　　　함　가불　　　원산　이성　　　　노
獲.男女一千餘口하다.
획　남녀일천여구

▷ **본문풀이** ◁

　21년, 봄 3월에 〈양〉나라에 사신을 보내 조공하였다. 여름 5월에, 〈위〉나라에 사신을 보내 조공하였다. 가을 9월에, 〈백제〉를 침공하여 〈가불〉·〈원산〉의 두 성을 함락시키고, 남녀 1천여 명을 노획했다.

　○二十二年, 春.正月에 遣使入〈魏〉하여 朝貢하
　　이십이년　춘정월　　견사입위　　　　조공
다. 夏.五月에 遣使入〈魏〉하여 朝貢하다. 冬.十二
　　하오월　　견사입위　　　　조공　　　　동십이
月에 遣使入〈魏〉하여 朝貢하다.
월　견사입위　　　　조공

▷ **본문풀이** ◁

　22년 봄 정월에 〈위〉나라에 사신을 보내 조공하였다. 여름 5월에, 〈위〉나라에 사신을 보내 조공하였다. 겨울 12월에, 〈위〉나라에 사신을 보내 조공하였다.

　○二十三年, 冬.十一月에 遣使入〈魏〉하여 朝貢
　　이십삼년　동십일월　　견사입위　　　　조공
하다.

▷ 본문풀이 ◁

23년, 겨울 11월에 〈위〉나라에 사신을 보내 조공하였다.

○二十四年, 冬.十月에 遣使入〈魏〉하여 朝貢하
　　이 십 사 년　동 시 월　　견 사 입 위　　　조 공
다.

▷ 본문풀이 ◁

24년, 겨울 10월에 〈위〉나라에 사신을 보내 조공하였다.

○二十五年, 夏.四月에 遣使入〈梁〉하여 朝貢하
　　이 십 오 년　하 사 월　　견 사 입 양　　　조 공
다.

▷ 본문풀이 ◁

25년, 여름 4월에 〈양〉나라에 사신을 보내 조공하였다.

○二十六年, 夏.四月에 遣使入〈魏〉하여 朝貢하
　　이 십 육 년　하 사 월　　견 사 입 위　　　조 공
다.

▷ 본문풀이 ◁

26년, 여름 4월에 〈위〉나라에 사신을 보내 조공하였다.

○二十七年, 春二月에 遣使入〈魏〉하여 朝貢하
다. 三月에 暴風拔木하고 王宮南門自毁하다. 夏
四月에 遣使入〈魏〉하여 朝貢하다. 五月에 遣使入
〈魏〉하여 朝貢하다.

▷ **본문풀이** ◁

27년, 봄 2월에 〈위〉나라에 사신을 보내 조공하였다. 3월에,
폭풍이 불어 나무가 뽑혔고, 왕궁의 남문이 저절로 무너졌다. 여
름 4월에, 〈위〉나라에 사신을 보내 조공하였다. 5월에, 〈위〉나라
에 사신을 보내 조공하였다.

○二十八年, 王薨하다. 號爲『文咨明王』이라 하
다. 〈魏〉의 「靈太后:世宗妃」가 擧哀於東堂하고 遣
使策贈 '車騎大將軍'하니 時에 〈魏〉의 『肅宗:世宗
子』年이 十歲라 太后臨朝稱制하다.

▶ **어려운 낱말** ◀

[擧哀(거애)] : 애도행사를 거행함. [臨朝稱制(임조칭제)] : 조정의 정사를 대리
해서 맡다.

28년에, 왕이 별세하였다. 호를 『문자명왕』이라 하였다. 〈위〉나라 「영태후」가 동당에서 애도의 의식을 거행하고, 사신을 보내 왕에게 '거기대장군'을 추증하였다. 이때 〈위〉나라 『숙종』의 나이가 10세이기에 태후가 조정에 나와 황제의 정사를 대신하였다.

22 | 安臧王(안장왕) : 519~531

○『安臧王』의 諱는「興安」이니 『文咨明王』之.
　안 장 왕　　　휘　　홍 안　　　　문 자 명 왕　지

長子니라. 『文咨』在位七年에 立爲太子하고 二十
장 자　　　　문 자　재 위 칠 년　　입 위 태 자　　이 십

八年에 王薨하니 太子卽位하다.
팔 년　왕 홍　　태 자 즉 위

▷ 본문풀이 ◁

『안장왕』의 이름은 「홍안」이며, 『문자명왕』의 맏아들이다. 『문자명왕』이 재위 7년에 태자가 되었고, 28년에, 왕이 서거하니 태자가 왕위에 올랐다.

○二年, 春正月에 遣使入〈梁〉하여 朝貢하다. 二月
이년 춘정월 견사입양 조공 이월

에 〈梁〉「高祖:蕭衍」가 封王하여 爲 '寧東將軍都督
양 고조 봉왕 위 영동장군도독

〈營〉〈平〉二州.諸軍事〈高句麗〉王'이라 하고 遣使
영 평 이주제군사 고구려 왕 견사

者「江注盛」하여 賜王.衣冠劍佩하니 〈魏〉兵이 就.
자 강주성 사왕 의관검패 위병 취

海中執之하여 送〈洛陽:魏都〉하다. 〈魏〉.封王하되 爲.
해중집지 송 낙양 위봉왕 위

'安東將軍.領護東夷校尉.〈遼東郡〉開國公.〈高句
안동장군 영호동이교위 요동군 개국공 고구

麗〉王'이라 하다. 秋.九月에 入〈梁〉하여 朝貢하다.
려 왕 추구월 입양 조공

▶ 어려운 낱말 ◀

[衣冠劍佩(의관검패)] : 의관과 칼과 패물 등. [就海中執之(취해중집지)] : 바다
에 나아가서 양나라 사신을 잡다.

▷ 본문풀이 ◁

2년, 봄 정월에 〈양〉나라에 사신을 보내 조공하였다. 2월에, 〈양〉
나라 「고조」가 왕을 '영동장군도독, 〈영〉〈평〉이주, 제군사〈고구
려〉왕' 으로 봉하고, 사신 「강주성」을 보내 의관·칼·패물 등을
전하게 하였다. 〈위〉나라 군사가 바다에서 〈양〉나라 사신을 붙잡
아 〈낙양〉으로 보냈다. 〈위〉나라에서 왕을 '안동장군, 영호동이
교위, 〈요동군〉개국공, 〈고구려〉왕' 으로 책봉하였다. 가을 9월
에, 〈양〉나라에 가서 조공하였다.

○三年, 夏四月에 王幸〈卒本〉하여 祀始祖廟하
　　삼 년　하사월　　왕행 졸 본　　　　사 시조묘
다. 五月에 王至自〈卒本〉하여 所經州邑貧乏者
　　오 월　왕 지 자 졸 본　　　　소 경주읍 빈 핍자
에게 賜穀人一斛하다.
　　사곡인일곡

▶ 어려운 낱말 ◀

[至自(지자)] : ~에서부터 돌아오다. [所經(소경)] : 지나오면서 경유하는 곳.
[貧乏(빈핍)] : 가난하고 궁핍한 자. [斛] : 휘(곡), 곡식을 담는 단위(곡).

▷ 본문풀이 ◁

　3년, 여름 4월에 왕이 〈졸본〉에 가서 시조의 사당에 제사 지냈
다. 5월에, 왕이 〈졸본〉에서 돌아오다가, 도중의 주 · 읍의 가난
한 자들에게 한 사람당 곡식 한 섬씩을 주었다.

○五年春에 旱하다. 秋八月에 遣兵하여 侵〈百
　　오 년춘　한　　　추 팔월　　견 병　　　침 백
濟〉하다. 冬十月에 饑하여 發倉賑救하다. 十一月
제　　　　동시월　기　　　발창진구　　　십일월
에 遣使如〈魏〉하여 進良馬十匹하다.
　　견 사 여 위　　　진 양마십 필

▷ 본문풀이 ◁

　5년, 봄에 가뭄이 들었다. 가을 8월에, 군사를 보내 〈백제〉를
침공하였다. 겨울 10월에, 기근이 들자 창고를 풀어 백성들을 구
제하였다. 11월에, 〈위〉나라에 사신을 보내 예빙하고, 좋은 말

열 필을 바쳤다.

○八年, 春.三月에 遣使入〈梁〉하여 朝貢하다.
　　　팔 년　춘 삼 월　　견 사 입 양　　　　조 공

▷ 본문풀이 ◁

8년, 봄 3월에 〈양〉나라에 사신을 보내 조공하였다.

○九年, 冬.十一月에 遣使入〈梁〉하여 朝貢하다.
　　　구 년　동 십 일 월　　견 사 입 양　　　　조 공

▷ 본문풀이 ◁

9년, 겨울 11월에 〈양〉나라에 사신을 보내 조공하였다.

○十一年, 春.三月에 王畋於〈黃城〉之東하다.
　　　십 일 년　춘 삼 월　　왕 전 어　황 성　지 동

冬.十月에 王이 與〈百濟〉로 戰於〈五谷:황해도 瑞興〉
동 시 월　　왕　　여 백 제　　　전 어 오 곡

하여 克之하고 殺獲.二千餘級하다.
　　　극 지　　　살 획 이 천 여 급

▷ 본문풀이 ◁

11년, 봄 3월에 왕이 〈황성〉 동쪽에서 사냥을 하였다. 겨울 10
월에, 왕이 〈백제〉와 〈오곡〉에서 싸워 이기고 2천여 명의 머리
를 베었다.

○十三年, 夏.五月에 王薨하니 號爲『安臧王』하
　　　　심 삼 년　 하 오 월　 왕 홍　　 　 호 위　 안 장 왕
다. [是는 〈梁〉〈中大通〉三年이오, 〈魏〉〈普泰〉元年也니라.『梁
書』云하되 '『安臧王』이 在位第八年, 〈普通〉七年卒이라.' 하니
誤也니라.]

▷ 본문풀이 ◁

　　13년, 여름 5월에 왕이 서거하였다. 호를 『안장왕』이라 하였
다.【이때는 〈양〉나라 〈중대통〉 3년이오, 〈위〉나라 〈보태〉 원년이다. '양서'
에는 '『안장왕』이 재위 8년, 〈보통〉 7년에 죽었다.' 라고 기록되어 있으나, 이
는 잘못이다.】

23 | 安原王(안원왕) : 531~545

○『安原王』의 諱는「寶延」이니『安臧王』之.弟也
　　안 원 왕　　　 휘　　 보 연　　 　안 장 왕 지 제 야
니라. 身長.七尺五寸이요, 有大量하여『安臧』이 愛
　　　　 신 장 칠 척 오 촌　　 　 유 대 량　　　 안 장　　 애
友之하다. 『安臧』.在位十三年에 薨하니 無.嗣子라
　우 지　　　　안 장　 재 위 십 삼 년　　 홍　　　　무 사 자

故로 卽位하다. 〈梁〉의 「高祖」가 下詔, 襲爵하다.
고   즉위   양   고조   하조 습작

▶ 어려운 낱말 ◀

[大量(대량)] : 도량이 크다. [無嗣子(무사자)] : 대를 이을 자식이 없음. [襲爵
(습작)] : 형의 벼슬을 답습하다.

▷ 본문풀이 ◁

『안원왕』의 이름은 「보연」이며, 『안장왕』의 아우이다. 키가 7
척 5촌이며, 도량이 커서 『안장왕』이 그를 사랑하였다. 『안장왕』
이 재위 13년에 서거하였으나 아들이 없었으므로 그가 왕위에 올
랐다. 〈양〉나라 「고조」가 조서를 내려 전왕의 작위를 계승케 하
였다.

○二年, 春. 三月에 〈魏〉帝가 詔策하되 '使持節,
　　이년   춘 삼월   위 제   조책   사지절

散騎常侍. 領護東吏校尉〈遼東郡〉開國公〈高句
산 기 상 시 영 호 동 이 교 위   요 동 군   개 국 공 고 구

麗〉王' 하고 賜. 衣冠과 車旗之飾하다. 夏. 四月에 遣
려   왕   사 의관   거 기 지 식   하 사월   견

使入〈梁〉하여 朝貢하다. 六月에 遣使入〈魏〉하여
사 입   양   조공   유월   견 사 입   위

朝貢하다. 冬. 十一月에 遣使入〈梁〉하여 朝貢하다.
조공   동 십 일 월   견 사 입   양   조 공

▷ 본문풀이 ◁

2년, 봄 3월에 〈위〉나라 황제가 왕을 '사지절, 산기상시, 영호

동이교위, 〈요동군〉개국공〈고구려〉왕'으로 책봉하고, 의관과 거기 등의 장식품을 주었다. 여름 4월에, 〈양〉나라에 사신을 보내 조공하였다. 6월에, 〈위〉나라에 사신을 보내 조공하였다. 겨울 11월에, 〈양〉나라에 사신을 보내 조공하였다.

○三年, 春正月에 立王子〈平成〉하여 爲太子하다. 二月에 遣使入〈魏〉하여 朝貢하다.
삼 년 춘 정월 입 왕자 평성 위 태자 이 월 견 사 입 위 조 공

▷ **본문풀이** ◁

3년, 봄 정월에 왕자 〈평성〉을 태자로 삼았다. 2월에, 〈위〉나라에 사신을 보내 조공하였다.

○四年에 〈東魏:당시 東魏 西魏가 있었음.〉가 詔加王하여 '驃騎大將軍'하고 餘悉如故하다. 遣使入〈魏〉하여 朝貢하다.
사 년 동 위 조 가 왕 표 기 대 장 군 여 실 여 고 견 사 입 위 조 공

▶ **어려운 낱말** ◀

[詔加王(조가왕)] : 조서를 내려 왕에게 작위를 줌. [餘悉如故(여실여고)] : 나머지는 다 옛것과 같이함.

4년에, 〈동위〉에서 조서를 보내 왕에게 '표기대장군'의 작위
를 더하여 주고, 다른 관직은 모두 종전과 같게 하였다. 〈위〉에
사신을 보내 조공하였다.

○五年, 春,二月에 遣使入〈梁〉하여 朝貢하다.
　　오 년　춘 이 월　　견 사 입　양　　　　조 공

夏,五月에 國南,大水하여 漂沒,民屋하고 死者,二
하 오 월　　국 남 대 수　　　표 몰 민 옥　　　사 자 이

百餘人하다. 冬,十月에 地震하다. 十二月에 雷하고
백 여 인　　　동 시 월　　지 진　　　십 이 월　　뇌

大疫하다.
대 역

5년, 봄 2월에 〈양〉나라에 사신을 보내 조공하였다. 여름 5월
에, 남쪽 지방에 홍수가 나서 가옥이 물에 잠기고 사망자가 2백여
명이었다. 겨울 10월에, 지진이 있었다. 12월에, 우레가 있었고
전염병이 크게 돌았다.

○六年, 春夏에 大旱하다. 發使,撫恤饑民하다.
　　육 년　춘 하　　대 한　　　발 사 무 휼 기 민

秋,八月에 蝗하다. 遣使入,〈東魏〉하여 朝貢하다.
추 팔 월　　황　　　견 사 입　동 위　　　　조 공

6년, 봄과 여름에 큰 가뭄이 들어서 사신을 보내 굶주리는 백성들을 구제하였다. 가을 8월에, 메뚜기 떼가 나타났다. 〈동위〉에 사신을 보내 조공하였다.

○七年, 春.三月에 民饑하니 王이 巡撫賑救하다.
　　칠 년　춘 삼 월　　민 기　　　왕　　순 무 진 구
冬.十二月에 遣使入〈東魏〉하여 朝貢하다.
동 십 이 월　　견 사 입　동 위　　　　조 공

7년, 봄 3월에 백성들에게 기근이 드니 왕이 순행하면서 그들을 위로하고 구제하였다. 겨울 12월에, 〈동위〉에 사신을 보내 조공하였다.

○九年, 夏.五月에 遣使入〈東魏〉하여 朝貢하다.
　　구 년　하 오 월　　견 사 입　동 위　　　　조 공

9년, 여름 5월에 〈동위〉에 사신을 보내 조공하였다.

○十年, 秋.九月에 〈百濟〉가 圍.〈牛山城〉하니 王
　　십 년　추 구 월　　백 제　　　위　우 산 성　　　왕
이 遣.精騎五千하여 擊走之하다. 冬.十月에 桃李
　견 정 기 오 천　　격 주 지　　　동 시 월　　도 리

華하다. 十二月에 遣使入〈東魏〉하여 朝貢하다.
　　　　　화　　　　십이월　　견사입　동위　　　　조공

▷ 본문풀이 ◁

　10년, 가을 9월에 〈백제〉가 〈우산성〉을 포위하니, 왕이 정예
기병 5천 명을 보내 그들을 물리쳤다. 겨울 10월에, 복숭아와 오
얏꽃이 피었다. 12월에, 〈동위〉에 사신을 보내 조공하였다.

　○十一年, 春,三月에 遣使入〈梁〉하여 朝貢하다.
　　　십 일 년　춘 삼 월　　견 사 입　양　　　　조 공

▷ 본문풀이 ◁

　11년, 봄 3월에 〈양〉나라에 사신을 보내 조공하였다.

　○十二年, 春,三月에 大風하여 拔木飛瓦하다.
　　　십 이 년　춘 삼 월　　대풍　　　　발 목 비 와

夏,四月에 雹하다. 冬,十二月에 遣使入〈東魏〉하여
하 사 월　　박　　　동 십 이 월　　견 사 입　동 위

朝貢하다.
조 공

▷ 본문풀이 ◁

　12년, 봄 3월에 바람이 크게 불어 나무가 뽑히고 기왓장이 날
았다. 여름 4월에, 우박이 내렸다. 겨울 12월에, 〈동위〉에 사신을
보내 조공하였다.

○十三年, 冬,十一月에 遣使入〈東魏〉하여 朝貢
　　십 삼 년　동 십일월　　 견사입 동위　　　　 조공
하다.

▷본문풀이◁

13년, 겨울 11월에 〈동위〉에 사신을 보내 조공하였다.

○十四年, 冬,十一月에 遣使入〈東魏〉하여 朝貢
　　십 사 년　동 십일월　　 견사입 동위　　　　 조공
하다.

▷본문풀이◁

14년, 겨울 11월에 〈동위〉에 사신을 보내 조공하였다.

○十五年, 春,三月에 王薨하니 號爲『安原王』이
　　십 오 년　춘 삼월　　 왕홍　　　　호위 안원왕
라 하다. [是에 〈梁〉〈大同〉十一年이요, 〈東魏〉〈武定〉三年也
라. 『梁書』云하되 '『安原』이 以〈大淸〉二年卒하니 以其子로 爲,
寧東將軍〈高句麗〉王〈樂浪〉公은 誤也니라.']

▷본문풀이◁

15년, 봄 3월에 왕이 서거하였다. 호를 『안원왕』이라 하였다.

【이때가 〈양〉나라 〈대동〉 11년이요, 〈동위〉 〈무정〉 3년이다. [양서]에 '안원왕이 〈대청〉 2년에 죽으니, 그의 아들을 '영동장군〈고구려〉왕〈낙랑〉공' 으로 삼았다.' 고 기록한 것은 잘못이다.】

24 | 陽原王(양원왕) : 545~559

○『陽原王』[或云『陽崗上好王』]의 諱는 「平成」이니 『安原王』의 長子니라. 生而聰慧하고 及壯에 雄豪過人하며 以『安原』이 在位 三年에 立爲太子하다. 至 十五年하여 王薨하니 太子卽位하다. 冬 十二月에 遣使入〈東魏〉하여 朝貢하다.

▷ 본문풀이 ◁

　『양원왕』【『양강상호왕』이라고도 한다.】의 이름은 「평성」이니 『안원왕』의 맏아들이다. 그는 태어나면서부터 총명하고 지혜로웠으며, 장성해서는 남달리 호방하였다. 『안원왕』 재위 3년에 태자가 되었다. 15년에, 왕이 서거하니 태자가 왕위에 올랐다. 겨울 12월에, 〈동위〉에 사신을 보내 조공하였다.

○二年, 春,二月에 王都에 梨樹,連理하다. 夏,四
　　이 년　춘 이 월　　왕 도　　이 수 연 리　　　　하 사

月에 雹하다. 冬,十一月에 遣使入〈東魏〉하여 朝貢
월에　박　　동 십 일 월　　견 사 입　동 위　　　　조 공

하다.

▷ 본문풀이 ◁

2년, 봄 2월에 왕도에 가지가 서로 맞붙은 배나무가 있었다. 여름 4월에, 우박이 내렸다. 겨울 11월에, 〈동위〉에 사신을 보내 조공하였다.

○三年, 秋,七月에 改築〈白巖城:지금의 遼陽 東南〉
　　삼 년　추 칠 월　　개 축 백 암 성

하고 葺〈新城:지금의 撫順城 北山〉하다. 遣使入〈東
　　　즙　신 성　　　　　　　　　　　　　견 사 입　동

魏〉하여 朝貢하다.
위　　　　조 공

▷ 본문풀이 ◁

3년, 가을 7월에 〈백암성〉을 개축하고, 〈신성〉을 수리하였다. 〈동위〉에 사신을 보내 조공하였다.

○四年, 春.正月에 以.〈濊〉兵.六千으로 攻〈百濟〉
〈獨山城:지금의 충주〉이나 〈新羅〉將軍「朱珍」이 來
援이라 故로 不克而退하다. 秋.九月에 〈丸都〉에서
進.嘉禾하다. 遣使入〈東魏〉하여 朝貢하다.

▷ 본문풀이 ◁

　4년, 봄 정월에 〈예〉의 군사 6천 명으로 〈백제〉의 〈독산성〉을
공격하니 〈신라〉 장군 「주진」이 백제를 도왔기 때문에 승리하지
못하고 퇴각하였다. 가을 9월에, 〈환도〉에서 상서로운 벼이삭을
바쳤다. 〈동위〉에 사신을 보내 조공하였다.

○五年에 遣使入〈東魏〉하여 朝貢하다.

▷ 본문풀이 ◁

　5년에, 〈동위〉에 사신을 보내 조공하였다.

○六年, 春.正月에 〈百濟〉來侵하여 陷.〈道薩城:
지금의 天安?〉하다. 三月에 攻〈百濟〉〈金峴城:지금의
全義?〉하니 〈新羅〉人이 乘間하여 取.二城(道薩.金峴)

하다. 夏六月에 遣使入〈北濟〉하여 朝貢하다. 秋,
九月에 〈北齊〉가 封王하여 爲 '使持節侍中,驃騎
大將軍,領護東夷校尉〈遼東郡〉,開國公〈高句麗〉
王'하다.

▷ **본문풀이** ◁

6년, 봄 정월에 〈백제〉가 침입하여 〈도살성〉을 함락시켰다. 3월에, 백제의 〈금현성〉을 공격하니 〈신라〉가 이 기회를 이용하여 두 성을 빼앗았다. 여름 6월에, 〈북제〉에 사신을 보내 조공하였다. 가을 9월에, 〈북제〉가 왕을 '사지절시중, 표기대장군, 영호동이교위〈요동군〉, 개국공〈고구려〉왕' 으로 봉하였다.

○七年, 夏,五月에 遣使,入〈北齊〉하여 朝貢하다.
秋,九月에 〈突厥〉來圍〈新城〉하여 不克하고 移攻,
〈白巖城〉하다. 王이 遣,將軍「高紇」하여 領兵一萬
으로 拒克之하여 殺獲,一千餘級하다. 〈新羅〉來攻
하여 取,十城하다.

7년, 여름 5월에 〈북제〉에 사신을 보내 조공하였다. 가을 9월에, 〈돌궐〉이 〈신성〉을 포위하였으나 이기지 못하고 군대를 이동하여 〈백암성〉을 공격하였다. 왕이 장군 「고흘」을 보내서 군사 1만을 거느리고 그들을 물리치고 1천여 명의 머리를 베었다. 〈신라〉가 침공하여 열 개의 성을 빼앗았다.

○八年에 築〈長安城·大成山〉하다.
　팔 년　　축　장 안 성

8년에, 〈장안성〉을 쌓았다.

○十年, 冬에 攻〈百濟〉의 〈熊川城·安城川 부근〉하다
　십 년 동 공 백제 　　　웅 천 성
가 不克하다. 十二月, 晦에 日有食之하다. 無氷하다.
　불 극　　십 이 월 회 일 유 식 지 무 빙

10년, 겨울에 〈백제〉의 〈웅천성〉을 공격하였으나 승리하지 못했다. 12월, 그믐날에는 일식이 있었다. 얼음이 얼지 않았다.

○十一年, 冬, 十月에 虎入王都하여 擒之하다. 十
　십 일 년 동 시 월 호 입 왕 도 금 지 십
一月에 太白(금성)이 晝見하다. 遣使入〈北齊〉하여
　일 월 태 백 주 현 견 사 입 북 제

朝貢하다.
조 공

▷ 본문풀이 ◁

11년, 겨울 10월에 호랑이가 도성 안에 들어와 그것을 잡았다.
11월에, 낮에 금성이 나타났다. 〈북제〉에 사신을 보내 조공하였다.

○十三年, 夏四月에 立王子「陽成」하여 爲太子
　　십 삼 년　하 사 월　　입 왕 자 양 성　　　　위 태 자
하고 遂宴群臣於內殿하다. 冬十月에 〈丸都城〉의
　　수 연 군 신 어 내 전　　　동 시 월　　　환 도 성
〈干朱理〉가 叛하다가 伏誅하다.
　간 주 리　　반　　　　복 주

▶ 어려운 낱말 ◀

[遂(수)] : 이루다. 베풀다. [伏誅(복주)] : 죽임을 당함. 처형.

▷ 본문풀이 ◁

13년, 여름 4월에 왕의 아들 「양성」을 태자로 삼고, 여러 신하
들과 내전에서 연회를 베풀었다. 겨울 10월에. 〈환도성〉의 〈간
주리〉가 모반하다가 처형되었다.

○十五年, 春三月에 王薨하니 號를 爲『陽原王』
　　십 오 년　춘 삼 월　　왕 훙　　　호　　위 양 원 왕
이라 하다.

15년, 봄 3월에 왕이 서거하였다. 호를 『양원왕』이라 하였다.

25│平原王(평원왕) : 559~590

○『平原王』[或云『平崗上好王』.]의 諱는 「陽成」[『隋唐
　　평 원 왕　　　　　　　　　　　　휘　　　　양 성
書』作湯.]이니 『陽原王』의 長子니라. 有.膽力하고 善.
　　　　　　　　양 원 왕　　　장 자　　유 담 력　　　선
騎射하다. 『陽原王』在位.十三年에 立爲.太子하고
기 사　　　　양 원 왕 재 위 십 삼 년　　　입 위 태 자
十五年에 王薨하니 太子卽位하다.
십 오 년　　왕 홍　　　태 자 즉 위

▷ 본문풀이 ◁

『평원왕』【『평강상호왕』이라고도 한다.】의 이름은 「양성」【「수당서」에
는 탕(湯)으로 되어 있다.】이니, 『양원왕』의 맏아들이다. 담력이 크고,
말 타기와 활쏘기를 잘하였다. 『양원왕』 재위 13년에 태자가 되
었다. 15년에, 왕이 서거하자 태자가 왕위에 올랐다.

○二年, 春.二月에 〈北齊〉廢帝(:世祖)가 封王하여
　이 년　 춘 이 월　　　북 제 폐 제　　　　봉 왕

爲, '使持節, 領東夷, 校尉〈遼東郡〉公, 〈高句麗〉王'
위 사지절 영동이교위 요동군 공 고구려 왕

이라 하다. 王이 幸〈卒本〉하여 祀, 始祖廟하다. 三月
왕 행 졸본 사 시조묘 삼월

에 王이 至自〈卒本〉하다가 所經, 州郡의 獄囚除, 二
왕 지자졸본 소경 주군 옥수제 이

死하고 皆原之하다.
사 개 원 지

▷ 본문풀이 ◁

2년, 봄 2월에 〈북제〉의 폐제가 왕을 '사지절, 영동이교위〈요
동군〉공, 〈고구려〉왕'으로 봉하였다. 왕이 〈졸본〉에 가서 시조의
사당에 제사 지냈다. 3월에, 왕이 〈졸본〉에서 돌아오다가 도중의
주, 군의 죄수들 중에서 사형수를 제외하고 모두 사면하였다.

○三年, 夏, 四月에 異鳥, 集, 宮庭하다. 六月에 大
삼 년 하 사월 이조 집 궁정 유월 대

水하다. 冬, 十一月에 遣使入〈陳〉하여 朝貢하다.
수 동 십일월 견사입 진 조공

▷ 본문풀이 ◁

3년, 여름 4월에 이상한 새가 대궐에 모여 들었다. 6월에, 홍수
가 났다. 겨울 11월에, 〈진〉나라에 사신을 보내 조공하였다.

○四年, 春, 二月에 〈陳〉의 「文帝」가 詔授王 '寧
사 년 춘 이월 진 문제 조수왕 영

東將軍'하다.
동 장군

4년, 봄 2월에 〈진〉나라 「문제」가 조서를 보내 왕에게 '영동장군' 이라는 관작을 주었다.

○五年, 夏에 大旱하여 王이 減,常膳하고 祈禱山
　　　　오년　하　　대한　　　왕　감상선　　　기도산
川하다.
천

5년, 여름에 큰 가뭄이 들어서 왕이 평시의 음식을 줄이고 산천에 기도하였다.

○六年, 遣使入〈北齊〉하여 朝貢하다.
　　　　육년　견사입　북제　　　　조공

6년에 〈북제〉에 사신을 보내 조공하였다.

○七年, 春,正月에 立,王子「元」하여 爲,太子하
　　　　칠년　춘정월　　입왕자원　　　　위태자
다. 遣使入〈北齊〉하여 朝貢하다.
　　견사입　북제　　　　조공

7년, 봄 정월에 왕자 「원」을 태자로 삼았다. 〈북제〉에 사신을 보내 조공하였다.

○八年, 冬,十二月에 遣使入〈陳〉하여 朝貢하다.
　　팔 년　동 십 이 월　　견 사 입 진　　　조 공

▷ **본문풀이** ◁

8년, 겨울 12월에 〈진〉나라에 사신을 보내 조공하였다.

○十二年, 冬,十一月에 遣使入〈陳〉하여 朝貢하
　　십 이 년　동 십 일 월　　견 사 입 진　　　조 공
다.

▷ **본문풀이** ◁

12년, 겨울 11월에 〈진〉나라에 사신을 보내 조공하였다.

○十三年, 春,二月에 遣使入〈陳〉하여 朝貢하다.
　　십 삼 년　춘 이 월　　견 사 입 진　　　조 공
秋,七月에 王敗於〈浿河:지금의 예성강〉之原하여 五
추 칠 월　　왕 전 어 패 하　　　　　　　　지 원　　　오
旬而返하다. 八月에 重修宮室하다가 蝗旱하여 罷
순 이 반　　　팔 월　　중 수 궁 실　　　　황 한　　　파
役하다.
역

▶ **어려운 낱말** ◀

[五旬(오순)] : 50일. [蝗旱(황한)] : 메뚜기와 가물. [罷役(파역)] : 공사를 그만둠.

▷ 본문풀이 ◁

13년, 봄 2월에 〈진〉나라에 사신을 보내 조공하였다. 가을 7월에, 왕이 〈패하〉 벌판에서 사냥하다가 50일 만에 돌아왔다. 8월에, 궁실을 중수하다가 메뚜기 떼가 생기고 날씨가 가물어 일을 그만두었다.

○ 十五年에 遣使入〈北齊〉하여 朝貢하다.
　　십 오 년　　　견 사 입　북 제　　　　조 공

▷ 본문풀이 ◁

15년에, 〈북제〉에 사신을 보내 조공하였다.

○ 十六年, 春.正月에 遣使入〈陳〉하여 朝貢하다.
　　십 육 년　춘 정 월　　　견 사 입　진　　　　조 공

▷ 본문풀이 ◁

16년, 봄 정월에 〈진〉나라에 사신을 보내 조공하였다.

○ 十九年에 王이 遣使入〈周〉하여 朝貢하다. 〈周〉의
　　십 구 년　왕　　견 사 입　주　　　　조 공　　　　　주

「高祖」가 拜王하여 爲.'開府儀同三司.大將軍〈遼
　고 조　　　배 왕　　　위　개 부 의 동 삼 사　대 장 군　요

東郡〉.開國公〈高句麗〉王'이라 하다.
동 군　개 국 공　고 구 려　왕

19년에, 왕이 〈주〉나라에 사신을 보내 조공하였다. 〈주〉나라 「고조」가 왕을 '개부의동삼사, 대장군〈요동군〉, 개국공〈고구려〉왕'으로 임명하였다.

○ 二十三年, 春, 二月晦에 星隕如雨하다. 秋, 七月에 霜雹殺穀하다. 冬, 十月에 民饑하여 王이 巡行撫恤하다. 十二月에 遣使入〈隋〉하여 朝貢하니 「高祖:文帝」授王 '大將軍〈遼東郡〉公'하다.

▷ 본문풀이 ◁

23년, 봄 2월 그믐날, 유성이 비 오듯 떨어졌다. 가을 7월에, 서리와 우박이 내려 곡식을 죽였다. 겨울 10월에, 백성들이 굶주렸으므로 왕이 순행하면서 그들을 위로하고 구제하였다. 12월에, 〈수〉나라에 사신을 보내 조공하니 〈수〉나라 「고조」가 왕에게 '대장군〈요동군〉공'이라는 관작을 주었다.

○ 二十四年, 春, 正月에 遣使入〈隋〉하여 朝貢하다. 冬, 十一月에 遣使入〈隋〉하여 朝貢하다.

24년, 봄 정월에 〈수〉나라에 사신을 보내 조공하였다. 겨울 11월에, 〈수〉나라에 사신을 보내 조공하였다.

○二十五年, 春.正月에 遣使入〈隋〉하여 朝貢하
　이 십 오 년　춘 정 월　　견 사 입 수　　　조 공
다. 二月에 下令하되 減.不急之事하고 發使郡邑하
　이 월　　하 령　　감 불 급 지 사　　　발 사 군 읍
여 勸.農桑하다. 夏.四月에 遣使入〈隋〉하여 朝貢하
　권 농 상　　　하 사 월　　견 사 입 수　　　조 공
다. 冬에 遣使入〈隋〉하여 朝貢하다.
　동　　견 사 입 수　　　조 공

▶ 어려운 낱말 ◀

　[減(감)] : 줄이다. 감하다.　[勸農桑(권농상)] : 농사일을 권장하다.

▷ 본문풀이 ◁

25년, 봄 정월에 〈수〉나라에 사신을 보내 조공하였다. 2월에, 왕이 명령을 내리되 급하지 않은 일을 줄이고, 군읍에 사신을 파견하여 농사와 양잠을 권장토록 하였다. 여름 4월에, 〈수〉나라에 사신을 보내 조공하였다. 겨울에, 〈수〉나라에 사신을 보내 조공하였다.

○二十六年, 春에 遣使入〈隋〉하여 朝貢하다. 夏.
　이 십 육 년　춘　　견 사 입 수　　　조 공　　　하
四月에 〈隋〉「文帝」가 宴.我使者於〈大興殿〉하다.
　사 월　　수 문 제　　연 아 사 자 어 대 흥 전

　26년, 봄에 〈수〉나라에 사신을 보내 조공하였다. 여름 4월에, 〈수〉나라 「문제」가 우리의 사신을 위하여 〈대흥전〉에서 연회를 베풀었다.

　○二十七年, 冬,十二月에 遣使入〈陳〉하여 朝貢
　　　이 십 칠 년　동 십 이 월　견 사 입 진　　　조 공
하다.

　27년, 겨울 12월에 〈진〉나라에 사신을 보내 조공하였다.

　○二十八年에 移都〈長安城:지금의 平壤城〉하다.
　　　이 십 팔 년　　이 도　장 안 성

　28년에 〈장안성〉으로 도읍을 옮겼다.

　○三十二年에 王이 聞,〈陳〉亡하고 大懼하여 理
　　　삼 십 이 년　왕　문 진 망　　　대 구　　　이
兵積穀하여 爲,拒守之策하다. 〈隋〉의 「高祖」는
병 적 곡　　　위 거 수 지 책　　　수　　　고 조
賜王璽書하여 責以하되 "雖稱藩附하나 誠節未盡
사 왕 새 서　　　책 이　　　수 칭 번 부　　　성 절 미 진
이라." 하다. 且曰, "彼之一方이 雖,地狹人少나 今
　　　　　차 왈　피 지 일 방　　　수 지 협 인 소　　　금

若黜王이면 不可虛置라, 終須更選官屬하여 就彼
안무 왕약쇄심이행 솔유헌장 즉시짐
安撫요, 王若灑心易行하여 率由憲章이면 卽是朕
지량신 하로별견재언 왕 위 요수:요
之良臣이니 何勞別遣才彥이랴? 王은 謂,〈遼水:요
하〉之廣하나 何如〈長江:양자강〉이며 〈高句麗〉之人
지광 하여 장강 고구려 지인
이 多少〈陳〉國이랴? 朕이 若,不存含育이면 責王
다 소 진 국 짐 약 부존함육 책왕
前愆하여 命一將軍하면 何待多力이리요? 殷勤曉
전건 명일장군 하대다력 은근효
示는 許王自新耳니라.” 하다. 王이 得書惶恐하여
시 허왕자신이 왕 득서황공
將,奉表陳謝라가 而未果하고 王이 在位,三十二年
장봉표진사 이미과 왕 재위삼십이년
의 冬,十月에 薨하니 號曰『平原王』이라 하다.[是는
동 시월 홍 호왈 평원왕

「開皇」十年이라.『隋書』及『通鑑』書에는 ‘「高祖」賜璽書於〈開皇〉

十七年이라.’하니 誤也니라.]

▶ 어려운 낱말 ◀

[大懼(대구)] : 크게 두려워하여. [理兵積穀(이병적곡)] : 병사들을 다스리고 군
량미를 저축하다. [璽書(새서)] : 조서. [雖稱藩附(수칭번부)] : 비록 번속이기
는 하나. [誠節未盡(성절미진)] : 성의를 다하지 아니함. [彼之一方(피지일방)]
: 그대의 한쪽 지방이. [地狹人少(지협인소)] : 땅이 좁고 사람도 적음. [黜王
(출왕)] : 임금을 몰아내다. [不可虛置(불가허치)] : 비워두지 못함. [選官屬(선
관속)] : 관속을 선택하여. [率由憲章(솔유헌장)] : 우리의 법을 따른다면. [才

彦(재언)] : 재주 있고 어진 선비. [前愆(전건)] : 앞에 있었던 허물(잘못). [殷勤曉示(은근효시)] : 은근히 깨우쳐 줌. [自新耳(자신이)] : 스스로 새롭게 할 따름이다.

▷ **본문풀이** ◁

32년에, 〈진〉나라가 멸망하였다는 소식을 듣고 왕은 크게 두려워하여 왕은 군사를 훈련시키고, 군량미를 비축하여 국방을 강화할 대비책을 세웠다. 〈수〉나라 「고조」는 왕에게 조서를 보내 "비록 스스로 번방이라고 하면서도, 성의와 예절을 다하지 않는다."라고 책망하였다. 그리고 또한 "그대의 나라가 비록 국토가 좁고 인구도 적지만, 이제 내가 만약 왕을 쫓아낸다면 그대로 비워둘 수는 없을 것이므로, 결국은 다시 관리를 선택하여 그곳을 안정시켜야 할 것이요, 왕이 만약 마음을 씻고 행동을 고쳐서 우리의 법도를 따른다면, 그때는 곧 나의 좋은 신하가 될 것이니, 그렇게 된다면 왜 힘들여 다른 인재를 보내겠는가? 왕은 〈요수〉의 넓이가 〈장강〉과 비교하여 어떠한지? 〈고구려〉 인구가 〈진〉나라와 비교하여 어떠한지를 왕은 말하여 보라. 내가 왕을 용서하려는 심정이 없고, 왕의 과거의 잘못을 추궁하기로 한다면, 한 사람의 장군에게 정벌을 명령해도 될 것이니, 어찌 큰 힘이 필요하겠는가? 내가 은근한 말로 타이르는 뜻은, 왕이 스스로 자신을 새롭게 바꾸도록 하려는 데에 있다."라고 말하였다. 왕이 이를 보고 황공하여 표문을 올려 사의를 표하려다가 실행하지 못하고, 재위 32년 겨울 10월에 서거하니, 호를 『평원왕』이라 하였다.【이

때는 〈수〉나라「문제」개황 10년이다. [수서]와 [통감]에는 '「고조」가 〈개황〉 17년에 조서를 주었다' 는 기록은 잘못이다.】

26 | 嬰陽王(영양왕) : 590~618

○『嬰陽王』[一云「平陽」.]의 諱는「元」[一云「大元」.]이니『平原王』의 長子也라. 風神俊爽하고 以.濟世安民.自任하다.『平原王』이 在位七年에 立爲太子하다. 三十二年에 王薨하니 太子卽位하다. 〈隋〉〈文帝〉遣使拜王하여 爲上.開府儀同三司하고 襲爵〈遼東郡〉公하고 賜.衣一襲하다.

▶ 어려운 낱말 ◀

[風神俊爽(풍신준상)] : 풍체가 준수하고 시원하게 생김. [安民自任(안민자임)] : 백성을 안정시키는 것을 자신의 임무라고 생각. [襲爵(습작)] : 작위를 답습함. [衣一襲(의일습)] : 옷 한 벌.

『영양왕』【「평양」이라고도 한다.】의 이름은 「원」【「대원」이라고도 한다.】이며, 『평원왕』의 맏아들이다. 그는 풍채가 준수하고 쾌활하였으며, 세상을 구제하고 백성을 안정시키는 것을 자신의 임무로 생각하였다. 『평원왕』 재위 7년에 태자가 되었다. 32년에, 왕이 서거하자, 태자가 왕위에 올랐다. 〈수〉나라 문제가 사신을 보내 왕을 '상, 개부의동삼사'로 임명하고, 전왕의 〈요동군〉공의 관직을 잇게 하고, 옷 한 벌을 주었다.

○二年, 春正月에 遣使入〈隋〉하여 奉表,謝恩進
　　이 년　춘 정 월　　견 사 입　수　　　　　봉 표 사 은 진

奉하고 因請封王하니 帝(文帝)許之하다. 三月에 策
봉　　　인 청 봉 왕　　제　　　허 지　　　삼 월　　책

封爲〈高句麗〉王하여 仍賜,車服하다. 夏,五月에
봉 위　고 구 려　왕　　　잉 사 거 복　　　하 오 월

遣使謝恩하다.
견 사 사 은

▶ 어려운 낱말 ◀

[車服(거복)] : 수레와 복식.

▷ 본문풀이 ◁

2년, 봄 정월에 〈수〉나라에 사신을 보내 표문을 올려 사은하고, 선물을 바치고 왕으로 봉하여 줄 것을 요청하니, 「문제」가 이를 허락하였다. 3월에, 왕을 〈고구려〉왕으로 책봉하고, 수레와

복식을 주었다. 여름 5월에, 왕이 사신을 보내 사은하였다.

○三年, 春,正月에 遣使入〈隋〉하여 朝貢하다.
　　삼 년　춘 정 월　　견 사 입 　수　　　　조 공

▷ 본문풀이 ◁

3년, 봄 정월에 〈수〉나라에 사신을 보내 조공하였다.

○八年, 夏,五月에 遣使入〈隋〉하여 朝貢하다.
　　팔 년　하 오 월　　견 사 입 　수　　　　조 공

▷ 본문풀이 ◁

8년, 여름 5월에 〈수〉나라에 사신을 보내 조공하였다.

○九年에 王이 率,〈靺鞨:勿吉로 후에 女眞族임〉之衆,
　　구 년　　왕　솔　말 갈　　　　　　　　　　　　지 중

萬餘하여 侵〈遼西:隋의 영토〉하니 〈營州:지금의 朝陽〉
만 여　　　침 요 서　　　　　　　　　　영 주

慇管「韋冲」이 擊退之하다. 〈隋〉「文帝」聞而大怒
총 관 위 충　　　격 퇴 지　　　　수　문 제 문 이 대 노

하여 命,〈漢〉王「諒:文帝의 4자」과 「王世績」을 爲,元
　　명　한　왕 양　　　　　　　　　　왕 세 적　　위 원

帥하여 將,水陸三十萬으로 來伐하다. 夏六月에 帝,下
수　　　장 수 륙 삼 십 만　　　내 벌　　하 유 월　제 하

詔하여 黜王,官爵하다. 〈漢〉王「諒」의 軍은 出〈臨渝
조　　　출 왕 관 작　　　　한　왕 양　　군　출 임 투

關:임투관:지금의 山海關 서북〉하니 値水潦(장마를 만남)하여
관　　　　　　　　　　　　　치 수 료

饋轉不繼하여 軍中乏食하고 復遇疾疫하다. 「周羅
궤 전 불 계　　　　군 중 핍 식　　　　부 우 질 역　　　　　　주 나

睺:水軍摠官」는 自〈東萊:山東省 萊州府〉에서 泛海하여
후　　　　　　자 동 래　　　　　　　　　　　　　　범 해

趣〈平壤城:高句麗 國都〉이라가 亦遭風하여 舡多漂沒
취 평 양 성　　　　　　　　　　　역 조 풍　　　　강 다 표 몰

하다. 秋.九月에 還師하니 死者가 十에 八九라. 王
　　　　추 구 월　　　환 사　　　사 자　　십　　팔 구　　왕

亦恐懼하여 遣使謝罪하니 上.表稱에 "〈遼東〉糞土
역 공 구　　　　견 사 사 죄　　　　상 표 칭　　　　요 동 분 토

臣.某라."고 하다. 「帝」는 於是에 罷兵하고 待之如
신 모　　　　　　　제　　　어 시　　파 병　　　대 지 여

初하다. 〈百濟〉王「昌:威德王」이 遣使奉表하고 請
초　　　　백 제 왕 창　　　　　　　견 사 봉 표　　　청

爲.軍導하다. 帝.下詔하되 "諭以〈高句麗〉가 服罪
위 군 도　　　　제 하 조　　　유 이 고 구 려　　　복 죄

하고 朕已赦之어늘, 不可致伐이라."하고 厚其使而.
　　　짐 이 사 지　　　　불 가 치 벌　　　　　후 기 사 이

遣之하다. 王이 知其事하고 侵掠〈百濟〉之境하다.
견 지　　　왕　　지 기 사　　　　침 략 백 제 지 경

▶ **어려운 낱말** ◀

[黜王官爵(출왕관작)] : 관작을 삭탈하다. [值水潦(치수료)] : 장마를 만나. [饋
轉不繼(궤전불계)] : 군량 수송을 계속하지 못함. [乏食(핍식)] : 음식이 결핍되
어. [泛海(범해)] : 배를 타고 바다를 건너다. [遭風(조풍)] : 바람을 만나다.
[舡多漂沒(강다표몰)] : 배가 많이 바다에 빠지다. [還師(환사)] : 군사가 돌아
왔는데. [糞土臣某(분토신모)] : 요동의 분토(糞土)에 사는 신하 아무개. [軍導
(군도)] : 군사의 향도. [諭] : 깨우칠(유).

9년에, 왕이 〈말갈〉 군사 1만여 명을 거느리고 〈요서〉를 침공하니 〈영주〉 총관 「위충」이 우리 군사를 물리쳤다. 〈수〉나라 「문제」가 이 소식을 듣고 크게 노하여, 〈한〉왕 「양」과 「왕세적」 등을 모두 원수로 임명하여, 수륙군 30만을 거느리고 〈고구려〉를 치게 하였다. 여름 6월에, 문제가 조서를 내려 왕의 관작을 삭탈하였다. 〈한〉왕 「양」의 군대가 〈임투관〉에 도착하였을 때, 장마로 인하여 군량미의 수송이 계속되지 못했다. 이에 따라 군중에 식량이 떨어지고 또한 전염병이 돌았다. 「주나후」는 〈동래〉에서 바다를 건너 〈평양성〉으로 오다가 풍파를 만나 선박이 거의 모두 유실되거나 침몰되었다. 가을 9월에, 이들이 돌아갔으나, 그들 중의 대부분이 죽었다. 왕은 이를 두려워하여 사신을 보내 사죄하고 표문을 올렸다. 표문에서 자신을 "요동의 분토(糞土)에 사는 신하 아무개라."고 자칭하였다. 「문제」가 그 때서야 군대를 철수하고 처음과 같이 대우하였다. 〈백제〉왕 「창」이 수나라에 사신을 보내 표문을 올리고, 〈고구려〉로 가는 수나라 군사의 향도가 되기를 자청하였다. 문제가 백제왕에게 조서를 내려 "〈고구려〉가 죄를 자복하여 내가 이미 용서하였으므로 그들을 칠 수가 없다."라고 말하고, 그 사신을 후하게 대접하여 보냈다. 왕이 이 사실을 알고 〈백제〉의 국경을 침공하였다.

○十一年, 春正月에 遣使入〈隋〉하여 朝貢하다.
십 일 년　춘 정 월　　견 사 입 수　　　조 공

詔하여 太學博士「李文眞」이 約,古史하여 爲『新
　조　　太학박사　이문진　　약고사　　　위　신

集』五卷하다. 國初, 始用,文字時에 有人,記事,一
　집　오권　　　국초　시용문자시　유인기사　일

百卷하고 名曰『留記』라 하니 至是에 刪修하다.
　백권　　　명왈　유기　　　　지시　　산수

▶ 어려운 낱말 ◀

[有人(유인)] : 어떤 사람이. [刪修(산수)] : 글을 쓰고 수정함.

▷ 본문풀이 ◁

　11년, 봄 정월에 〈수〉나라에 사신을 보내 조공하였다. 왕이 태
학 박사 「이문진」으로 하여금 옛 사기를 요약하여 [신집(新集)] 다
섯 권을 만들도록 명령하였다. 건국 초기에 처음으로 문자를 사
용했을 때, 어떤 사람이 사적을 기록한 책 1백 권을 쓰고, 이것을
[유기]라 하였으니, 이때에 와서 이를 정리하고 수정하였다.

　○十四年에 王이 遣,將軍「高勝」하여 攻〈新羅〉
　　십사년　왕　견장군　고승　　　공　신라

〈北漢山城〉하니 〈羅〉王(眞平王)이 率兵하여 過〈漢
　북한산성　　　나왕　　　　　　솔병　　　　과　한

水〉하다. 城中이 鼓噪相應하니 「勝」은 以,彼衆我
　수　　　성중　　고조상응　　　승　　이피중아

寡라 하고 恐,不克而退하다.
　과　　　　공불극이퇴

▶ 어려운 낱말 ◀

[鼓噪相應(고조상응)] : 북을 치면서 시끄럽게 상대하다.

14년에, 왕이 장군 「고승」을 보내 〈신라〉의 〈북한산성〉을 공격하니, 이를 구원하기 위하여 〈신라〉왕이 직접 군사를 거느리고 〈한수〉를 건너왔다. 그때, 신라군이 북을 치고 함성을 지르니, 신라군의 함성에 호응하였다. 「고승」이 상대의 군사는 많고 우리 군사는 적어 승리하지 못할 것이라고 생각하여 물러났다.

○十八年, 初에 「煬帝:文帝의 아들」之幸「啓民:돌궐의 추장」帳(幕府)也에 我使者가 在「啓民」所하니 「啓民」이 不敢隱하고 與之見帝하다. 黃門侍郎「裴矩」가 說帝曰, "〈高句麗〉는 本〈箕子〉의 所封之地로 〈漢〉〈晉〉에 皆爲郡縣이라 今乃不臣하고 別爲異城하니 先帝(文帝)가 欲征之久矣니다. 但「楊諒:漢王」이 不肖하여 師出無功이어니와 當,陛下之時하여 安可不取하고 使,冠帶之境을 遂爲,蠻貊之鄕乎리오? 今其使者가 親見「啓民」의 擧國從化하니 可因其恐懼라 脅使入朝하라." 하니 帝從之하여 勅「牛弘」宣旨曰, "朕은 以「啓民」이 誠心奉國이

라 故로 親至其帳하며 明年當王〈涿郡(탁군:지금의 北
京)〉하리니 爾, 還日에 語爾王하여 宜早來朝하여 勿.
自疑懼하라. 存育之禮는 當如「啓民」하리니 苟或
不朝면 將帥「啓民」하고 往巡彼土하리라." 하다. 王
이 懼하여 藩禮頗闕하니 帝將討之하다. 「啓民」은
〈突厥:東突厥〉可汗也라. 夏, 五月에 遣師攻〈百濟〉
〈松山城〉이나 不下하고 移襲〈石頭城〉하여 虜, 男
女三千而還하다.

▶ 어려운 낱말 ◀

[今乃不臣(금내불신)] : 지금은 신하로서 예속되지 않고. [征之久矣(정지구의)] :
정벌하려는 것이 오래다. [冠帶之境(관대지경)] : 예절을 지키는 경지의 땅.
[蠻貊(만맥)] : 오랑캐. [擧國從化(거국종화)] : 나라를 들어 복종하다. [存育之禮
(존육지례)] : 보호하는 예. [藩禮頗闕(번례파궐)] : 번속의 예를 자못 빠뜨리다.

▷ 본문풀이 ◁

18년에, 초기 수나라 「양제」가 「계민」의 막부에 행차하였을 때,
우리 사신이 마침 「계민」에게 가 있으니 「계민」은 우리 사신을 감
히 숨길 수 없어, 우리 사신과 함께 양제를 배알하였다. 이때 황문
시랑 「배구」가 양제에게 말하기를, "〈고구려〉는 원래 〈기자〉에게

봉하였던 땅이며, 〈한〉나라와 〈진〉나라가 모두 군현으로 만들었습니다. 그러나 지금은 신하의 나라로 행동하지 않고, 별도의 지역으로 되어 있기 때문에, 선제께서는 오랫동안 그들을 정벌하려 하였습니다. 그리하여 「양량」에게 군사를 주어 출동시켰으나, 그가 불초하여 공을 세우지 못했거니와 이제는 폐하의 시대이니, 어찌 그들을 정벌하지 않고 예절의 땅이 오랑캐의 소굴로 변하도록 방치할 것입니까? 지금 고구려 사신은, 「계민」이 나라를 바쳐 「왕화」에 복종하는 것을 직접 보았으니, 그가 우리를 두려워하는 기회를 이용하여, 고구려가 우리에게 조공하도록 위협해두는 것이 좋겠습니다." 하니, 「양제」가 이에 따라 고구려 사신에게 자기의 뜻을 전하도록 「우홍」에게 명령을 내려, "계민은 성심으로 중국을 받들었기 때문에 내가 직접 「계민」의 막부에 온 것이며, 명년에는 응당 〈탁군〉으로 갈 것이니, 너는 돌아가는 날로 너의 왕에게 다음과 같이 말하라. 마땅히 빠른 시간 내에 입조하되, 스스로 의심하거나 두려워하지 말라. 이리하면 내가 너의 왕을 보호하기를 「계민」과 같이 할 것이다. 그러나 만약 입조하지 않는다면, 「계민」을 거느리고 너의 땅을 토벌하리라." 하니, 왕이 이 말을 듣고, 번방으로서의 예절을 하지 않았으므로, 「양제」가 장차 토벌하러 올 것을 걱정하였다. 「계민」은 〈돌궐〉의 가한(추장)이었다. 여름 5월에, 왕이 군사를 보내 〈백제〉의 〈송산성〉을 공격하다가 항복받지 못하고, 군사를 〈석두성〉으로 옮겨 습격하여, 남녀 3천 명을 포로로 잡아 돌아왔다.

○十九年, 春.二月에 命將.襲〈新羅〉北境하여 虜
獲.八千人하다. 夏.四月에 拔.〈新羅〉〈牛鳴山城〉
하다.

▷ 본문풀이 ◁

19년, 봄 2월에 장수에게 명하여 〈신라〉의 북쪽 국경을 습격하
도록 명령하여, 8천 명을 포로로 잡아왔다. 여름 4월에, 〈신라〉의
〈우명산성〉을 정벌하여 차지했다.

○二十二年, 春.二月에 「煬帝」下詔하여 討.〈高
句麗〉하다. 夏.四月에 車蓋(행차).至〈涿郡〉之〈臨朔
宮〉하니 四方의 兵이 皆集〈涿郡〉하다.

▶ 어려운 낱말 ◀

[車蓋(거개)] : 임금이 타는 수레, 즉 임금의 행차.

▷ 본문풀이 ◁

22년, 봄 2월에 〈수〉나라 「양제」가 조서를 내려 〈고구려〉를 공
격하게 하였다. 여름 4월에, 「양제」의 행차가 〈탁군〉의 〈임삭궁〉
에 도착하니, 사방의 군사들이 모두 〈탁군〉으로 모였다.

○二十三年, 春, 正月, 壬午에 帝, 下詔曰,
이 십 삼 년 춘 정 월 임 오 　 제 하 조 왈

[수양제가 내린 고구려 정벌의 조서]

[1] "〈高句麗〉小醜가 迷昏不恭하여 崇聚〈勃〉
　　고구려 소추　미혼불공　　숭취 발

〈碣〉之間하고 荐食〈遼〉〈濊〉之境하니 雖復
갈 지간　　천식 요 예 지경　　　수부

〈漢〉〈魏〉誅戮(정벌)하여 巢穴暫傾하여도 亂離多阻
한 위 주류　　　　소혈잠경　　　난리다조

하여 種落還集하여 莩川藪於往代하여 播寔繁以訖
　　종락환집　　췌천수어왕대　　　파식번이흘

今하다. 睠彼華壤(:요동,현토,낙랑 등지)하니 翦爲吏類
금　　권피화양　　　　　　　　　　전위이류

하고 歷年永久하여 惡稔旣盈이라. 天道禍淫하니
　　역년영구　　　악임기영　　　천도화음

亡徵已兆니라. 亂常敗德은 非可勝圖하고 掩慝은
망징이조　　난상패덕　비가승도　　엄닉

唯日不足이라. 移告之嚴은 未嘗面受하고 朝覲之
유일부족　　　이고지엄　미상면수　　조근지

禮는 莫肯躬親이라. 誘納亡叛하여 不知紀極하며
레　막긍궁친　　유납망반　　부지기극

充斥邊垂하여 亟勞烽候하니 關柝以之不靜하고
충척변수　　극로봉후　　관탁이지부정

生人爲之廢業이라. 在昔薄伐에 已漏天網하고 旣
생인위지폐업　　재석박벌　이누천망　　　기

緩前禽之戮하고 未卽後服之誅나 曾不懷恩하고
완전금지류　　미즉후복지주　중불회은

翻爲長惡하여 乃兼〈契丹〉之黨하여 處劉海戌하고
번위장악　　내겸 거란 지당　　처류해수

習〈靺鞨〉之服하여 侵軼〈遼西〉하다. 又〈靑丘〉之

表가 咸修職貢하고 碧海之濱이 同稟正朔에 遂復

斂攘琛賮하여 遏絶往來하여 虐及弗辜라 誠而遇

禍하다. 輶車奉使가 爰暨海東에 旌節所次가 途

經藩境하면 而,擁塞道路하고 拒絶王人(使者)하다.

無事君之心하니 豈爲臣之禮하랴? 此而可忍이면

孰不可容이라! 且法令苛酷하고 賦斂(부세)煩重하

며 强臣豪族이 咸執國鈞하고 朋黨比周로 以之成

俗하고 賄貨如市하고 寃枉莫申하여 重以仍歲災

凶으로 比屋饑饉하고 兵戈不息하며 徭役無期하여

力碣轉輸하고 身塡溝壑하여 百姓愁苦하니 爰誰

適從이랴? 境內哀惶하여 不勝其弊하리라. 廻首面

內하여 各懷性命之圖로 黃髮稚齒라도 咸興酷毒

之歎하다. 省俗觀風하여 爰居幽朔이라 弔人問罪

를 無俟再駕로다. 於是에 親摠六師(:6軍)하고 用申

九伐하여 拯厥拯危하며 協從天意하여 殄兹逋穢

(도망자, 즉 고구려인을 지칭)하고 剋嗣先謨니라. 今宜授
극사선모　　　　금의수

律啓行하여 分麾居路하되 掩〈渤海〉而雷震하고
률계행　　분휘거로　　　엄발해이리진

歷〈扶餘〉以電掃리라. 比干按甲하고 誓旅而後行
역부여이전소　　　　비간안갑　　서려이후행

하며 三令五申하여 必勝而後戰하리라. 左十二軍은
삼령오신　　필승이후전　　　　　좌십이군

出〈鏤方〉〈長岑〉〈溟海〉〈蓋馬〉〈建安〉〈南蘇〉〈遼
출　누방　장잠　명해　개마　건안　남소　요

東〉〈玄菟〉〈扶餘〉〈朝鮮〉〈沃沮〉〈樂浪〉等道하고,
동　현도　부여　조선　옥저　낙랑　등도

右十二軍은 出〈黏蟬〉〈含資〉〈渾彌〉〈臨屯〉〈候城〉
우십이군　출　점선　함자　혼미　임둔　후성

〈提奚〉〈踏頓〉〈肅愼〉〈碣石〉〈東暆〉〈帶方〉〈襄平〉
제해　답돈　숙신　갈석　동이　대방　양평

等道하여 絡驛引途(:연속 진행)하여 摠集〈平壤〉하
등도　　낙역인도　　　　　　총집　평양

라.”하다. [이상은 수양제가 내린 고구려 정벌 조서 전문]

▶어려운 낱말◀

[帝下詔曰(제하조왈)] : 수양제가 고구려 원정에 대한 조서에 왈. [小醜(소추)]
: 작은 무리들이. 고구려를 말함. [荐食(천식)] : 누에가 뽕잎을 갉아먹듯 잠
식하다. [巢穴暫傾(소혈잠경)] : 소굴을 잠시 뒤엎어놓다. [亂離多阻(난리다
조)] : 분산되고 막힘. [萃川藪(췌천수)] : 모여들어 취학을 이룸. [眷(권)] : 돌아볼
(권). 睠과 같음. [翦爲夷類(전위이류)] : 돌아다보니 모두 오랑캐들이다. [掩
慝(엄닉)] : 악을 가리우다. [懷恩(회간)] : 은혜를 품다. [移告(이고)] : 철거하
다. [亡叛(망반)] : 망명. [烽候(봉후)] : 적을 탐망하는 곳. [海戍(해수)] : 바다
의 연해를 군인들이 수비하다. [海東(해동)] : 고구려. 청구. [黃髮稚齒(황발

치치)] : 어린아이라는 뜻. [弔人問罪(조인문죄)] : 무고한 백성을 위로하고 죄 지은 자를 처단함. [九伐(구벌)] : 부정행위자를 친다는 뜻. 주례에서 1벌~9 벌까지 항목이 있음.

▷ **본문풀이** ◁

23년, 봄 정월 임오일에 양제가 조서를 내려 말하기를, "〈고구 려〉의 미물들이 어리석고 불손하게도 〈발해〉와 〈갈석〉 사이에 모여 〈요〉와 〈예〉의 땅을 잠식하여 왔다. 비록 〈한〉나라와 〈위〉 나라의 거듭된 토벌로 그 소굴이 잠시 허물어졌으나, 그로부터 세월이 오래 지나니, 그 족속들이 다시 모여들었다. 지난 세대에 는 내와 늪의 물고기나 새처럼 조금씩 모였던 것이 이제는 퍼지 고 번식하여 오늘에 이르렀다. 〈요동〉·〈현토〉·〈낙랑〉 등의 아름다운 강토를 돌아보니 이제 모두 오랑캐의 땅이 되었고, 세 월이 오래되니 죄악이 이미 가득하였다. 천도는 사악한 자에게 화를 내리나니, 그들이 패망할 징조가 이미 나타났다. 그들이 도 덕을 손상시키는 일이 헤아릴 수 없이 많으며, 드러나지 않은 흉 악한 행동과 속에 품은 간사한 생각이 넘치고 있다. 조칙으로 내 리는 엄명을 (왕이) 한 번도 직접 받는 일이 없으며, 입조하는 의 식에도 (왕이) 직접 오기를 꺼려 하였다. 중국의 반역자들을 수없 이 유혹하고, 변방에 척후를 놓아 우리의 봉후들을 자주 괴롭혔 다. 이로 말미암아 치안은 안정되지 못하였고, 백성들은 생업을 버리게 되었다. 지난날 〈문제〉의 정벌 시에 그들은 하늘의 그물 에서 빠져 나갔다. 이전에 사로잡았을 때에는 죽이지 않은 채 놓아 주었고, 뒷날 항복하였을 때도 처단하지 않았다. 그러나 그들은 이러한 은혜를 생각하지 않고, 도리어 죄를 저질러 〈거란〉의 무리들과 합세하여 바다의 우리 수비병들을 살해하였으며, 〈말갈〉의 행동을 본받아 〈요서〉를 침략하였다. 또한 온 동방의 나라가 모두 조공 술직하며, 해변 지역의 모든 나라가 하나같이 신년이 되면 축하의 사절을 중국에 보내거늘, 고구려는 이때 조공하는 물품을 탈취하고, 다른 나라의 사절이 내왕하는 길을 막고 있다. 그들은 죄 없는 자를 학대하며 성실한 자를 해치고 있다. 천자의 사신이 탄 수레가 해동에 갈 때, 칙사의 행차는 속국의 국경을 통과하게 되는데, 고구려는 도로를 차단하고 우리의 사신을 거절하니, 이는 임금을 섬길 마음이 없는 것이다. 이를 어찌 신하의 예절이라 하겠는가? 이런 행동을 용서한다면, 어떤 행동인들 용서하지 못하랴! 또한 〈고구려〉는 법령이 가혹하고 부세가 과중하며, 권력 있는 신하들과 세도 있는 벌족들이 나라의 권력을 잡고, 당파끼리 결탁하는 것이 습속으로 되어 있다. 이들이 뇌물로 주고받는 재화가 시장을 이루니, 백성들은 억울한 사정을 호소할 곳이 없다. 해마다 재변과 흉년이 거듭 들어 집집마다 굶주리며, 전쟁은 그치지 않고 부역은 기한 없이 계속되어, 전쟁 물자를 나르는 일에 힘을 다 쓰니, 지친 몸이 계곡에 쓰러져 간다. 이러한 백성들의 근심과 고통을 누가 제거해줄 것인가? 〈고구려〉의 전 지역이 이와 같이 슬픔과 공포에 잠겨 있으니, 그 폐단은 이루 말할 수 없다. 머리를 돌려 백성들의 마음을 살펴보면, 그들은 각각 생명이나 보존하기를 도모하며, 늙은이와 어린이들까지도 모두 정치의 혹독함을 한탄하고 있다. 나는 지방의 풍속을 살피기 위하여 북방에 왔으니, 백성들을 위로하고 죄 있는 자에게 죄를 물어, 두 번 다시 오지 않아도 되도록 할 것이다. 이에 나는 육사 (六師)를 거느리고, 구벌(九伐)을 밝혀서 위급한 자를 구해주며, 하늘에 순종하여 이 역적을 무찔러 선조의 뜻을 이어갈 것이다. 이제 마땅히 군율에 따라 행군을 개시하되, 대오를 나누어 목적지로 향할지니, 〈발해〉를 뒤덮어 우레같이 진동케 하고, 〈부여〉를 짓밟아 번개처럼 휩쓸 것이다. 병기와 갑마를 정돈하고 부대를 경계한 후에 행군할 것이며, 재삼재사 훈시하여 필승을 꾀한 후에 전투를 시작할 것이다. 좌 12군은 〈누방〉·〈장잠〉·〈명해〉·〈개마〉·〈건안〉·〈남소〉·〈요동〉·〈현도〉·〈부여〉·〈조선〉·〈옥저〉·〈낙랑〉 방면으로 진군할 것이오, 우 12군은 〈점선〉·〈함자〉·〈혼미〉·〈임둔〉·〈후성〉·〈제해〉·〈답돈〉·〈숙신〉·〈갈석〉·〈동이〉·〈대방〉·〈양평〉 방면으로 진군하되, 진군로를 서로 연락하여 전부 〈평양〉으로 집결하게 하라."고 했다.

[2] 凡, 一百十三萬三千八百人이니 號를 二百萬
범 일백 십 삼 만 삼 천 팔 백 인   호   이 백 만

이라 하다. 其餽輸者倍之하다. 宜社於南〈桑乾水:
기 궤 수 자 배 지   의 사 어 남 상 건 수

지금의 永定河〉上하고, 類上帝於〈臨朔宮〉南하고, 祭
상   유 상 제 어 임 삭 궁 남   제

馬祖(:星神)於〈薊城(계성=지금의 북경)〉北하고, 帝親
마 조 어 계 성   북   제 친

授節度(:지휘)하여 每軍上將과 亞將各一人에 騎兵
수 절 도   매 군 상 장   아 장 각 일 인   기 병

四十隊하니 隊는 百人이라, 十隊爲團하고 步卒八
사 십 대   대 백 인   십 대 위 단   보 졸 팔

十隊를 分爲四團이라 하여 團各有偏將一人하고
십 대   분 위 사 단   단 각 유 편 장 일 인

其鎧冑와 纓拂과 旗旛을 每團異色하다. 日遣一
기 개 주   영 불   기 번   매 단 이 색   일 견 일

軍하여 相去四十里에 連營漸進하니 終四十日發
군   상 거 사 십 리   연 영 점 진   종 사 십 일 발

에 乃盡하다. 首尾相繼하고 鼓角相聞하며 旌旗亘
내 진   수 미 상 계   고 각 상 문   정 기 긍

九百六十里하다. 御營内에는 合十二衛·三臺·
구 백 육 십 리   어 영 내   합 십 이 위   삼 대

五省·九寺하여 分隷内外·前後·左右六軍하여
오 성   구 사   분 례 내 외   전 후   좌 우 육 군

次後發하니 又亘八十里하여 近古出師之盛이 未
차 후 발   우 긍 팔 십 리   근 고 출 사 지 성   미

之有也니라. 二月에 帝御가 師進至〈遼水〉하니 衆
지 유 야   이 월   제 어   사 진 지 요 수   중

軍摠會하여 臨水爲大陣하다. 我兵阻水하여 拒守
군 총 회   임 수 위 대 진   아 병 조 수   거 수

로 〈隋〉兵不得濟하다. 帝命工部尚書「宇文愷」하
   수 병 부 득 제   제 명 공 부 상 서 우 문 개

되 造浮橋三道於〈遼水〉西岸하여 旣成에 引橋趣
   조 부 교 삼 도 어 요 수 서 안   기 성   인 교 취

東岸이나 短不及岸丈餘하다. 我兵大至하니 〈隋〉
동 안   단 불 급 안 장 여   아 병 대 지   수

兵驍勇者는 爭赴水接戰하고 我兵乘高擊之하니
병 효 용 자   쟁 부 수 접 전   아 병 승 고 격 지

〈隋〉兵은 不得登岸하고 死者甚衆하다. 「麥鐵杖:隋
  수 병   부 득 등 안   사 자 심 중   맥 철 장

將」은 躍登岸하여 與「錢士雄」,「孟叉」等과 皆戰死
   약 등 안   여 전 사 웅   맹 차 등   개 전 사

하니 乃斂兵引橋하여 復就西岸하다. 更命,少府監

「何稠」하여 接橋하여 二日而成하다. 諸軍이 相次

繼進하여 大戰于東岸하니 我兵大敗하여 死者萬

計러라. 諸軍乘勝하여 進圍〈遼東城:지금의 遼陽〉하니

則〈漢〉之〈襄平城:요동군〉也니라. 車駕到〈遼〉하여

下詔赦天下하고 命,刑部尚書「衛文昇」等하여 撫

〈遼〉左之民하여 給復十年과 建置郡縣하여 以相

統攝하다. 夏五月, 初에 〈隋〉諸將之東下也에 帝

戒之曰, "凡,軍士進止는 皆,須奏聞待報하여 無

得專擅하라." 하다. 〈遼東〉은 數,出戰不利하니 乃

嬰城固守하다. 帝命諸軍攻之하고 又勅諸將하되

〈高句麗〉若降이면 則宜撫納하고 不得縱兵케 하

다. 〈遼東城〉將陷에 城中人이 輒言請降하니 諸將

奉旨하여 不敢赴期하고 先令馳奏하다. 比報至하

여 城中守禦亦備하여 隨出拒戰하다. 如此再三하

여 帝終不悟하고 旣而城久不下하다. 六月己未에

帝幸〈遼東城〉南하여 觀其城池形勢하고 因召諸
제행 요동성 남　　　관기성지형세　　　　인소제

將하여 詰責之曰, "公等은 自以官高로 又恃家世
장　　　힐책지왈　공등은　자이관고　　우시가세

하고 欲以暗懦待我邪아아? 在都之日에 公等皆不
　　욕이암나대아사　　　재도지일　　공등개불

願我來는 恐見病敗耳리라. 我今來此는 正欲觀公
원아래는　공견병패이　　　아금래차　　정욕관공

等所爲하여 斬公輩爾이니 公今畏死하여 莫肯盡力
등소위　　참공배이　　　공금외사　　　막긍진력

하니 謂我不能殺公邪아아?"하다. 諸將咸戰懼失色
　　위아불능살공야　　　　　제장함전구실색

하다. 帝因留止城西數里하여 御〈六合城:임시로 만든
　　제인류지성서수리　　　어육합성

행궁〉하다. 我諸城은 堅守不下하다. 左翊衛大將軍
　　　　아제성은　견수불하　　　좌익위대장군

「來護兒」는 帥〈江〉〈淮〉水軍하고 舳艫數百里로
내호아는　수 강 회 수군　　　축로수백리

浮海先進入自〈浿水:지금의 대동강〉하여 去〈平壤〉六
부해선진입자패수　　　　　　　　거 평양 육

十里에 與.我軍相遇하여 進擊大破之하다.「護兒」
십리에　여 아군상우　　　진격대파지　　　호아

는 欲乘勝趣其城(평양성)하다. 副摠管「周法尚」은
　욕승승취기성　　　　　　부총관 주법상

止之하며 請俟諸軍至俱進하다.「護兒」不聽하고
지지　　청사제군지구진　　　호아　불청

簡精甲數萬하여 直造城下하다. 我將은 伏兵於羅
간정갑수만　　　직조성하　　　아장은　복병어라

郭.内空寺中하고 出兵與「護兒」戰하다가 而僞敗
곽 내공사중　　　출병여 호아 전　　　　이위패

하니 「護兒」逐之入城하여 縱兵俘掠이라가 無.復
　　호아 축지입성　　　종병부략　　　무 복

部伍(隊伍)하다. 伏兵發하니 「護兒」大敗하여 僅而
獲免하고 士卒還者는 不過數千人이러라. 我軍이
追至舡所나 「周法尙」이 整陣待之라 我軍乃退하
다. 「護兒」는 引兵還屯海浦(진남포)이나 不敢復留
應接諸軍하다. 左翊衛大將軍「宇文述」은 出〈扶
餘〉道하고 右翊衛大將軍「又仲文」은 出〈樂浪〉道
로, 左驍衛大將軍「荊元恒」은 出〈遼東〉道로, 右
翊衛大將軍「薛世雄」은 出〈沃沮〉道로, 右屯衛將
軍「辛世雄」은 出〈玄菟〉道로, 右禦衛將軍「張瑾」
은 出〈襄平〉道로, 右武侯將軍「趙孝才」는 出〈碣
石〉道로, 〈涿郡〉太守檢校左武衛將軍「崔弘昇」은
出〈遂城〉道로, 檢校右禦衛虎賁郎將「衛文昇」은
出〈增地〉道하여 皆會於〈鴨淥水:압록강〉 西하다.
「述」等兵은 自〈瀘河〉〈懷遠〉二鎭에서 人馬皆給
百日糧하고 又給,排甲,槍矟,幷衣資,戎具,火幕하여
人別三石已上重으로 莫能勝致하다. 下令軍中하

여 "遺棄米粟者斬이라!" 하니 皆於幕下에 掘坑埋
之하니 纔行及中路에 糧將盡하다. 王이 遣大臣
「乙支文德」하여 詣其營하여 詐降하니 實欲觀虛
實하다. 「于仲文」은 先奉密旨하고 "若遇王及「文
德」來者면 必擒之하라." 하니 「仲文」이 將執之하
니 尙書右丞「劉士龍」이 爲慰撫使어늘 固止之하
다. 「仲文」이 遂聽하다. 「文德」還하여 旣而悔之하
고 遣人紿「文德」曰, "更欲有言하니 可復來하라."
하니 「文德」이 不顧하고 濟〈鴨淥水〉而去하다. 「仲
文」與「述」等은 旣失「文德」하고 內不自安하다.
「述」이 以糧盡欲還하니 「仲文」은 議以精銳로 追
「文德」하면 可以有功이라 하나 「述」이 固止之하니
「仲文」怒曰, "將軍仗十萬之衆으로 不能破小賊
이면 何顔以見帝리오? 且〈仲文〉은 此行이 固知無
功이라 何則고? 古之良將이 能成功者는 軍中之事
를 決在一人이요. 今人各有心하니 何以勝敵이리

오?"하다. 時에 帝는 以「仲文」이 有計劃이라 하여
시 제 이 중문 유계획

令諸軍諮稟節度라 故로 有此言하다. 由是로「述」
영제군자품절도 고 유차언 유시 술

等은 不得已而從之하여 與諸將으로 渡水追「文德」
등 부득이이종지 여제장 도수추 문덕

하니「文德」은 見「述」軍士가 有饑色하고 故欲疲之
문덕 견술군사 유기색 고욕피지

하여 每戰輒走하다.「述」이 一日之中에 七戰皆捷하
매전첩주 술 일일지중 칠전개첩

여 旣恃驟勝하고 又逼群議하여 於是에 遂進東濟
기시취승 우핍군의 어시 수진동제

〈薩水:지금의 淸川江〉하여 去〈平壤城〉三十里에 因山
살수 거 평양성 삼십리 인산

爲營하다.「文德」이 復遣使詐降하며 請於「述」曰,
위영 문덕 부견사사항 청어 술 왈

"若旋師者면 當奉王하고 朝行在所(隋主의)하리라."
약선사자 당봉왕 조행재소

하다.「述」은 見士卒疲弊하여 不可復戰하고 又〈平
술 견사졸피폐 불가부전 우평

壤城〉은 險固하여 度難猝拔하고 遂因其詐而還하
양성 험고 도난졸발 수인기사이환

다.「述」等이 爲方陣而行하니 我軍四面鈔擊이라.
술 등 위방진이행 아군사면초격

「述」等은 且戰且行하다. 秋七月에 至〈薩水〉하여
술 등 차전차행 추칠월 지살수

軍半濟에 我軍이 自後로 擊其後軍하니 右屯衛將
군반제 아군 자후 격기후군 우둔위장

軍「辛世雄」戰死하다. 於是에 諸軍俱潰하여 不可
군 신세웅 전사 어시 제군구궤 불가

禁止하다. 將士奔還이 一日一夜하여 至〈鴨淥水〉
금지 장사분환 일일일야 지압록수

하니 行四百五十里러라. 將軍이 〈天水:지명〉에 「王
仁恭」이 爲殿(후군이 되다)하여 擊我軍却之하다. 「來
護兒」도 聞「述」等이 敗하고 亦引還하다. 唯「衛文
昇」의 一軍이 獨全하다. 初에 九軍到〈遼〉에 凡三
十萬五千으로 及還至〈遼東城〉하니 唯二千七百
人이며 資儲器械巨萬計(:다수란 뜻)가 失亡蕩盡하다.
帝大怒하여 鎖繫(형구에 매다)「述」等하여 癸卯에 引
還하다. 初에 〈百濟〉王「璋:무왕」이 遣使하여 請討
〈高句麗〉하니, 帝使之覘我動靜하다. 「璋」은 內與
我潛通하다. 〈隋〉軍將出에 「璋」은 使其臣「國知
牟」를 入〈隋〉하여 請師期(共會의 期會)하니 帝大悅하
여 厚加賞賜하고 遣尚書起部郞「席律」을 詣〈百
濟〉하여 告以期會하다. 及〈隋〉軍渡〈遼〉에 〈百濟〉
亦嚴兵境上하고 聲言助〈隋〉하나 實持兩端(:이쪽
저쪽)하다. 是行也에 唯於〈遼水〉西에 拔我〈武厲
邏(:고구려 국경 감시소)〉하고 置〈遼東郡〉及〈通定鎭〉

而已라.
이 이

▶ **어려운 낱말** ◀

[饋輸(궤수)] : 군량미를 운반함. [鎧胄(개주)] : 갑옷과 투구. 甲胄. [纓拂(영
불)] : 군인의 단복과 복식. [旗旛(기번)] : 군대의 깃발. [旛(번)] : 천자의 거동
때 쓰던 기. [分隸(분례)] : 나누다. 분속. [隸] : 나누다 (례). [造浮橋(조부교)] :
배를 연결하여 다리를 만들다. [驍勇(효용)] : 날쌔고 용맹한. [相次繼進(상차
계진)] : 차례로 건너와서 이어지다. [進止(진지)] : 동정. 즉 모든 움직임은.
[奏聞待報(주문대보)] : 上奏하여 회답을 기다리는 것. [專擅(전천)] : 독단. [嬰
城固守(영성고수)] : 성을 닫고 굳게 지키다. [輒言請降(첩언청항)] : 문득 항복
을 청한다는 말이 있었다. [先令馳奏(선명치주)] : 황제의 명령을 달려가서 전
함. [比報至(비보지)] : 그에 대한 회보가 이르러서. [舳艫數百里(축로수백리)]
: 전함의 뻗침이 수백리라는 뜻. [羅郭(나곽)] : 나성으로 외성이란 뜻이다.
[獲免(호면)] : 죽음을 면함. [排甲(배갑)] : 갑옷. [槍矟(창삭)] : 창에 관한 무기
일체. [衣資(의자)] : 의류. [戎具(융구)] : 무기의 일체. [火幕(화막)] : 텐트.
[方陣(방진)] : 사방에 군사를 배치하는 진법. [爲殿(위전)] : 전군이 되다.

▷ **본문풀이** ◁

　군사의 총수는 1백13만 3천8백 명이었는데, 외형적으로는 2백
만 명이라고 하였다. 그러나 군량 수송을 맡은 자의 수는 배가 되
었다. 수나라에서는 남쪽 〈상건수〉에서 토지 신령께 제사 지내
고, 〈임삭궁〉 남쪽에서 상제께 제사 지내고, 〈계성〉 북쪽에서 마
조에게 제사 지냈다. 「양제」는 직접 지휘관을 임명하여, 각 군에
상장·아장 각 1명과 기병 40대를 두었다. 1대는 1백 명이며, 10
대가 1단이다. 보병은 80대였는데, 4단으로 나누어, 단마다 각각

편장 1명을 두었으며, 단의 갑옷과 투구의 끈과 깃발의 빛깔을 다르게 하였다. 매일 1군씩 파송하되, 상호 거리가 40리 씩 되게 하였다. 각 군영이 연속적으로 출발하였다. 40일 만에 출발이 모두 끝났다. 한 대열의 뒤와 다음 대열의 앞이 서로 연결되고, 북과 나팔 소리가 연이어 들렸으며, 깃발은 9백 60리에 뻗쳤다. 황제의 진영에는 12위·3대·5성·9시가 있는데, 내외·전후·좌우의 6군을 나누어 배속시켜 뒤따라 출발하였다. 이 대열이 또한 80리에 뻗쳤다. 근고 이래 군사의 출동이 이와 같이 성대한 적이 없었다. 2월에, 「양제」가 군사를 이끌고 〈요수〉에 도착하였다. 모든 군사가 모여 강 앞에 큰 진을 쳤다. 우리 군사들은 물을 사이에 두고 방어하였기 때문에 〈수〉나라 군사가 건너오지 못하였다. 양제가 공부상서 「우문개」에게 명하여, 〈요수〉의 서쪽 언덕에서 세 개의 부교를 만들도록 하였다. 그리고 그것이 완성된 후, 부교를 끌어 동쪽 언덕으로 잇고자 하였다. 그러나 부교가 1장 정도 짧아서 언덕까지 닿지 못하였다. 이때 우리 군사가 크게 공격하였다. 수나라 군사들 가운데 날쌔고 용맹한 자들이 물로 뛰어들어 접전을 하였으나, 우리 군사들은 높은 곳에서 공격하였으므로, 수나라 군사들은 언덕에 오르지 못하였다. 〈수〉나라 군사 중에 전사자가 매우 많았다. 「맥철장」이 언덕으로 뛰어올랐다가, 「전사웅」·「맹차」 등과 함께 모두 전사하였기 때문에 수나라 군사는, 곧 부교를 걷어 다시 서쪽 언덕으로 돌아갔다. 양제가 다시 소부감 「하조」에게 명하여 부교를 길게 늘이도록 하였다. 부교는 이틀 만에 완성되었다. 모든 부대가 차례로 건너와 동쪽 언덕에서 큰 전투가 벌어졌다. 우리 군사들이 크게 패하여 1만 명 가까운 사망자가 발생하였다. 수나라의 여러 부대는 승세를 타고 진격하여 〈요동성〉을 포위하였다. 요동성은, 곧 한나라 때의 〈양평성〉이다. 「양제」가 〈요〉에 이르러 조서를 내려 전국의 죄수를 사면하고, 형부상서 「위문승」 등을 시켜 〈요수〉의 왼쪽 지방 백성들을 위무하였으며, 그들에게 10년간의 부역을 면제시키고, 그곳에 군현을 설치하여 통치하게 하였다. 여름 5월에, 〈수〉나라 장수들이 동쪽으로 오는 초기에 양제는 그들에게 다음과 같은 주의를 주었다. "모든 군사들의 진퇴를 반드시 나에게 보고하고, 나의 지시를 기다릴 것이며, 독단적으로 행동하는 일이 없도록 하라!" 이때 〈요동〉의 우리 군사는 자주 싸우는 것이 해롭다 하여 성을 굳게 수비하고 있었다. 양제는 여러 군사들에게 명령하여 〈요동성〉을 치게 하고, 또 여러 장수들에게 명령하여 〈고구려〉가 만일 항복하면, 그들을 무마하여 받아들일 것이며, 군사들에게 방종한 행동을 하지 못하도록 하였다. 〈요동성〉이 함락될 지경이 되면, 성 안 사람들은 번번이 항복하겠다고 말했다. 그러나 〈수〉나라 장수들은 양제의 지시로 말미암아 적시에 조치를 취하지 못하고, 먼저 양제에게 보고를 띄웠다. 그러나 회보가 올 때마다 성의 방비가 갖추어져서 수시로 나와 항거하였다. 이러한 상황이 두세 번 계속되었으나, 「양제」는 끝내 알아채지를 못하고, 성은 오랫동안 항복하지 않았다. 6월 기미일에, 양제가 〈요동성〉 남쪽으로 가서 성곽과 연못의 형세를 관찰하고, 곧 여러 장수들을 불러 꾸짖으며 말했다. "그대들은 벼슬이 높다거나 또한 가문과 세도를 믿고 나

를 어리석은 자로 대하려 하는가? 전일 내가 서울에 있을 때 그대
들이 내가 이곳에 오는 것을 원하지 않은 것은, 그대들의 단점이
드러날까 두려워 한 것이로구나. 이제 내가 여기에 온 것은, 바로
그대들의 행동을 보아 그대들의 목을 베려는 것인데, 그대들은
지금 죽는 것이 무서워 힘을 다하지 않고 있으니, 내가 그대들을
죽일 수 없을 것으로 생각하는가?' 여러 장수들이 모두 실색을
하고 무서워 떨었다. 양제는 성의 서쪽으로 몇 리 떨어진 곳에 머
물러 있으면서 〈육합성〉을 엿보고 있었으나 우리의 모든 성은 굳
게 지키고 항복하지 않았다. 좌익위 대장군 「내호아」가 〈강〉·
〈회〉의 수군을 실은 수백 리에 달하는 선단을 이끌고 바다를 통
하여 〈패수〉로부터 들어오니, 〈평양〉과의 거리가 60리였다. 우
리 군사와 조우하자 그들이 진격하여 우리가 대패하였다. 「내호
아」는 승세를 타고 성으로 진격하려 하였다. 그러나 부총관 「주
법상」이 만류하며, 여러 군사들이 오기를 기다려 함께 진격하자
고 하였다. 「내호아」가 듣지 않고 정예병 수만 명을 선발하여 곧
장 성 밑까지 왔다. 이때 우리 장수는 외성에 있는 빈 절간에 군
사를 숨겨 놓고, 군사를 출동시켜 「내호아」와 싸우다가 거짓으로
패하는 체하였다. 「내호아」가 성 안으로 쫓아 들어와 군사들을
풀어 백성들을 사로잡고 재물을 약탈하며, 미처 대오를 정비하지
못하고 있었다. 이때 우리의 숨었던 군사들이 출동하니, 「내호
아」가 대패하였다. 내호아는 간신히 포로 신세를 면하였고, 살아
서 돌아간 군사는 수천 명에 불과하였다. 우리 군사는 선창까지
추격하였다. 그러나 수나라 장수 「주법상」이 진을 정비하여 대비

하고 있으므로 우리 군사는 곧 물러 나왔다. 「내호아」는 군사들을 데리고 바닷가로 돌아가서 주둔하며, 다시는 감히 다른 군사들과 호응하고 접촉할 수 없게 되었다. 좌익위 대장군 「우문술」은 〈부여〉로 출동하고, 우익위 대장군 「우중문」은 〈낙랑〉으로 출동하고, 좌효위 대장군 「형원항」은 〈요동〉으로 출동하고, 우익위 대장군 「설세웅」은 〈옥저〉로 출동하고, 우둔위 장군 「신세웅」은 〈현도〉로 출동하고, 우어위 장군 「장근」은 〈양평〉으로 출동하고, 우무후 장군 「조효재」는 〈갈석〉으로 출동하고, 〈탁군〉 태수 검교 좌무위 장군 「최홍승」은 〈수성〉으로 출동하고, 검교 우어위 호분 낭장 「위문승」은 〈증지〉로 출동하여 모두 〈압록강〉 서쪽에 집결하였다. 「우문술」 등의 군사가 〈노하〉·〈회원〉 두 진 지역에서 군사와 말에게 각각 백일분의 식량을 주고, 또한 갑옷·짧은 창·긴 창·옷감·전투 기재·장막 등을 주었다. 이에 따라 군사마다 3섬 이상의 짐을 지게 되어 그 무게를 당해낼 수 없었다. 우문술은 군사들에게 명을 내려 “도중에서 곡식을 버리는 자는 참수한다.”고 하였다. 군졸들은 모두 장막 밑에 구덩이를 파고 묻었다. 이에 따라 겨우 중간쯤 행군하였을 때, 군량은 이미 거의 떨어졌다. 이때 왕은 대신 「을지문덕」을 수나라 군영으로 보내 거짓으로 항복하게 하였다. 그러나 사실은 그들의 실력 유무를 알아보고자 한 것이었다. 이보다 앞서 「우중문」은 양제로부터 “만일 고려왕이나 「을지문덕」이 오는 기회가 있거든 꼭 사로잡으라는 비밀 지시를 받고 있었다.” 하니, 「우중문」은 을지문덕을 잡으려 하였다. 그러나 상서 우승 「유사룡」이 위무사로

와 있다가 강력히 이를 말렸다. 「우중문」은 마침내 이 말을 듣고 「을지문덕」을 돌아가게 하였다. 「우중문」은, 곧 이를 후회하여 사람을 보내 「을지문덕」에게 거짓으로 말했다. "다시 하고 싶은 말이 있으면 또 와도 좋다." 그러나 「을지문덕」은 뒤돌아보지 않고 〈압록강〉을 건넜다. 「우중문」과 「우문술」 등은 「을지문덕」을 놓치고 내심 불안하였다. 「우문술」은 군량이 떨어졌다 하여 돌아가려 하였다. 「우중문」이 우문술에게, 정예 부대로 「문덕」을 추격하면 성공할 수 있을 것이라고 하니, 「우문술」이 강하게 말렸다. 「중문」이 성을 내어 말하기를 "장군이 십만 대병을 거느리고도 적은 적군을 깨뜨리지 못하고, 무슨 낯으로 황제를 보려는가? 그리고 나는 이번의 정벌에 공이 없을 줄 미리부터 짐작하였다. 왜냐하면 옛날 명장들이 공을 이룬 것은, 군사에 관한 일이 한 사람에 의하여 결정되었기 때문인데, 지금 우리는 사람마다 각각 다른 마음을 가지고 있으니, 어떻게 적을 이길 수 있겠는가?'라고 하였다. 당시 「양제」는 「중문」이 계교와 전략이 훌륭하다 하여, 모든 부대로 하여금 지휘 사항을 자문하게 하였기 때문에 이런 말을 하였던 것이다. 이로 말미암아 「우문술」 등이 마지못하여 우중문의 말대로 여러 장수들과 함께 압록강을 건너 「을지문덕」을 추격하였다. 「을지문덕」은 「우문술」의 군사가 굶주린 기색이 있는 것을 보았기 때문에 그들을 피로하게 하기 위하여 싸울 때마다 도주하였다. 「우문술」은 하루에 일곱 번 싸워서 일곱 번을 모두 이겼다. 그들은 여러 번 이겼다는 사실 때문에 자신을 가지게 되었고, 또한 여러 사람들의 의견에 밀려서, 곧 동쪽으로 진군하여 〈살수〉

를 건넜다. 그들은 〈평양성〉 30리 떨어진 곳에 이르러 산을 의지하고 진을 쳤다. 「을지문덕」이 다시 사람을 보내 거짓 항복하는 체하고 「우문술」에게 청하기를 "만약 군사를 거두어 돌아간다면, 왕을 모시고 황제가 계신 곳으로 가서 예빙하겠다."고 하였다. 「우문술」은 자기 군사들이 피로하여 다시 싸울 수 없음을 알고 있었고, 또한 〈평양성〉이 험하고 견고하여 조기에 함락시킬 수 없다고 생각하여, 마침내 우리의 거짓말을 곧이듣고 돌아갔다. 「우문술」은 방진을 치면서 행군하였다. 그때, 우리 군사가 사면으로 공격하였다. 「우문술」 등은 한편으로 싸우며 한편으로 행군하였다. 가을 7월에, 우문술의 군사가 〈살수〉에 이르러 강을 절반쯤 건널 때, 우리 군사가 후방에서 그들의 후속 부대를 공격하였다. 적장 우둔위 장군 「신세웅」이 여기에서 전사하였다. 그러자 여러 부대들이 한꺼번에 무너져 걷잡을 수가 없었다. 장수와 군졸이 뛰어 도주하는데, 하루 낮 하룻밤 사이에 〈압록강〉까지 4백5십 리를 행군하였다. 수나라 장군 〈천수〉 사람 「왕인공」이 후군이 되어 우리 군사를 막아 물리쳤다. 「내호아」는 「우문술」이 패하였다는 소문을 듣고 역시 퇴각하였다. 다만 「위문승」의 군대만이 온전하였다. 처음 9군이 〈요동〉에 도착했을 때는 총수가 30만 5천 명이었는데, 〈요동성〉으로 돌아갔을 때는 다만 2천7백 명 뿐이었고, 수만에 달하는 군량과 군사 기재들이 탕진되었다. 「양제」가 크게 노하여 「우문술」 등을 쇠사슬로 묶어 계묘일에 돌아갔다. 애초에, 〈백제〉왕 「장」이 수나라에 사신을 보내 〈고구려〉를 치자고 요청했을 때, 「양제」는 백제로 하여금 우리의 동정을 엿보게 하였으나, 이때 백제왕 「장」은 비밀리에 우리와 정보를 교환하고 있었다. 〈수〉나라 군사가 출동할 때, 백제왕 「장」이 그의 신하 「국지모」로 하여금 〈수〉나라에 가서 양국 군사가 만날 기일을 알려 주기를 요청하였다. 「양제」는 크게 기뻐하여 후하게 상을 주고, 상서 기부랑 「석률」을 백제에 보내 양국 군사가 만날 기일을 알려 주었다. 〈수〉나라 군사가 〈요수〉를 건너오게 되자, 〈백제〉도 역시 국경에서 군사를 정비하고 〈수〉나라에 협조한다는 것을 성명하였으나, 실제로는 양쪽을 모두 지지하였던 것이다. 이번 싸움에서 수나라는 다만 〈요수〉 서쪽에서 우리의 〈무려라〉 지역을 빼앗아 〈요동군〉과 〈통정진〉을 설치하였을 뿐이었다.

○二十四年, 春正月에 帝詔, 徵天下兵하여 集〈涿
郡:河北省 涿縣〉하고 募民, 爲, 驍果(軍職名)하고 修〈遼
東〉古城하여 以貯軍糧하다. 二月에 帝, 謂侍臣曰,
"〈高句麗〉小虜가 侮慢上國하니 今에 拔海移山하
고 猶望克果어늘 況, 此虜乎?" 하고 乃復議伐하다.
左光祿, 大夫「郭榮」諫曰, "戎狄(고구려)失禮는 臣
下之事며 千鈞之弩는 不爲, 鼷鼠發機니 奈何, 親辱
萬乘으로 以敵小寇乎리오?" 하나 帝, 不聽하다. 夏,

四月에 車駕,度〈遼〉하여 遣,「宇文述」과 與,「楊義
臣」으로 趣,〈平壤〉하다.「王仁恭」을 出,〈扶餘〉道
하여 進軍,至〈新城:지금의 撫順北 關山城〉하니 我兵數
萬이 拒戰하다.「仁恭」이 帥,勁騎一千으로 擊破之
하니 我軍은 嬰城固守하다. 帝命,諸將攻〈遼東:지
금의 요양〉하고 聽以,便宜從事하다. 飛樓橦(攻城
器)·雲梯(사다리)·地道(鑿地具)로 四面俱進하여 晝
夜不息하다. 我,應變拒之하여 二十餘日,不拔하고
主客死者,甚衆하다. 衝梯竿(登城具)長,十五丈으로
驍果(:군직명)「沈光」이 升其端하여 臨城與我軍戰
하여 短兵接殺,十數人하고 我軍競擊之하니 而,墜未
及地에 適遇,竿有垂緪하여 「光」이 接而復上하다.
帝,望見壯之하여 卽拜,朝散大夫하다.〈遼東城〉이
久,不下어늘 帝,遣造布囊(큰 베푸대)百餘萬口하고
滿,貯土하여 欲積爲,魚梁大道하니 闊,三十步요
高與城齊하여 使戰士로 登而攻之하다. 又作,八

輪樓車하여 高出於城이라 夾.魚梁道하여 欲.俯射
城内하다. 指期將攻하니 城内危懼이라 會에 「楊
玄感:수양제의 愛臣」이 叛書.至하다. 帝.大懼하여 又
聞.達官子弟皆在「玄感」所하고 益憂之하다. 兵部
侍郎「斛斯政」은 素與「玄感」으로 善이라 内不自
安하여 來奔하다. 帝夜.密召諸將하여 使.引軍還하
니 軍資器械攻具는 積如丘山하고 營壘帳幕은 案
堵不動이며 衆心恟懼하여 無復部分하고 諸道分
散하다. 我軍.即時覺之나 然이나 不敢出하고 但於
城内.鼓噪라가 至.來日午時에 方漸出外하니 猶疑
〈隋〉軍詐之하여 經.二日에 乃出數千兵追躡이나
畏.〈隋〉軍之衆이 不敢逼하고 常.相去八九十里하
다. 將至〈遼水〉에 知.御營畢度하고 乃敢逼.後軍
하다. 時에 後軍.猶數萬人이라 我軍隨而鈔擊하여
殺略.數千人하다.

[高句麗小虜(고구려소로)] : 고구려라는 小敵. [侮慢上國(모만상국)] : 상국을 업신여김. [戎狄(융적)] : 오랑캐. 여기서는 고구려를 지칭함. [千鈞之弩(천균지노)] : 좋은 활과 무기. [鼷鼠(혜서)] : 쥐. [嬰城(영성)] : 성문을 군게 닫고 성을 지킴. [垂組(수환)] : 늘어뜨린 노끈. [魚梁(어량)] : 고기를 잡기 위해 물을 막아 木石으로 만든 방차.(魚梁式大道). [八輪樓車(팔륜누거)] : 밑에 八輪이 달린 樓車. [指期(지기)] : 때를 맞추어. [危蹙(위축)] : 위험을 느끼다. [案堵不動(안도부동)] : 제자리에 편안히 있음. [恟懼(흉구)] : 두려워함. [鼓噪(고조)] : 북을 두드리며 시끄럽게 떠들다. [追躡(추섭)] : 뒤를 밟아서 쫓다. [鈔擊(초격)] : 끝까지 공격하다.

▷ 본문풀이 ◁

24년, 봄 정월에 수나라 「양제」가 조서를 내려 전국 군사들을 〈탁군〉으로 소집하고, 백성들을 모집하여 효과를 만들고, 〈요동〉의 옛 성을 수리하고 군량을 저장하게 하였다. 2월에, 「양제」가 근신들에게, "〈고구려〉와 같이 하찮은 것들이 상국을 무시하고 있다. 오늘날 우리의 국력이 바다 물을 뽑아내고 산을 옮길 수 있거늘, 하물며 이런 따위의 적이야 무엇이 문제이겠는가?'라고 말하고, 〈고구려〉를 다시 정벌할 것을 논의하였다. 이때 좌광록대부 「곽영」이 간하여 말하기를 "오랑캐로서 예절을 지키지 못한 것은 신하로서의 일입니다. 천근 무게의 큰 활은 생쥐를 잡기 위하여 사용하지 않는 법이니, 어찌하여 직접 천자의 자리를 더럽혀 작은 도적을 대적하려 하십니까?'라고 하였으나, 「양제」는 이 말을 듣지 않았다. 여름 4월에, 양제는 〈요수〉를 건넜다. 그는 「우문술」과 「양의신」으로 하여금 〈평양〉으로 진격하게 하고,

「왕인공」은 〈부여〉를 경유하여 〈신성〉으로 진군하도록 하였다. 우리 군사 수만 명이 이들과 대항하여 싸우다가 「인공」의 강병 1천여 명에게 패배하였다. 우리 군사는 성을 굳게 지켰다. 「양제」가 모든 장수에게 명령하여 〈요동〉을 치게 하고, 그들로 하여금 사태에 따라 명령을 기다리지 말고 적절하게 조치하도록 하였다. 그들은 비루동·운제·지도를 이용하여 사면에서 동시에 밤낮으로 공격하였다. 그러나 우리도 그때마다 적절히 대응하였기 때문에 20여 일이 지나도록 성을 빼앗기지 않았다. 이 과정에서 양편 모두 전사자가 매우 많았다. 수나라에서 길이가 열댓 길 되는 성곽 공격용 사다리를 세우고, 효과 「심광」이 그 끝에 올라서서 성을 내려다보며 우리 군사와 단병으로 접전하여 10여 명을 죽였다. 우리 군사들이 앞다투어 그를 밀었는데, 그는 땅에 채 닿기 전에 사다리에 매달려 있던 줄을 잡고 다시 올라갔다. 「양제」가 이를 바라보고 장하게 여겨 즉시 그에게 조산대부 벼슬을 주었다. 〈요동성〉이 오래도록 함락되지 않자, 「양제」는 1백여만 개의 푸대를 만들어 보냈다. 그는 푸대에 흙을 채운 후에, 넓이가 30보이며, 성과 높이가 동일한 큰 뚝길을 쌓게 하고, 군사들로 하여금 그 위에 올라서서 성 안을 공격하게 하는 작전을 구상하였다. 또 한편으로 높이가 성보다 훨씬 높은 팔륜누거를 만들어, 새로 만든 큰 뚝길에 세워 성 안을 내려다보며 활을 쏘게 하는 방법도 구상하였다. 장차 날짜를 정하여 이러한 방법으로 공격하려 하자, 성 안에서는 위협을 느끼고 위축되어 있었다. 그러나 때마침 수나라에서 「양현감」이 반역하였다는 보고가 오자, 「양제」는 크게 두려워하였다. 또한 고관들의 자제가 모두 「현감」의 편에 섰다는 소식을 듣고 더욱 걱정하게 되었다. 이때 수나라 병부 시랑 「곡사 정」이 본래부터 「현감」과 친한 사이였으므로, 내심 불안하게 생각 하여 우리에게 도망해왔다. 「양제」는 밤에 여러 장수들을 조용히 불러 군사를 인솔하고 돌아가도록 하였다. 군수 기재와 공격용 도 구들이 산더미처럼 쌓였고, 병영과 보루, 장막들도 자리에 둔 채 그대로 있었으나, 군사들의 마음은 흉흉하여 다시 부대를 정비하 지 못하고, 여러 길로 흩어졌다. 우리 군사가 이를 즉시 알았으 나, 감히 나가지는 못하고 성 안에서 북을 울리며 떠들고 있다가 이튿날 오시에야 조금씩 밖으로 나오기 시작하였다. 그러나 이때 도 오히려 〈수〉나라 군사가 우리를 속이는 것으로 의심하였다. 이틀이 지나서야 수천 명의 군사를 출동하여 추적해 갔다. 그러 나 〈수〉나라 군사의 수가 많은 것을 두려워하여 가까이 접근하지 못하고, 일정하게 8·9십 리의 거리를 두고 따라갔다. 거의 〈요수〉 에 이르러서야 양제의 친병이 모두 건너간 것을 알고, 곧 그들의 후군을 공격하였다. 이때에도 후군의 수가 수만 명이었는데, 우 리 군사가 따라 가면서 끝까지 공격하여 대략 수천 명을 죽였다.

○二十五年, 春,二月에 帝詔,百寮하여 議伐〈高
句麗〉하나 數日,無敢言하다. 詔復徵,天下兵하여
百道俱進하다. 秋,七月에 車駕次〈懷遠鎭:지금의

北鎭?〉하니 時에 天下已亂하여 所,徵兵多失期,不
　　　　　　 시 　천하이란 　소징병다실기부

至하다. 吾,國亦困弊하다.〈來護兒〉가 至〈卑奢城:
지　　오 국역곤폐 　　　　내호아 　　지　비사성

지금의 대련만〉하니 我兵逆戰하다.「護兒」는 擊克之
　　　　　　　　　 아병역전 　　　 호아 　격극지

하여 將趣〈平壤〉하다. 王懼하여 遣使乞降하고 因
　　 장취 평양 　　　 왕구 　　견사걸항 　　 인

送「斛斯政」하니 帝,大悅하여 遣使持節하여 召
송 곡사정 　　 제 대열 　　　 견사지절 　　　소

「護兒」還하다. 八月에 帝自〈懷遠鎭〉에서 班師하
호아 환 　　 팔월 　제자 회원진 　　　 반사

다. 冬,十月에 帝還〈西京:長安〉하여 以,我使者及
　　동 시월 　제환 서경 　　　　 이 아사자급

〈斛斯政〉을 告,太廟하고 仍,徵王入朝하나 王이 竟
곡사정 　　告 태묘 　 잉 징왕입조 　　 왕 　경

不從하다. 勅,將帥嚴裝하고 更圖後擧나 竟不果
부종 　　 칙 장수엄장 　 갱도후거 　　 경불과

行하다.
행

▶ 어려운 낱말 ◀

[百道(백도)] : 여러 갈래의 길. [車駕次(거가차)] : 임금의 행차. [持節(지절)] :
신표를 가지고 가다. [嚴裝(엄장)] : 장비를 엄밀하게 갖추다. [竟不果行(경불
과행)] : 마침내 실현하지 못함.

▷ 본문풀이 ◁

25년, 봄 2월에「양제」가 백관들에게 조서를 내려〈고구려〉를
공격하는 문제를 의논하게 하였으나, 수일 동안 감히 말하는 자

가 없었다. 「양제」가 조서를 내려 다시 전국 군사를 소집하여 모든 방면의 길로 일시에 진공하게 하였다. 가을 7월에, 양제가 〈회원진〉으로 행차하니, 이때 〈수〉나라는 나라 전체가 이미 혼란하여, 소집한 군사의 대부분이 기일을 어기고 오지 않았고, 우리나라도 역시 피폐된 상태였다. 수나라 장군 「내호아」가 〈비사성〉에 이르자, 우리 군사가 나아가 싸웠으나 「호아」가 승리하고 곧 〈평양〉으로 진격하려 하였다. 왕이 두려워하여 사신을 보내 항복을 청하고, 「곡사정」을 돌려보냈다. 「양제」가 크게 기뻐하여 신임표가진 사절을 보내 「내호아」를 소환하였다. 8월에, 「양제」가 〈회원진〉에서 군사를 거두었다. 겨울 10월에, 「양제」가 〈서경〉에 돌아가서 우리의 사신과 〈곡사정〉에 대한 일을 태묘에 고하고, 또한우리 왕에게 수나라 조정에 들어와 예빙하라고 하였으나 왕이 끝내 듣지 않았다. 양제가 장수들에게 엄밀하게 대비할 것을 명하고, 다시 공격할 것을 도모하였으나 결국 실행에 옮기지 못하였다.

○二十九年, 秋九月에 王薨하니 號曰『嬰陽王』
이 십 구 년 추 구 월 왕 홍   호 왈 영 양 왕
하다.

▷ **본문풀이** ◁

29년, 가을 9월에 왕이 서거하니, 호를 『영양왕』이라 하였다.

27 | 榮留王(영류왕) : 618~641

○『榮留王』의 諱는「建武」[一云成.]이니『嬰陽王』
의 異母弟也라.『嬰陽』在位,二十九年에 薨하니
卽位하다.

▷ 본문풀이 ◁

『영류왕』의 이름은「건무」【무를 성이라고도 한다.】이며, 『영양왕』
의 이복 아우이다. 『영양왕』이 재위 29년에 죽자, 건무가 왕위에
올랐다.

○二年, 春,二月에 遣使如〈唐〉하여 朝貢하다.
夏四月에 王幸〈卒本〉하여 祀,始祖廟하다. 五月에
王이 至自〈卒本〉하다.

▷ 본문풀이 ◁

2년, 봄 2월에 〈당〉나라에 사신을 보내 조공하였다. 여름 4월
에, 왕이 〈졸본〉에 가서 시조의 사당에 제사 지냈다. 5월에, 왕이
〈졸본〉에서 돌아왔다.

○四年, 秋, 七月에 遣使如〈唐〉하여 朝貢하다.
사 년 추 칠 월 견 사 여 당 조 공

▷본문풀이◁

4년, 가을 7월에 〈당〉나라에 사신을 보내 조공하였다.

○五年에 遣使如〈唐〉하여 朝貢하다. 〈唐〉「高祖:
오 년 견 사 여 당 조 공 당 고 조

李淵」는 感.〈隋〉末에 戰士가 多陷於此하고 賜王(영
감 수 말 전 사 다 함 어 차 사 왕

류왕)詔書曰, "朕이 恭膺寶命(:천명)하여 君臨率土(:
조 서 왈 짐 공 응 보 명 군 림 솔 토

天下)하고 祗順三靈(天神.地神.祖神)하여 懷柔萬國하니
지 순 삼 령 회 유 만 국

普天之下에 情均撫字하고 日月所炤에 咸使乂安
보 천 지 하 정 균 무 자 일 월 소 소 함 사 예 안

하다. 王이 統攝〈遼〉左하고 世居藩服하여 思稟正
왕 통 섭 요 좌 세 거 번 복 사 품 정

朔하고 遠循職貢하여 故遣使者로 跋涉山川하여
삭 원 순 직 공 고 견 사 자 발 섭 산 천

申布誠懇하니 朕甚嘉揖이라. 方今에 六合(사방상
신 포 성 간 짐 심 가 읍 방 금 육 합

하)寧晏하고 四海清平하여 玉帛旣通하여 道路無
녕 안 사 해 청 평 옥 백 기 통 도 로 무

壅하고 方申緝睦하여 永敦聘好하여 各保疆場하니
옹 방 신 집 목 영 돈 빙 호 각 보 강 역

豈非盛美耶아? 但〈隋〉氏季年에 連兵構難하여
기 비 성 미 야 단 수 씨 계 년 연 병 구 난

攻戰之所에 各失其氓하고 遂使骨肉乖離하고 室
공 전 지 소 각 실 기 맹 수 사 골 육 괴 리 실

家分析하여 多歷年歲토록 怨曠不申하다. 今에 二
가분석   다력년세   원광불신   금   이

國通和하여 義無阻異하다. 在此所有〈高句麗〉人
국통화   의무조이   재차소유 고구려 인

等은 已令追括하여 尋卽遣送이니 彼處所有,此國
등   이령추괄   심즉견송   피처소유 차국

人者를 王은 可放還하여 務盡綏育之方하고 共弘
인자 왕   가방환   무진수육지방   공홍

仁恕之道하라." 하다. 於是에 悉搜括,華人以送之
인서지도   어시   실수괄 화인이송지

하니 數至萬餘하다. 「高祖」大喜하다.
      수지만여   고조 대희

▶ 어려운 낱말 ◀

[祗順(지순)] : 공경하고 순응하여. [撫字(무자)] : 撫育하다. [乂安(예안)] : 편
안하게 다스림. [統攝(통섭)] : 통솔하여 잘 다스리다. [藩服(번복)] : 藩屬.
[正朔(정삭)] : 曆書. [玉帛(옥백)] : 使聘. [申緝睦(신집목)] : 화목함을 펴 나가
다. [疆場(강역)] : 국경. [構難(구난)] : 어려움. [乖離(괴리)] : 흩어지고 벌어
짐. [怨曠(원광)] : 怨女와 曠夫. 즉 無夫女와 無妻夫. [務盡綏育(무진수육)] :
백성들을 편안하게 하는데 힘씀. [搜括(수괄)] : 조사하여 통괄하다. [華人(화
인)] : 중국 사람.

▷ 본문풀이 ◁

　5년에, 〈당〉나라에 사신을 보내 조공하였다. 〈당〉나라 「고조」
가 〈수〉나라 말기에 많은 군사들이 우리나라에 붙잡혀 있는 것
을 염두에 두고, 왕에게 조서를 내려 말하기를, "내가 공손히 천
명을 받아 천하에 군림하고, 삼가 천 · 지 · 인의 삼령에 순응하여
만국을 회유하니, 천하 백성들이 모두 나의 사랑을 입을 것이요,

해와 달이 비치는 곳은 어디나 모두 편안하게 될 것이다. 왕은 〈요동〉의 동쪽 지역을 통치하면서, 대대로 번방의 자격으로 중국의 정삭을 받들며, 오랜 동안 술직과 조공의 직무를 수행하여, 사신을 보내 산을 넘고 물을 건너 정성을 보여 왔으니, 이를 나는 매우 가상히 여긴다. 지금은 바야흐로 천지사방이 편안하며 사해가 무사하니, 예물이 내왕하되 길이 막힘이 없으며, 서로 화목하고 우호의 정을 길이 군건히 하면서 각각 자기의 영역을 보호하고 있으니, 어찌 성대하고 아름다운 일이 아니겠는가? 다만 〈수〉나라 말년에 연이어 전쟁을 하였으니, 전쟁의 땅에는 어디에나 유랑민이 있을 것이고, 이리하여 마침내 골육이 헤어지고 남편과 아내가 서로 갈라져 긴 세월이 지나도록 짝 잃은 원한을 풀지 못하고 있다. 이제 우리 두 나라가 화친을 맺으니, 우리의 정의는 동일하게 되었다. 이곳에 있는 〈고구려〉인은 이미 전부 조사하여 즉시 돌려보내기로 하였으니, 그곳에 있는 우리나라 사람도 왕이 돌려보내어, 백성들을 편하게 하는 정책에 힘을 다하여 인자하고 너그러운 도리를 서로 넓히어 가자.”고 했다. 이리하여 우리나라에 있는 중국인들을 전부 찾아 모아 돌려보내니 그 수가 1만여 명에 달하였다. 당나라 「고조」가 크게 기뻐하였다.

○六年, 冬十二月에 遣使如〈唐〉하여 朝貢하다.
육년 동십이월 견사여당 조공

▷ **본문풀이** ◁

6년, 겨울 12월에 〈당〉나라에 사신을 보내 조공하였다.

○七年, 春.二月에 王이 遣使如〈唐〉하여 請.班
　　칠 년　춘 이 월　왕　　견 사 여　당　　　청 반

曆하다. 遣.刑部尙書「沈叔安」하여 策王爲.'上柱
력　　　견 형 부 상 서　심 숙 안　　　책 왕 위　상 주

國〈遼東郡〉公〈高句麗〉國王'하다. 命.道士하여
국 요 동 군　공 고 구 려 국 왕　　　　명 도 사

以.天尊像及道法으로 往.爲之講『老子』하니 王
이 천 존 상 급 도 법　　왕 위 지 강　노 자　　　왕

及國人이 聽之하다. 冬.十二月에 遣使入〈唐〉하여
급 국 인　청 지　　　동 십 이 월　견 사 입　당

朝貢하다.
조 공

▶ 어려운 낱말 ◀

[班曆(반력)] : 역서를 반급하다. [道士(도사)] : 도교의 교사. [天尊像(천존상)] :
神仙像. [老子(노자)] : 도덕경.

▷ 본문풀이 ◁

　7년, 봄 2월에 왕이 〈당〉나라에 사신을 보내 책력을 반포하여
줄 것을 요청하였다. 〈당〉나라에서 형부상서「심숙안」을 보내
왕을 '상주국〈요동군〉공〈고구려〉왕'으로 책봉하고, 도사에게
명하여 천존의 화상과 도교를 가지고 고구려에 가서 [노자]를 강
의하게 하였다. 왕과 백성들이 이 강의를 들었다. 겨울 12월에,
〈당〉나라에 사신을 보내 조공하였다.

○八年에 王이 遣使入〈唐〉하여 求.學佛과 老敎
　　팔 년　왕　견 사 입　당　　　구 학 불　　노 교

法하니 帝,許之하다.
법　　　제 허 지

▷ 본문풀이 ◁

8년에, 왕이 〈당〉나라에 사신을 보내 불교와 [노자]의 교리를
가르쳐 주기를 요청하니, 황제가 허락하였다.

○九年에 〈羅:진평왕〉와 〈百濟〉가 遣使於〈唐〉하
　구 년　　　　나　　　　　백 제　　　　견 사 어　당

여 上言하되 "〈高句麗〉가 閉道하여 使,不得朝하고
　상 언　　　　고 구 려　　폐 도　　　사 부 득 조

又,屢相侵掠이라"하다. 帝遣,'散騎侍郎'「朱子奢」
　우 누 상 침 략　　　　　제 견　산 기 시 랑　　주 자 사

하여 持節諭和하다. 王이 奉表謝罪하여 請與,二國
　　지 절 유 화　　　왕　　봉 표 사 죄　　　청 여 이 국

平하다.
평

▶ 어려운 낱말 ◀

[奢] : 사치할(사). [諭和(유화)] : 깨우쳐 화친하다.

▷ 본문풀이 ◁

9년에, 〈신라〉와 〈백제〉가 〈당〉나라에 사신을 보내 "〈고구려〉
가 길을 막고 예빙하지 못하게 하며, 또한 자주 침략한다."라고
말하였다. 당나라 황제가 '산기시랑'「주자사」에게 황제의 신임
표를 주어 보내며, 세 나라가 화친하기를 권하였다. 왕이 당나라

에 표문을 올려 사죄하고, 신라·백제 두 나라와 화친하겠다고
하였다.

○十一年, 秋,九月에 遣使入〈唐〉하여 賀「太宗」
　　십 일 년　추 구 월　　견 사 입 당　　　　하 태 종
이 擒〈突厥〉「頡利」可汗하고 兼上,封域圖하다.
　금　돌 궐　힐 리 가 한　　　겸 상 봉 역 도

▶ 어려운 낱말 ◀

[擒] : 사로잡을(금). [封域圖(봉역도)] : 고구려의 국토에 관한 지도.

▷ 본문풀이 ◁

11년, 가을 9월에 〈당〉나라에 사신을 보내 「태종」이 〈돌궐〉의
「힐리」 가한을 사로잡은 것을 축하하고, 동시에 봉역도를 올렸다.

○十二年, 秋,八月에 〈新羅〉將軍「金庾信」이
　　십 이 년　추 팔 월　　　신 라 장 군 김 유 신
來侵東邊하여 破〈娘臂城〉하다. 九月에 遣使入
　내 침 동 변　　파 낭 비 성　　　구 월　　견 사 입
〈唐〉하여 朝貢하다.
　당　　　조 공

▷ 본문풀이 ◁

12년, 가을 8월에 〈신라〉장군 「김유신」이 동쪽 변경을 침범하
여 〈낭비성〉을 함락시켰다. 9월에, 〈당〉나라에 사신을 보내 조
공하였다.

○十四年에〈唐〉이 遣〈廣州〉司馬(∴관직명)「長孫
師」하여 臨瘞〈隋〉戰士骸骨하여 祭之하고 毀當
時所立京觀하다. 春二月에 王이 動衆築長城하
니 東北自〈扶餘城〉으로 東南至海千有餘里하니
凡一十六年畢功하다.

▷ 본문풀이 ◁

14년에, 〈당〉나라에서 〈광주〉 사마 「장손사」를 보내 〈수〉나
라 전사들의 해골을 묻은 곳에 제사지내고, 당시에 세웠던 경관
을 헐어버렸다. 봄 2월에, 왕이 백성을 동원하여 장성을 쌓았으
니 그 성의 동북쪽은 〈부여성〉에서 시작하여 동남쪽으로 바다까
지 1천여 리가 되었으니, 이 성은 16년 만에 준공되었다.

○二十一年, 冬十月에 侵〈新羅〉北邊〈七重
城〉하다. 〈新羅〉將軍「閼川」이 逆之하여 戰於〈七
重城〉外하다. 我兵敗衄하다.

[敗衄(패뉵)] : 싸움에 지다. 패배(敗北)하다.

▷ 본문풀이 ◁

21년, 겨울 10월에 〈신라〉 북쪽 변경에 있는 〈칠중성〉을 침공하였다. 신라 장군 「알천」이 〈칠중성〉 밖에서 우리와 싸웠다. 우리 군사가 패배하였다.

○二十三年, 春,二月에 遣,世子「桓權」하여 入
　　이 십 삼 년　춘 이 월　　견 세 자 환 권　　　　　입
〈唐〉朝貢하다. 「太宗」이 勞慰하여 賜,賚之特厚하
　당 조 공　　　　태 종　　노 위　　　사 뢰 지 특 후
다. 王이 遣,子弟入〈唐〉하여 請入國學하다. 秋九
　　왕　견 자 제 입 당　　　　청 입 국 학　　　추 구
月에 日無光하여 經,三日復明하다.
월　　일 무 광　　　경 삼 일 부 명

▷ 본문풀이 ◁

23년, 봄 2월에 세자 「환권」을 보내 〈당〉나라에 가서 조공하였다. 「태종」이 위로하고 특별히 후하게 예물을 주었다. 왕이 〈당〉나라에 자제들을 보내 국학에 입학시켜줄 것을 요청하였다. 가을 9월에, 햇빛이 없어졌다가 사흘 후에 다시 밝아졌다.

○二十四年에 帝가 以,我太子入朝로 遣,職方郎
　　이 심 사 년　　제　　이 아 태 자 입 조　　　견 직 방 낭
中(당의 관직명)「陳大德」으로 答,勞하다. 「大德」이 入
중　　　　　　　　　진 대 덕　　　답 로　　　　대 덕　　입

境하여 所至城邑에 以綾綺厚餉官守者(성읍관장)

曰,"吾雅好山水하여 此有勝處에 吾欲觀之로다."

하다. 守者喜導之하여 遊歷無所不至하다. 由是로

悉得其纖曲하다. 見華人〈隋〉末從軍沒留者하면

爲道親戚存亡하고 人人垂涕하니 故로 所至士女

夾道觀之하다. 王이 盛陳兵衛(군대의 호위)하여 引見

使者하다. 「大德」은 因奉使라 하여 覘國虛實을 吾

人은 不知하다. 「大德」이 還奏하니 帝悅하다. 「大

德」이 言於帝曰,"其國이 聞〈高昌:지금의 신강에 있

었던 나라〉亡하고 大懼하여 館候之勤이 加於常數러

이다."하니 帝曰,"〈高句麗〉는 本四郡地耳라. 吾,

發卒數萬하여 攻〈遼東〉이면 彼는 必傾國救之하리

라. 別遣舟師(水軍)出〈東萊〉하여 自海道趨〈平壤〉

하여 水陸合勢하면 取之不難이라. 但〈山東〉州縣

이 凋瘵未復이라 吾,不欲勞之耳라."하다.

[答勞(답로)] : 수고에 대한 답례. [綾綺(능기)] : 비단. [勝處(승처)] : 명승지.
[遊歷(유력)] : 두루 돌아다니다. [纖曲(섬곡)] : 자세하고 섬세함. [從軍沒留
(종군몰류)] : 종군하다가 남아있는. [道趣(도추)] : 그 길을 향하여 곧장 가다.
[凋瘵(조채)] : 전쟁의 상처가 회복되지 않음. 지치고 피로해있음.

▷ 본문풀이 ◁

24년에, 당나라 임금이 우리나라 태자의 예빙에 대한 답례로,
직방 낭중 「진대덕」을 보내왔다. 「대덕」이 우리나라 경내에 들어
오면서 이르는 성읍마다 그 성읍을 수비하는 관리들에게 비단을
후하게 주면서, 내가 원래 산수 구경을 좋아하니, 여기에 경치가
아름다운 곳이 있으면 보고 싶다고 말하였다. 수비하는 자들이
기꺼이 안내하니, 그의 발걸음이 닿지 않은 곳이 없었다. 이로써
그는 우리나라 지리에 대하여 상세하게 알 수 있었다. 그는 중국
인으로서 〈수〉나라 말기에 군대를 따라왔다가 귀국하지 못하고
있는 자들을 만나 친척들의 안부를 전하여 주니, 모두 눈물을 흘
렸다. 이 때문에 도로 양편에서는 남녀들이 이를 구경삼아 보았
다. 왕이 호위병을 장대하게 세우고 당나라 사신을 접견하였다.
「대덕」은 사신으로 온 기회에 우리나라의 국력을 살폈으나, 우리
는 이를 알지 못하였다. 「대덕」이 본국으로 돌아가서 보고하니,
황제가 기뻐하였다. 「대덕」은 황제에게, 고구려는, 〈고창〉이 멸
망하였다는 소문을 듣고 크게 두려워하여, 우리 사신들의 숙소
접대 범절이 보통이 아니었습니다."라고 말하였다. 황제는, 〈고
구려〉는 본래 중국의 4군이었던 곳이다. 내가 군사 수만을 출동

시켜 〈요동〉을 공격하면, 그들은 반드시 온 국력을 기울여 요동을 구원하러 나올 것이다. 이때 별도로 수군을 〈동래〉에서 출발시켜 바다로부터 〈평양〉을 향하게 하여 수륙군이 합세하면 고구려를 점령하기가 어렵지 않을 것이다. 다만 〈산동〉의 주와 현에 전쟁의 상처가 아직 회복되지 않았으니, 내가 그들을 수고롭게 하기를 원하지 않을 뿐이다.”라고 말하였다.

○二十五年, 春正月에 遣使入〈唐〉하여 朝貢하다. 王이 命西部大人「蓋蘇文」하여 監長城之役하다. 冬十月에 「蓋蘇文」이 弑王하다. 十一月에 「太宗」이 聞王死하고 擧哀於苑中하고 詔贈物三百段하여 遣使持節吊祭하다.

▷ 본문풀이 ◁

25년, 봄 정월에 〈당〉나라에 사신을 보내 조공하였다. 왕이 서부 대인 「개소문」에게 명령하여 장성을 쌓는 역사를 감독하게 하였다. 겨울 10월에, 「개소문」이 왕을 죽였다. 11월에, 당나라 「태종」은 왕이 별세하였다는 소식을 듣고, 원중에서 애도의 의식을 거행하고, 3백 단의 폐백을 부의로 보내도록 하였으며, 지절사를 보내 조문하고 제사에 참여하게 하였다.

28 | 寶臧王(보장왕) : 642~668

○王의 諱는 「臧」[或云「寶臧」.]이니 以,失國故로 無
諡하다. 『建武王』弟, 『大陽王』之,子也라. 『建武
王:영류왕』在位, 第二十五年에 「蓋蘇文」이 弒之하
고 立「臧」,繼位하다. 〈新羅:선덕여왕 때〉謀伐〈百濟〉
로 遣「金春秋:후의 무열왕」하여 乞師하나 不從하다.

▷ 본문풀이 ◁

왕의 이름은 「장」【혹은 「보장」이라고도 한다.】이다. 그는 나라를 잃
었기 때문에 시호가 없다. 그는 『건무왕』의 아우인 『대양왕』의 아
들이다. 『건무왕』 재위 25년에 「개소문」이 왕을 죽이고, 「장」을
세워 왕위를 계승하게 하였다. 〈신라〉가 〈백제〉를 치기 위하여
「김춘추」를 보내 구원병을 청하였으나, 이를 듣지 않았다.

○二年, 春,正月에 封父爲王하다. 遣使入〈唐〉하
여 朝貢하다. 三月에 「蘇文」이 告,王曰, "三敎(儒佛
道)는 譬如鼎足하니 闕一不可니이다. 今,儒釋幷興

하고 而,道敎未盛하니 非,所謂備,天下之道術者也
이 도교미성 비소위비천하지도술자야

니이다. 伏請,遣使於〈唐〉하여 求道敎,以訓國人하
복청견사어 당 구도교이훈국인

소서.”하다. 大王이 深然之하여 奉表陳請하다. 「太
대왕 심연지 봉표진청 태

宗」은 遣,道士「叔達」等, 八人하고 兼賜「老子」
종 견도사숙달등 팔인 겸사노자

『道德經』하다. 王이 喜하여 取,僧寺館之하다. 聞,
도덕경 왕 희 취승사관지 윤

六月에 〈唐〉「太宗」曰, “「蓋蘇文」은 弑其君하고
유월 당 태종왈 개소문 시기군

而專國政하니 誠不可忍이라. 以,今日兵力으로 取
이전국정 성불가인 이금일병력 취

之不難이나 但,不欲勞百姓하여 吾,欲使〈契丹〉과
지불난 단불욕로백성 오욕사 거란

〈靺鞨〉로 擾之하니 何如오?”하다. 「長孫無忌」曰,
말갈 요지 하여 장손무기 왈

“「蘇文」이 自知罪大하고 畏,大國之討하여 嚴設
소문 자지죄대 외대국지토 엄설

守備하니 陛下,姑爲之隱忍하면 彼得以自安하고
수비 폐하고위지은인 피득이자안

必更驕惰하여 愈肆其惡하리니 然後에 討之라도
필갱교타 유사기악 연후 토지

未晩也니이다.”하다. 帝曰, “善타.”하고 遣使持節,
미만야 제왈 선 견사지절

備禮冊命하니 詔曰, “懷遠(원방을 회유)之規는 前王
비례책명 조왈 회원 지규 전왕

令典이며 繼世之義는 列代舊章이라. 〈高句麗〉國
영전 계세지의 열대구장 고구려국

王「臧」은 器懷(바탕과 마음씨)詔敏하고 識宇詳正하여
왕 장 기회 소민 식우상정

早習禮敎하여 德義有聞하며 肇承藩業을 誠款先
조습예교   덕의유문   조승번업   성관선

著라 宜加爵命하여 允玆故實하니 可. '上柱國, 〈遼
저   의가작명   윤자고실   가 상주국 요

東郡〉公, 〈高句麗〉王'이라."하다. 秋.九月에 〈新羅〉
동군 공 고구려 왕   추구월   신라

가 遣使於〈唐〉하여 言하되 "〈百濟〉가 攻取我四十
견사어 당   언   백제   공취아사십

餘城하여 復與〈高句麗〉로 連兵하여 謀絶入朝之路
여성   부여고구려   연병   모절입조지로

한다."하여 乞兵救援하다. 十五日에 夜明이나 不見
걸병구원   십오일   야명   불견

月하고 衆星西流하다.
월   중성서류

▷ 본문풀이 ◁

　2년, 봄 정월에 왕이 자기의 아버지를 왕으로 봉했다. 〈당〉나
라에 사신을 보내 조공하였다. 3월에, 「개소문」이 왕에게 말하기
를, "유교·불교·도교의 삼교는, 솥의 다리에 비유되니, 어느 하
나도 없을 수는 없습니다. 그러나 지금 유교와 불교는 함께 흥하
고 있으나 도교가 성하지 않으니 천하의 도술을 모두 갖추었다고
할 수 없습니다. 삼가 청컨대, 당에 사신을 보내 도교를 구하여 백

성들에게 가르치게 하소서." 했다. 왕이 이 말을 깊게 생각하여 당나라에 표문을 올려 이 뜻을 알렸다. 「태종」이 도사 「숙달」 등 여덟 명을 보내고, 동시에 「노자」 [도덕경]을 주었다. 왕이 기뻐하며, 사찰에 그들의 숙소를 정해 주었다. 윤 6월에, 〈당〉나라 「태종」이 묻기를, "「개소문」은 자기 임금을 죽이고 국정을 휘두르고 있으니, 이는 실로 참을 수 없는 일이다. 오늘 우리의 병력으로 고구려를 빼앗기는 어렵지 않으나, 다만 백성들을 힘들게 하고 싶지 않으니, 〈거란〉과 〈말갈〉로 하여금 그들을 치게 하고자 하는데 어떠한가?" 했다. 「장손무기」가 대답하기를, "「소문」은 자기의 죄가 크다는 것을 알고, 우리가 토벌할까 두려워 견고한 수비를 하고 있습니다. 폐하께서 우선 참고 계시면 그가 방심하게 될 것이며, 또한 반드시 교만하고 나태해져서 그의 죄가 더욱 커질 것입니다. 이렇게 된 연후에 토벌하여도 늦지 않을 것입니다." 했다. 황제는 "옳다."라고 대답하고, '지절사'를 보내 예를 갖추어 왕을 책봉하는 조칙을 주어 다음과 같이 말하기를, "원방을 포섭하는 것은 선왕의 훌륭한 법도이며, 세대를 계승케 하는 것은 역대의 오래된 규칙이다. 고구려 국왕 「장」은 사람됨이 밝고 명민하며, 식견이 상세하고 바르며, 일찍부터 예교를 배워 덕망과 의리에 대한 칭송이 자자하였다. 이제 처음으로 번방의 왕위를 계승하여 성실과 정성이 이미 드러나고 있으니, 마땅히 작위를 주어야할 것이므로, 전례에 의하여 '상주국, 〈요동군〉공, 〈고구려〉왕'으로 봉함이 가할 것이다." 했다. 가을 9월에, 〈신라〉가 〈당〉나라에 사신을 보내 말하기를, "〈백제〉가 우리의 40여 성을 점령하고, 다

시 고구려와 연합하여 조공하는 길을 막으려 한다."고 말하면서,
군사를 보내 구원해 주기를 요청하였다. 15일에, 밤이 밝기는 하였
으나 달이 보이지 않았으며, 뭇별들이 서쪽으로 흘러갔다.

○ 三年, 春, 正月에 遣使入〈唐〉하여 朝貢하다. 帝
삼 년 춘 정월 견사입 당 조공 제

命, 司農丞「相里玄奬」하여 齎, 璽書賜王曰, "〈新
명 사농승 상리현장 재 새서사왕왈 신

羅〉는 委質國家로 朝貢不乏하니 爾與〈百濟〉로
라 위질국가 조공불핍 이여 백제

各宜戰兵하라. 若, 更攻之면 明年發兵하여 擊, 爾
각의전병 약 갱공지 명년발병 격 이

國矣리라." 하다. 「玄奬」入境하니 「蓋蘇文」은 已
국의 현장입경 개소문 이

將兵擊〈新羅〉하여 破其兩城하다. 王이 使召之하
장병격신라 파기양성 왕 사소지

니 乃還하다. 「玄奬」이 諭以勿侵〈新羅〉하니 「蓋
내환 현장 유이물침신라 개

蘇文」謂「玄奬」曰, "我與〈新羅〉로 怨隙已久라
소문 위현장왈 아여신라 원극이구

往者에 〈隋〉人入寇에 〈新羅〉는 乘釁하여 奪, 我地
왕자 수인입구 신라 승흔 탈 아지

五百里하여 其城邑을 皆據有之하니 自非, 歸我侵
오백리 기성읍 개거유지 자비귀아침

地면 兵恐, 未能已오." 하다. 「玄奬」曰, "旣往之事
지 병공미능이 현장왈 기왕지사

를 焉可追論하리오? 今, 〈遼東〉諸城은 本皆〈中
언가추론 금 요동제성 본개 중

國〉郡縣이나 〈中國〉, 尙且不言한대 〈高句麗〉는
국 군현 중국 상차불언 고구려

豈得必求.故地오?"하나 莫離支.竟不終하다.「玄
기득필구 고지   막리지 경부종   현

獎」이 還하여 具言其狀하니「太宗」曰,"「蓋蘇文」
장 환   구언기상   태종왈   개소문

이 弑其君하고 賊其大臣하고 殘虐其民하고 今又.
   시기군   적기대신   잔학기민   금우

違我詔命하니 不可以不討라."하다. 秋.七月에 帝
위아조명   불가이불토   추칠월   제

將出兵하고 勅〈洪〉,〈饒〉,〈江〉三州하여 造舡四百
장출병   칙홍   요   강 삼주   조강사백

艘하여 以載軍糧하고 遣〈營州〉都督「張儉」等하여
소   이재군량   견 영주 도독 장검 등

帥〈幽〉,〈營〉二都督兵과 及〈契丹〉,〈奚〉,〈靺鞨〉
솔 유   영 이도독병   급 거란   해   말갈

하고 先擊〈遼東〉하여 以觀其勢하다. 以.大理卿
       선격 요동   이관기세   이 대리경

「韋挺」으로 爲.饋輸使하여 自.〈河北〉諸州는 皆受
위정   위궤수사   자 하북 제주   개수

〈挺〉節度하고 聽以.便宜從事하다. 又命小卿「蕭
정 절도   청이 편의종사   우명소경 소

銳」하여 轉〈河南〉諸州糧.入海(바다로 운반)하다. 九
예   전 하남 제주량 입해   구

月에 莫離支가 貢.白金於〈唐〉하니「楮遂良」曰,
월   막리지   공 백금어 당   저수량왈

"莫離支는 弑其君하고 九夷(東夷)도 所不容으로
막리지   시기군   구이   소불용

今將討之하니 而納其金은 此는 郜鼎之類也니 臣
금장토지   이납기금   차   곡정지류야   신

은 謂.不可受니이다."하다. 帝從之하니 使者又言,
   위 불가수   제종지   사자우언

"莫離支가 遣官五十하여 入.宿衛한다."하다. 帝
막리지   견관오십   입 숙위   제

怒하여 謂使者曰, "汝曹는 皆事「高武:榮留王」하여

有,官爵하고 莫離支가 弑逆하니 汝曹,不能復讐하

고 今更,爲之遊說하여 以欺大國하니 罪孰大焉야

아?"하고 悉以屬大理하다. 冬,十月에 〈平壤〉雪色,

赤하다. 帝,欲子將討之하여 召〈長安〉耆老하고 勞

曰 "〈遼東〉은 故〈中國〉地이니 而,莫離支가 賊殺

其主하니 朕,將自行經略之하리니 故로 與,父老約

하고 子若孫從,我行者는 我能拊循之하니 無容恤

也하라." 하고 則,厚賜布粟하다. 群臣이 皆,勸帝毋

行하다. 帝曰, "吾知之矣라. 去本以趣末하며 捨

高以取下하며 釋近而之遠은 三者爲不祥이라 伐

〈高句麗〉가 是也니라. 然이나 「蓋蘇文」弑君하고

又,戮大臣以逞하니 一國之人이 延頸待救라. 議

者는 顧未亮耳라." 하다. 於是에 北,輸粟〈營州:지

금 朝陽〉하고 東,儲粟〈古大人城〉하다. 十一月에 帝

至〈洛陽〉하다. 前〈宜州〉刺史「鄭天璹」은 已致仕

어늘 帝,以其嘗從〈隋〉「煬帝」하여 伐〈高句麗〉에
召,詣行在問之하다. 對曰, "〈遼東〉道遠하여 糧轉
艱阻하고 東夷는 善,守城하여 不可猝下니이다." 하
더니 帝曰, "今日은 非〈隋〉之比니 公은 但聽之하
라." 하다. 以,刑部尚書「張亮」으로 爲,〈平壤〉道行
軍大摠管하여 帥〈江〉,〈淮〉,〈嶺〉,〈硤〉, 兵,四萬하
고 〈長安〉,〈洛陽〉,募士三千하여 戰艦五百艘는
自,東萊州泛海하여 趣〈平壤〉하다. 又以,太子詹
事左衛,率「李世勣」으로 爲 '〈遼東〉道,行軍大摠
管'하여 帥,步騎六萬과 及〈蘭〉·〈河〉二州降胡하
고 趣〈遼東〉하니 兩軍合勢하여 大集於〈幽州:지금
의 북경〉하다. 遣,行軍摠管「姜行本」과 少監「丘行
淹」하여 先督衆士하여 造,梯衝(운제와 충차)於〈安羅
山〉하다. 時에 遠近勇士應募하고 及獻,攻城器械
者가 不可勝數라. 帝,皆親加損益하여 取其便易하
다. 又手詔諭天下하되 "以〈高句麗〉「蓋蘇文」이

弑主虐民하니 情何可忍이리오? 今欲巡幸〈幽:유
시 주 학 민　　　　정 하 가 인　　　　　금 욕 순 행 유

주〉,〈薊:계주〉하여 問罪,〈遼〉,〈碣〉하니 所過營頓에
　　계　　　　　문 죄 요 갈　　　　　소 과 영 돈

無爲勞費하라." 하다. 且言, "昔에 〈隋〉「煬帝」는
무 위 로 비　　　　　차 언 석　　　　수 　 양 제

殘暴其下하고 〈高句麗〉王은 仁愛其民하다. 以.思
잔 포 기 하　　　　고 구 려 왕　　　인 애 기 민　　　이 사

亂之軍으로 擊,安和之衆이라 故로 不能成功하니
란 지 군　　　　격 안 화 지 중　　　고　　불 능 성 공

今略言,必勝之道有五이니 一曰, 以大擊小요 二
금 략 언 필 승 지 도 유 오　　　일 왈　　이 대 격 소　　이

曰, 以順討逆이요 三曰, 以理乘亂이요 四曰, 以
왈　이 순 토 역　　　삼 왈　이 리 승 란　　　사 왈　이

逸敵勞요 五曰, 以悅當怨이니 何憂不克이리오?
일 적 로　　오 왈　이 열 당 원　　　하 우 불 극

布告元元(백성)하노니 勿爲疑懼하라." 하다. 於是에
포 고 원 원　　　　　물 위 의 구　　　　　어 시

凡,頓舍供備之具는 減者太半하고 詔,諸軍及〈新
범 돈 사 공 비 지 구　　감 자 태 반　　　조 제 군 급 신

羅〉와 〈百濟〉와 〈奚〉와 〈契丹〉하여 分道擊之하다.
라　　백 제　　해　　거 란　　　분 도 격 지

▶어려운 낱말◀

[戢] : 거둘(즙). [戢兵(즙병)] : 전쟁을 그만두다. [饋輸使(궤수사)] : 군량미를
수송하는 관리. [郜鼎(곡정)] : 非禮로 받은 뇌물. [罪孰大焉(죄숙대언)] : 죄가
얼마나 큰지 아느냐? [逞] : 마음대로(령). [延頸(연경)] : 목을 느리고. [顧未
亮耳(고미량이)] : 모르고 있을 뿐이다.

　3년, 봄 정월에 〈당〉나라에 사신을 보내 조공하였다. 황제가 사농승 「상리현장」을 보내 왕에게 조서를 내려 말하기를, "〈신라〉는 인질을 보낸 나라이며 조공을 계속하는 나라이다. 그대와 〈백제〉는 군사를 철수하여야 한다. 만약 다시 신라를 공격하면, 내년에는 군사를 출동시켜 그대의 나라를 칠 것이다."라고 했다. 「현장」이 국경에 들어왔을 때, 「개소문」은 이미 군사를 거느리고 〈신라〉를 공격하여 두 성을 점령하였다. 왕이 사자를 보내 「개소문」을 소환하자, 그가 돌아왔다. 「현장」이 개소문에게 〈신라〉를 침공하지 말 것을 권유하자, 개소문이 현장에게 말하기를, "우리와 〈신라〉는 원한으로 사이가 벌어진 지 이미 오래되었다. 지난 날 〈수〉나라가 침입하였을 때, 〈신라〉는 그 기회를 노려 우리 땅 5백 리를 빼앗았고, 그 성읍을 모두 점거하고 있다. 그들이 스스로 우리의 빼앗긴 땅을 돌려주지 않는다면 아마도 싸움은 끝나지 않을 것이다."라고 「현장」이 말하기를, "지난 일을 어찌 재론할 수 있겠는가? 지금 〈요동〉의 여러 성은 본래 〈중국〉의 군현이었지만 〈중국〉에서는 이를 따지지 않고 있는데, 어찌 〈고구려〉만 반드시 옛 땅을 찾으려 하는가?' 하고 말하니, 막리지는 결국 그의 말을 따르지 않았다. 「현장」이 귀국하여 이러한 실정을 모두 보고하니, 「태종」이 말하기를, "「개소문」이 임금을 죽이고, 대신들을 해치고, 백성들을 학대하며, 이제는 또한 나의 명령을 듣지 않으니, 그를 토벌하지 않을 수 없다."고 했다. 가을 7월에, 당나라 태종은 군사를 출동시키기로 하고, 〈홍주〉·〈요주〉·〈강주〉의 3

주에 명령하여 배 4백 척을 만들어 군량을 싣게 하고, 〈영주〉 도독 「장검」 등을 파견하여 〈유주〉·〈영주〉의 두 도독의 군사와, 〈거란〉·〈해〉·〈말갈〉 등을 거느리고 먼저 〈요동〉을 공격하여 형세를 관찰하게 하였다. 대리경 「위정」을 궤수사로 삼아서 〈하북〉의 여러 주를 모두 그의 지휘 아래 두고, 그로 하여금 명령 없이도 상황에 따라 적절히 대처하도록 하였다. 또한 소경 「소예」에게 명령하여 〈하남〉 여러 주의 양곡을 운반하여 해로로 들어오게 하였다. 9월에 막리지가 〈당〉나라에 백금을 바쳤다. 「저수량」이 말하기를, "막리지가 자기 임금을 시해한 죄는 동방의 모든 오랑캐들도 용납하지 않습니다. 이제 그를 토벌하려 하면서 금을 받는다면, 이는 곡정(郜鼎)과 같은 것입니다. 이를 받아서는 안 된다고 생각합니다."라고 했다. 황제가 그의 말을 따랐다. 고구려의 사신이 또한, "막리지가 관리 50명을 궁중 숙위로 보내려 한다."고 말하였다. 황제가 노하여 사신에게 말하기를, "너희들이 모두 고구려의 「고무」를 섬겨 관작을 받았는데, 막리지가 임금을 죽여도 복수하지 않고, 이제 다시 그를 위하여 유세함으로써 대국을 속이려 하니, 이보다 더 큰 죄가 있겠는가?" 황제는 말을 마치고 사신들을 모두 형관에게 맡겼다. 겨울 10월에, 〈평양〉에 붉은색의 눈이 내렸다. 당나라 황제가 직접 군사를 이끌고 고구려를 치기위하여, 수도 〈장안〉의 노인들을 초청하여 위로하며 말하기를, "〈요동〉은 옛날 〈중국〉의 국토이고, 또한 막리지가 그의 임금을 죽였으므로, 내가 직접 가서 그들을 다스리려 한다. 따라서 그대들에게 약속하건대, 나를 따라 종군하는 자손들은 내가 잘 위무

할 것이니 근심하지 말라."고 했다. 황제는 그들에게 옷감과 곡식을 후하게 주었다. 여러 신하들은 모두 황제가 원정에 참가하는 것을 반대하였다. 황제가 말하기를, "나도 알고 있다. 근본을 버리고 말단을 향하며, 높은 곳을 버리고 낮은 곳으로 나아가며, 가까운 곳을 버리고 먼 곳으로 가는 세 가지는 모두 상서로운 행위가 아니다. 〈고구려〉를 치는 것이 바로 이러한 것임을 나도 알고 있다. 그러나 「개소문」이 임금을 죽였고, 또한 대신들을 함부로 도륙하고 있으니, 온 백성들이 고개를 들고 구원을 기다리고 있다. 나에게 가지 않기를 권하는 사람들은 이를 모르고 있을 뿐이다." 했다. 이리하여 북으로는 〈영주〉로 군량을 수송케 하고, 동으로는 〈고대인성〉에 군량을 비축하였다. 11월에, 황제가 〈낙양〉에 이르렀다. 전 〈의주〉 자사 「정천숙」은 이미 관직을 물러나 있었다. 황제는 그가 이전에 〈수〉「양제」를 따라 〈고구려〉 정벌에 참가한 적이 있다하여, 황제가 있는 곳으로 불러 상황을 물었다. 그가 대답하기를, "〈요동〉은 길이 멀어서 군량의 수송에 문제가 많으며, 동이(東夷) 사람들은 성을 잘 수비하기 때문에 조기에 항복을 받을 수는 없습니다."라고 했다. 황제가 말하기를, "지금은 〈수〉나라에 비할 바가 아니다. 그대는 나의 의견을 따르라." 황제는 형부상서 「장량」을 〈평양〉도행군대총관으로 삼아 〈강·회·영·협〉의 군사 4만 명과 〈장안·낙양〉에서 모집한 군사 3천 명, 전함 5백 척을 거느리고 내주로부터 바다를 건너 〈평양〉으로 진군하도록 계획하였다. 또한 태자첨사좌위솔과 「이세적」을 '〈요동〉도, 행군대총관'으로 삼아 보병과 기병 6만 명과 〈난

주·하주)의 항복한 오랑캐들을 거느리고 〈요동〉으로 가도록 계획하였다. 두 부대는 합세하여 유주에 대대적으로 집합하였다. 황제는 행군총관 「강행본」과 소감 「구행엄」으로 하여금 우선 여러 군사들을 감독하여 〈안라산〉에서 운제와 충거를 만들게 하였다. 이때 원근의 용사들이 헤아릴 수 없이 모였으며, 성곽 공격용 기자재를 바치는 자들도 셀 수 없이 많았다. 황제가 이 전투 기자재들을 직접 살피고, 그중 편리한 것을 선택하였다. 그리고 친필로 천하에 조서를 발표하기를, "고구려의 「개소문」이 임금을 죽이고 백성을 학대하니 인정상 이를 어찌 참을 수 있으랴? 이제 〈유주〉·〈계주〉 등지를 순행하며, 〈요동〉과 〈갈석〉에서 죄를 물으려 하나니, 행군 도중의 군영이나 숙소에서는 백성에게 수고를 끼치거나 백성의 재물을 낭비하지 말라." 조서는 계속하여 다음과 같이 말했다. "이전에 〈수〉「양제」는 부하들에게 잔인하고 포악하였으며, 〈고구려〉 왕은 백성들을 사랑하였다. 이는, 반란을 도모하는 군대를 거느려 평화로운 무리를 공격한 격이므로 수양제가 성공할 수 없었다. 그러나 지금 우리에게는 필승의 조건이 다섯 가지가 있다. 그것은 대략 다음과 같다. 첫째는, 큰 것으로 작은 것을 치는 것이며, 둘째는, 순리로 반역을 토벌하는 것이며, 셋째는, 정돈된 나라로 어지러운 틈을 이용하는 것이며, 넷째는, 편안한 군사로 피로한 군사를 대적하는 것이며, 다섯째는, 기쁨에 충만된 군사로 원한에 쌓인 군사와 맞서는 것이다. 사정이 이러하니 어찌 승리하지 못할 것을 걱정하겠는가? 백성들에게 포고하노니, 의심하거나 두려워하지 말라!"고 했다. 이에 모든 숙소, 공급과 설비에 따르는 도구를 절반이나 삭감하였다. 모든 군단과 〈신라〉·〈백제〉·〈해〉·〈거란〉 등에 명하여 길을 나누어 고구려를 치게 하였다.

○四年, 春正月에「李世勣」軍이 至〈幽州〉하다.

三月에 帝至〈定州:河北〉하여 謂侍臣曰, "〈遼東〉은 〈中國〉之地니 〈隋〉氏四出師나 而不能得하다.

朕이 今東征은 欲爲〈中國〉子弟之讎하고 〈高句麗〉의 雪君父之恥耳니라. 且方隅大定에 唯此未平이라 故로 及朕之未老에 用士大夫餘力하여 以取之하리라." 하다. 帝發〈定州〉에 親佩弓矢하고 手結雨衣於鞍後하다.「李世勣」軍이 發〈柳城:지금의 熱河〉하여 多張形勢하고 若出〈懷遠鎭:지금 廣寧〉者에 而潛師北趣甬道하여 出我不意하다.

▶ 어려운 낱말 ◀

[方隅大定(방우대정)] : 사방을 크게 평정함. [親佩弓矢(친패궁시)] : 친히 활과 화살을 차고. [多張形勢(다장형세)] : 크게 형세를 갖추고. [甬道(용도)] : 수나라 시대에 담장을 쌓아 만든 길.

4년, 봄 정월에 「이세적」의 군대가 〈유주〉에 도착하였다. 3월에, 황제가 〈정주〉에 도착하여 시신들에게 말하기를, "〈요동〉은 본래 〈중국〉의 국토인데, 〈수〉나라가 네 번이나 군사를 출동시켰으나 이를 회복하지 못하였다. 내가 지금 동방을 정벌하는 것은, 〈중국〉을 위해서는 전사한 자제들의 원수를 갚으려는 것이며, 고구려를 위해서는 죽은 임금의 원수를 갚으려는 것일 뿐이다. 또한 사방이 평정되었는데, 오직 〈고구려〉만이 평정되지 않았으니, 내가 늙기 전에 사대부의 여력을 빌어 이 땅을 찾으려는 것이다." 했다. 황제가 〈정주〉를 떠나면서 직접 활과 화살을 차고, 안장 뒤에 비옷을 자기 손으로 매달았다. 「이세적」의 군사는 〈유성〉을 떠나면서, 형세를 과장하여 마치 〈회원진〉을 향하는 것으로 위장하였다. 그리고 몰래 북쪽 샛길로 진군하여, 우리가 예상치 못하던 곳으로 진군하였다.

○夏.四月에 「世勣」이 自.〈通定:지금의 新民府 부근〉
에서 濟.〈遼水〉하여 至.〈玄菟〉하니 我.城邑大駭하
여 皆.閉門自守하다. 副大摠管.江夏王「道宗」이
將兵數千하고 至〈新城〉하니 折衝都尉「曹三良」
이 引.十餘騎하고 直壓城門하니 城中驚擾하여 無

敢出者하다. 〈營州〉都督「張儉」이 將,胡兵爲,前
鋒하여 進度〈遼水〉하여 趨〈建安城:지금의 蓋平 동북
石城山〉하여 破我兵하고 殺,數千人하다. 「李世
勣」·江夏王「道宗」이 攻〈盖牟城:지금의 撫順 西方〉
하여 拔之하고 獲,一萬人과 糧,十萬石하고 以其地,
爲〈盖州〉하다. 「張亮」은 帥,舟師하고 自〈東萊〉度
海하여 襲〈卑沙城:지금의 大連灣 북쪽 大和尙山〉하다. 城
은 四面懸絶하여 惟,西門可上이라「程名振」이 引
兵夜至하니 副摠管「王大度」가 先登하다. 五月에
城陷하고 男女,八千口沒焉하다. 「李世勣」이 進至
〈遼東城:지금의 遼陽〉下하다. 帝至〈遼〉澤하니 泥淖,
二百餘里라 人馬不可通하다. 大匠「閻立德」이 布
土作橋하여 軍不留行하고 度澤東하다. 王이 發,
〈新城〉·〈國內城〉,步騎四萬하여 救,〈遼東〉하니
江夏王「道宗」이 將,四千騎,逆之라 軍中,豈以爲,
衆寡懸絶로 不若,深溝高壘하여 以待,車駕之至하

다.「道宗」曰, "賊이 恃衆有輕我心하고 遠來疲頓
　　도종 왈　적　시중유경아심　　　　원래피돈
에 擊之必敗라 當,清路以,待乘輿하여 乃,更以賊
　격지필패　당 청로이 대승여　　　내 경이적
遺,君父乎아?"하다. 都尉「馬文擧」曰, "不遇勍勁
유 군부호　　　도위 마문거왈　불우경경
敵이면 何以顯,壯士乎아?"하고 策馬奔擊하고 所
적　　하이현 장사호　　　책마분격　　　소
向皆靡하여 衆心稍安하다. 旣,合戰에 行軍摠管
향개미　　　중심초안　　　기 합전　행군총관
「張君乂」退走하여 〈唐〉兵,敗衄하다.「道宗」이 收,
장군예퇴주　　　당 병 패뉵　　　도종　수
散卒하고 登高而望見하여 我軍陣亂하고 與,驍騎
산졸　　등고이망견　　　아군진란　　　여 효기
數千,衝之하니「李世勣」이 引兵助之하여 我軍大
수천 충지　　　이세적　　인병조지　　　아군대
敗하여 死者,千餘人이러라. 帝度〈遼水〉하고 撤橋
패　　　사자 천여인　　　제도 요수　　　철교
以,堅,士卒之心하고 軍於〈馬首山:지금의 遼陽 서편〉
이 견 사졸지심　　　군어 마수산
하다. 勞賜,江夏王「道宗」하고 超拜「馬文擧」中郎
　　　노사 강하왕 도종　　　초배 마문거 중랑
將하며 斬,「張君乂」하다. 帝,自將數百騎하고 至
장　　참 장군예　　　제 자장수백기　　　지
〈遼東城〉下하여 見,士卒이 負土塡塹하고 帝,分其
　요동성 하　　　견 사졸　부토전참　　　제 분기
尤重者하여 於,馬上持之하니 從官이 爭,負土置,
우중자　　　어 마상지지　　　종관　쟁 부토치
城下하다.
성 하

[玄菟(현도,토)] : 옛날 한 사군의 하나로, 지금의 撫順永安臺. [大駭(대해)] : 크게 놀라다. [直壓(직압)] : 직접 압박하다. [驚擾(경요)] : 놀라서 요란함. [敗衄(패뉵)] : 패하여 꺾임. [塡塹(전참)] : 구덩이를 메우다. [塹] : 구덩이 (참).

▷ 본문풀이 ◁

여름 4월에, 「이세적」이 〈통정〉에서 〈요수〉를 건너 〈현도〉에 이르렀다. 우리 성읍에서는 크게 놀라 모두 성문을 닫고 수비에 들어갔다. 부대총관 강하왕 「도종」은 군사 수천 명을 거느리고 〈신성〉에 이르니, 절충도위 「조삼량」은 기병 10여 명을 데리고 직접 성문을 위압하니, 성 안 사람들이 놀라서 감히 내오려는 자가 없었다. 〈영주〉 도독 「장검」이 오랑캐 군사를 거느리고 선봉이 되어 〈요수〉를 건너 〈건안성〉으로 와서, 우리 군사를 격파하고 수천 명을 죽였다. 「이세적」과 강하왕 「도종」이 개모성을 쳐서 빼앗고 1만 명을 생포하였고, 양곡 10만 석을 탈취한 후, 〈개모성〉을 〈개주〉로 개칭하였다. 「장량」은 수군을 거느리고 〈동래〉로부터 바다를 지나 〈비사성〉을 습격하였다. 성은 사면이 절벽으로 되어 있고, 다만 서문으로만 오를 수 있었다. 이때 「정명진」이 군사를 데리고 밤에 도착하였는데, 부총관 「왕대도」가 먼저 성에 올랐다. 5월에, 성이 함락되고 남녀 8천 명이 죽었다. 「이세적」이 〈요동성〉 아래까지 진격하였다. 황제는 〈요〉의 늪지대에 이르렀는데, 진흙이 2백여 리나 펼쳐져 있어 사람과 말이 통과할 수 없었다. 대장 「염입덕」이 흙을 퍼부어 다리를 만들었다. 이에 따라 군사들이 행군을 멈추지 않고 늪지대 동쪽으로 통과하였다. 왕이 〈신성〉과 〈국내성〉의 보병과 기병 4만 명을 동원하여 〈요동〉을 구원하려 하였다. 강하왕 「도종」은 4천 명의 기병으로 이에 대항하려 하였다. 그러나 군사들은 모두 병력의 차이가 현격하다 하여, 도랑을 깊이 파고 보루를 높이 쌓으며 황제가 올 때까지 기다리는 것이 좋겠다고 말하였다. 「도종」이 말하기를, "고구려는 군사가 많음을 믿고 우리를 경시하고 있으나, 그들은 멀리서 왔기 때문에 피곤한 상태이므로 공격하면 반드시 이길 수 있다. 이렇게 하여 길을 깨끗이 닦아놓고 황제를 기다리는 것이 마땅할 것이다. 어찌하여 황제 앞에 적을 넘겨 드리려 하는가?" 했다. 도위 「마문거」가 말하기를, "강한 적을 만나지 않고서야 어떻게 장사의 능력을 드러내겠느냐?" 했다. 그는 말을 마치자, 말을 채찍질하여 달려가 공격하였다. 그가 가는 곳마다 우리 군사가 쓰러졌다. 이에 당나라 군사들의 마음이 약간 안정되었다. 그러나 본격적인 전투가 시작되자 행군 총관 「장군예」가 퇴주하고 〈당〉나라 군사가 패배하였다. 「도종」은 흩어진 군사를 수습하여 높은 곳에 올라섰다. 그는 우리 군대의 진영이 혼란스러운 것을 보고, 기병 수천 명을 이끌어 돌격해왔다. 그때 「이세적」이 군사를 이끌고 협공하였다. 이리하여 우리 군사가 크게 패배하니, 사망자가 1천여 명이었다. 황제는 〈요수〉를 건넌 다음, 다리를 철거하여 군사들의 결심을 굳게 하고 〈마수산〉에 진을 쳤다. 황제는 강하왕 「도종」을 위로하여 상을 주고, 「마문거」를 몇 급 올려 중랑장으로 삼고, 「장군예」의 목을 베었다. 황제는 직접 수백 명의 기병을 거느리고 〈요동성〉 밑에 가서, 군사들이 흙을 지고 참호를 쌓는 것을 보았다. 황제는 직접 제일 무거운 것을 자기 말에 실었다. 이에 시종들이 다투어 흙을 운반하여 성 밑에 쌓았다.

○「李世勣」은 攻〈遼東城〉에 晝夜不息이라. 旬
이세적   공 요동성   주야불식   순

有二日에 帝引,精兵會之하여 圍,其城數百重하니
유이일   제인정병회지   위기성수백중

鼓噪聲이 振,天地하다. 城有「朱蒙」祠하고 祠有,
고조성   진천지   성유 주몽 사   사유

鎖甲銛矛하니 妄言으로 前〈燕〉에 世天所降이라
쇄갑섬모   망언   전 연   세천소강

하다. 方圍急하니 飾,美女以,婦神하고 巫言이 "「朱
방위급   식 미녀이부신   무언   주

蒙」悅하니 城必完하리라." 하다. 「勣」이 列,砲車하
몽 열   성필완   적   열포차

고 飛,大石過,三百步하니 所當輒潰하다. 吾人,積
비대석과삼백보   소당첩궤   오인적

木爲樓하고 結,絙罔하니 不,能拒라 以,衝車로 撞,
목위루   결환망   불능거   이충거   당

陴屋碎之하다. 時에 〈百濟〉가 上,金髹鎧(금휴계:황
비옥쇄지   시   백제   상금휴개

색을 칠한 갑주)하고 丈以玄金으로 爲文鎧(무늬 있는 갑
                장이현금   위문개

주)하여 士被以終하고 帝與「勣」會하니 甲光炫日
        사피이종   제여적회   갑광현일

하다. 南風,急하니 帝遣銳卒하여 登,衝竿之末하여
남풍급   제견예졸   등 충간지말

熱其西南樓하니 火延燒城中하며 因揮將士登城
열기서남루   화연소성중   인휘장사등성

하니 我軍力戰不克하고 死者萬餘人하고 見捉勝
　　아군력전불극　　　　사자만여인　　　　　견착승

兵(:뛰어난 군사)萬餘人이요. 男女四萬口요, 糧五十
병　　　　　　　　　만여인　　　　남녀사만구　　양오십

萬石이라. 以其城을 爲〈遼州〉라 하다.「李世勣」이
만석　　　　이기성　위요주　　　　　　　이세적

進攻〈白巖城:지금의 燕州城〉西南하고 帝臨其西北하
진공백암성　　　　　　　　　서남　　　제임기서북

다. 城主「孫代音」이 潛遣腹心請降하고 臨城投刀
　　성주손대음　　　잠견복심청강　　　임성투도

鉞(도끼)爲信하고 曰, "奴願降이나 城中에 有不從
월　　　　위신　　　왈　노원항　　　성중　　유부종

者라."하다. 帝以〈唐〉幟,與其使曰, "必降者어든
자　　　　　제이　당　치여기사왈　　필항자

宜立之城上하라." 하다.「代音」이 立幟하니 城中
의립지성상　　　　　　　　대음　　　입치　　　성중

人은 以爲〈唐〉兵이 已登城하고 皆從之하다. 帝之
인　이위　당　병이　이등성　　　개종지　　　제지

克〈遼東〉也하니 〈白巖城〉이 請降이라가 旣而中
극요동　야　　　　백암성　　　청항　　　　기이중

悔하다. 帝怒其反覆하여 令軍中曰, "得城이면
회　　　제노기반복　　　영군중왈　　득성

當悉以人物로 賞戰士하리라." 하다.
당실이인물　　상전사

▶어려운 낱말◀

[鼓噪聲(고조성)] : 시끄러운 북소리. [鎖甲銛矛(쇄갑섬모)] : 쇠사슬 갑옷과 날
카로운 창. [結絙罔(결환망)] : 그물로 얽어 치다. [絙罔(환망)] : 그물. [衝車
(충거)] : 병기의 이름. 옆에서 적을 들이치는 병거. [撞陴屋碎(당비옥쇄)] : 陴
屋(성 위에 있는 집)을 쳐서 부수다. [人物(인물)] : 인민과 물자.

「이세적」은 밤낮없이 12일 간 〈요동성〉을 공격하였다. 황제가
정예 부대를 이끌고 이세적에게 와서 성을 수백 겹으로 포위하였
다. 북소리와 함성이 천지를 진동시켰다. 성 안에는 「주몽」의 사
당이 있었고, 이 사당에는 쇠사슬 갑옷과 날카로운 창이 있었는
데, 망령스럽게도 이전 〈연〉나라 시대에 하늘이 내려준 것이라고
하였다. 바야흐로 포위 태세가 긴박해지자, 미인을 부신으로 분장
시켜 놓고 무당이 말하기를, "「주몽」이 기뻐하니 성은 반드시 보
전될 것이다."라고 하였다. 「이세적」이 포차를 열 지어 놓고, 큰
돌을 3백 보 이상 날려 보냈다. 돌이 맞는 곳마다 모두 허물어졌
다. 우리는 나무를 쌓아 누대를 만들고 그물을 쳤으나 돌을 막을
수 없었다. 당나라 군사는 충거로 성 위의 집을 부수었다. 이때 〈백
제〉가 황색 칠을 한 쇠 갑옷을 바치고, 또 검은 쇠로 만든 무늬 있
는 갑옷을 군사들에게 입혀 종군하였다. 황제가 「이세적」과 만나
자 갑옷의 광채가 햇빛에 번쩍거렸다. 남풍이 세게 불자 황제가
민첩한 군사로 하여금 장대의 꼭대기에 올라가서 성의 서남루를
불사르게 하였다. 불이 성 안으로 타들어가자, 황제는 곧 장병들
을 지휘하여 성에 오르게 하였다. 우리 군사들은 사력으로 싸웠
으나 승리하지 못했고, 사망자가 1만여 명이었다. 당나라는 군사
1만여 명과 남녀 주민 4만 명을 생포하고, 양곡 50만 석을 탈취하
였으며, 요동성을 〈요주〉로 개칭하였다. 「이세적」은 〈백암성〉
서남쪽을 공격하고, 황제는 서북쪽으로 갔다. 백암성 성주「손대
음」이 비밀리에 심복을 보내 항복하기를 청하고, 성에 나와 칼과

도끼를 던지는 것으로 신호를 삼겠다고 하면서 말하기를, "저는 항복하기를 원하지만 성 안에 따르지 않는 자가 있다."라고 하였다. 황제는 〈당〉나라 깃발을 사자에게 주면서 "틀림없이 항복하겠으면 이 깃발을 성 위에 세우라."고 하였다. 「대음」이 그 깃발을 세우니 성 안 사람들은 〈당〉나라 군사가 이미 성에 올랐다고 생각하여, 모두 손대음을 따라 항복하였다. 황제가 〈요동〉을 공격하여 승리하였을 때, 〈백암성〉이 항복을 청했다가 얼마 후에는 후회하였다. 황제는 그들의 변심을 보고 노하여 군사들에게 명령하기를, "성을 빼앗으면 마땅히 빼앗은 사람과 물건을 모두 전사들에게 상으로 주리라."고 하였다.

○「李世勣」이 見, 帝將受其降하고 帥, 甲士數十
　　이 세 적　　　　견 제 장 수 기 항　　　솔 갑 사 수 십

人하고 請曰, "士卒所以爭冒矢石하고 不顧其死
인　　　청 왈　　사 졸 소 이 쟁 모 시 석　　　불 고 기 사

者는 貪虜獲耳라. 今, 城垂拔에 奈何, 更受其降하
자　　탐 로 획 이　　금 성 수 발　　내 하 경 수 기 항

여 孤, 戰士之心이리?" 하니 帝, 下馬謝曰, "將軍言
　　고 전 사 지 심　　　　　　제 하 마 사 왈　　장 군 언

是也나 然이나 縱兵殺人하고 而, 虜其妻孥는 朕이
시 야　　연　　　종 병 살 인　　　이 로 기 처 노　　짐

所, 不忍이라. 將軍麾下에 有功者는 朕이 以, 庫物로
소 불 인　　장 군 휘 하　　유 공 자　　짐　　이 고 물

賞之하리니 庶因將軍은 贖此一城하라." 하니 「世
상 지　　　　　서 인 장 군　　속 차 일 성　　　　　세

勣」이 乃退하다. 得, 城中男女萬餘口하여 臨水設
적　　　　내 퇴　　　득 성 중 남 녀 만 여 구　　　임 수 설

幄하고 受其降하고 仍賜之食하며 八十已上에는 賜
帛有差하다. 他城之兵으로 在〈白巖〉者도 悉慰諭
給糧仗하여 任其所之하다. 先是에 〈遼東城〉長史
가 爲部下所殺로 其省事奉其妻子하고 奔〈白
巖〉하다. 帝憐其有義하여 賜帛五匹하고 爲長史
造靈興하여 歸之〈平壤〉하다. 以〈白巖城〉을 爲〈巖
州〉라 하고 以「孫代音」으로 爲刺史하다. 初에 莫離
支(蓋蘇文)가 遣〈加尸城〉七百人하여 戍〈盖牟城〉
하니 「李世勣」이 盡虜之하니 其人請從軍自效하
다. 帝曰, "汝家皆在〈加尸〉하니 汝爲我戰이면 莫
離支必殺汝妻子하리라. 得一人之力하여 而滅一
家는 吾不忍也라." 하고 皆稟賜遣之하다. 以〈盖
牟城〉을 爲〈盖州〉하다. 帝至〈安市城〉하여 進兵
攻之하니 北部耨薩「高延壽」·南部耨薩「高惠
眞」이 帥我軍及〈靺鞨〉兵十五萬하고 救〈安市〉
하다. 帝謂侍臣曰, "今爲「延壽」에 策有三하다.

引兵直前하여 連〈安市城〉爲壘하고 據,高山之險
인 병 직 전　　　연 안 시 성 위 루　　　거 고 산 지 험

하여 食,城中之粟하고 縱〈靺鞨〉하여 掠,吾牛馬하
　　　식 성 중 지 속　　　종 말 갈　　　약 오 우 마

면 攻之不可猝下하고 欲歸則泥潦爲阻하여 坐困
　　공 지 불 가 졸 하　　　욕 귀 즉 니 요 위 조　　　좌 곤

吾軍하리니 上策也요, 拔,城中之衆하여 與之宵遁
오 군　　　　상 책 야　　　발 성 중 지 중　　　여 지 소 둔

은 中策也요 不度智能하고 來與吾戰은 下策也니
　　중 책 야　　부 도 지 능　　　내 여 오 전　　하 책 야

라. 卿曹觀之하라 彼,必出下策하리니 成擒은 在,吾
　　경 조 관 지　　　피 필 출 하 책　　　성 금　　재 오

目中矣니라." 하다.
목 중 의

▶ 어려운 낱말 ◀

[設幄(설악)] : 장막을 치다. [悉慰諭(실위유)] : 모두 위로하고 타이르다. [宵
遁(소둔)] : 밤에 달아나다. [成擒(성금)] : 사로잡힘. 포로.

▷ 본문풀이 ◁

「이세적」은 황제가 백암성의 항복을 받으려는 것을 알아채고,
갑병 수십 명을 데리고 와서 황제에게 말하기를, "사졸들이 화살
과 돌을 무릅쓰며 목숨을 돌보지 않고 싸우는 것은, 노획물을 탐
내기 때문입니다. 지금 성이 거의 함락되어 가는데, 어찌하여 항
복을 받음으로써 전사들의 마음을 저버리려 합니까?' 하니, 황제
가 말에서 내려와 사과하며 말하기를, "장군의 말이 옳다. 그러나
군사를 함부로 풀어 사람을 죽이고, 그들의 처자를 사로잡는 것

은, 내가 차마 저지를 수 없는 행위이다. 장군의 부하로서 공로가 있는 자에게는 내가 창고의 물건으로 상을 줄 것이다. 장군으로 인하여 이 성이 속죄받기를 원한다."고 했다. 「세적」은 물러나와 성 안의 남녀 1만여 명을 잡아, 물가에 장막을 치고 그들의 항복을 받았다. 그런 후에 곧 먹을 것을 주고, 80세의 노인에게는 정도에 따라 비단을 주었다. 다른 성의 군사로서 〈백암성〉에 와있던 자들은 전부 위로하여 타이르고, 양식과 군기를 주어 원하는 곳으로 가게 하였다. 이보다 앞서서 〈요동성〉 장사가 부하에게 피살되는 사건이 발생했었다. 그 성의 성사 한 사람이 장사의 처자들을 데리고 〈백암성〉으로 도망해왔었다. 황제는 그의 의리를 가상히 여겨 비단 다섯 필을 주고, 장사의 상여를 만들어 〈평양〉으로 보냈다. 〈백암성〉을 〈암주〉로 개칭하고, 「손대음」을 자사로 삼았다. 처음에 막리지는 〈가시성〉의 군사 7백 명을 파견하여 〈개모성〉을 수비하게 하였으나, 「이세적」은 그들을 모두 생포하였다. 그들은 당나라 군사에 종군하여 공을 세우기를 요청하였다. 황제가 말하기를, "너희들의 집이 모두 〈가시성〉에 있다. 그러나 너희들이 나를 위하여 싸우게 되면 막리지가 반드시 너희들의 처자를 죽일 것이다. 한 사람의 힘을 얻기 위하여 한 집안을 멸망하게 하는 일을 나는 차마 할 수가 없다."고 했다. 황제는 그들에게 모두 곡식을 주어 돌려보냈다. 〈개모성〉을 〈개주〉로 개칭하였다. 황제가 〈안시성〉에 도착하여 성을 공격하자, 북부 욕살 「고연수」와 남부 욕살 「고혜진」은 우리 군사와 〈말갈〉군 15만을 거느리고 〈안시성〉을 구원하였다. 황제가 근신들에게 말하기를, "지금 「연수」에게 전략이 있다면, 그것은 다음의 세 가지이니, 첫째는 군사를 이끌고 직접 앞으로 나가서 〈안시성〉과 연결되는 보루를 쌓고, 높은 산의 험한 지세에 의지하여 성 안의 곡식을 먹으면서 〈말갈〉군을 풀어 우리의 마소를 약탈하는 것이다. 이렇게 되면 우리가 공격한다고 해도 빨리 항복받을 수 없고, 돌아가려 해도 늪지가 장애가 될 것이므로, 우리 군사들은 앉아서 곤란한 지경에 처하게 된다. 이것이 상책이다. 둘째는, 성 안의 군사를 데리고 야간도주를 하는 것이다. 이것이 중책이다. 셋째는, 자기의 지혜와 재능을 모르고 우리와 대적하는 것이다. 이것이 하책이다. 그대들은 두고 보라. 그가 필히 하책으로 나올 것이니, 그들을 사로잡게 되는 작전이 내 눈 앞에서 벌어질 것이다." 했다.

○ 時에 對盧「高正義」는 年老習事하여 謂「延
　　　시　　대노　고정의　　　　　연로습사　　　　　위연
壽」曰, "〈秦〉王(唐主)은 内苀羣雄하고 外服戎狄하
수　왈　　진　왕　　　　　내삼군웅　　　　외복융적
고 獨立爲帝하니 此命世之才요. 今據海内之衆
　　독립위제　　　　　차명세지재　　　금거해내지중
而來하니 不可敵也니다. 爲, 吾計者는 莫若, 頓兵
이래　　　불가적야　　　　위오계자　　　막약　돈병
不戰하고 曠日持久하여 分遣奇兵하여 斷其糧道
부전　　　광일지구　　　　분견기병　　　　단기양도
하면 糧食旣盡하여 求戰不得하고 欲歸無路하니
　　　양식기진　　　　구전부득　　　욕귀무로
乃可勝이니다." 하나 「延壽」不從하고 引軍直進하
내가승　　　　　　　　연수　부종　　　　인군직진

374｜삼국사기(三國史記)3권

니 去〈安市城〉四十里러라. 帝,恐其低徊不至하여

命,大將軍, 阿史那「杜尒」하여 將〈突厥〉千騎以

誘之하다. 兵始交而僞走하니「延壽」曰,"易與耳

라."하고 競進乘之하여 至〈安市城〉東南八里에

依山而陣하다. 帝,悉召諸將問計하니「長孫無忌」

對曰,"臣은 聞하니'臨敵將戰에 必先觀士卒之

情이라.'하니 臣이 適行經諸營하다가 見士卒聞

〈高句麗〉至하고 皆拔刀結旆하여 喜形於色하니

此는 必勝之兵也니이다. 陛下未冠에 身親行陣하

사 凡,出奇制勝은 皆上稟聖謀하여 諸將奉成算耳

니 今日之事는 乞,陛下指蹤이니다."하다. 帝笑曰,

"濟公이 以此見讓하니 朕이 當爲諸公하여 商度하

리라."하고 乃與「無忌」等과 從數百騎하여 乘高

望之하고 觀山川形勢와 可以伏兵及出入之所하

다. 我軍은 與〈靺鞨〉로 合兵爲陣하니 長四十里하

다. 帝望之하고 有懼色이러라. 江夏王「道宗」曰,

"〈高句麗〉가 傾國以拒王師하니 〈平壤〉之守必弱
이리다. 願假臣에 精卒五千하여 覆其本根이면 則
數十萬之衆을 可不戰而降하리다." 하다. 帝不應하
고 遺使紿「延壽」曰, "我以爾國强臣이 弑其主라
故로 來問罪라, 至於交戰은 非吾本心이라. 入爾
境하여 芻粟不給이라, 故로 取爾數城이나 俟爾國
修臣禮면 則所失必復矣리라." 하다. 「延壽」가 信
之하고 不復設備하다. 帝夜에 召文武計事하여 命,
「李世勣」하여 將, 步騎萬五千하고 陣於西嶺하고
「長孫無忌」와 「牛進達」은 將精兵萬一千으로 爲
奇兵하여 自, 山北에서 出於狹谷하여 以衝其後하
고 帝는 自將, 步騎四千하고 挾, 鼓角하고 偃旗幟하
여 登山하다. 帝, 勅諸軍하여 聞, 鼓角하면 齊出奮擊
하다. 因命有司하여 張, 受降幕於朝堂之側하다.

▶ 어려운 낱말 ◀

[年老習事(연로습사)] : 나이 많아 사물에 익숙함. [内芟(내삼)] : 안으로 ~를 제

거하다. [芟] : 베어낼(삼). [頓兵不戰(돈병부전)] : 군사를 쉬게 하고 싸우지
않음. [曠日持久(광일지구)] : 시일을 오래 끌다. [奇兵(기병)] : 기습하는 군
사. [低徊(저회)] : 머뭇거리다. [出奇制勝(출기제승)] : 기계를 내어 승리를 제
압함. [乞(걸)] : 빌다. 바라다. [指蹤(지종)] : 지휘. [商度(상도)] : 생각하고 요
량하다. [紿] : 속일(태). [芻粟(추속)] : 곡식. 즉 군량미. [偃] : 쓰러지다. 자
빠지다. 눕다(언). [偃旗幟(언기치)] : 깃발을 눕혀서. [齊出(제출)] : 일제히 나
아가다. [張] : 베풀다(장). [受降幕(수항막)] : 항복을 받는 천막.

▷ 본문풀이 ◁

　이때, 나이 많고 경험이 풍부한 대노 「고정의」가 「연수」에게 말
하기를, "〈진〉왕은, 안으로는 여러 영웅들을 쳐 없애고, 밖으로는
오랑캐들을 굴복시켜 스스로 황제가 되었으니, 이는 세상을 제도
하라는 천명을 받은 인재이다. 지금 그가 전국의 군사를 이끌고
왔으므로 이에 대적할 수는 없다. 나의 계책은, 군사를 정비하되
싸우지 않고, 여러 날을 두고 지구전을 펴면서 기습병을 보내 그
들의 군량 수송로를 차단하는 것이다. 저들은 군량이 떨어지면 싸
우려 해도 싸울 수 없고, 돌아가려 해도 갈 길이 없게 될 것이다.
이때만이 우리가 승리할 수 있는 때이다." 했다. 그러나 「연수」는
이 말을 듣지 않았다. 그는 군사를 거느리고 〈안시성〉 밖 40리까
지 진군하였다. 황제는 연수가 주저하고 진군해오지 않을까 염려
하여, 대장군 아사나 「두이」에게 명하여 〈돌궐〉의 기병 1천 명을
이끌고 그를 유인하게 하였다. 첫 교전에서 당나라 군사가 패주
하는 척하자, 「연수」는 "다루기가 쉽구나."라고 말하며, 앞을 다
투어 진격하였다. 그는 〈안시성〉 동남방 8리 지점에 이르러서 산

에 의지하여 진을 쳤다. 황제가 여러 장수들을 전부 불러 놓고 계책을 물으니, 「장손무기」가 대답하기를, "'적을 만나 싸우려 할 때는, 반드시 먼저 군사들의 심정을 살펴야 한다.' 고 저는 들었습니다. 제가 마침 여러 병영을 다니는데, 군사들이 〈고구려〉 군사가 왔다는 말을 듣고 모두 칼을 뽑아 들고 깃발을 달면서 얼굴에 희색이 도는 것을 보았습니다. 이는 반드시 승리할 군사들입니다. 폐하께서는 면류관을 벗어놓고 직접 진지에 나섰습니다. 지금까지 우리가 뛰어난 전술로 승리를 거듭한 것은, 모두 위로 폐하의 책략을 받들어 모든 장수들이 성공을 이루어낸 것뿐입니다. 오늘 일을 폐하께서 직접 지휘하시기 바랍니다."라고 했다. 황제가 웃으며 말하기를, "제공들이 이 일을 나에게 사양하니, 내가 제공들을 위하여 방법을 구상하겠노라."고 했다. 황제는 곧 「무기」 등과 함께 수백 명의 기병을 데리고 고지에 올라 산천의 형세 가운데 복병시킬 수 있는 곳과 병력의 출입이 가능한 곳을 관찰하였다. 이때 우리 군사는 〈말갈〉군과 연합하여 진을 치고 있었다. 그 진의 길이는 40리에 달했다. 황제가 이를 관찰하고 두려워하는 기색이 나타났다. 강하왕 「도종」이 말하기를, "〈고구려〉는 전력을 다하여 천자의 군대를 방어하고 있으니, 틀림없이 〈평양〉의 수비에는 약점이 있을 것입니다. 저에게 정예군 5천 명을 주시어, 그들의 근본을 뒤엎게 하십시오. 그리하면 싸우지 않고도 수십만 군사를 항복시킬 수 있습니다." 했다. 황제는 이를 듣지 않고, 사신을 보내 「연수」에게 거짓으로 말하기를, "나는 너희 나라의 권력 있는 신하가 임금을 시해한 죄를 물으러 온 것이니, 우리가 서로 전투를 하게 된 것은 나의 본심이 아니다. 너희 나라 경내에 들어오니 마초와 양식이 충분하지 않아 몇 개 성을 빼앗기는 하였으나, 너희 나라가 신하의 예절을 지킨다면 잃었던 성은 반드시 돌려줄 것이다."라고 했다. 「연수」는 이 말을 믿고, 다시 수비 태세를 더 갖추지 않았다. 황제가 밤에 문무관을 불러 계책을 의논한 다음, 「이세적」에게 보병과 기병 1만 5천 명을 주어 서쪽 고개에 진을 치게 하고, 「장손무기」와 「우진달」에게 정예군 1만 1천 명을 주어 기습병을 조직하였다. 그들은 산의 북쪽에서 협곡으로 나와 우리 군사의 후면을 공격하게 하고, 황제는 직접 보병과 기병 4천 명을 이끌고 북과 나팔을 옆에 끼고 깃발을 눕혀서 산으로 올랐다. 황제는 모든 군대에게 북과 나팔 소리가 들리면 일제히 맹공하라고 명령하였으며, 또한 관리에게는 항복받을 장막을 조회당 옆에 설치하도록 명령하였다.

○時夜에 流星이 墜「延壽」營하다. 旦日에 「延
　시 야　유성　　추 연수 영　　　　단일　　　연
壽」等은 獨見「李世勣」軍少하고 勒兵欲戰하다.
　수 등　독견 이세적 군소　　　　능병욕전
帝,望見〈無忌〉軍,塵起하고 命作鼓角하고 擧旗幟
제 망견 무기 군진기　　　명작고각　　　거기치
하니 諸軍,鼓噪竝進하다. 「延壽」等,懼하여 欲,分
　　　제군 고조병진　　　　연수 등구　　　욕분
兵禦之나 而,其陣已亂하다. 會에 有,雷電하다,〈龍
병어지 이 기진이란　　　회 유뇌전　　　　용
門〉人〈薛仁貴〉가 著,奇服하고 大呼陷陣하니 所
문 인 설인귀　　　저 기복　　　대호함진　　　소

向無敵이라 我軍披靡하다. 大軍乘之하여 我軍大
潰하니 死者三萬餘人이러라. 帝,望見「仁貴」하고
拜,流擊將軍하다.「延壽」等이 將,餘衆하고 依山
自固하다. 帝,命諸軍圍之하고「長孫無忌」는 悉撤
橋梁하여 斷其歸路하다.「延壽」·「惠眞」은 帥其
中,三萬六千八百人하고 請降하며 入,軍門하여 拜
伏請命하다. 帝,簡耨薩已下,官長三千五百人하여
遷之內地하고 餘皆縱之하여 使還〈平壤〉하고 收,
〈靺鞨〉三千三百人하여 悉,坑之하다. 獲馬,五萬匹
과 牛,五萬頭와 明光鎧가 萬領이요 它械稱是하다.
更,名所幸山을 曰「駐蹕山」이라 하고 以「高延壽」
로 爲,鴻臚卿하고「高惠眞」으로 爲,司農卿하다. 帝
之克〈白巖〉也하고 謂,「李世勣」曰, "吾聞하니
〈安市城〉은 險而兵精하며 其城主는 才勇하여 莫
離支之亂에도 城守不服이라, 莫離支擊之나 不能
下하고 因而與之하다.〈建安:지금의 蓋平 동북 石城山〉

兵, 弱而糧少하니 若出其, 不意면 攻之必克하리라.
병 약 이 양 소　　약 출 기 불 의　　공 지 필 극

公이 可, 先攻〈建安〉이면 〈建安〉下하여 則〈安市〉
공　　가 선 공 건 안　　　　건 안 하　　즉 안 시

는 在吾服中하리니 此, 兵法에 所謂 '城에는 有所不
　　재 오 복 중　　　차 병 법　　소 위　성　　유 소 불

攻者也라.' 하다." 對曰, "〈建安〉은 在南하고 〈安市〉
공 자 야　　　　대 왈　　건 안　　재 남　　　안 시

는 在北하며 吾, 軍糧은 皆在〈遼東〉이라. 今踰〈安
　　재 북　　　오 군 량　개 재 요 동　　　금 유 안

市〉하여 而攻〈建安〉하다가 若〈麗〉人이 斷吾糧道면
시　　　이 공 건 안　　　약 여 인　　단 오 양 도

將若之何오? 不如先攻〈安市〉하니 〈安市〉下면 則,
장 약 지 하　　불 여 선 공 안 시　　　안 시 하　　즉

鼓行而取〈建安〉耳니라." 하다. 帝曰, "以公爲將하
고 행 이 취 건 안 이　　　　제 왈　　이 공 위 장

니 安得不用公策이리요? 勿誤吾事하라! " 하다. 「世
　안 득 불 용 공 책　　　　물 오 오 사　　　　　세

勣」이 遂攻〈安市〉하다.
적　　수 공 안 시

▶ 어려운 낱말 ◀

[鼓噪(고조)] : 북을 치면서 고함을 지르고 시끄럽게 함. [大呼陷陣(대호함진)]
: 고함을 지르면서 적진 깊이 들어감. [披靡(피미)] : 뒤흔들려 쓰러지다. [悉
撤橋梁(실철교량)] : 다리를 모두 거두어. [它械(타계)] : 다른 기계들이. [它] :
다르다(타). [糧道(양도)] : 군량미를 싣고 가는 길.

▷ 본문풀이 ◁

이날 밤, 유성이 「연수」의 병영에 떨어졌다. 아침에 「연수」 등

은 「이세적」의 군사가 적은 것만 보고 군사를 동원하여 공격하려 하였다. 황제는 〈무기〉의 부대에서 먼지가 일어나는 것을 보고는, 북을 치고 나팔을 불며 깃발을 들게 하였다. 이에 따라 모든 군사들이 북을 치고 함성을 지르며 진격하였다. 「연수」 등은 두려워하며 군사를 나누어 방어하려 하였다. 그러나 진영은 이미 혼란에 빠지고 말았다. 그때 마침 천둥과 번개가 쳤는데, 당나라 용문 사람 「설인귀」가 기이한 복장을 하고, 고함을 치면서 우리의 진영으로 깊숙히 들어왔다. 그가 가는 곳마다 적수가 없어 우리 군사가 쓰러졌다. 당나라의 대군이 이때를 이용하여 공격해왔다. 우리 군사는 큰 혼란에 빠지고, 3만여 명의 사망자가 생겼다. 황제는 멀리서 「인귀」를 바라보다가 그를 유격장군으로 임명하였다. 「연수」 등은 남은 군사를 거느리고 산에 의지하여 자체 수비를 강화하였다. 황제가 모든 부대에 명령하여 우리 군사를 포위하게 하고, 「장손무기」에게는 교량을 전부 철거하여 우리 군사의 귀로를 차단하게 하였다. 「연수」와 「혜진」은 자기 군사 3만 6천8백 명을 이끌고 항복을 청하면서, 당나라 군문에 들어가 절하고 목숨을 살려달라고 빌었다. 황제는 욕살 이하의 관장 3천 5백 명을 선발하여 당나라 지역으로 옮기고, 나머지는 모두 석방하여 〈평양〉으로 돌아가게 하였으며, 〈말갈〉인 3천 3백 명은 전부 생매장 하였다. 말 5만 필·소 5만 두·명광 갑옷 1만 벌을 노획하였으며, 기타의 기자재도 이 정도 노획하였다. 황제가 갔던 산의 명칭을 「주필산」으로 개명하고, 「고연수」를 홍려경, 「고혜진」을 사농경에 임명하였다. 황제가 〈백암성〉을 공격하여 승리했을 때, 「이세적」에게 말하기를, "내가 듣건대, 〈안시성〉은 성이 험하고 군사가 강하며, 그 성주가 용맹스러워 막리지의 난에도 성을 지키고 항복하지 않았으며, 막리지가 공격하였으나 그를 굴복시킬 수 없었기 때문에 성을 그에게 주었다고 한다. 그러나 〈건안성〉은 병력이 약하고 군량미도 적다. 따라서 만약 불시에 그 성을 공격하면 반드시 승리할 것이다. 그러므로 그대는 먼저 〈건안성〉을 공격하라. 〈건안성〉이 항복하면 〈안시성〉은 이미 우리의 손안에 있는 것과 같을 것이다. 이것이 병법에서 말하는 '성 가운데는 공격해서는 안 될 성도 있다.' 는 것이다."라고 했다. 이 말을 듣고 이세적이 대답하기를, "〈건안성〉은 남쪽에 있고, 〈안시성〉은 북쪽에 있는데, 우리의 군량은 전부 〈요동〉에 있습니다. 이제 〈안시성〉을 지나 〈건안성〉을 공격하다가 만약 〈고구려〉인들이 우리의 군량 수송로를 차단하면 어찌하겠습니까? 먼저 〈안시성〉을 공격하는 것이 좋을 듯합니다. 〈안시성〉이 항복하면, 당당하게 북을 울리며 행군하여 〈건안성〉을 빼앗을 수 있습니다."라고 했다. 황제가 말하기를, "내가 그대를 장군으로 삼았으니, 어찌 그대의 계책을 따르지 않겠느냐? 부디 나의 일을 그르치지 말라!" 「세적」이 드디어 〈안시성〉을 공격하였다.

○〈安市〉人이 望見帝旗蓋하고 輒乘城鼓噪하니
　　안시 인　　　망견제기개　　　첩 승성고조

帝怒하다. 「世勣」이 請克城之日에는 男子皆坑
제 노　　　　세 적　　　청 극성지일　　　　남자개 갱

之하다.〈安市〉人이 聞之하고 益堅守하니 攻久不
下하다.「高延壽」·「高惠眞」請於帝曰, "奴旣委
身大國하니 不敢不獻其誠이니다. 欲,天子早成大
功하시어 奴得與,妻子相見이니다.〈安市〉人은 顧
惜其家하고 人自爲戰하니 未易猝拔이니다. 今에
奴以〈高句麗〉十餘萬衆하고 望旗沮潰하여 國人
이 膽破라.〈烏骨城:지금의 鳳凰城〉은 耨薩은 老髦라
不能堅守이니 移兵臨之하여 朝至夕克하리라. 其
餘當道小城은 必,望風奔潰하리니 然後에 收其資
糧하고 鼓行而前이면〈平壤〉은 必不守矣하리라."
하다. 群臣亦言하되 "「張亮」兵은 在〈沙城:卑沙城〉하
니 召之면 信宿可至리라. 乘〈高句麗〉恟懼하여 倂
力拔,〈烏骨城〉하고 度,〈鴨淥水〉하여 直取〈平壤〉
은 在此擧矣리라."하다. 帝將從之하니 獨,「長孫無
忌」가 "以爲,天子親征은 異於諸將하니 不可乘危
徼倖이니다. 今,〈建安〉·〈新城〉之虜衆은 猶,十萬

하니 若向〈烏骨〉하면 皆躡吾後로 不如先破〈安
　　　약향 오골　　　　개섭오후　　　불여선파 안

市〉하고 取,〈建安〉然後에 長驅而進이 此萬全之
시　　　　취 건안 연후　　　장구이진　　차만전지

策也니이다.”하니 帝,乃止하다. 諸將이 急攻〈安
책야　　　　　　　제 내지　　　　제장　　급공 안

市〉하니 帝聞,城中鷄彘聲하고 謂「世勣」曰, “圍
시　　　　제문성중계체성　　　위세적왈　　위

城積久하여 城中烟火日微라 今鷄彘甚喧은 此必
성적구　　　성중연화일미　　금계체심훤　차필

饗士하여 欲,夜出襲我하리니 宜,嚴兵備之하라.”하
향사　　　욕 야출습아　　　　의 엄병비지

다. 是夜에 我軍數百人이 縋城而下어늘 帝聞之하
　　시야　　아군수백인　　추성이하　　　제문지

고 自至城下하여 召兵急擊하니 我軍死者數十人
　　자지성하　　　소병급격　　　아군사자수십인

이요, 餘軍退走하다. 江夏王「道宗」督衆하여 築,土
　　　여군퇴주　　　강하왕 도종 독중　　　축토

山於城東南隅하고 侵逼其城하니 城中亦增高其
산어성동남우　　　침핍기성　　　성중역증고기

城하여 以拒之하다. 士卒分番하여 交戰,日,六七合
성　　　이거지　　　사졸분번　　　교전일육칠합

하고 衝車(橦車)礮石으로 壞其樓堞하니 城中隨立
　　　충거 포석　　　　괴기누첩　　　성중수립

木柵하여 以塞其缺하다. 「道宗」傷足하여 帝,親爲
목책　　　이색기결　　　도종 상족　　　제 친위

之針하다. 築山하여 晝夜不息하고 凡,六旬에 用功
지침　　　축산　　　주야불식　　　범 육순　　용공

五十萬하다. 山頂은 去城數丈하며 下臨城中하다.
오십만　　　산정　　거성수장　　　하림성중

「道宗」이 使果毅「傅伏愛」로 將兵屯山頂하며 以,
　도종　　사과의 부복애　　　장병둔산정　　　이

備敵러니 山頹壓城하여 城崩하다. 會에 「伏愛」가
私離所部하여 我軍數百人이 從城缺出戰하여 遂奪
據土山하고 塹而守之하다. 帝怒하여 斬「伏愛」以
徇하고 命諸將攻之하여 三日不能克하다. 「道宗」이
徒跣詣旗下(당주)하여 請罪하니 帝曰, "汝罪當死하
나 但, 朕以「漢武」殺「王恢」는 不如〈秦〉「穆」이
用「孟明」이라 하며 且, 有破〈蓋牟〉·〈遼東〉之功이
라, 故로 特赦汝耳니라?" 하다. 帝以〈遼〉左, 早寒하
여 草枯水凍하여 士馬難久留라 且, 糧食將盡으로
勅, 班師하다. 先拔,〈遼:遼東城〉·〈蓋:盖州〉二州戶口하
여 度〈遼〉하고 乃, 耀兵於〈安市城〉下而旋하니 城中
은 皆, 屏跡不出하다. 城主가 登城拜辭하니 帝는 嘉其
固守하여 賜縑百疋하고 以勵事君하다. 命,「世勣」·
「道宗」하여 將步騎四萬爲殿하고 至,〈遼東〉度〈遼
水〉하다.〈遼〉澤泥遼하여 車馬不通하다. 命,「無忌」
하여 將,萬人하고 翦草塡道하여 水深處에 以車爲梁

하다. 帝는 自繫薪於馬鞘하여 以助役하다. 冬,十月
에 帝至〈蒲溝〉하여 駐馬하고 督塡道하다. 諸軍度
〈渤錯水〉하니 暴風雪하여 士卒沾濕多死者하다.
勅,燃火於道以待之하다. 凡拔〈玄菟〉,〈橫山〉,〈盖
牟〉,〈磨米〉,〈遼東〉,〈白巖〉,〈卑沙〉,〈夾谷〉,〈銀
山〉,〈後黃〉十城하고 徙〈遼:遼州〉,〈盖:盖州〉,〈巖:巖州〉
三州戸口를 入〈中國〉者가 七萬人이러라.「高延
壽」는 自降後로 常憤歎하더니 尋以憂死하고「惠眞」
은 竟至〈長安〉하다.〈新城〉·〈建安〉·〈駐蹕〉三
大戰에 我軍及〈唐〉兵馬死亡者가 甚衆하다. 帝以
不能成功하고 深悔之하여 嘆曰,"「魏徵」이 若在라
면 不使我有是行也이리라." 하다.

▶ 어려운 낱말◀

[旗蓋(기개)] : 깃발. [輒乘(첩승)] : 문득 올라가다. [坑] : 구덩이(갱). [猝拔(졸
발)] : 갑자기 뽑아내다. 성을 갑자기 함락하다. [奴] : 종(노). 임금에 대해 신
하가 낮추어서 자기를 말해서 부를 때.(1인칭). [朝至夕克(조지석극)] : 아침
에 와서 저녁에는 이겨서 돌아감. [恟懼(흉구)] : 두려워하다. [屯山頂(둔산
정)] : 산꼭대기에 주둔하다. [山頹壓城(산퇴압성)] : 산이 무너져 성을 덮치

다. [奪據(탈거)] : 빼앗아 웅거하다. [徒跣(도선)] : 맨발로. [跣] : 맨발(선).
[縑] : 생명주 비단(겸).

▷ 본문풀이 ◁

〈안시성〉 사람들이 황제의 깃발과 일산을 바라보고, 곧 성에 올라 북을 두드리고 함성을 지르니 황제가 분노하였다. 「세적」은, 성이 함락되는 날 〈안시성〉의 남자를 모두 구덩이에 묻어버릴 것을 황제에게 요청하였다. 〈안시성〉 사람들은 이 말을 듣고 더욱 굳게 수비하였다. 당나라 군사가 오랫동안 공격하였으나 안시성을 함락시킬 수 없었다. 「고연수」·「고혜진」 등이 황제에게 말하기를, "저희들이 이미 대국에 몸을 맡겼으니, 정성을 바치지 않을 수 없습니다. 천자께서 빨리 큰 공을 이루어 우리가 처자와 만나게 하여 주기를 원합니다. 〈안시성〉 사람들은 그의 가족들을 생각하여 자진하여 싸우고 있기 때문에 빨리 함락시키기는 쉽지 않습니다. 저희들은 〈고구려〉의 10여만 명의 병력을 가지고 있었음에도 불구하고, 황제의 깃발을 보는 것만으로 사기가 꺾여 허물어졌으며, 백성들의 간담이 서늘하였습니다. 〈오골성〉의 욕살은 늙어서 수비가 견실할 수 없으니, 군사를 옮겨 그곳을 공격한다면, 아침에 도착하면 저녁에는 승리할 것이며, 도중에 있는 여타의 작은 성들은 위풍만 보고도 반드시 허물어질 것입니다. 이러한 연후에 그곳의 자재와 군량을 거두어 북을 울리며 전진하면, 그들은 틀림없이 〈평양〉을 지켜내지 못할 것입니다." 했다. 여러 신하들이 또 말하기를, "「장량」의 군사가 〈사성〉에 있으니, 그를 부르면 이틀이면 올 수 있습니다. 〈고구려〉가 두려워하고 있는 틈을 이용하여, 장량의 군사와 힘을 합하여 〈오골성〉을 함락시키고, 〈압록강〉을 건너 곧바로 〈평양〉을 빼앗는 것이 이번 일에 달렸습니다." 했다. 황제가 이 말을 따르려 하자 「장손무기」가 홀로 나서서 다음과 같이 말하기를, "즉, 천자의 원정은 보통 장수들의 정벌과는 다르다. 따라서 모험을 하면서 요행을 바랄 수는 없다. 지금 〈건안성〉과 〈신성〉의 무리가 아직도 10만이나 되는데, 우리가 만약 〈오골성〉으로 간다면, 고구려 군사들이 반드시 우리의 뒤를 추격할 것이다. 그러므로 먼저 〈안시성〉을 점령하고 〈건안성〉을 취한 후에 군사를 먼 곳으로 진군시키는 것이 옳다. 이것이 만전의 계책이다." 장손무기의 말을 듣고 황제는 곧 앞서의 계획을 중지하였다. 모든 장수들이 〈안시성〉을 급히 공격하였다. 황제가 성 안에서 들리는 닭과 돼지의 소리를 듣고 「세적」에게 말하기를, "성을 포위한지 오래되어, 성 안에는 밥 짓는 연기가 나날이 줄어들고 있는데, 지금 닭과 돼지 소리가 요란하니, 이는 틀림없이 군사들을 잘 먹인 후에 야습하려는 것이다. 군사를 단속하여 이에 대비하라." 했다. 이날 밤에 우리 군사 수백 명이 성에서 줄을 타고 내려왔다. 황제가 이 말을 듣고 직접 성 밑에 와서 군사를 소집하여 재빨리 공격하였다. 우리 군사 중에 사망자가 수십 명이나 되었고, 나머지는 도주하였다. 강하왕 「도종」이 군사들을 독려하여 성의 동남쪽에 토산을 쌓아 점점 성으로 접근해왔다. 성 안에서도 역시 성을 더욱 높게 쌓아 굳게 방어하였다. 군사들은 당번을 정하여 하루에도 6, 7회씩 교전하였다. 당나라 군사의 충거와 포석이 누대와 성 위의 작은 담을 허물었으나, 성 안에서는 그때마다 목책을 세워 부서진 곳을 막았다. 「도종」이 발을 다치자 황제가 직접 침을 놓아 주었다. 당나라 군사는 밤낮을 쉬지 않고 60일 동안 토산을 쌓았다. 이 작업에 연인원 50만 명이 동원되었다. 토산이 완성되자, 이 토산의 꼭대기가 성보다 두어 길이나 높았기 때문에 성 안을 내려볼 수 있었다. 「도종」이 과의 「부복애」를 시켜 군사를 거느리고 산정에 주둔하여 적을 대비하게 하였다. 그러던 중에 산이 허물어지면서 성을 덮치는 바람에 성의 일부가 무너졌다. 바로 이때, 「복애」는 사사로운 이유로 수비하던 곳을 떠나 있었다. 우리 군사 수백 명이 성이 허물어진 곳으로 나가 싸워서 마침내 토산을 탈취하여 그곳에 참호를 파고 수비하였다. 황제가 노하여 「복애」의 목을 베어 조리를 돌리고, 장수들에게 명령하여 성을 공격하게 하였다. 그러나 사흘이 지나도 이길 수 없었다. 「도종」이 맨발로 황제의 깃발 아래 가서 죄를 청했다. 황제가 말하기를, "너의 죄는 죽어 마땅하지만, 나는 「한무제」가 「왕회」를 죽인 것이 〈진〉「목공」이 「맹명」을 등용한 것만 못하다고 생각하고 있으며, 또한 너는 〈개모성〉과 〈요동〉을 점령한 공로가 있기 때문에 특별히 용서한다." 황제는, 〈요동〉 지방은 일찍 추워지므로 풀이 마르고 물이 얼 것이므로, 군사와 말을 오래 머무르게 할 수 없으며, 또한 군량이 떨어질 것이라고 생각하여 군대의 철수를 명령하였다. 먼저 〈요주〉 · 〈개주〉 두 주의 주민을 선발하여 〈요수〉를 건너게 하고, 〈안시성〉 밑에서는 군사를 동원하여 시위를 하고 돌아갔다. 성 안에서는 모두 자취를 감추고 나오지 않았다. 성주는 성에 올라가 절을 하며 작별하였다. 황제는 그가 성을 굳게 지킨 것을 가상히 여기면서, 겹실로 짠 비단 1백 필을 주어, 임금을 섬기는 자세를 격려하였다. 황제는 「세적」과 「도종」에게 명령하여 보병과 기병 4만을 이끌고 후군으로 서게 하였다. 그들이 〈요동〉에 이르러 〈요수〉를 건너려 하였다. 그러나 그곳 습지의 진흙 때문에 수레와 말이 통과할 수 없었다. 황제는 「무기」에게 명령하여 1만 명의 군사로 하여금 풀을 베어 진흙길을 메우게 하고, 물이 깊은 곳에서는 수레를 다리로 삼아 건너도록 하였다. 황제가 직접 말채찍으로 나무를 묶어 이 일을 도와주었다. 겨울 10월에, 황제가 〈포구〉에 이르러 말을 멈추고, 진흙길 메우는 작업을 독려하였다. 모든 군사가 〈발착수〉를 건넜다. 바람과 눈이 휘몰아쳐서 군사들의 옷이 젖고 동사자가 많이 생겼다. 황제는 길가에 불을 피워놓고 군사를 기다리도록 하였다. 〈현도·횡산·개모·마미·요동·백암·비사·협곡·은산·후황〉 등 10개 성을 철폐하고, 〈요주·개주·암주〉 3개 주에서 7만 명의 주민을 〈중국〉으로 옮겨 갔다. 「고연수」는 항복한 뒤로부터 항상 분개하고 한탄하다가, 얼마 후에 홧병으로 죽고, 「고혜진」은 결국 〈장안〉에 도착하였다. 〈신성·건안성·주필산〉의 세 차례의 큰 싸움에서 우리 군대와 〈당〉나라 군사 중에 사망자가 많았으며, 마필도 아주 많이 죽었다. 황제가 성공하지 못한 것을 깊이 후회하고 탄식하면서 "만일 「위징」이 있었다면, 나로 하여금 이번 원정을 못하게 하였으리라."라고 말하였다.

○論曰,〈唐〉「太宗」은 聖明不世出之君으로 除
亂比於「湯:殷 탕왕」·「武:周의 무왕」하고 致理幾於
「成:주의 成王」·「康:康王」하며 至於用兵之際엔 出
奇無窮하여 所向無敵하다. 而東征之功은 敗於
〈安市〉하니 則其城主는 可謂豪傑로 非常者矣이
니 而史失其姓名하니 與「楊子」所云하되 "〈齊〉,
〈魯〉大臣이 史失其名이라." 하고 無異하니 甚可
惜也로다.

[저자의 견해]

〈당〉「태종」은 어질고 명철한 불세출의 임금으로 난을 평정하
기는 「탕」과 「무왕」에 견줄만하고, 이치에 통달하기는 「성왕」·
「강왕」과 비슷하였으며, 병법에는 기묘한 전술이 무궁하였으니,
가는 곳마다 적수가 없었다. 그러나 동방 정벌의 공이 〈안시성〉
에서 무너졌으니, 그 성주는 가히 비상한 호걸이라고 말할 수 있
을 것이다. 그러나 사기에는 그의 성명을 전하지 않고 있다. 이는
「양자」가 이른바 "〈제〉·〈노〉의 대신은 역사에 그 이름이 전해
지지 않는다."라고 한 것과 다름이 없다. 매우 애석한 일이다.

○五年, 春.二月에「太宗」이 還.京師하여 謂「李
靖」曰, "吾以天下之衆으로 困於小夷는 何也오?"
하니「靖」曰, "此는「道宗」이 所解하리다." 하다. 帝.
顧問하니「道宗」이 具陳하되 在〈駐蹕〉時에 乘虛
取〈平壤〉之言하다. 帝.悵然曰, "當時恖恖하여 吾
不憶也라." 하다.

▶ 어려운 낱말 ◀

[京師(경사)] : 서울. [具陳(구진)] : 모든 사실을 진술함. [悵然(창연)] : 슬피 한
탄함. [恖恖(총총)] : 매우 바빠서.

▷ 본문풀이 ◁

5년, 봄 2월에「태종」이 서울로 돌아가서「이정」에게 말했다.
"내가 천하의 군사를 가지고도 작은 오랑캐에게 곤욕을 당한 것은
무엇 때문인가?"「이정」이 대답했다. "이는「도종」이 풀어드릴 것
입니다." 황제는「도종」을 돌아다보며 물었다. 도종은 〈주필산〉
에 있을 때, 〈평양〉이 빈틈을 이용하여 그곳을 점령하자고 한 말
을 상세하게 진술하였다. 황제가 한탄하며 말했다. "당시에는 내
가 정신이 없었기에 생각나지 않는다." 했다.

○夏五月에 王及莫離支「蓋金:蓋蘇文」이 遣使謝
罪하고 幷獻二美女하다. 帝還之하며 謂使者曰,
"色者는 人所重이나 然憫其去親戚하여 以傷乃
心이라 我不取也로다."하다. 『東明王』母塑像이 泣
血三日하다. 初에 帝將還에 帝以弓服賜「蓋蘇文」
하니 受之不謝하고 而又益驕恣하다. 雖遣使奉表
하여도 其言率皆詭誕하고 又待〈唐〉使者倨傲하
고 常窺伺邊隙하다. 屢勅令하여 不攻〈新羅〉하라
하나 而侵凌不止하다.「太宗」이 詔勿受其朝貢하
고 更議討之하다.

▶ 어려운 낱말 ◀

[塑像(소상)] : 조소로 만든 상. [弓服(궁복)] : 활과 의복. [驕恣(교자)] : 교만하
고 방자함. [詭誕(궤탄)] : 거짓, 엉터리, 허황된 말. [倨傲(거오)] : 거만과 오
만. [邊隙(변극)] : 변경의 틈을 엿보다.

▷ 본문풀이 ◁

　여름 5월에, 왕과 막리지 「개금」이 당나라에 사신을 보내 사죄
하고, 아울러 두 명의 미인을 바쳤다. 황제가 이들을 돌려보내며

사신에게 말하기를, "색은 사람이 중히 여기는 것이지만, 그들이 친척과 떨어져 애태우는 것이 딱하니 내가 이를 받지 않겠다."고 했다.『동명왕』어머니의 소상이 사흘 동안 피눈물을 흘리며 울었다. 처음에 당「태종」이 돌아가려 할 때「개소문」에게 활과 의복을 주었었다. 개소문은 이를 받고도 사례하지 않았으며, 더욱 교만하고 방자해졌다. 비록〈당〉나라에 사신을 보내 표문을 올렸으나, 그의 말은 거의 거짓이고 황당하였다. 그는 또한 당나라 사신을 거만하게 대하였으며, 항상 변경의 틈을 엿보고 있었다. 당나라에서는 여러 번 칙령을 내려〈신라〉를 치지 말게 하였으나, 이를 업신여기고 침공을 그치지 않았다.「태종」이 조서를 내려 고구려의 조공을 받지 못하게 하고, 고구려를 칠 것을 다시 논의하였다.

○六年에「太宗」이 將復行師하나 朝議以爲하되
　　　　육　년　　　태　종　　　장　부　행　사　　　조　의　이　위

"〈高句麗〉가 依山爲城하여 不可猝拔이라 하다.
　　고　구　려　　　의　산　위　성　　　불　가　졸　발

前에 大駕親征할새 國人이 不得耕種하고 所克之
전　　대　가　친　정　　　국　인　　　부　득　경　종　　　소　극　지

城은 實收其穀이나 繼以旱災하여 民이 太半乏食
성　　실　수　기　곡　　　계　이　한　재　　　민　　　태　반　핍　식

하다. 今若數遣偏師하여 更迭擾其疆場하여 使彼
　　　　금　약　수　견　편　사　　　갱　질　요　기　강　역　　　사　피

疲於奔命(:명을 듣고 출동함)하고 釋耒入堡하여 數年
피　어　분　명　　　　　　　　　　　　　　석　뢰　입　보　　　수　년

之間을 千里蕭條하면 則,人心自離하여〈鴨渌〉之
지　간　　　천　리　소　조　　　즉　인　심　자　리　　　압　록　지

北은 可不戰而取矣리다." 하다. 帝, 從之하여 以, 左
<small>북　　가부전이취의　　　　　　제종지　　　　이좌</small>

武衛大將軍「牛進達」로 爲,‘〈靑丘〉道行軍大摠管’
<small>무위대장군　우진달　　로 위　청구　도행군대총관</small>

하고 右武衛將軍「李海岸」을 副之하여 發兵萬餘
<small>우무위장군　이해안　　부지　　　발병만여</small>

人하니 乘樓舡하고 自〈萊州〉로 泛海而入하다. 又
<small>인　　승누강　　　자내주　로 범해이입　　　우</small>

以太子詹事「李世勣」을 爲,‘〈遼東〉道行軍大摠管’
<small>이태자첨사　이세적　　을 위　요동　도행군대총관</small>

하고 右武衛將軍「孫貳郞」等을 副之하여 將兵三
<small>우무위장군　손이랑　등을 부지　　　장병삼</small>

千人하여 因,〈營州〉都督府兵으로 自,〈新城〉道入
<small>천인　　　인 영주　도독부병　　　자 신성　도입</small>

하다. 兩軍은 皆選,習水善戰者로 配之하다.「李世
<small>양군　개선습수선전자로 배지　　　이세</small>

勣」軍이 旣度〈遼〉하여 歷〈南蘇:지금의 南山城子〉等,
<small>적군　기도요　　　역남소　　　　　　　등</small>

數城하여 皆,背城拒戰하여「世勣」이 擊破之하고
<small>수성　　개배성거전　　　세적　　　격파지</small>

焚其羅郭而還하다. 秋七月에「牛進達」과「李海
<small>분기나곽이환　　추칠월　　우진달　　　이해</small>

岸」이 入我境하여 凡,百餘戰하여 攻〈石城:미상〉拔
<small>안　　입아경　　　범백여전　　　공 석성　　　발</small>

之하고 進至〈積利城〉下하다. 我兵,萬餘人出戰하
<small>지　　　진지적리성하　　　아병만여인출전</small>

여「李海岸」이 擊克之하니 我軍死者,三千人이러
<small>이해안　　격극지　　　아군사자삼천인</small>

라.「太宗」이 勑〈宋州〉刺史「王波利」等하여 發,
<small>태종　　칙송주자사　왕파리　등　　　발</small>

〈江南〉十二州,工人하여 造,大舡數百艘하여 欲以
<small>강남　십이주공인　　　조대강수백소　　　욕이</small>

伐我하다. 冬,十二月에 王이 使,第二子,莫離支「任
벌 아   동 십 이 월   왕   사 제 이 자 막 리 지 임
武」하여 入,謝罪하니 帝,許之하다.
무   입 사 죄   제 허 지

▶ 어려운 낱말 ◀

[行師(행사)] : 군사를 일으킴. [朝議(조의)] : 조정의 의견. [旱災(한재)] : 가뭄.
[乏食(핍식)] : 식량이 결핍되다. [偏師(편사)] : 일부의 군대. [疆場(강역)] : 국
경. 大界를 疆, 小界를 場(역)이라 함. [彼疲(피피)] : 지치다. [奔命(분명)] : 명
을 듣고 출동함. [釋耒入堡(석뢰입보)] : 농기구를 보루에 넣어두다. 농기계를
전쟁터로 보냄. [蕭條(소조)] : 쓸쓸하고 한적한 모양. [羅郭(라곽)] : 성의 외곽.

▷ 본문풀이 ◁

6년에, 당나라「태종」이 다시 원정을 하려 하였다. 조정의 논
의가 다음과 같았다. "〈고구려〉는 산에 의지하여 성을 만들었기
때문에 조기에 함락시킬 수 없다. 앞서 황제가 직접 원정했을 때,
그 백성들은 농사를 짓지 못했으며, 우리가 정복한 성에서는 곡
물들을 수확하였으나, 가뭄이 계속되어 백성의 태반이 식량이 부
족하게 되었다. 이제 만약 적은 군사를 자주 보내, 그 영역을 번
갈아 침략하여 그들로 하여금 방어에 지치게 하고, 쟁기를 놓고
싸움터로 나가게 한다면, 수년 내에 천리의 들판은 적막해질 것이
며, 민심은 저절로 이반될 것이니, 이렇게 되면 〈압록강〉 이북은
싸우지 않고도 빼앗을 수 있을 것이다."고 했다. 황제가 이에 따
라, 좌무위대장군「우진달」을 '〈청구〉도행군대총관' 으로 삼고,
우무위장군「이해안」을 보좌관으로 하여 군사 1만여 명을 출동시

켜 누선을 타고 〈내주〉로부터 해로로 진격케 하고, 또한 태자 첨사 「이세적」을 '〈요동〉도행군대총관'으로 삼고, 우무위 장군 「손이랑」 등을 보좌관으로 하여, 군사 3천 명을 거느리고 〈영주〉 도독부의 군사와 함께 〈신성〉에서 진격하게 하였다. 이 두 부대에는 모두 수전에 익숙하고 전투에 능한 자들을 선발하여 배속시켰다. 「이세적」의 군사가 〈요수〉를 건너 〈남소〉 등의 몇 성을 지났는데, 그 성이 모두 성을 등지고 싸웠으므로, 「세적」이 이들을 격파하고 외성을 불사르고 돌아갔다. 가을 7월에, 「우진달」·「이해안」 등이 우리 국경에 들어와 1백여 차례 싸웠다. 그들은 〈석성〉을 격파하고, 〈적리성〉 아래까지 진격해왔다. 우리 군사 1만여 명이 나가 싸웠다. 그러나 「이해안」이 우리 군사를 공격하여 우리 군사가 패배하였다. 사망한 우리 군사가 3천 명이었다. 「태종」은 송주 자사 「왕파리」 등에게 명령하여, 〈강남〉 12주의 공인들을 징발하여, 큰 배 수백 척을 만들어 우리를 공격하려 하였다. 겨울 12월에, 왕이 둘째 아들 막리지 「임무」로 하여금 당나라에 들어가 사죄하게 하였다. 황제가 이를 받아들였다.

○七年, 春正月에 遣使入〈唐〉朝貢하다. 帝詔, 右武衛大將軍「薛萬徹」하여 爲 '〈靑丘〉道行軍' 大摠管하고 右衛將軍「裴行方」을 副之하여 將兵三萬餘人과 及樓船戰艦으로 自〈萊州〉로 泛海來擊

하다. 夏.四月에 〈烏胡鎭〉將,「古神感」이 將兵.浮
海來擊이라가 遇我.步騎五千하여 戰於〈易山〉하여
破之하다. 其夜에 我軍.萬餘人이 襲〈神感〉舡하니
〈神感〉伏發하여 乃敗하다. 帝.謂我困弊하여 議以
明年發.三十萬衆하여 一擧滅之하니 或以爲,'大
軍東征이면 須備.經歲之糧이요. 非.畜乘所能載이
니 宜.具是艦하여 爲,水轉이니다. 〈隋〉末에 〈劍南:
중국의 서남부〉은 獨無寇盜하고 屬者〈遼東〉之役에
〈劍南〉은 復不預及하여 其.百姓富庶하니 宜使之
造舟艦하니다.' 하니 帝.終之하다. 秋.七月에 王都
(평양)女가 産子하니 一身兩頭하다.「太宗」이 遣.左
領左右府長史「强偉」를 於〈劍南道〉하여 伐木造
舟艦하다. 大者는 或長百尺이요 其廣半之하다. 別
遣使하여 行水道하여 自〈巫峽〉으로 低〈江:江州〉·
〈楊:楊州〉하여 趣〈萊州〉하다. 九月에 群獐이 渡河
西走하고 群狼이 向.西行하여 三日不絕하다.「太

宗」이 遣,將軍「薛萬徹」等하여 來伐하다. 渡海入,
　종　　　견 장군 설 만 철 등　　　　내 벌　　　도 해 입

〈鴨淥〉하여 至,〈泊灼城:지금의 平安河口〉南, 四十里
　압 록　　　지 박 작 성　　　　　　　　　남　사 십 리

에 止營하니 〈泊灼〉城主「所夫孫」이 帥,步騎萬餘
　지 영　　　　　박 작 성 주 소 부 손　　　솔 보 기 만 여

하여 拒之하다.「萬徹」이 遣,右衛將軍〈裴行方〉하
　거 지　　　만 철　　　견 우 위 장 군 배 행 방

여 領,步卒及諸軍乘之하여 我兵潰하고「行方」等
　영 보 졸 급 제 군 승 지　　　아 병 궤　　　행 방 등

이 進兵圍之하다.〈泊灼城〉은 因山設險하여 阻
　진 병 위 지　　　박 작 성　　인 산 설 험　　　조

〈鴨淥水〉하여 以爲固하니 攻之不拔하다. 我將「高
　압 록 수　　　이 위 고　　공 지 불 발　　　아 장 고

文」이 率〈烏骨〉과 〈安地〉諸城, 兵,三萬餘人하고
　문　솔 오 골　　안 지 제 성　병 삼 만 여 인

來援하되 分置兩陣하니「萬徹」도 分軍以當之하여
　래 원　　분 치 양 진　　만 철　　분 군 이 당 지

我軍敗潰하다. 帝,又詔〈萊州〉刺史「李道裕」하여
　아 군 패 궤　　　제 우 조 내 주 자 사 이 도 유

轉糧及器械하여 貯於〈烏胡島:요동반도 남쪽 海中의
　전 량 급 기 계　　　저 어　오 호 도

섬〉하라 하니 將欲大擧하다.
　　　　　　　장 욕 대 거

▶어려운 낱말◀

　[樓船戰艦(누선전함)]：화물선과 전투함정. [經歲之糧(경세지량)]：한 해를 지
　날 양식. [畜乘(축승)]：짐승으로 실어 나르다. [水轉(수전)]：수로로 운반함.
　[富庶(부서)]：풍요하게 살고 있음. [群獐(군장)]：노루떼. [大擧(대거)]：(군사
　를) 크게 일으키다.

7년, 봄 정월에 〈당〉나라에 사신을 보내 조공하였다. 태종이 조서를 내려 우무위 대장군 「설만철」을 '〈청구〉도행군대총관' 으로 삼고, 우위 장군 「배행방」으로 그를 보좌케 하여 장병 3만여 명과 누선 및 전함을 가지고 〈내주〉로부터 바다를 건너 우리를 공격하게 하였다. 여름 4월에, 〈오호진〉 장수 「고신감」이 군사를 거느리고 바다를 건너와 공격하였다. 그는 우리의 보병, 기병 5천 명과 〈역산〉에서 싸워서 우리 군사를 이겼다. 그날 밤, 우리 군사 1만여 명이 〈신감〉의 배를 습격하다가 〈신감〉의 복병이 출동하여 패배하였다. 태종은 우리가 피폐되었다고 판단하고, 다음 해에 30만 대군을 출동시켜 일거에 멸망시킬 것을 논의에 붙였다. 누군가가 다음과 같은 의견을 말하였다. '대군이 동방으로 원정하기 위해서는 반드시 1년의 군량미를 갖추어야 한다. 그리고 이러한 군량을 마소나 수레에 실을 수는 없으니, 마땅히 선박을 준비하여 수로로 운반해야 할 것이다. 〈수〉나라 말기에 〈검남〉 지방만은 도적의 침입이 없었고, 지난번의 〈요동〉 정벌 때에도 〈검남〉이 참여하지 않았으니, 그곳의 부유한 백성들로 하여금 선박을 만들게 해야 할 것이다.' 태종이, 이 말을 따랐다. 가을 7월에, 서울 여자가 아이를 낳았는데, 몸뚱이는 하나이고 머리가 둘이었다. 「태종」이 좌령 좌우부 장사 「강위」를 〈검남도〉에 파견하여, 나무를 베어 선박을 만들게 하였다. 큰 배 중에는, 길이가 1백 척, 넓이가 오십 척이 되는 것이 있었다. 이 배들은 따로 사신을 파견하여 수로를 통하여 〈무협〉에서 〈강남〉과 〈양주〉를 거쳐 〈내주〉로 가게 하였다. 9월에, 노루가 떼를 지어 강을 건너 서쪽으로 갔고, 이리도 떼를 지어 사흘 동안 서쪽으로 갔다. 「태종」이 장군 「설만철」 등으로 하여금 우리나라를 공격하게 하였다. 그들은 바다를 건너 〈압록강〉으로 들어와서, 〈박작성〉 남쪽 40리 지점에 진을 쳤다. 〈박작〉 성주 「소부손」이 보병과 기병 1만여 명을 거느리고 방어하였다. 「만철손」이 우위 장군 「배행방」으로 하여금 보병과 모든 군사를 거느리고 이들을 공격케 하자 우리 군사가 무너졌다. 「배행방」 등이 진격하여 포위하였으나, 〈박작성〉은 산을 이용한 험준한 요새였으며, 〈압록강〉으로 튼튼하게 막혀 있었기 때문에 그들이 함락시키지 못하였다. 우리 장수 「고문」이 〈오골성〉·〈안지성〉 등 여러 성의 군사 3만여 명을 거느리고 와서 두 진으로 나누어 구원하였다. 「만철」이 군사를 나누어 이에 대응하여, 우리 군사가 패배하였다. 태종이 또한 내주 자사 「이도유」에게, 군량과 기계를 운반하여 〈오호도〉에 비축하라는 명령을 내렸으니, 이는 장차 대거 정벌을 일으키려는 것이었다.

○八年, 夏,四月에 〈唐〉「太宗」이 崩하다. 遺詔
　　　팔년　하사월　　당　태종　붕　　유조
罷〈遼東〉之役하다.
파　요동　지역

▷ 본문풀이 ◁

8년, 여름 4월에 〈당〉나라 「태종」이 사망하였다. 「태종」은 조칙을 내려 〈요동〉의 정벌을 중지하게 하였다.

〇論曰, 初에 「太宗」이 有事於〈遼東〉也에 諫
者,非一하다. 又自〈安市〉旋軍之後에 自以不能成
功하여 深悔之하여 歎曰, "若使「魏徵」이 在라면
不使,我有此行也리라." 하다. 及其將,復伐也에 司
空「房玄齡」이 病中上表로 諫以爲하되 『老子』
曰, '知足不辱하고 知止不殆라.' 하니 陛下,威名
功德이 旣云足矣이요 拓地開疆도 亦可止矣리다.
且,陛下는 每決一重囚라도 必令,三復五奏케 하고
進,素膳하며 止,音樂者는 重人命也이니 今,驅無
罪之士卒하여 委之,鋒刀之下하여 使,肝腦塗地는
獨不足憫乎이까? 嚮使〈高句麗〉가 違,失臣節이면
誅之可也며 侵擾百姓이면 滅之可也며 他日에 能
爲〈中國〉患이면 除之可也니이다. 今,無此三條에
도 而坐煩〈中國〉이니 內爲前代(隋)雪恥하고 外爲
〈新羅〉報讎어늘 豈非,所存者小하고 所損者大乎
리까? 願陛下는 "許〈高句麗〉自新하여 焚,凌波之

舡하고 罷応募之衆이면 自然華夷慶賴하고 遠肅
　　　파응모지중　　　　자연화이경뢰　　　원숙

邇安이리다.”하다. 「梁公:梁國公 房玄齡」이 將死之言
이안　　　　　　　　양공　　　　　　　　　장사지언

이 諄諄若此나 而帝不從하고 思欲丘墟東域而自
　　순순약차　　이제부종　　　사욕구허동역이자

快하더니 死而後已니라. 史論曰, “好大喜功하여
쾌　　　　사이후이　　　사론왈　호대희공

勒兵於遠者라.”는 非,此之謂乎아? 「柳公權」小說
늑병어원자　　　　비차지위호　　　유공권　소설

曰, “〈駐蹕〉之役에 〈高句麗〉與〈靺鞨〉合軍이 方
왈　　주필　지역　　고구려　여　말갈　합군　　방

四十里한대 「太宗」望之하고 有懼色이라.”하며 又
사십리　　　태종　망지　　　유구색　　　　　우

曰, “六軍은 爲〈高句麗〉所乘하여 殆將不振하고
왈　육군　　위　고구려　소승　　　태장부진

候者告하되 「英公」之麾, 黑旗(部隊)被圍하니 帝,
후자고　　　영공　지휘　흑기　　　피위　　　제

大恐이라.”하다. 雖終於自脫이나 而,危懼如彼라
대공　　　　　수종어자탈　　　이위구여피

而『新舊書』及「司馬公」『通鑑』에 不言者는 豈
이　신구서　급　사마공　통감　　불언자　　기

非爲國하여 諱之者乎오?
비위국　　　휘지자호

▶어려운 낱말◀

[旋軍(선군)] : 군대를 돌리다. 즉 회군하다. [深悔(심회)] : 깊이 뉘우치다. [陛
下(폐하)] : 황제를 호칭할 때 쓰는 2인칭. [拓地開疆(척지개강)] : 국토를 개척
함. [素膳(소선)] : 변변치 못한 음식. [肝腦塗地(간뇌도지)] : 비참하게 죽게
하다. [儻使(향사)] : 만일. [侵擾(침요)] : 침략하는 행위. [坐煩(좌번)] : 괴롭히
다. [雪恥(설치)] : 부끄러움을 씻다. [報讎(보수)] : 원수를 갚다. [凌波之舡

(능파지강)] : 파도를 헤치고 가는 배. [慶賴(경뢰)] : 기쁘게 의지하다. [遠肅
邇安(원숙이안)] : 먼 곳은 고요하고 가까운 곳은 평안함. [諄諄(순순)] : 삼가
하고 곡진한 모양. [丘墟(구허)] : 텅텅 비어있음. [自快(자쾌)] : 스스로 유쾌
함. [危懼(위구)] : 위험하고 두려움. [諱(휘)] : 꺼리다.

[저자의 견해]

　처음에,「태종」이 〈요동〉 원정을 할 때, 이를 말리는 자가 한 사
람 뿐이 아니었다. 또한 〈안시성〉으로부터 군사를 철수한 뒤에는,
자기가 성공하지 못한 것을 깊이 후회하고 한탄하며, "만약「위
징」이 있었다면, 나로 하여금 이번 원정을 못하게 하였을 것이
다."라고 말했다. 그가 다시 고구려를 치려 할 때 사공「방현령」이
병중에 있으면서도 표문을 올려 다음과 같이 간하기를,『노자』는
'만족함을 알면 욕을 당하지 않으며, 멈출 줄 알면 위태롭지 않
다.' 고 말했습니다. 폐하의 위대한 명성과 공덕은 이미 만족할 만
하며, 국토를 넓히는 일도 역시 멈출만한 정도가 되었습니다. 폐
하께서는 한 명의 중죄인을 처형할 때도 언제나 필히 세 번 심사
하고 다섯 번 변명할 기회를 주었으며, 검소한 식사를 올리게 하
고, 풍류를 중지하게 하였으니, 이는 사람의 생명을 소중히 여기
는 것일 터인데, 이제 무죄한 사졸들을 몰아다가 칼날 밑에 맡겨
참혹히 죽게 하는 것만은 왜 불쌍하게 여기지 않습니까? 지난날,
〈고구려〉가 신하의 절차를 어겼다면 벌 주는 것이 옳으며, 우리
백성들을 침략하였다면 없애버리는 것이 옳으며, 후일 〈중국〉의
걱정거리가 된다면 제거하여 버리는 것이 옳을 것입니다. 그러나

지금은 이와 같은 세 가지 조건이 하나도 갖추어져 있지 않은데, 공연히 〈중국〉 자신을 괴롭히면서, 안으로는 선대의 치욕을 씻고, 밖으로는 〈신라〉의 복수를 한다 하니, 이야말로 얻는 것은 작고 잃는 것은 큰 것이 아니겠습니까? 원컨대, 폐하는 "〈고구려〉가 스스로 새로 태어나도록 허락하시어, 창파에 띄운 선박을 불태우고, 징발해온 군사들을 돌려보내십시오. 이렇게 되면 자연히 중국에는 경사가 깃들고, 오랑캐들은 우리를 믿을 것이며, 먼 곳은 조용하고 가까운 곳은 평안해질 것입니다."라고 했다. 「양공」이 죽음을 앞두고 한 말이 이와 같이 간곡하였다. 그러나 황제는 이 말을 따르지 않고, 동방을 폐허로 만드는 것을 자기만족으로 삼으려다가 죽은 뒤에야 그만두었다. 사론에서 말하는 바 "큰 것을 즐기고, 공명을 좋아하여, 먼 곳으로 군사를 내몰았다."는 것이 이를 두고 한 말이 아닐까? 「유공권」의 소설에서는 "〈주필산〉 전쟁에서 〈고구려〉가 〈말갈〉과 군사를 연합하니, 그 군사가 바야흐로 40리나 뻗쳤다. 「태종」이 이를 보고 두려워하는 기색이 있었다."고 하였으며, 또한 "황제의 6군이 〈고구려〉 군사에게 제압되어 거의 꼼작 못하였네. 「영공」의 휘하에 있는 검은 깃발이 포위되었다고 척후병이 보고하니, 황제가 크게 두려워하였네."라고 하였다. 비록 나중에 몸은 탈출했으나 그와 같이 겁을 내었는데, [신구당서]와 「사마광」의 [통감]에 이를 기록하지 않은 것은, 나라의 체면 때문에 말하기를 기피한 것이 아니겠는가?

○九年, 夏.六月에 〈盤龍寺〉의 「普德」和尚은
　　구 년　하 유 월　　　　반 룡 사　　　　　보 덕　화 상

以國家奉道(도교)하고 不信佛法하여 南移〈完山:지
이 국 가 봉 도　　　　　불 신 불 법　　　　남 이 완 산

금의 완산군〉의 〈孤大山〉하다. 秋.七月에 霜雹害穀
　　　　　　　　　　고 대 산　　　　　추 칠 월　　　상 박 해 곡

하고 民饑하다.
　　　민 기

▷ 본문풀이 ◁

　9년, 여름 6월에 〈반룡사〉의 「보덕」 화상은, 나라에서 도교를
숭상하고 불교를 믿지 않는다 하여, 남쪽에 있는 〈완산〉의 불사
를 〈고대산〉으로 옮겨 갔다. 가을 7월에, 서리와 우박이 내려 곡
식에 해를 미치고, 백성들이 굶주렸다.

○十一年, 春.正月에 遣使入〈唐〉하여 朝貢하다.
　십 일 년　춘 정 월　　견 사 입 당　　　　　조 공

▷ 본문풀이 ◁

11년, 봄 정월에 〈당〉나라에 사신을 보내 조공하였다.

○十三年, 夏四月에 人或言하되 "於〈馬嶺〉上에
　십 삼 년　하 사 월　　인 혹 언　　　　어 마 령 상

見神人하여 曰, '汝君臣이 奢侈無度하니 敗亡無
현 신 인　　　왈　여 군 신　　사 치 무 도　　　패 망 무

日하리라.' 하다." 冬.十月에 王遣將「安固」를 出師하
일　　　　　　　　　동 시 월　　왕 견 장 안 고　　　출 사

여 及〈靺鞨〉兵과 擊〈契丹〉兵하다. 〈松漠〉都督「李
　　　급　말갈　병　　　격　거란　병　　　　　송　막　도독　이
窟哥」가 禦之하여 大敗我軍於〈新城〉하다.
굴　가　　어지　　　대패아군어　신　성

▷ 본문풀이 ◁

　　13년, 여름 4월에 어떤 사람이 말하기를, "〈마령〉에서 신령스
런 사람을 보았는데, 그는 '너의 임금과 신하들이 사치스럽기 한
이 없으니 패망할 날이 며칠 남지 않았다.'고 말하였다." 겨울 10
월에, 왕이 장수 「안고」로 하여금 〈말갈〉군과 함께 〈거란〉을 공
격하게 하였다. 〈송막〉도독 「이굴가」가 대항하여 〈신성〉에서
우리 군사를 대패시켰다.

　　〇十四年, 春.正月에 先是에 我與〈百濟〉·〈靺
　　　　십사년　춘　정월　　선시　　아여　백제　　　말
鞨〉로 侵〈新羅〉北境하여 取.三十三城하더니 〈新
갈　　　침　신라　북경　　　취　삼십삼성　　　　　신
羅〉王,「金春秋:무열왕」가 遣使於〈唐〉에 救援하다.
라　왕　　김춘추　　　　　　견사어　당　　　구원
二月에「高宗」이 遣〈營州〉都督「程名振」과 左衛
이월　　고종　　견　영주　도독　정명진　　　좌위
中郎長「蘇定方」하여 將兵來擊하다. 夏.五月에
중랑장　소정방　　　장병래격　　　하　오월
「程名振」等이 渡.〈遼水〉하니 吾人이 見其兵少하
정명진　등　도　요수　　　　오인　　견기병소

고 開門,度〈貴湍水:혼하〉하여 逆戰하다. 「名振」等
　　개 문 도 　귀 단 수 　　　　　　　역 전 　　　　　명 진 등

이 奮擊하여 大克之하고 殺獲千餘人하고 焚其,外
　　분 격 　　　　대 극 지 　　　살 획 천 여 인 　　　분 기 외

郭及,村落而歸하다.
곽 급 촌 락 이 귀

▶ 어려운 낱말 ◀

[先是(선시)] : 이에 앞서. [求援(구원)] : 원조를 요청함. [來擊(래격)] : 와서 공
격하다. [湍] : 여울(단). [逆戰(역전)] : 맞붙어 싸움. [外郭(외곽)] : 외성.

▷ 본문풀이 ◁

14년, 봄 정월에 이보다 앞서 우리가 〈백제〉·〈말갈〉과 더불어 〈신라〉의 북쪽 변경을 침공하여 33개 성을 점령하였는데, 〈신라〉왕 「김춘추」가 〈당〉나라에 사신을 보내 구원을 요청하였다. 2월에, 당나라 「고종」이 〈영주〉 도독 「정명진」과 좌위 중랑장 「소정방」을 보내 군사를 거느리고 와서 공격하였다. 여름 5월에, 「명진」 등이 〈요수〉를 건너오자, 우리 군사는 상대방 군사가 적은 것을 보고, 성문을 열고 〈귀단수〉를 건너가 전투를 벌였다. 「명진」 등은 우리를 맹공하여 크게 이기고, 우리 군사 1천여 명을 죽이고 사로잡았으며, 우리의 외성과 촌락에 불을 지르고 돌아갔다.

○十五年, 夏,五月에 王都雨鐵하다. 冬,十二月
　　십 오 년 　하 오 월 　　왕 도 우 철 　　　동 십 이 월

에 遣使入〈唐〉하여 賀冊皇太子하다.
　　견 사 입 　당 　　　하 책 황 태 자

▶ 어려운 낱말 ◀

[雨鐵(우철)] : 쇳가루가 비처럼 내리다. [賀册(하책)] : 책봉을 축하함.

▷ 본문풀이 ◁

15년, 여름 5월에 서울에 쇳가루가 비처럼 떨어졌다. 겨울 12월에, 〈당〉나라에 사신을 보내 황태자의 책봉을 축하하였다.

○ 十七年, 夏.六月에 〈唐〉〈營州〉都督兼.東夷
　　십칠년　　하유월　　　당　영주　도독겸동이

都護「程名振」과 右領軍中郎將「薛仁貴」가 將兵
도호　정명진　　우령군중랑장　설인귀　　　장병

來攻하나 不能克하다.
내공　　불능극

▷ 본문풀이 ◁

17년, 여름 6월에 〈당〉나라 〈영주〉도독 겸 동이 도호 「정명진」과 우령군 중랑장 「설인귀」가 군사를 거느리고 와서 우리를 공격하였으나 이길 수 없었다.

○ 十八年, 秋.九月에 九虎가 一時入城하여 食人
　　십팔년　　추구월　　구호　　일시입성　　　식인

이나 捕之不獲하다. 冬.十一月에 〈唐〉의 右領軍,
　　포지불획　　　동.십일월　　　당　　우령군

中郎將「薛仁貴」等이 與.我將「溫沙門」으로 戰於
중랑장　설인귀　등　　여.아장　온사문　　　전어

〈橫山〉하여 破之하다.
횡산　　　파지

18년, 가을 9월에 호랑이 아홉 마리가 한꺼번에 성 안으로 들어와서 사람을 잡아먹었으나 이들을 포획하지 못했다. 겨울 11월에, 〈당〉나라 '우령군, 중랑장' 「설인귀」 등이 우리 장수 「온사문」과 〈횡산〉에서 싸워 우리 군사를 패배시켰다.

○ 十九年, 秋,七月에 〈平壤〉河水血色이 凡,三
　　십 구 년　 추 칠 월　　　평 양　 하 수 혈 색　　 범 삼

日하다. 冬,十一月에 〈唐〉의 左驍衛,大將軍「契苾
일　　　 동 십 일 월　 당　　 좌 효 위 대 장 군　 계 필

何力」이　爲,〈浿江〉道,行軍大摠管하고, 左武衛大
하 력　　 위　 패 강　 도 행 군 대 총 관　　　 좌 무 위 대

將軍「蘇定方」이　爲,〈遼東〉道行軍大摠管하고 左
장 군 소 정 방　　 위　 요 동　 도 행 군 대 총 관　　 좌

驍衛將軍「劉伯英」이　爲,〈平壤〉道行軍大摠管하
효 위 장 군 유 백 영　　 위　 평 양　 도 행 군 대 총 관

고 〈蒲州〉刺史劉「程名振」이　爲,〈鏤方〉道摠管하
　　 포 주　 자 사 유 정 명 진　　 위　 누 방　 도 총 관

여 將兵,分道來擊하다.
　　 장 병 분 도 래 격

19년, 가을 7월에 〈평양〉의 강물이 3일 동안 핏빛으로 변했다. 겨울 11월에, 〈당〉나라에서 좌효위 대장군 「계필하력」이 〈패강〉도, 행군대총관이 되고, 좌무위 대장군 「소정방」을 〈요동〉도행군대총관이 되고, 좌효위 장군 「유백영」을 〈평양〉도행군대총관이, 〈포주〉자사 「정명진」을 〈누방〉도총관으로 삼아 각각 다른 길로

군사를 이끌고 와서 우리를 공격했다.

○二十年, 春正月에 〈唐〉은 募〈河南·北〉과
이십년 춘정월 당 모하남 북

〈淮南〉의 六十七州兵하여 得四萬四千餘人하여
회남 육십칠주병 득사만사천여인

詣〈平壤:道〉·〈鏤方:道〉行營하다. 又以鴻臚卿,
예 평양 누방 행영 우이홍려경

「蕭嗣業」을 爲〈扶餘〉道,行軍摠管하여 帥「回紇
소사업 위부여도행군총관 솔회흘

(회흘)」等, 諸部兵하고 詣〈平壤〉하게 하다. 夏四月
등 제부병 예평양 하사월

에 以「任雅相」으로 爲〈浿江〉道,行軍摠管하고「契
이 임아상 위패강도행군총관 계

苾何力」을 爲〈遼東〉道行軍摠管하고「蘇定方」을
필하력 위요동도행군총관 소정방

爲〈平壤〉道行軍摠管하여 與〈蕭嗣業〉及,諸胡兵,
위 평양도행군총관 여 소사업급제호병

凡三十五軍으로 水陸分道并進하다. 帝欲自將大
범 삼십오군 수륙분도병진 제욕자장대

軍하니 〈蔚州〉刺史「李君球」立言하되 "〈高句麗〉
군 울주자사이군구립언 고구려

는 小國이라, 何至傾〈中國〉은 事之有이릿까? 如
소국 하지경중국 사지유 여

〈高句麗〉既滅이라도 必發兵以守하리니 小發則,威
고구려기멸 필발병이수 소발즉위

不振하고 多發則,人不安하리니 是는 天下疲於轉
부진 다발즉인불안 시 천하피어전

戍이리다. 臣謂하되 征之未如勿征하며 滅之未如
수 신위 정지미여물정 멸지미여

勿滅이니다." 하다. 亦會에 「武后」도 諫帝어늘 乃止
물멸 역회 무후 간제 내지

하다. 夏五月에 王이 遣,將軍「惱音信」하여 領〈鞨
　　　　하 오 월　왕　견 장군 뇌음신　　　영　말

鞨〉衆하여 圍,〈新羅〉〈北漢山城〉하여 浹旬不解어
갈 중　　　위 신 라　북 한 산 성　　　협 순 불 해

늘 〈新羅〉餉道絶하여 城中危懼하더니 忽有大星
　신 라 향 도 절　　　성 중 위 구　　　　홀 유 대 성

이 落於我營하고 又,雷雨震擊하여「惱音信」等이
　낙 어 아 영　　　우 뇌 우 진 격　　　뇌 음 신 등

疑駭引退하다. 秋,八月에「蘇定方」이 破,我軍於
의 해 인 퇴　　　추 팔 월　　소 정 방　　파 아 군 어

〈浿江:대동강〉하여 奪,〈馬邑山〉하고 遂圍〈平壤城〉
패 강　　　　　탈 마 읍 산　　　수 위 평 양 성

하다. 九月에「蓋蘇文」이 遣其子〈男生〉하여 以,精
　　　구 월　개 소 문　　견 기 자 남 생　　　이 정

兵數萬으로 守〈鴨綠〉하여 諸軍不得渡하더니「契
병 수 만　　수 압 록　　　제 군 부 득 도　　　계

泌何力」이 至하니 値氷大合으로「何力」이 引衆,乘
필 하 력　지　　치 빙 대 합　　　하 력　　인 중 승

氷度水하여 鼓噪而進하니 我軍潰奔하다.「何力」이
빙 도 수　　　고 조 이 진　　　아 군 궤 분　　　하 력

追,數十里하여 殺,三萬人하니 餘衆悉降하고「男
추 수 십 리　　　살 삼 만 인　　　여 중 실 항　　　남

生」이 僅以身免하다. 會에 有詔班師하여 乃還하니
생　근 이 신 면　　　회　유 조 반 사　　　내 환

라.

▶ 어려운 낱말 ◀

[轉戍(전수)] : 군사를 보내 지키다. [亦會(역회)] : 마침 그때. [浹旬不解(협순

불해)] : 열흘이 지나도 해결이 되지 않음. [餉道絶(향도절)] : 군량미를 나르는

길이 끊어짐. [雷雨震擊(뇌우진격)] : 천둥 치고 비가 오고 벼락이 치다. [引

退(인퇴)] : 군사를 끌고 물러감. [班師(반사)] : 회군.

▷ **본문풀이** ◁

　20년, 봄 정월에 〈당〉나라가 〈하남〉·〈하북〉·〈회남〉 등의 67개 주에서 군사를 징발하여, 4만 4천여 명을 〈평양〉과 〈누방〉 군영으로 가게 하고, 또한 홍려경 「소사업」을 〈부여〉도 행군총관으로 삼아 「회흘」 등 제 부의 군사를 거느리고 〈평양〉으로 진군하게 하였다. 여름 4월에, 「임아상」을 〈패강〉도 행군총관, 「계필하력」을 〈요동〉도행군총관, 「소정방」을 〈평양〉도행군총관으로 삼아, 「소사업」과 모든 오랑캐 군사 35군을 거느리고 수륙으로 길을 나누어 동시에 진군하였다. 이때 황제가 직접 대군을 통솔하려 하였다. 〈울주〉 자사 「이군구」가 말하기를, "〈고구려〉는 소국인데, 어찌 〈중국〉의 모든 국력을 기울 필요가 있겠습니까? 만약 〈고구려〉가 망한다면 우리가 반드시 군사를 출동시켜 그들을 지켜 주어야 합니다. 이때 군사를 적게 출동시키면 위신이 서지 않을 것이오, 많이 출동시킨다면 백성들이 평안하지 못할 것입니다. 이는 온 나라 사람들을 전쟁으로 내몰아 피곤하게 하는 것입니다. 토벌하는 것이 토벌하지 않는 것만 못하며, 멸망시키는 것이 멸망시키지 않는 것만 못하다고 생각합니다." 했다. 이때에 또한 「무후」도 말렸으므로 황제가 중지하였다. 여름 5월에, 왕이 장군 「뇌음신」으로 하여금 〈말갈〉군을 거느리고 〈신라〉의 〈북한산성〉을 포위하였다. 열흘이 되도록 포위를 풀지 않았다. 〈신라〉의 군량 수송이 차단되어 성 안에서는 위험과 공포를 느꼈다. 갑

자기 큰 별이 우리의 병영에 떨어지고 우레가 치며 비가 오고 벼락이 쳤다. 「뇌음신」 등은 의심스럽고 놀라서 퇴각하였다. 가을 8월에, 「소정방」이 〈패강〉에서 우리 군사를 격파하여 〈마읍산〉을 탈취하고 마침내 〈평양성〉을 포위하였다. 9월에, 「개소문」이 그의 아들 〈남생〉에게 정병 수만 명을 주어 〈압록강〉을 수비케 하였다. 당나라의 모든 부대가 건너오지 못하였다. 「계필하력」이 압록강에 도착하였을 때는 강에 얼음이 얼었다. 그는 군사를 이끌고 얼음 위로 강을 건너 북을 두드리고 함성을 지르며 공격해왔다. 우리 군사가 패주하였다. 「하력」이 수십 리를 추격하며, 우리 군사 3만 명을 죽였다. 남은 군사는 모두 항복하였고, 「남생」은 간신히 자기 몸만 피하여 달아났다. 이즈음, 당나라에서 군사를 철수하라는 조서가 있었으므로 그들은 이에 돌아갔다.

○二十一年, 春正月에 〈唐〉의 左驍衛將軍〈白州〉刺史〈沃沮〉道摠管「龐孝泰」가 與「蓋蘇文」으로 戰於〈蛇水:合掌江〉之上하여 擧軍沒하고 與其子十三人도 皆戰死하다. 「蘇定方」이 圍〈平壤〉에 會, 大雪하여 解而退하다. 凡前後之行에 皆無大功而退하다.

[擧軍沒(거군몰)]: 전군이 모두 죽다. [前後之行(전후지행)]: 전후의 원정.

▷ 본문풀이 ◁

21년, 봄 정월에 좌효위 장군 〈백주〉 자사, 〈옥저〉도총관 「방효태」가 「개소문」과 〈사수〉 언덕에서 싸우다가 그의 군사가 전멸하였다. 효태도 그의 아들 13명과 함께 전사하였다. 「소정방」은 평양을 포위했다. 그때 마침 폭설이 내렸으므로 그들은 포위를 풀고 물러갔다. 이리하여 당나라는 전후의 정벌에서 매번 큰 공과 없이 물러갔다.

○二十五年, 王이 遣,太子「福男」.[『新唐書』云「男福」.]
  이 십 오 년 왕   견 태 자 복 남

으로 入〈唐〉하여 侍祠〈泰山〉하다. 「蓋蘇文」이 死하
     입 당   시 사 태 산   개 소 문   사

고 長子「男生」이 代爲,莫離支하다. 初에 知,國政하
   장 자 남 생   대 위 막 리 지   초   지 국 정

고 出巡諸城에 使其弟「男建」·「男産」으로 留知
   출 순 제 성 사 기 제 남 건   남 산   유 지

後事하다. 或謂,二弟曰, "「男生」은 惡,二弟之逼하
후 사   혹 위 이 제 왈   남 생   오 이 제 지 핍

여 意欲除之하리니 不如先爲計라." 하다. 二弟, 初
   의 욕 제 지   불 여 선 위 계   이 제 초

에는 未之信이나 又,有告「男生」者하여 曰, "二弟
    미 지 신   우 유 고 남 생 자   왈   이 제

恐兄,還奪其權하여 欲拒兄不納한다." 하다. 「男
공 형 환 탈 기 권   욕 거 형 불 납   남

生」이 潛遣所親하여 往〈平壤〉伺之하니 二弟,收
掩得之하고 乃以王命으로 召「男生」하니 「男生」이
不敢歸하다.「男建」이 自爲,莫離支하여 發兵討之
하니「男生」走據,〈國内城:지금의 通溝〉하여 使,其子
「獻誠」으로 詣〈唐〉求哀하다. 六月에 「高宗」이 命,
左驍衛大將軍「契苾何力」하여 帥兵應接之하니
「男生」이 脫身奔〈唐〉하다. 秋八月에 王이 以「男
建」으로 爲,莫離支하고 兼知内外兵馬事하다. 九
月에 帝詔「男生」하여 授,特進〈遼東〉都督兼〈平
壤〉道,安撫大使하고 封'玄菟郡公'하다. 冬,十二
月에 「高宗」이 以「李勣」으로 爲,〈遼東〉道,行軍大
摠管兼,安撫大使하고 以,司列少常「伯安陸」·
「郝處俊」副之하고 「龐同善」·「契苾何力」을 幷
爲〈遼東〉道,行軍副大摠管兼安撫大使하고 其,水
陸諸軍摠管과 幷轉糧使「竇義積」,「獨孤卿雲」,
「郭待封」等은 幷受「勣」處分하여 〈河北〉諸州租

賦는 悉詣〈遼東〉하여 給.軍用하다.
부　　실 예 요 동　　　급 군 용

▶ 어려운 낱말 ◀

[知國政(지국정)] : 국정을 맡다. [留知後事(유지후사)] : 뒷일을 맡게 하다. [處分(처분)] : 아래에 두어 명령을 받게 함.

▷ 본문풀이 ◁

　　25년에, 왕이 태자 「복남」【[신당서]에는 「남복」이라 하였다.】을 〈당〉나라에 파견하여 황제가 지내는 〈태산〉의 제사에 참가케 하였다. 「개소문」이 죽고, 그의 맏아들 「남생」이 부친을 대신하여 막리지가 되었다. 처음 정사를 맡아 여러 성을 순행하면서, 그의 두 아우 「남건」과 「남산」으로 하여금 조정에 남아 뒷일을 처리하게 하였다. 어떤 자가 두 아우에게 말하기를, "「남생」은 두 아우가 자기의 자리를 빼앗을까 두려워하여, 당신들을 처치하려 합니다. 먼저 계책을 세워 도모하는 것이 좋겠습니다."라고 했다. 두 아우가 처음에는 이를 믿지 않았다. 어떤 자가 「남생」에게 또 말하기를, "두 아우가, 형이 돌아오면 자기들의 권세를 빼앗을까 두려워하여 형에게 대항하여 조정으로 들어오지 못하게 하려 합니다."라고 했다. 「남생」은 남몰래 자기의 심복을 〈평양〉으로 보내, 두 아우의 동정을 살피게 하였다. 두 아우가 이를 알고 「남생」의 심복을 체포하고, 곧 왕명으로 「남생」을 소환하였다. 「남생」은 감히 돌아오지 못하였다. 「남건」은 스스로 막리지가 되어 군사를 출동시켜 남생을 토벌하였다. 「남생」이 〈국내성〉으로 도주하여 그곳에 웅거하면서, 그의 아들 「헌성」을 〈당〉나라에 보내 구해줄 것을 애원하였다. 6월에, 「고종」이 좌효위 대장군 「계필 하력」으로 하여금 군사를 거느리고 나가 맞이하게 하였다. 「남 생」은 탈출하여 〈당〉나라로 도주하였다. 가을 8월에, 왕이 「남 건」을 막리지로 삼아 내외의 군사에 대한 직무를 겸직하도록 하 였다. 9월에, 고종이 「남생」에게 조서를 내려, 〈요동〉도독 겸 〈평 양도〉 안무 대사로 특진시키고, '현도군공'으로 책봉하였다. 겨 울 12월에, 「고종」이 「이적」을 〈요동〉도행군대총관 겸 안무 대사 로 삼고, 사열소상 「백안육」과 「학처준」으로 하여금 이들을 보좌 케 하며, 「방동선」과 「계필하력」을 〈요동〉도행군부대총관 겸 안 무 대사로 삼고, 기타 수륙군 모든 부대의 총관들과 전량사인 「두 의적」· 「독고경운」· 「곽대봉」 등은 모두 「이적」의 지휘를 받게 하고, 〈하북〉 여러 주의 조세는 모두 〈요동〉으로 보내 군사용으 로 사용하도록 하였다.

○二十六年, 秋九月에 「李勣」이 拔〈新城:지금의 撫順 北關山城〉하고 使「契苾何力」으로 守之하다. 「勣」이 初渡〈遼〉하여 謂,諸將曰, "〈新城〉은 〈高句 麗〉西邊의 要害이니 不先得之하면 餘城은 未易取 也라." 하고 遂攻之하니 城人 「師夫仇」等이 縛城主

하고 開門降하다. 「勣」이 引兵進擊하니 一十六城이
皆下하다. 「龐同善」,「高侃」이 尙在〈新城〉하니 「泉
男建」이 遣兵襲其營으로 左武衛將軍「薛仁貴」가
擊破之하다. 「侃」이 進至〈金山〉에서 與.我軍으로
戰敗하다. 我軍이 乘勝逐北하니 「薛仁貴」가 引兵.
橫擊之하여 殺.我軍五萬餘人하고 拔〈南蘇:지금의 남
산성자〉·〈木氐:지금의 興京 西木奇〉·〈蒼巖:지금의 老城
부근〉三城하여 與.「泉男生」으로 軍合하다. 「郭待
封」이 以.水軍으로 自.別道하여 趣〈平壤〉하다.
「勣」이 遣.別將「馮師本」하여 載.糧仗以資之하니
「師本」이 舡破失期하여 「待封」軍中은 飢窘하여
欲作書與「勣」이나 恐.爲他所得하여 知其虛實로
乃作離合詩하여 以.與「勣」하다. 「勣」이 怒曰, "軍
事方急에 何以詩爲오? 必斬之하리라." 하다. 行軍
管記通事舍人「元萬頃」이 爲釋其義하니 「勣」이
乃更遣.糧仗赴之하다. 「萬頃」이 作.檄文曰, "不知

守〈鴨淥〉之險고?"하니 「泉男建」報曰, "謹聞命
수 압록 지험   천남건 보왈   근문명

矣라."하고 卽,移兵據〈鴨淥津〉하니〈唐〉兵이 不得
의   즉 이병거 압록진   당병 부득

度하다.「高宗」이 聞之하고 流〈萬頃〉於〈嶺南〉하
도   고종   문지   유 만경 어 영남

다.「郝處俊」은 在〈安市城〉下하니 未及成列에 我
학처준   재 안시성 하   미급성렬   아

軍,三萬掩至하니 軍中이 大駭하다.「處俊」이 據,
군 삼만엄지   군중   대해   처준   거

胡床하여 方食乾糒하다가 簡,精銳하여 擊敗之하
호상   방식건비   간 정예   격패지

다.

▷ 본문풀이 ◁

26년, 가을 9월에 「이적」이 〈신성〉을 함락시키고, 「계필하력」
으로 하여금 그곳을 수비하게 하였다. 「이적」이 처음에 〈요수〉를
건너올 때 모든 장수들에게 말하기를, "〈신성〉은 〈고구려〉 서쪽
변경의 요충지이기 때문에 이곳을 먼저 얻지 않으면 다른 성을
쉽게 빼앗을 수 없다."고 했다. 그는 드디어 〈신성〉을 공격하였
다. 〈신성〉 사람 「사부구」 등이 성주를 결박하여 성문을 열고 나

와 항복하였다. 「이적」이 군사를 이끌고 계속 진격하자 16개 성이 모두 항복하였다. 이때 「방동선」과 「고간」이 아직 〈신성〉에 있었으므로, 「천남건」이 군사를 보내 그들의 병영을 습격하였다. 좌무위 장군 「설인귀」가 우리 군사를 격파하였다. 「고간」이 〈금산〉으로 나와서 우리 군사와 싸워 패배하였다. 우리 군사는 승세를 타고 패배한 군사를 추격하였다. 「설인귀」가 군사를 이끌고 측면을 공격하여 우리 군사 5만여 명을 죽이고, 〈남소〉·〈목저〉·〈창암〉 등 3성을 함락시킨 후, 「천남생」의 군사와 합세하였다. 「곽대봉」은 수군을 이끌고 다른 길을 통하여 〈평양〉으로 왔다. 「이적」은 별장 「풍사본」을 파견하여 「곽대봉」에게 군량과 병기를 공급케 하였는데, 「사본」의 배가 파괴되어 약속 기일을 놓쳤으므로 「대봉」의 진영에서 군사들이 굶주렸다. 이에 따라 그가 「이적」에게 편지를 보내려다가, 만일의 경우 적에게 발견되어 내부의 허실이 알려질까 두려워 이합시를 지어서 「이적」에게 보냈다. 「이적」이 이를 보고 노하여 말하기를, "군사의 일이 바야흐로 위급한데 시가 도대체 무엇인가? 필히 목을 베겠다."라고 하였다. 행군 관기 통사사인 「원만경」이 그 시의 뜻을 해석하여 주었다. 「이적」은 그때서야 다시 군량과 병기를 대봉에게 보냈다. 「만경」이 격문을 써서 말하기를, "〈압록〉의 요충지를 지킬 줄 모르는가?"라고 하였다. 「천남건」이 회보하기를, "삼가 명령을 듣겠다."라 하고, 즉시 군사를 옮겨 〈압록강〉 나루에 진을 쳤다. 이에 따라 〈당〉나라 군사가 건너오지 못하였다. 「고종」은 이 말을 듣고 〈만경〉을 〈영남〉으로 유배하였다. 「학처준」은 〈안시성〉 아래에 있었다. 그가 아직 군사 대열을 짓지 못하였을 때, 우리 군사 3만 명이 엄습하니 그 군사들이 크게 당황하였다. 「처준」이 의자에 앉아서 한참 마른 밥을 먹다가, 정예 군사를 선발하여 우리 군사를 격파하였다.

○二十七年(668), 春.正月에 以.右相「劉仁軌」로 爲.'〈遼東〉道副大摠管'하고 「郝處俊」과 「金仁問」을 副之하다. 二月에 「李勣」等이 拔我〈扶餘城:지금의 農安 부근〉하다. 「薛仁貴」가 旣破.我軍於〈金山〉하고 乘勝하여 將.三千人하여 將攻〈扶餘城〉하니 諸將이 以其兵少하여 止之러니 「仁貴」曰, "兵不必多하고 顧用之.何如耳이라." 하고 遂爲.前鋒以進하여 與.我軍戰하여 勝之하고 殺獲我軍하여 遂拔〈扶餘城〉하니 〈扶餘川〉中의 四十餘城이 皆請服하다. 侍御史「賈言忠」이 奉使하여 自〈遼東〉還하니 帝問하되 "軍中云何오?" 하니 對曰, "必克이니다. 昔에 先帝(太宗)問罪타가 所以不得志者는 虜未

有釁也니다. 諺曰, '軍無媒면 中道回라.'하니 今,
「男生」兄弟가 閱狠하여 爲我嚮導하여 虜之情僞
를 我盡知之하고 將은 忠士力하니 臣은 故曰, 必
克이니다. 且〈高句麗〉『秘記』에 曰, '不及九百年
하여 當有,八十大將에 滅之리라.'하니 「高」氏가 自
〈漢〉으로 有國하여 今,九百年이요, 「勣」의 年이 八
十矣이니다. 虜仍荐饑하여 人常掠賣하고 地震,裂하
고 狼狐入城하고 蚡穴於門하고 人心危駭하니 是行
不再擧矣리다.”하다. 「泉男建」이 復遣兵,五萬人하
여 救〈扶餘城〉하니 與「李勣」等과 遇於〈薛賀
水〉에서 合戰하여 敗死者,三萬餘人하다. 「勣」이
進攻〈大行城:지금의 九連城〉하다. 夏,四月에 彗星이
見於畢昴之間하니 〈唐〉「許敬宗」曰, “彗見東北
은 〈高句麗〉將滅之兆也라.”하다. 秋,九月에 「李勣」
이 拔〈平壤〉하다. 「勣」이 旣克,〈大行城〉하니 諸軍
出,他道者로 皆與「勣」으로 會하여 進至〈鴨淥:지금의

義州〉柵하다. 我軍拒戰이나 「勣」等이 敗之하고 追
奔,二百餘里하여 拔〈辱夷城:청청강 북?〉하니 諸城,
遁逃及降者가 相繼하다.「契苾何力」이 先引兵하
고 至,〈平壤城〉下하고 「勣」軍이 繼之하다. 圍〈平
壤〉月餘하니 王「臧:보장왕」이 遣〈泉男産〉하여 帥,
首領九十八人하고 持白幡하여 詣「勣」降하니 「勣」
이 以禮接之하다.「泉男建」은 猶,閉門拒守하고 頻
遣兵出戰이나 皆敗하다.「男建」은 以,軍事爲,浮圖
〈信誠〉하니〈信誠〉이 與,小將「烏沙」·「饒苗」等과
密遣人詣「勣」하여 請爲內應하다. 後,五日에〈信
誠〉이 開門하니 「勣」이 縱兵登城하여 鼓噪焚城하
니 「男建」이 自刺不死하다. 執王及「男建」等하다.
冬,十月에 「李勣」이 將還이어늘 「高宗」이 命하여
先以王等을 獻于〈昭陵:당태종의 능〉하고 具,軍容하여
奏,凱歌하며 入京師하여 獻于〈太廟〉하다.

[鬩狠(혁한)] : 모질게 싸우다. [荐饑(천기)] : 아주 굶주린다는 뜻으로, 흉년이 계속됨을 말함. [掠賣(략매)] : 노략질하다. [蚡穴(분혈)] : 두더지가 굴을 파다. [白幡(백번)] : 흰 깃발, 白旗. [閉門拒守(폐문거수)] : 문을 닫고 굳게 지킴. [鼓噪焚城(고조분성)] : 성에 불을 지르고 시끄럽게 고함을 지르다.

▷ 본문풀이 ◁

27년, 봄 정월에 당나라 고종은 우상 「유인궤」를 '요동도부대총관'으로 삼고, 「학처준」과 「김인문」 등으로 하여금 그를 보좌하게 하였다. 2월에, 「이적」 등이 우리 〈부여성〉을 점령하였다. 「설인귀」는 이미 〈금산〉에서 우리 군사를 격파하여 승세를 타고 군사 3천 명을 이끌어 〈부여성〉을 치려 하였다. 그러나 여러 장수들이 자기 편 군사가 적다고 하며 이를 중지하기를 권하였다. 「인귀」가 말하기를, "병력은 반드시 많아야 하는 것이 아니라, 다만 어떻게 쓰는가에 달린 것이다."라고 했다. 그는 마침내 스스로 선봉이 되어 우리 군사와 싸워 이기고, 우리 군사를 죽이고 사로잡았다. 그가 또한 〈부여성〉을 점령하자, 〈부여천〉 안에 있는 40여 성이 모두 항복하기를 요청하였다. 시어사 「이언충」이 임무를 받들고 〈요동〉에서 귀국하였다. 고종은 "군대 내부 상황이 어떠한가?"라고 물었다. 그가 대답하기를, "반드시 승리할 것입니다. 이전에 선제께서 고구려에 죄를 물었을 때 뜻대로 되지 않은 것은, 적에게 빈틈이 없었기 때문입니다. 속담에 '군대에도 중매쟁이가 없으면 중도에 돌아선다.'는 말이 있습니다. 이제 「남생」이 형제끼리 싸워 우리의 향도가 됨으로써, 적의 내부 상황을 우리가 모두 알고 있으며, 또한 장수들은 충성스럽고 군사들은 힘을 다하고 있기 때문에 반드시 승리한다고 말씀드리는 것입니다. 그리고 〈고구려〉의 [비기]에는 '9백 년이 되기 전에 80대장이 있어 고구려를 멸망시킨다.'라는 말이 있는데, 「고」씨가 〈한〉나라 때, 나라를 세워 지금 9백 년이 되었고, 「이적」의 나이가 80입니다. 적들은 거듭 흉년이 들고, 백성들은 항상 수탈을 당하고 팔려 갔으며, 지진으로 땅이 갈라지고, 이리와 여우가 성에 들어오고, 두더지가 문에 구멍을 뚫으며 인심이 흉흉하니, 이번 원정이 마지막이 될 것입니다." 했다. 「천남건」이 〈부여성〉을 구원하기 위하여 다시 군사 5만 명을 보냈는데, 〈설하수〉에서 「이적」 등과 조우하여 싸우다가 패하여 사망자가 3만여 명이나 되었다. 「이적」은 〈대행성〉으로 진격하였다. 여름 4월에, 혜성이 필성과 묘성 사이에 나타났다. 그래서 〈당〉나라 「허경종」이 "혜성이 동북방에 보이는 것은 〈고구려〉가 장차 멸망할 징조이다."라고 말하였다. 가을 9월에, 「이적」이 〈평양〉을 점령하였다. 「이적」이 이미 〈대행성〉에서 승리하자, 다른 도로 출동하였던 제군이 모두 이적과 만나 〈압록〉책으로 진군하여 왔다. 우리 군사가 대적하여 싸우다가 「이적」 등에게 패배하였고, 이적 등은 2백여 리를 추격해 와서 〈욕이성〉을 함락시켰다. 여러 성에서 도망하고 항복하는 자가 연이었다. 「계필하력」이 먼저 군사를 이끌고 〈평양성〉 밖에 도착하고, 「이적」의 군사가 뒤따라 와서 한 달이 넘도록 〈평양〉을 포위하였다. 『보장왕』「장」이 〈천남산〉으로 하여금 수령 98명을 거느리고 백기(白旗)를 들고 「이적」에게 항복하게 하였다. 「이적」은 예를 갖

추어 접대하였다. 그러나 「천남건」은 오히려 성문을 닫고 수비하
며 대항하였다. 그는 자주 군사를 출동시켜 싸웠으나 그때마다
패배하였다. 「남건」은 승려 〈신성〉에게 군사에 관한 일을 맡겼
다. 〈신성〉은 소장 「오사」·「요묘」 등과 함께 「이적」에게 비밀리
에 사람을 보내 내응하겠다는 뜻을 전했다. 5일 뒤에 〈신성〉이 성
문을 열었다. 「이적」은 군사를 풀어 성 위에 올라가 북을 치고 함
성을 지르며 불을 지르게 하였다. 「남건」은 스스로 칼을 들어 자신
을 찔렀으나 죽지 않았다. 당나라 군사가 왕과 「남건」 등을 붙잡
았다. 겨울 10월에, 「이적」이 귀국하려 하자, 「고종」이 그에게 먼
저 고구려의 왕 등을 〈소릉〉에 인사시킨 후, 군용을 갖추어 개선
가를 부르며 경사로 들어와 다시 〈태묘〉에 헌알(獻謁)하게 명령
하였다.

○十二月에 帝.受俘于〈含元殿〉하다. 以王(보장
　　　　십 이 월　　　제 수 부 우 함 원 전　　　　　이 왕
왕)은 政非己出이어늘 赦하여 以爲 '司平太常伯.員
　　　　정 비 기 출　　　　사　　　이 위　사 평 태 상 백 원
外同正'하고 以〈泉男産〉은 爲.司宰少卿하고 僧
외 동 정　　　이　천 남 산　은　위 사 재 소 경　　　승
「信誠」은 爲.銀青光祿大夫하고 「泉男生」은 爲.右
신 성　　위 은 청 광 록 대 부　　　천 남 생　　　위 우
衛大將軍하고 「李勣」已下는 封賞有差하고 「泉男
위 대 장 군　　　이 적 이 하　봉 상 유 차　　　천 남
建」은 流〈黔州:지금의 사천성 챙수현〉하다. 分.五部하여
건　　유 검 주　　　　　　　　　　　　　분 오 부
百.七十六城과 六十九萬餘戶를 爲.九都督府와
백 칠 십 육 성　　육 십 구 만 여 호　　위 구 도 독 부

四十二州와 百縣하고 置,安東都護部,於〈平壤〉하
여 以,統之하고 擢我,將帥有功者하여 爲,都督,刺
史,縣令하여 與〈華〉人參理하다. 以,右威衛大將軍
「薛仁貴」로 檢校,安東都護하여 摠兵,二萬人으로
以,鎮撫之하다. 是는「高宗」〈摠章〉元年은 戊辰
歲(서기 668년)也러라. 二年, 己巳二月에 王之庶子
「安勝」이 率,四千餘户하고 投〈新羅〉하다. 夏,四月
에「高宗」이 移,三萬八千三百户를 於〈江〉·〈淮〉
之南과 及〈山南〉·〈京西〉諸州의 空曠之地하다.
至〈咸亨〉元年,庚午歲(서기 679년), 夏,四月에「劒
牟岑」이 欲,興復國家하여 叛〈唐〉하고 立王,外孫
「安舜」(『羅紀』作勝.)하여 爲主하다.〈唐〉「高宗」이 遣
大將軍「高侃」하여 爲,'〈東州〉道,行軍摠管'하여 發
兵討之하니「安舜」은 殺「劒牟岑」하고 奔,〈新羅〉하
다. 二年,辛未歲(서기 671), 秋七月에「高侃」이 破餘
衆於〈安市城〉하다. 三年,壬申歲, 十二月에「高侃」

이 與我餘衆으로 戰于〈白氷山〉하여 破之하다.〈新
羅〉가 遣兵救我하니「高侃」이 擊克之하고 虜獲二
千人하다. 四年癸酉歲의 夏,閏五月에〈燕山道〉管
大將軍「李謹行」이 破我人於〈瓠瀘河:지금의 임진
강〉하고 俘獲,數千人하니 餘衆皆奔〈新羅〉하다.

〈儀鳳〉二年,丁丑歲(서기 677), 春,二月에 以,「降王
(보장왕)」으로 爲〈遼東州〉都督하고 封,〈朝鮮〉王하
고 遣歸〈遼東〉하여 安輯餘衆하다. 東人(고구려인)으
로 先在諸州者를 皆遣與王俱歸하다. 仍移,安東
都護府於〈新城〉하여 以統之하다. 王至〈遼東〉하
여 謀叛하고 潛與〈靺鞨〉通하니 開耀 元年(서기
681)에 召還〈邛州〉하다. 以,〈永淳:서기682〉初에 死하
니 贈,'衛衛卿'하고 詔送至,京師하여 葬〈頡利〉墓
左하고 樹碑其阡하다. 散徙,其人於〈河南〉과〈隴
右〉諸州하고 貧者는 留〈安東城〉傍,舊城하니 往
往沒於〈新羅〉하고 餘衆은 散入〈靺鞨〉及〈突厥〉

하니 「高」氏의 君長이 遂絶하다. 垂拱二年(686년)
　　　고　씨　　군장　　수절　　　수공이년

에 以降王孫「寶元」으로 爲,〈朝鮮郡〉王하니 至
　이항왕손　보원　　　위　조선군　왕　　　지

〈聖曆〉初하여 進,左鷹揚衛大將軍하고 更封,忠誠
　성력　초　　　진 좌응양위대장군　　　갱봉충성

國王하여 賜統〈安東〉舊部하나 不行하다. 明年에
국왕　　　사통　안동　구부　　　불행　　　명년

以,降王의 子「德武」로 爲,'安東都督'하니 後稍自
이항왕　자덕무　　위　안동도독　　　후초자

國하고 至〈元和〉十三年(서기 818년)에 遣使入〈唐〉하
국　　　지 원화 십삼년　　　　　　견사입 당

여 獻,樂工하다.
　헌 악공

▶ 어려운 낱말 ◀

[俘] : 포로(부). [空曠之地(공광지지)] : 비어있는 들판. [安輯(안집)] : 편안하
고 부드럽게 하다. [阡(천)] : 언덕, 묘도. [不行(불행)] : 부임하지 않음.

▷ 본문풀이 ◁

　12월에, 고종이 〈함원전〉에서 포로를 전해 받았다. 고구려 왕은
정치를 자기가 한 것이 아니라 하여 죄를 용서하여 '사평태상백,
원외동정'으로 삼았다. 그리고 〈천남산〉은 사재 소경, 승려「신
성」은 은청광록대부,「천남생」은 우위 대장군으로 삼았다.「이적」
이하 여러 사람들에게는 벼슬과 상을 정도에 따라주었다.「천남
건」은 〈검주〉로 유배시켰다. 고구려 지역의 5부, 1백76성, 69만여
호를 나누어 9도독부, 42주, 1백 현으로 만들고, 〈평양〉에 안동도

호부를 설치하여 이들을 통치하게 하였다. 우리 장수들 중에서 공로가 있는 자들을 발탁하여 도독·자사·현령으로 삼아, 중국인들과 함께 정치에 참여하게 하였다. 우위위대장군 「설인귀」를 검교안동도호를 삼아, 군사 2만 명을 거느리고 이 지역을 진무케 하였다. 이때가 「고종」〈총장〉 원년 무진년이었다. 2년 기사 2월, 왕의 서자 「안승」이 4천여 호를 인솔하고, 〈신라〉에 투항하였다. 여름 4월에, 「고종」이 3만 8천3백 호를 〈강〉·〈회〉의 남쪽과 〈산남〉·〈경서〉 등지에 있는 모든 주의 빈 지역으로 이주시켰다. 〈함형〉 원년 경오 여름 4월, 「검모잠」이 나라를 다시 일으키기 위하여, 〈당〉나라를 배반하고, 왕의 외손 「안순」【[신라본기]에는 「승」으로 되어있다.】을 임금으로 세웠다. 〈당〉「고종」이 대장군 「고간」을 '〈동주〉도행군총관'으로 삼아 이를 토벌케 하였다. 「안순」은 「검모잠」을 죽이고 〈신라〉로 도주하였다. 2년, 신미 가을 7월에 「고간」이 〈안시성〉에서 우리의 남은 군사를 격파하였다. 3년 임신 12월, 「고간」이 우리의 남은 군사와 〈백빙산〉에서 싸워 우리 군사를 격파하니, 〈신라〉에서 군사를 보내 우리를 구원하였다. 그러나 「고간」이 이를 다시 격파하여 2천 명을 죽이거나 사로잡아 갔다. 4년 계유, 여름 윤 5월에 〈연산도〉총관대장군 「이근행」이 〈호로하〉에서 우리 군사를 격파하고 수천 명을 사로잡았다. 남은 군사들은 모두 〈신라〉로 도주하였다. 〈의봉〉 2년 정축 봄 2월, 항복한 고구려의 『보장왕』을 〈요동주〉 도독으로 삼고 조선왕으로 봉하였다. 그리고 그를 〈요동〉으로 돌려보내 남은 백성들을 수습하여 안정시키게 하였다. 이때, 동방 사람으로서 이전부터 여러 주에 살고 있던 자들을 모두 왕과 함께 돌아가게 하였다. 안동도호부를 〈신성〉으로 옮겨 통할하게 하였다. 왕은 〈요동〉에 도착하여 당나라에 대항하고자 비밀리에 〈말갈〉과 내통하였다. 개요 원년, 왕이 〈앙주〉로 소환되었다가 〈영순〉 초에 사망하였다. 고종이 그에게 '위위경'으로 추증하고, 조서를 내려 영구를 서울로 오게 하여 〈힐리〉의 무덤 왼편에 장례를 지냈다. 묘 앞에 비를 세웠다. 그 백성은 〈하남〉·〈농우〉의 여러 주에 분산 거주케 하였다. 그 가운데 가난한 자들은 〈안동성〉 부근의 옛 성에 머무르게 하였다. 그러나 일부는 〈신라〉로 도주하고, 남은 사람들은 흩어져 〈말갈〉과 〈돌궐〉로 갔다. 마침내 「고」씨의 왕통이 끊어졌다. 〈수공〉 2년, 항복한 왕의 손자 「보원」을 〈조선군〉 왕으로 삼았다가, 성력 초에 좌응양위 대장군으로 승진시키고, 다시 충성국왕으로 봉하여 〈안동〉의 구부를 주어 통치하게 하였으나 부임하지는 않았다. 이듬해에, 항복한 왕의 아들 「덕무」를 '안동도독'으로 삼았는데, 후에 조금씩 스스로 나라의 기틀을 세우고, 〈원화〉 13년에 이르러 〈당〉나라에 사신을 보내 악공을 바쳤다.

○論曰, 〈玄菟〉·〈樂浪〉은 本〈朝鮮〉之地로
논 왈 현 도 낙 랑 본 조 선 지 지
〈箕子〉所封하다. 〈箕子〉가 敎其民으로 以禮儀,
기 자 소 봉 기 자 교 기 민 이 예 의
田蠶織作하고 設禁八條하다. 是以로 其民不相盜
전 잠 직 작 설 금 팔 조 시 이 기 민 불 상 도

하고 無.門戶之閉하고 婦人은 貞信하여 不淫하고
　　무 문호지폐　　　부인　　　정신　　　불음

飮食은 以籩豆로 하니 此.仁賢之化也니라. 而又.天
음식　이변두　　　　차인현지화야　　　이우천

性柔順하여 異於三方(:북,서,남 : 오랑캐를 이름.)하니 故
성유순　　　이어삼방　　　　　　　　　　　　고

로 「孔子」는 悼道不行하여 欲.浮桴於.海以居之는
　　공자　　도도불행　　　욕부부어해이거지

有以也夫니라. 然而,『易』之 "爻와 二多譽와 四多
유이야부　　　연이　역지효　　이다예　사다

懼는 近也라"하다. 〈高句麗〉가 自〈秦〉·〈漢〉之後
구　근야　　　　고구려　　자진　　한지후

로 介在〈中國〉東北.隅하여 其.北隣은 皆.天者有司
　개재중국동북우　　　기북린　개천자유사

나 亂世則英雄이 特起하여 僭竊名位者也니 可謂
　난세즉영웅　특기　　　참절명위자야　　가위

居多.懼之地하다. 而.無謙巽之意하여 侵其.封場
거다구지지　　　이무겸손지의　　　침기봉장

以讐之하고 入其郡縣以居之하다. 是故로 兵連禍
이수지　　입기군현이거지　　　시고　병련화

結하고 略無寧歲러라. 及其東遷(평양 천도)에 値
결　　약무녕세　　급기동천　　　　　　치

〈隋〉·〈唐〉之.一統에도 而.猶拒詔命以不順하고
수　당지일통　　　이유거조명이불순

囚.王人於土室하고 其.頑然不畏.如此라 故로 屢
수왕인어토실　　기완연불외여차　　고　누

致問罪之師하다. 雖或有時에 設奇以陷大軍이나
치문죄지사　　수혹유시　설기이함대군

而.終於王降하고 國滅而後止하다. 然이나 觀始末
이종어왕항　　국멸이후지　　연　　관시말

하니 當其上下和가 衆庶睦하야는 雖大國이나 不
　당기상하화　중서목　　　수대국　　불

能以取之러니 及其不義於國하고 不仁於民하여
능이취지　　　급기불의어국　　　불인어민

以興衆怨으로 則,崩潰而不自振하다. 故로「孟子」
이흥중원　　　즉붕궤이부자진　　　고　　맹자

曰, "天時와 地利는 不如人和라."하고「左:丘明」
왈　　천시　지리　불여인화　　　　좌

氏曰, "國之興也는 以福하고 其亡也에는 以禍하
씨왈　국지흥야　　이복　　기망야　　　이화

나니 國之興也에 視民如傷하니 是其福也이요. 其
　　　국지흥야　시민여상　　시기복야　　　기

亡也에 以,民爲土芥하니 是其禍也라."하다. 有,味
망야　이민위토개　　시기화야　　　유미

哉라 斯言也여! 夫,然則, 凡有國家者가 縱暴吏
재　사언야　　부연즉　범유국가자　종폭리

之驅迫과 强宗之聚斂하여 以失人心이면 雖欲理
지구박　강종지취렴　　　이실인심　　수욕리

而不亂하여 存而不亡이 又何異,强酒而,惡醉者乎
이불란　　　존이불망이　우하이강주이오취자호

리오?

▶ 어려운 낱말 ◀

[田蠶(전잠)] : 농사와 누에치기. [織作(직작)] : 베 짜기. [籩豆(변두)] : 제기의
이름. 변은 과일 포를 담는 그릇이요, 두는 김치, 식혜 등을 담는 목기. [悼
道不行(도도불행)] : 도가 행하지 않음을 슬퍼하다. [浮桴(부부)] : 뗏목을 띄
워. [有以也夫(유이야부)] : 그런 또 다른 이유가 있었다. [也夫(야부)] : 또 다
른. [易(역)] : 주역을 뜻함. [爻(효)] : 주역의 괘를 말함. [二多譽(이다예),四
多懼(사다구)] : 二多譽는 비록 下卦에 위치하여 지위는 낮으나 덕행으로 명
성을 얻을 수 있고, 四多懼는 4爻로서 지위는 높으나 君側에 가깝기 때문에
두려움이 많다는 것. [介在(개재)] : 개입해 있음. [僭竊(참절)] : 본문에 넘치

는 작위를 탐냄. [謙巽(겸손)] : 겸손함. 巽는 遜과 같음. [寧歲(녕세)] : 편안한
날. [頑然(완연)] : 완고한 모양. 뻣뻣함. [王降(왕항)] : 왕이 항복함. [崩潰(붕
궤)] : 무너짐. [土芥(토개)] : 먼지와 흙. 지극히 천한 것. [有味(유미)] : 매우
뜻이 깊음. [强宗(강종)] : 호족(豪族). [聚斂(취렴)] : (세금)을 과중하게 거두
어들임. [惡醉(오취)] : 억지로 취하게 함.

[저자의 견해]

　〈현도〉와 〈낙랑〉은 원래 〈조선〉의 국토로서 〈기자〉가 봉해
졌던 곳이다. 기자는 백성들에게 예의와 농사와 누에치기와 베
짜는 법을 가르치고, 8조의 금법을 만들었다. 이리하여 이곳 백
성들은 서로 도둑질하지 않고, 대문을 닫지 않고, 부녀들이 정조
와 신의를 지켜 음란하지 않았고, 음식을 먹을 때 그릇을 사용하
였다. 이는 어질고 현명한 사람의 교화를 받은 탓이었다. 또한
그들은 서·남·북방의 오랑캐들과는 달리 천성이 유순하였다.
이리하여 「공자」는 자기의 도가 중국에서 행하여지지 않음을 슬
퍼하고, 바다에 배를 띄워 이곳에 살고자 하였으니, 이 또한 그
럴만한 이유가 있었던 것이다. 그러나 [주역]의 괘가 효이(爻二)
를 다예(多譽), 효사(爻四)를 다구(多懼)라 한 것은 군위(君位)에 가
깝기 때문이다. 〈고구려〉는 〈진〉·〈한〉 이후로 〈중국〉의 동북
방의 한쪽에 끼어 있었다. 북쪽 인근 지역들은 모두 천자가 관리
를 보내 통치하고 있었다. 그러나 혼란한 시기에는 영웅들이 나
타나 참람 되게도 황제의 이름과 지위를 차지하려 하였다. 그러
므로 고구려는 실로 어려운 지역에 있었다고 말할 수 있다. 그러
나 고구려는 겸양하려는 생각 없이, 천자의 영역을 침노하여 원

수를 맺었으며, 천자의 군현에 들어가 살기도 하였다. 이에 따라 전쟁이 계속되고 화근이 맺어졌으므로 평안한 해가 거의 없었다. 평양으로 도읍을 옮긴 때는 〈수·당〉이 중국의 통일을 이루었던 시기에 해당한다. 이때 고구려는 오히려 불손하게도 중국의 조서나 명령을 거역했으며, 천자의 사신을 토굴에 가두기도 하였다. 고구려는 이와 같이 고집스럽고 겁이 없었기 때문에, 여러 번이나 죄를 묻는 정벌의 군사를 부르게 되었다. 그리하여 비록 어떤 시기에는 기묘한 계책으로 승리를 거두었던 적도 있었으나, 결국은 왕이 항복하고 나라가 멸망하였다. 고구려 전체의 역사를 살펴보면, 임금과 신하가 화평하고 백성들이 서로 화목했을 때는, 비록 대국이라 할지라도 고구려를 빼앗지 못하였지만, 나라에 정의가 사라지고, 군주가 백성들을 사랑하지 않아 그들의 원성이 일어난 뒤에는, 나라가 붕괴되어 스스로 일어나지 못하였다. 그러므로 「맹자」는 "전쟁의 승리에 있어서, 시기의 이로움과 지형의 이로움이 인심의 화목함만 못하다."라고 말했으며, 「좌」씨는 "국가는 복으로 흥하고 화로 망한다. 나라가 흥하려면, 군주가 자기 몸에 난 상처를 보듯이 백성을 보살펴야 하나니, 이것이 복이다. 나라가 망하려면 백성을 흙먼지 같이 여기나니 이것이 화이다."라고 하였다. 이 말은 뜻이 매우 깊은 말이다. 그렇다면 무릇 나라를 맡은 군주들이 횡포한 관리들을 풀어놓아 백성을 구박하게 하며, 권문세가들로 하여금 가혹한 수탈을 일삼게 하여 인심을 잃게 되면, 비록 정치를 잘하여 혼란을 제거하고, 나라를 유지하여 망하지 않게 하려고 노력할지라도, 이것이

또한 억지로 술을 권하면서도 취하는 것을 싫어하는 것과 무엇
이 다르랴?

「한문 원본」을 원문·현토·주해한

삼국사기 (三國史記) 【3권】

- 고구려본기 -

초판 1쇄 발행 2020년 6월 15일
초판 3쇄 발행 2023년 12월 15일

현토·주해 | 정민호
원 작 자 | 김부식
추천및감수 | 문경현
발 행 자 | 김동구
디 자 인 | 이명숙 · 양철민
발 행 처 | 명문당(1923. 10. 1 창립)
주   소 | 서울시 종로구 윤보선길 61(안국동)
         국민은행 006-01-0483-171
전   화 | 02)733-3039, 734-4798, 733-4748(영)
팩   스 | 02)734-9209
Homepage | www.myungmundang.net
E-mail | mmdbook1@hanmail.net
등   록 | 1977. 11. 19. 제1~148호

ISBN 979-11-90155-45-8 (04910)
ISBN 979-11-90155-42-7 (세트)
20,000원